JN446805

페미니즘과 관료제

캐시 E. 퍼거슨 지음
강세영 · 김복규 옮김

도서출판 대영문화사

The Feminist Case Against Bureaucracy

by Kathy E. Ferguson

translated by Kang, Seyoung & Kim, Bok Kyu

The Feminist Case Against Bureaucracy
Copyrint ⓒ 1984 by Kathy E. Ferguson
Published by arrangement with Temple University Press
All rights reserved.

Korean Translation Copyright ⓒ 2009 by Daeyoung Moonhwa International
Korean edition is published by arrangement with Temple University Press
through Imprima Korea Agency

이 책의 한국어판 저작권은 Imprima Korea Agency를 통해
Temple University Press와의 독점 계약으로 대영문화사에 있습니다.
저작권법에 의해 한국 내에서 보호를 받는 저작물이므로
무단 전재와 무단 복제를 금합니다.

한 소녀를 페미니스트로 키워 주신 남성들인
내 아버지 알 퍼거슨,
그리고 할아버지 버질 시어스를 위하여

차 례

옮긴이의 말

이 책의 원서는 현재 미국 하와이대학교(마노아) 정치학과 교수로 있는 캐시 퍼거슨(Kathy E. Ferguson)의 *The Feminist Case Against Bureaucracy*(1984)이다. 이 책은 급진주의 페미니스트의 입장에서 관료제적 조직을 비판적으로 연구, 분석한 것으로서, 각종 조직은 물론 그 자체로 하나의 거대한 조직이라고 볼 수 있는 현대 사회를 여성주의적 관점에서 이해하는 데 중요한 단서를 제공하고 있다.

퍼거슨은 이 책에서 현대 조직의 근간을 이루는 관료제적 조직이 남성 중심적 성격을 가지고 있음을 지적하고 있다. 또한 권력과 담론에 관한 푸코의 논의에서 끌어낸 관료제 담론(bureaucratic discourse)이라는 개념을 사용하여 이것이 현대 조직의 유지와 생존에 중요한 요소로 작용하고 있다고 보고, 조직의 남성 중심성과 남성 지배 구조를 해체하기 위해 관료제 담론을 페미니스트 담론(feminist discourse)으로 대체해야 한다고 주장한다.

퍼거슨이 제시하는 페미니스트 담론은 비관료제적인 대안적 목소리로서 여성의 경험을 표현해 주는 목소리다. 여성의 경험은 역사적으로 종속적인 위치에 있었고 그래서 공적 담론과 관료제 담론에서 배제되었던 경험이다. 또한 퍼거슨은 개별적 자율성과 공동체적 이익 간의 역동적 관계를 고려한 페미니스트 담론을 바탕으로 권력 관계를 재정의할 것을 요청한다. 노동과 인간의 관계를 페미니스트 방식으로 재구조화함으로써 개인들은 위계적 조직이 아닌 평등한 조직을 만들어 낼 수 있다는 것이다. 그리고 합리성을 기계적으로 추구하는 관료제는 억압적일 뿐만 아니라 노동자의 삶을 통제하려고 하기 때문에 페미니스트 담론에 근거한 대안적 조직을 발달시켜야 한다고 주장한다. 퍼거슨이 주장하는 이 대안적 조직 형태는 우정(friendship)

에서 도출된 자발적이고 평등한 자질이 토대가 되며 보살핌과 연결성의 가치가 장려된다.

퍼거슨의 이와 같은 주장은 페미니스트 진영에서 볼 때, 성별(gender)과 조직의 관계를 처음으로 논의했다고 할 수 있는 칸터(R. M. Kanter)의 자유주의 페미니스트 입장과 뚜렷하게 대비된다. 칸터는 자신의 고전적인 저작 *Men and Women of the Corporation*(1977)에서 성별을 현대 기업조직 연구의 중심축으로 제시했지만, 여성들이 조직 속에서 불이익을 받는 것은 그들이 여성이기 때문이 아니라 권력을 갖지 못한 집단이기 때문이라고 결론지었다. 따라서 칸터는 여성이 조직 내에서 받는 불이익은 여성이 남성과 수적으로 균형을 이루거나 권력을 획득해 고위직에 진출하게 되면 해소될 수 있다고 주장했다. 이러한 이유로 칸터는 조직을 성중립적인 것으로 간주했으며, 조직 내의 성불평등 혹은 성차별을 권력의 문제로 환원시켜 버렸다고 평가받는다. 이에 비해, 퍼거슨은 조직 내에서 성별의 문제를 직접적이고 도발적으로 제기했으며, 특히 거의 모든 조직에서 발견되는 관료제적 속성이 갖는 남성 중심성을 간파하고 이것이 조직 내의 불평등과 비민주적 성향의 근본 원인이라고 비판했다. 이런 점에서 퍼거슨은 조직에 대한 페미니스트 연구가 본격화되고 심화되는 중요한 계기를 마련했다고 하겠다.

피터 드러커(Peter Drucker)가 오늘날 조직은 현대 생활의 가장 특징적 양상 중 하나라고 지적한 바처럼, 조직은 성별을 불문하고 현대인에게 가장 크게 영향을 미치는 삶의 요소다. 조직에 대한 이해는 경영학, 행정학, 사회학 등 주류 사회과학에서는 뚜렷한 학문 분과로 자리 잡고 독자적으로 연구되고 있는 분야이며, 사회적 활동 영역 중 가장 활발하게 연구되고 있는 분야이기도 하다. 그러나, 이에 비해 조직과 성별 관계 혹은 이 둘 간의 문제에 대한 이해는 여전히 부족하거나 관심이 없는 편이며 국내에는 이에 관한 기본적인 연구서도 찾아보기 어렵다. 한편, 조직에 대한 페미니스트의 관심은 미국의 경우 1980년대에 시작되었으며, 국내에서는 최근에 여성의 리더십과 관련하여 논의되고 있으나 대체로 성희롱, 성폭력에 초점을 맞추고 있는 정도다. 이것은 기업과 행정기관의 관리직에 종사하는 여성 비율이 매우 낮은 한국의 상황에서 비롯된 당연한 결과라고 할 수 있을 것이다.

그러나 점차 여성의 관리직 진출이 늘어나고 또 정부조직과 관련 기구를 중심으로 여성의 관리직 비율을 높이기 위한 정책적·제도적 노력이 추진되면서 페미니스트 관점으로 조직을 분석할 필요성도 높아졌다. 이러한 시점에서 퍼거슨의 책은 남성들이 선점하고 있는 조직에 후발 주자로 진입하는 여성들을 포함하여 권력을 갖지 못한 조직 구성원들이 소위 제2의 성으로 취급되는 구조적 상황과 문제들을 비판적으로 검토하게 한다는 점에서 학술적으로 시사하는 바가 큰 연구서다.

조직과 관료제에 대한 페미니스트 연구인 이 책은 여성학 연구 분야를 확장시키는 효과를 가져오고 조직과 성별 관계에 대한 학술적·실천적 관심을 높일 수 있을 것이다. 또한, 국내 사회과학 분야에서 조직에 관해 연구하는 연구자들은 물론 학생들이 젠더 이슈(gender issue)와 페미니스트 이슈를 조직 연구의 핵심적이며 본질적 차원으로서 사유, 연구하는 데 좋은 자료를 제공할 수 있을 것이다. 특히 정치학, 행정학, 경영학 분야에서 시작되고 있는 조직 속의 여성과 남성의 관계에 대한 논의에 새로운 시각을 제시해 줄 수 있을 것이다. 또한 이 책의 상당 부분은 사회복지 서비스 조직과 복지 수혜자들에 대한 분석에 할애되어 있어 페미니스트 관점으로 사회복지 관련 조직들 및 구성원들을 이해하고자 하는 연구자들에게도 유용한 사례를 제공할 것으로 생각한다.

번역을 하면서 저자가 뜻하고자 한 바를 그대로 옮기는 데 최선을 다했지만, 여전히 오역(誤譯)으로 인해 원저의 내용이 잘못 전달된 부분들이 있으리라 생각한다. 그 부분들은 전적으로 역자들의 잘못임을 인정하고, 앞으로 오류를 지적해 주실 분들께 미리 감사드린다.

마지막으로, 어려운 출판 환경에도 불구하고 교재가 아닌 순수 학술서인 이 번역본을 출간해 준 대영문화사 임춘환 사장님께 진심으로 감사드린다.

2009년 6월

옮긴이

머리말

이 책은 페미니스트 관점에서 본 현대 조직생활에 대한 것이다. 이것은 조직에서 어떻게 성공할 수 있는가에 대한 책이 아니다. 물론 그런 책들은 잠깐 논의되고 있지만 여기서는 여성들을 위한 관료제 안에서의 '성공지침서들'이 해결책이라기보다는 문제로서 논의되고 있다. 이 책에서는 오히려 관료제적 자본주의 사회의 권력구조를 여성과 남성에 대한 억압의 주된 원천으로 보며, 그 구조를 완화할 것이 아니라 제거해야 한다고 보는 급진적인 주장을 제시하고 있다. 집 밖에서 일하는 여성의 대부분이 임금이 낮고 승진 기회가 거의 없는 지루한 일을 하고 있다는 사실과 현 세기 들어서 대부분의 사람들이 하는 노동의 가치가 점차 저하되고 있다는 사실에 비추어 볼 때, 또 관료제가 신입사원들에게 부과하는 엄청난 인적 비용을 알고 있기 때문에, 나의 주요 관심사는 조직 세계에서 상승 이동하려는 목표를 추구하는 상대적으로 소수인 전문직 여성을 지원하려고 하는 것이 아니다.[1] 그렇다고 전문직을 향한 여성들의 야망을 놓고 무차별적인 중상모략을 하려는 것도 아니다. 나 자신도 전문직 여성이기 때문에, 그러한 행동은 불쾌할 정도로 모순적일 것이다. 더욱이 그러한 행동은 적어도 일부 전문직업은 유익한 일을 할 기회를 제공한다는 사실과, 또 그런 위치에 접근하는 것

1) 취업한 여성들 중 약 7퍼센트가 행정가 및 관리자이며, 넓게 정의하여 17퍼센트가 전문기술직이다. (간호사들과 각급 학교 교사들은 전문직 범주에 포함된다.) 여성의 일에서 대규모의 '진입'이 일어난 곳은 그 나머지 분야에 속하는데, 어느 때보다도 많은 여성들이 저임금의 전망 없는 직업에서 일하고 있다. Barbara L. Forisha & Barbara H. Goldman, eds., *Outsiders on the Inside: Women and Organizations*(Englewood Cliffs, N.J.: Prentice-Hall, 1981)의 서론 참고.

이 종종 괜찮게 버는 직업을 갖는 유일한 길이라는 사실을 무시하는 행동일 것이다. 개별 여성은 조직 세계에서 위로 올라가려는 노력들을 통해 종종 물질적·사회적 보상 모두를 얻는다. 그런 노력들을 이해할 수는 있지만, 그러나 거기에는 페미니스트적인 면이 없으며 급진적인 면도 전혀 없다. 내가 증명하고자 하는 바는 여성들이 진입하기만 하면 조직이 바뀔 것이라는 주장은 틀렸다는 것이다. 개별 여성의 상승 이동과 페미니즘의 성공을 등치시키는 것은 개인들의 자기 이익을 모두 합하면 전체의 이익과 같아진다는 오래된 자유방임주의의 새롭고 이기적인 판본을 받아들이는 것일 뿐이다.

모든 철저한 비평은 궁극적으로 대안적 가능성의 비전을 제시할 수 있는가에 달려 있다. 어떤 상황에서도 현재에 비해 달라질 수 없는 것에 대항하는 정치적 투쟁을 옹호하는 것은 무의미하다. 동시에, 다른 방식을 구상해내고 명료하게 해 줄 근거를 제공하기 위해 변화의 청사진을 보여 줄 필요도 없다. 그런 점에서 보면 이 책의 목적은 다음과 같다.

첫째, 관료제 사회의 권력 구조와 과정, 그리고 이 구조와 과정이 그 속에 붙잡혀 있는 개인들에 미치는 영향을 분명하게 밝히고 또 이해할 수 있게끔 하려고 한다. 관료제 사회 안에 있는 모순과 조작 실태를 들추어냄으로써 그 사회에 대한 모든 이론과 실천을 탈신비화할 수 있다. 조직사회는 어느 정도는 그것이 묘사하는 현실을 반영하기도 하고 왜곡하기도 하는 이데올로기를 만들어 내고 또 공고히 함으로써 유지되기 때문에, 다른 형식으로 조직을 이해하는 것은 어떤 면에서는 행동을 취하는 것이기도 하다.[2] 진리만으로 사람을 자유롭게 할 수는 없지만, 만일 그 사람이 자유를 추구하면 그런 태도가 사물의 진실을 아는 데 도움을 준다.[3]

둘째, 관료제 담론과 관료제적 구조에 저항하기 위한 기초를 제공하려고

2) 현대 미국 사회에서 대부분의 조직은 관료제적이고, 또 내가 주로 관심을 두는 부분이 우리 삶의 거의 모든 측면에서 증대되고 있는 조직화 현상이기 때문에 나는 '조직사회'라는 용어를 '관료제 사회'와 동의어로 사용한다. 그렇지만, 조직의 모든 형식이 같다거나 혹은 사회가 조직 없이 존재할 수 있다는 뜻은 아니다.

3) 이 논의의 상당 부분은 Richard J. Bernstein이 *The Restructuring of Social and Political Theory*(Philadelphia, Pa.: University of Pennsylvania Press, 1976)에서 비평의 과제에 대해 분석한 내용에 근거한 것이다.

한다. 나는 지식이 미덕과 같은 것이라고 생각하지 않는다. 그러나, 만일 우리 삶을 다시 생각하고 우리의 가능성을 재구성하고 또 현실에 대한 공식적 규정에 저항하는 데 정치이론이 사용된다면, 정치이론은 변화를 가져올 수 있고 우리가 잘 사는 데 도움을 줄 수 있다. 내가 보기에 저항을 위한 토대는 자신들의 삶이 관료제 사회의 전체 담론에 매몰된 목소리를 구성하는 여성들의 전형적인 경험 속에 있다. 미국 사회에서 여성들의 전통적 경험은 두 가지 방식으로 관료제를 조명해 준다. 그 두 가지 방식이란, 여성과 남성간의 권력 관계에 필적하는 지배와 종속의 유형들이 관료제에서 지속되고 있음을 폭로하는 것과, 여성의 역할 속에 각인되어 있는 보살핌과 양육적 경험들을 반영하게끔 개인과 집단을 다른 방식으로 이해하는 것이다.

셋째, 조직의 문제에 대한 대안적이고 비관료제적 접근법을 제시하려는 것이다. 이것은 관료제 담론 속에 깊이 새겨져 있으면서 조직이 스스로를 이해하는 데 사용하는 전문용어와 조직의 형식을 비판하고 거부하며, 그 대신 페미니스트 담론의 이론적 실천적 용어를 받아들일 것을 요구하는 접근법이다. 사회의 관료제화는 돌이킬 수 없는 냉혹한 운명이 아니라 계속 진행 중인 사회적 역사적 과정으로서 자체의 모순을 생성해 내고, 권력을 가진 사람들이 계속적으로 유지하고자 노력하지만 **저항에 직면할 수밖에 없는 과정**이다. 급진적 페미니스트 담론은 관계의 대안적 형식들을 제시하고 다른 형태의 조직을 제안함으로써 그런 저항을 생겨나게 하는 하나의 원천이 될 수 있다.

연구를 하는 동안 나는 수많은 사람들을 만나 그들의 조직 경험에 대한 면접을 했으며, 이 자료들을 내 주장을 뒷받침하는 데 사용했다. 내가 대표성을 지닌 표본을 선정했다고 주장할 수는 없다. 즉, 이 면접들은 통계적으로 타당하거나 신뢰성 있는 모집단을 대표하는 것도 아니고 통계적 일반화가 가능하지도 않다. 나는 내가 알고 있는 사람들과 이야기를 함으로써 면접을 시작했고 그들을 통해 다른 사람들을 소개받았다. 내가 면접한 사람들은 모두 20명이며, 4년 동안 몇 사람은 한 번만 만났지만 대부분 여러 번 만났다. 면접 대상자들은 중간급 전문직/관리직 인사, 화이트 칼라 참모진, 사무직 노동자, 생산직 노동자, 그리고 고객(client)을 포함하여 조직 내에서 다양한 위치를 차지하고 있다. 나는 각자 자신들의 조직적 경험에 대해 말해 줄 것을 질문하는 개방형 질문을 사용했다. 나는 내 면접이 갖는 방법론적 한계들에 대해 알고 있지만, 이 사람들의 대답이 현대 조직 속에서 일어나는 일상생활의 본질을 드러냈다고 믿는다. 면접을 마칠 때면 나는 거의 언제나 두 가지 느낌을 갖고 돌아왔다. 즉, 현대 조직이 인간의 가능성을 하락시키고 있음을 다시금 느끼게 되고, 사람들이 조직의 전횡에 맞서서 인간성을 고수하고 있는 방식들에 대해 엄청난 존경심을 갖게 되는 것이었다.

서두에 두 가지 점을 좀 더 밝힐 필요가 있다. 하나는 페미니스트 이론의 본질에 관한 것이고 다른 하나는 조직 이론의 본질에 관한 것이다. 첫째, '여성 문제'—예를 들면, 낙태, 자녀 양육, 평등권수정법안(Equal Rights Amendment)—를 더 넓은 정치적 문제로부터 분리할 수 없는 것처럼, 페미니스트 이론을 더 이상 여성들에게 무슨 일이 일어나고 혹은 일어났는가에만 관련된 이론이라고 볼 수만은 없다. 페미니스트 이론은 여성에 대한 것이긴 하지만 단순히 그에 그치는 것은 아니다. 페미니스트 이론은 세상에 관한 것이지만 무시되고 평가 절하된 여성의 경험이라는 관점에서 바라본 것이다. 둘째, 조직사회에 관한 대부분의 현대 정치사회 사상, 특히 주류 사회과학 내부에서 만들어진 사상은 사회를 정당화하고 변호하거나 혹은 사물들이 현재와 같이 될 수밖에 없음을 회한에 차서 주장함으로써 사회를 위한 변명 역할을 한다. 나는 앨빈 굴드너(Alvin Gouldner)가 "모두가 남성의(여성의) 희망들을 땅에 묻는 데 너무 열심인," 사회과학자의 "장의사 역할"이라고 제대로 불렀던 그 역할에 기여하고 싶지 않다.[4] 간단히 말해서, 관료제는 사람에게 고통을 주고, 인간의 가능성을 조종하고 비틀고 해를 입힐 수 있는 막강한 잠재력을 가지고 있다. 나는 페미니스트 정치 이론이 우리로 하여금 관료제 담론의 꾸준한 침투에 저항할 수 있게 도와 주는 잠재력을 가지고 있다고 믿으며, 해체되고 있는 공적 상황에 직면해서 이론이 무기력하게 있을 필요가 없으며, 적합한 이론이 우리에게 상황을 분명하게 설명해 주며 비전을 제시할 수 있다고 믿는다.

---

4) Alvin Gouldner, "Metaphysical Pathos and the Theory of Bureaucracy," in Lewis A. Coser & Bernard Rosenburg, eds., *Sociological Theory*(New York: Macmillan, 1964), p. 509.

마지막으로 이 연구가 미셸 푸코(Michel Foucault)에 지고 있는 엄청난 지적 부채에 대해 몇 마디 하겠다. 여전히 살아 있는 (이 책이 집필될 당시에 푸코가 생존해 있었음 - 옮긴이) 사상가의 아이디어를 사용하기 위해 채택하는 것은 언제나 위험하다. 왜냐하면 그 사람이 자기 주장을 할지도 모르고 또 누군가의 주장을 믿을 수 없는 것으로 만들어 버릴 수도 있기 때문이다. 특히 푸코의 경우, 사람들은 조심스레 발걸음을 내딛어야 한다. 그의 생각들은 복잡하고 어려우며, 지속적으로 발전하고 보완되는 과정 속에 있고, 또 현재 지적 논쟁의 한가운데에 있기 때문이다. 이 책은 관료제에 대한 것이지 푸코에 대한 것이 아니기 때문에, 푸코의 주장들에 대한 나의 관계를 서두에 간략히 설명함으로써 나중에 나올지도 모르는 이의들을 피할 수 있을 것이다.

나는 푸코의 주요 관심사일 것으로 내가 간주한 그의 신념에 동의한다. 그의 신념이란 바로 허버트 드레퓌스(Herbert Dreyfus)와 폴 라비노(Paul Rabinow)가 탁월한 비평문에서 진술하고 있는 것처럼, "사물에 대한 조직화의 증대는 우리 시대의 중심적 쟁점이다"라는 것이다.[5] 근대성에 대한 푸코의 논의, 특히 지배 권력의 구조와, 언어에 의한 개인과 관계의 생산을 꿰뚫어본 그의 통찰력은 사회통제의 복잡성을 이해하는 데 소중한 수단을 제공해 준다. 나는 '사물의 조직화(orgnization of everything)'의 출현과 유지에 대한 푸코의 엄청나게 시사적인 생각들을 취해서, 내가 알기로는 푸코가 논의한 적이 없을 뿐 아니라 어쩌면 받아들이지 않았을 영역에 그것들을 적용했다. 예를 들면, 푸코는 언젠가 "섹슈얼리티 장치 내부에서 조성된 담론으로부터 사실상 벗어났다"는 것이 여성운동의 장점임을 시사하면서 여성운동에 대해 긍정적으로 얘기한 바 있다.[6] 그러나 그는 여성의 목소리를 근대적 인식 속에 묻혀 있어 드러나지 않는 하나의 침잠담론(submerged discourse)으로 정의하지는 않는데, 침잠담론은 바로 내가 주장하는 바다. 나는 또한 푸코가 하지 않았던 방식으로 나의 분석을 교육에

5) Herbert L. Dreyfus & Paul Rabinow, *Michel Foucault: Beyond Structuralism and Hermeneutics*(Chicago: University of Chicago Press, 1982), p. xxii.

6) Michel Foucault, *Power/Knowledge: Selected Interviews and Other Writings*(New York: Pantheon Books, 1972), p. 220.

적용하고 있다.[7] 마지막으로, 나는 푸코를 "과잉되게 사용하는 것"을 피하고 싶다. 『감시와 처벌(*Discipline and Punish*)』의 첫 장을 읽은 사람들의 대부분은, 근대 사회에 감시가 만연되어 있었다는 것에 대해 자신들이 어느 정도 확신하든 상관없이, 공개적으로 할복(割腹)하기보다는 감옥에 구금되는 것을 택하게 되는 경향이 있다. 근대성 담론과 주체성(subjectivity)에 대한 주장의 몇 가지 측면에 대해 나는 푸코와는 다른 방식으로 흥미를 느끼게 되었다. 그럼에도 불구하고, 나는 푸코가 언어 속에서 정치학을, 그리고 관료제 속에서 지배를 찾아내려고 한 점에서 옳다고 믿으며 이것이 바로 내가 따르고 싶은 길이다.

나는 또한 푸코의 분석에서 중심이 되는 생각들에 대해 몇 가지 유예 사항, 혹은 최소한 몇 가지 의문들을 가지고 있다. 간단히 말하면, 나는 주체의 역할, 담론의 정의(definition), 이론의 용도, 그리고 권력의 본질에 관한 그의 주장에 의문을 가지고 있다. 푸코 저작의 대부분은 '권력의 미시물리학'이 작동함으로써 근대적 주체가 생겨났다는 그의 입장을 상세하게 설명하고 있다. 이로써 개별성이란 진행 중이며 포착 불가능한 과정이라는 앙리 베르그송(Henri L. Bergson)과 그 외 다른 과정 철학자들(process philosophers)의 주장보다 근대적 주체에 대한 푸코의 주장이 더 많은 의미를 담고 있는 셈이다.[8] 그는 권력과 지식의 생산 외부에는 식별 가능한 어떤 주체도 없다고, 즉 사회적으로 구성된 '나(me)'와 상응하는 '나(I)'는 없다고 주장하는 것처럼 보인다. 그러나, 나중에 쓴 한 평론에서 그는 이 입장에 거리를 두면서 "우리는 수세기 동안 우리에게 강요되어 온 이러한 종류의 개별성을 거부함으로써 주관성의 새로운 형태가 발달할 수 있도록 촉진해야 한다"며 사실상 독자들에게 주관성을 추구할 것을 촉구한다.[9] 그래

7) 푸코는 광기(insanity)에 대한 그의 주장을 교육에 대한 주장과 혼동했다며 특히 로렌스 스톤(Lawrence Stone)을 나무란다(Michel Foucault, "An Exchange with Michel Foucault," letters to the editor, *The New York Review of Books* 30[March 31, 1983]: 42-43). 푸코는 *Discipline and Punish*(New York: Vintage Books, 1979)에서, 특히 pp. 140, 191에서 교육에 대해 언급하고 있다.

8) 사실상 푸코는 베르그송이 개별성을 인식하기 위해 시간에 의존하는 것에 대해 *The Birth of the Clinic*(New York: Vintage Books, 1975), p. 170에서 지나가는 말로 베르그송을 비판한다.

9) Dreyfus & Rabinow, *Michel Foucault*, p. 216.

서 아마도 그의 입장은 다시 사유되고 있는 중인 것 같다. 그러나 푸코의 주요 주장은 주관성, 그리고 상호주관성(intersubjectivity)이 단순히 지배적 인식의 창조물이라고 말하는 듯하다.[10] 따라서 여성의 경험을 형성하는 다른 것들과의 구체적인 관계에 입각하여 페미니스트 담론을 만들어 내려는 나의 노력을, 푸코는 아마도 의미를 만들어 내려는 또 다른 잘못된 노력으로, 또 근대 문화의 역사적 주체화(historical subjectivizing) 추세의 또 다른 표시로 볼지도 모른다. 그러나 푸코는 여기서 식견이 짧다. 왜냐하면, 인간의 행위성(agency)에 대한 개념이 없이는, 국외자들의 침잠 담론이 제공할 수 있는 저항의 약속이란 기계적이고, 단조롭고, 공허할 뿐이기 때문이다. 나는 푸코가 사회적이면서 일시적인 존재인 우리 경험의 중요한 측면들을 해명하지 않고 있다고 생각한다. 내가 채택한 자아에 대한 관점에 따라 개인을 가능성과 환경의 상호작용에 따른 진화적 결과물로 볼 수 있음을 나는 앞으로 논의할 이 책의 장들에서 좀 더 분명히 할 것이다. 나는 "의식적, 개인적, 의미 부여적 주체의 내면성에 결코 의지하지 않으려는" 푸코의 입장을 공유하지 않는다. 왜냐하면 그런 입장은 대부분의 일상적 경험들을 이해할 수 없게 만들기 때문이다.[11] 나는 의미를 창조하는 것은 피할 수 없으며 동시에 어쩌면 품위 있는 과정이라고 생각한다. 이러한 과정은 우리가 스스로 만드는 언어와 우리가 신봉하는 가치의 영향 안에서 우리들의 집단적 삶을 제대로 자리잡히게 한다.

게다가, '담론(discourse)'이라는 용어를 사용하는 푸코의 방식은 다소 모호하다. 자신의 일부 저작에서 그는 그 용어를 발언과 언어의 영역을 의미하는 것으로 사용하지만, 다른 곳에서는 그 용어에 더 넓고 더 산만한 의미를 부여하고 있다. 후자와 같은 용법에서 그는 '자율적 담론의 환상'에 굴복하는데, 이것은 그로 하여금 제도가 언어에 미치는 유사한 영향은 무시하면서도 언어가 제도와 실천에 대해 가지고 있는 영향력을 강조하게 만든다.[12] 나는 담론을 좀 더 상식적 의미에 국한시키게 되는 첫 번째 의미의

10) 푸코가 '인식(episteme, 에피스테메)'이라는 용어에서 의미하는 바는 주어진 역사적 시기에 세계에 대한 지배적 관점이 등장하게 하는 데 바탕이 되는 일련의 조건이다.

11) Dreyfus & Rabinow, *Michel Foucault*, p. 57.

12) 위의 책, p. viii.

담론을 채택했다.

또한 사회적 분석 활동에 대한 푸코의 접근법에서도 약간의 모호함이 있다. 푸코는 철저한 전체화(全體化)가 초래할 수 있는 결정적인 인과분석, 즉 '요약'을 지향하는 유혹에 명백히 저항한다. 그는 우리 경험이 복잡하고 우연적이며 다층적이기 때문에 총괄적인 결론을 내리려는 어떠한 노력도 심하게 왜곡될 것임을 우려하는 것처럼 보인다. 사실 그는 나의 프로젝트에 대해 다음과 같이 구체적으로 경고하고 있다. "사회나 문화의 합리화를 하나의 전체로 간주하지 않고, 광기, 질병, 죽음, 범죄, 섹슈얼리티 등등 여러 분야에서 그러한 과정을 분석하는 것이 현명할지도 모른다."[13] 그러나 푸코는 고전적 인식에서 근대적 인식으로의 이동에 대해 논의할 때처럼, '큰 그림'에 자주 호소한다. 푸코의 분석은 종종 그가 내리고자 하는 것보다 더 큰 결론을 제안하고 있으며, 그리고 내가 여기서 추구하고자 하는 것도 그런 제안들 중의 일부다. 아마도 그것은 역사학자와 정치학 이론가의 성향 차이를 말해 주는 것 같은데, 후자는 전체에 관해 일관성 있게 이해하려고 하는 과정에서 세부적인 것은 도리어 흐릿하게 만들려고 하는 경향이 있다.

마지막으로 정치학과 권력에 대한 푸코의 관점은 일종의 수수께끼 같다. 권력에 대한 그의 관점이 무정부주의적 인상을 풍기는 곳이 여러 군데인데, 특히 국지적인 저항을 주장하며 중앙집중적이고 위계적인 권력 장악을 거부한 점에서 잘 나타난다. 푸코가 패배자 편을 든다며, "푸코 식의 계보학은 권력으로 인해 고통받는 사람들에게 유용하도록 권력의 가면을 벗기는 작업이다. 계보학은 또한 그들을 대변한다며 권력을 획득했을 사람들에게 대항한다"고 주장한[14] 앨런 셰리던(Alan Sheridan)의 견해에 나도 동의한다. 그러나, 이처럼 가면을 벗기는 목적은 무엇이란 말인가? 위의 비평에 방향을 제시해 줄 대안적 비전은 없는 것 같다. 아마도 그것은 "신중하면 기다리고 성급하면 예고하기도 하지만 다시 세우기 위한 권력은 결코 가질 수 없는"[15] 헤겔의 미네르바의 올빼미(헤겔의 철학에 등장하는 말로서, 미네르

---

13) 위의 책에서 Michel Foucault, "The Subject and Power," 후기, p. 210.

14) Alan Sheridan, *Michel Foucault: The Will to Truth*(New York: Tavistock Publications, 1980), p. 221.

15) Roberto M. Unger, *Knowledge and Politics*(New York: Free Press, 1975), p. 17.

바의 올빼미는 새벽에 앞일을 예고하는 것이 아니라 저녁에만 날개를 펼친다는 것으로, 행동하기보다 관찰하고 그에 대해 기술하는 철학자의 역할을 말한다. 로베르토 웅거(Roberto M. Unger)는 여기서 이론이 역사를 만들어 내는 행위자이기보다는 목격자의 역할을 할 수밖에 없음을 강조한 것이다 - 옮긴이) 문제로 될 운명인지도 모른다. 권력을 지배가 아닌 다른 것으로 보는 푸코의 분석을 분명하게 뒷받침하는 것은 전혀 없다. 한 논문에서 푸코는 "권력 관계가 없는 사회는 추상적 개념일 뿐이다"라고 우리에게 경고하지만, 그러고 나서 그는 특정한 사회에 있는 특정한 권력 관계에 대한 분석이 "정치적으로 필요하다"고 주장한다. 왜냐하면,

> 권력 관계의 역사적 형성, 강점 혹은 약점의 원천, 그 중 일부를 변형시키거나 없애버리기 위해 필요한 조건들을 이해하기 위해서다. 권력 관계가 존재하지 않는 사회는 있을 수 없다고 말한다고 해서, 이미 확립된 것은 불가피하다거나, 혹은 어떤 경우라도 권력이 사회 심장부의 숙명적인 부분이기 때문에 결코 훼손될 수 없음을 뜻하는 것은 아니다.[16]

결론적으로, 지배 없는 사회는 상상할 수 없는데 비해 덜 지배적인 사회 혹은 최소한 다른 형태의 지배가 있는 사회는 충분히 가능하다. 이것은 분명히 이치에 맞는 입장이지만 방향성의 문제는 남는다—저항은 어떤 목적을 향해 나아가는가?

이러한 비판과 유예들을 감안할 때, 사람들은 이 책이 실제로 푸코를 활용하는 정도가 얼마나 되는지 질문을 제기할지도 모른다. 그 대답으로서 나는 프리드리히 니체(Friedrich W. Nietzsche)와 자신의 관계에 대한 푸코의 견해에 호소하곤 한다. "나 자신을 위해, 나는 내가 좋아하는 작가들을 활용하기를 선호한다. 니체와 같은 사람의 사상에 보내는 유일하면서도 타당한 찬사는 그 사상을 정확하게 사용하고, 변형시키고, 그것으로 하여금 신음하고 저항하게 만드는 것이다."[17] 만일 푸코와의 관계에서 내가 이렇게 했다면 나는 내가 그의 업적을 활용하는 데 성공한 것으로 생각할 것이다.

16) 위의 책에서 Foucault, "The Subject and Power," pp. 222-223.
17) Foucault, *Power/Knowledge*, pp. 53-54.

감사의 말

이 책을 위한 아이디어는 정치이론 및 급진주의적 정치학과 현대 조직생활의 교차점에서 탄생했다. 내 삶 중 이 영역에는 감사를 표해야 할 중요한 사람들, 각자의 의견이 직간접적으로 다양하게 들어 있는 사람들이 있다. 정치이론과의 만남에서 학생이자 대학원생으로서 나는 무척 운이 좋았다. 훌륭한 학구적 생활의 '변방'에 존재하는 정치적·사회적 생활에 대한 비판적인 관점과 너무나 흥미로운 관념의 세계를 함께 엮어 준 두 선생님들과 만나게 되었기 때문이다. 마이클 웨인스타인(Michael Weinstein)과 멀포드 시블리(Mulford Sibley)는 서로 다른 방식으로 내게 무엇인가에 대해 비판적으로 생각하고, 그리고 무엇일 수 있었는가에 대해 상상력을 가지고 생각할 수 있게 가르쳐 주셨다. 급진적 정치학의 세계에서, 나의 여성운동과 평화운동 동지들은 내가 현대의 관료제적 조직들 속의 삶과는 너무나 대조적인 자율성과 공동체에 대한 헌신적 태도를 잃지 않게 도와 주었다. 오늘날 대부분의 사람들이 생활하고 있는 곳－관료제－의 상황을 검토할 때, 그들에게 도움을 구하지 않고는 자율성과 공동체에 계속 가치를 부여하거나, 비판적이거나 상상력이 풍부한 사고방식을 유지할 수 없음을 나는 알게 되었다.

대부분의 사람들은 내가 떠오르는 생각을 명료하게 하고 발전시키는 데 도움을 주었다. 몇몇 사람들은 나의 논의를 발전시키는 여러 단계에서 원고를 읽고 토론해 주었으며, 여러 가지 통찰력 있는 학구적 비판과 관대한 개인적 지지를 보내 주었다. 그들은, 래리 스펜스(Larry Spence), 마크 베르토치(Mark Bertozzi), 마이크 기본스(Mike Gibbons), 짐 스티버스(Jim Stevers), 정치사회 사상에 대한 양키학술대회 구성원들(Yankee Conference on Political and Social Thought); 관료제에 대한 비교적 · 역사적 · 비판적 분석에 대한 1, 2차 국제학술대회 참가자들(First and Second International Conferences on the Comparative, Historical, and Critical Analysis of Bureaucracy), 특히 브루스 버먼(Bruce Berman), 울프 나르(Wolf Narr), 그리고 로즈 볼로(Roz Bologh), 켄 맥도널드(Ken MacDonald), 레이와 모린 오먼드(Ray and Maureen Aumand), 프랭크(Frank)다. 특별히, 린다 니콜슨(Linda Nicholson)과 조앤 트론토(Joan Tronto)는 꼼꼼하게 비평해 주었는데, 그들의 비평은 나의 주장을 발전시키고 보완하는 데 크게 도움이 되었다.

내가 자신의 삶 속에 들어갈 수 있도록 허락하고 자신의 조직 경험을 내게 들려 준 면접 대상자들에게도 나는 크게 신세를 졌다. 대부분의 면접 대상자들은 익명을 요구했다. 그렇게 하지 않은 사람 가운데서 나는 특히, 그들이 아니었으면 내가 이해할 수 없었을 공장일의 여러 측면에 대해 통찰력을 제공해 주었던 신디와 필 카슨(Cindy and Phil Carson)에게 감사하고, 다양한 사회봉사 조직에서의 경험을 차례대로 들려 준 글렌 윌리엄스(Glenn Williams)와 존 포텔리(John Portelli)에게 감사하고, 생산직 노동과 노동조합 활동에 통찰력을 보여 준 모 맹겔리(Moe Manghelli)에게 감사한다.

템플대학교출판부의 편집인과 교정 직원들은 함께 일하기에 너무 좋은 사람들이었다. 가장 강한 주장들은 발전시키면서 다른 주장들은 다듬고 생략하는 데 도움을 준 로니 스타인버그(Ronie Steinberg)와 제니퍼 네델스키(Jennifer Nedelsky)에게 특히 감사한다. 마이클 메일라치(Michael Meilach)는 원고를 능숙하고 즐겁게 타이핑해 주었고, 캐시 츠무라(Cathie Chmura)는 똑같은 자질을 색인 작업에서 보여 주었다.

이 작업을 통해 나는 내 가족의 노동하는 삶에 더 큰 감사를 보내게 되었다. 나의 부모님과 조부모님은 농부와 공장 노동자들이었으며, 이제 나는 자신의 아이들이 '더 잘살게' 하겠다는 그들의 결단과 또 힘든 노동 속에 들어 있는 그들의 지독한 자부심을 더 잘 이해하게 되었다. 나는 또한 내가 아홉 명의 자녀 및 양자녀로 이루어진 복잡한 가족 가운데 공장에서 일한 적도 없고 공장에서 일한 사람과 결혼한 적도 없는 유일한 자녀라는 사실에 대해서도 아주 깊이 감사한다. 그들이 내게 준 지지와 보살핌에 대해 모두에게—어머니, 맥, 스티브, 다이앤, 수전, 바버라, 코니, 게리, 로저, 그리고 줄리—고맙다고 말하고 싶다.

마지막으로, 시에나대학(Siena College)에 감사하고 싶다. 이 대학은 내가 연구를 하는 데 필요한 재정적 지원을 제공해 주었고, 많은 동료 교수들은 지적이고 개인적인 격려를 해 주었으며, 내 정치이론 수업을 들은 학생과 정치학 강의를 수강한 여성들은 나의 아이디어 중 많은 부분을 즐겨 토론해 주었다. 빌 볼러(Bill Baller)와 시에나대학 도서관 직원들은 연구를 위해 필요한 자료를 찾는 데 크게 도움을 주었다. 현대 조직에 대한 연구를 통해 나는 또한 그 기관 자체가 독특하다는 것을 알게 되었는데, 봉건주의는 결점을 가지고 있지만 적어도 관료적이지는 않다.

제 1 장 페미니즘과 관료제의 관계

우리가 말하든 않든
기계는 우리를 산산히 부숴버리리라—
그리고 우리는 두려움에 떨게 되리라

당신의 침묵은
당신을 보호해 주지
못하리라
- 오드리 로드(Audre Lorde)

페미니즘(feminism)과 관료제(bureaucracy)는 항상 불편한 관계 속에 있었다. 페미니스트 정치이론과 조직화된 페미니스트 정치의 출현은 대체로 19세기 후반과 20세기에 나타난 현상이다. 우연찮게도 정치적 · 사회적 · 경제적 생활에 대한 관료제적 조직화(bureaucratic organization)가 확대된 것 또한 지난 백 년간에 일어난 현상이다. 그러나 최근까지도, 이 두 현상 간의 관계는 명확하게 설명된 적이 없다.

역사적으로 미국에서 현대 페미니즘과 대규모 관료제는 동시에 발생했다. 여성운동의 첫 번째 물결은, 19세기 중반부터 후반까지 있었던 관리직과 사무직의 확대와, 진보의 시대(Progressive era: 미국에서 진보의 시대는 1890년대부터 1920년대까지 계속된 개혁의 시대를 말하는 것으로서 주로 중산층에 의해 주도되어 비효율, 낭비, 부패를 비판하고 사회 정의, 평등, 공공 안전을 추구했다–옮긴이)임을 표시하는 사회복지 기구들의 성장과 동시에 일어났다. 이 시대에 여성들, 특히 백인 중간계층 여성들은 정부와 비즈니스 세계 모두의 하층부에 임금노동자로 진입했다. 여성운동의 두 번째 물결은 제2차 세계대전 후 시기(post-World War II: 제2차 세계대전이 완전히 끝난 후의 안정기–옮긴이)가 끝날 무렵에 여성들이 집 밖의 관료제적 환경 속에서 일할 수 있도록 비슷한 기회, 비슷하게 낮은 임금과 낮은 지위를 제공하는 사회서비스 조직과 화이트 칼라 직업이 증가하는 가운데 시작되었다.[1] 페미니즘의 출현과 공적 생활의 관료제화는 모두 그 저변에 깔려 있는 경제적·기술적 영역에서 광범위하게 일어난 변화의 결과로 이해할 수 있다. 그 변화란, 첫째, 시장자본주의(market capitalism)에서 감독 기능의 확대와 장부 기록작업을 필요로 하는 기업자본주의(corporate capitalism)로의 과도기를 나타내는 노동력의 중앙집중화와 전문화, 둘째, 조직의 규모와 복잡성의 증대, 셋째, 집 밖으로 그리고 공장과 사무실로 옮겨간 임금노동으로서 공적 생활과 사적(즉, 가내적) 생활 간 관계의 재조직, 넷째, 과거에 가정에서 수행되던 활동을 공급하고 규제하는 국가 서비스 기구와 대규모 서비스 산업의 부상이다. 달리 말하면, 페미니즘과 관료제화(bureaucratization)는 둘 다 사회의 노동분업에 엄청난 변화가 생김에 따라 나타난 결과로 이해될 수 있다. 그리고, 아내와 어머니로서 역할이 재정의됨에 따라 가족 속에서 여성들의 삶은 변화되었고, 공장과 사무실에서 노동자의 역할이 재정의됨에 따라 여성과 남성의 삶이 변화되었다.

정치적으로 볼 때, 페미니즘과 관료제의 관계는 문제가 많다. 사회 변화를 꾀하는 대부분의 주요 사회운동이 그러하듯이, 내부적으로 페미니스트 운동은 기존 조직으로 진입하는 데 주로 관심을 가진 사람과 그런 조직들

---

1) Margery Davis, "Woman's Place Is at the Typewriter: The Feminization of the Clerical Labor Force," *Radical America* 8(1974): 1-28과 Evelyn Nakano Glenn & Roslyn L. Feldberg, "Clerical Work: The Female Occupation," in Jo Freeman, ed., *Women: A Feminist Perspective*(2nd ed.; Palo Alto, Calif.: Mayfield, 1979), pp. 313-338을 참조. 가난한 여성들, 특히 흑인 여성들은 항상 집 밖에서 일했는데 비해, 페미니즘과 관료제화에 관련되고 그것에 의해 영향을 받은 사람은 백인 중산층 여성들이었다.

을 변화시키려고 하는 사람으로 나뉘어 있다. 평등한 법적 지위, 동일노동 동일임금, 그리고 위세와 보수가 더 높은 경력(career)을 갖기 위한 투쟁들은 주로 자유주의 페미니스트들에 의해 추진되었으며 이 투쟁들은 대중매체에 의해 종종 여성운동 전체를 대표하는 것으로 알려졌다. 자유주의 페미니즘은 평등 기회와 적극적 조치(affirmative action: 역사적으로 차별을 받아온 흑인 등 소수집단과 여성에 대한 차별 해소와 이들의 사회적 지위 향상을 위해 미국 정부가 시행하고 있는 적극적인 우대 조치—옮긴이)를 추구하는 프로그램을 통해 여성들을 공적 영역에 통합시키기 위해 국가와 기업의 관료제 기구에 호소했다. 그러나 여성운동 중에서 급진적 목소리는 현존하는 제도적 장치 자체가 근본적인 결함을 가지고 있다고 보기 때문에 통합에만 초점을 맞추는 것을 거부한다. 관료제를 페미니스트 의제(agenda)가 다루어야 할 쟁점으로 만든 것은 바로 이 후자에 속하는 집단이다.[2]

공적 생활의 관료제적 조직화는 직업을 가진 대부분의 여성의 일을 직접적으로 통제하고 또 페미니스트 이론 및 실천의 목표와는 반대되는 영향을 전체 사회에 미치기 때문에 페미니스트들이 관심을 갖는 중요한 표적이다. 페미니즘과 조직 이론은 서로를 필요로 한다. 페미니스트들은 지배와 자유를 설명하는 적합한 이론을 구축하기 위해 반드시 권력의 관료제적 양식(bureaucratic modes of power)을 다루어야 하며, 현대 조직 연구자들은 관료제에 대해 제대로 비판하기 위해 페미니스트 관점을 고려할 필요가 있다.

---

2) 나는 여기서 마르크스주의 페미니즘, 사회주의 페미니즘, 무정부주의 페미니즘, 레즈비언 페미니즘, 그리고 그 외 다른 페미니즘들을 구분하지 않고 이론적 복잡성을 지나치게 단순화하고 있지만, 이런 이론적 복잡성이 다른 곳에서는 정확하게 구분되어 있다(Alison M. Jaggar & Paula Rothenberg Struhl, eds., *Feminist Frameworks*[New York: McGraw-Hill, 1978]). 나의 목적을 위해 가장 중요한 구분은 "우리가 들어가게 해달라는(let us in)" 요구와 "우리를 자유롭게 하는(set us free)" 요구 사이의 구분이다. 나는 또한 자유주의 페미니즘과 다양한 형태의 급진주의 페미니즘이 종종 함께 작용하기 때문에 이들 간의 대립을 과도하게 표현하고 있기도 하다. 그러나 이 두 입장이 표방하는 이론과 실천에서 기본적 차이는 널리 알려져 있다. 만일 내 주장에 좀 더 구체적인 이름을 붙여야 한다면, 나는 그것을 무정부주의적 페미니즘이라고 부르겠다. 왜냐하면 관료제에 대한 비평은 잘 정립된 위계에 관한 무정부주의자들의 주장에서 주로 끌어온 것이기 때문이다. 그러나 나는 내 주장에 이름을 붙이는 데 관심을 두기보다 주장을 명확하게 하는 데 더 관심을 기울이고 있다.

특히 페미니스트적인 분석은 관료제라는 주제를 두 가지 방식으로 새롭게 조명한다. 첫째, 여성과 남성 사이에 존재하는 지배와 종속의 유형을 이해하는 것은 관료제 내의 권력과 통제의 치밀성을 파악할 수 있게 해 준다. 둘째, 여성의 전통적 경험에 각인되어 있는 개인적 정체성과 사회적 상호작용에 대한 관념들을 밝혀냄으로써 집단생활에 대한 비관료제적 전망을 제시할 수 있다. 사적 생활과 공적 생활 사이의 틈을 치유하는 것을 목표로 하면서, 개인적 삶과 집단적 삶을 서로 다른 것으로 보는 관료제적 조직 형태를 거부하는 반위계적 지향은 좀 더 급진적인 페미니스트 이론가와 활동가들로부터 나온다. 예를 들면, 최근의 페미니스트 이론에 대한 분석에서 린다 글레논(Lynda M. Glennon)은 "페미니즘은 오늘날 가장 급진적인 사회운동이 될 잠재력을 가지고 있다. 왜냐하면, 페미니즘은 사적-정서적(private-expressive), 공적-도구적(public-instrumental)인 자아와 세계 간의 이분법에 도전함으로써 현대의 사회적 위기에 근본적인 영향력을 행사하기 때문이다."[3] 글레논은 단순히 자본주의 자체보다 기술주의(technocracy: 정부나 기업 혹은 사회조직이 기술전문가에 의해 관리되는 체제나 이러한 체제를 지향하는 이념—옮긴이)를 공격함으로써 도구적이고 행정적인 성향이 일상생활에 침투하는 것에 대한 광범위한 분석에 착수한다.[4] 유사하게, 로슬린 볼로(Roslyn W. Bologh)는 합리적 인간 존재란 무엇을 의미하는가라는 문제에 대해 질적으로 다른 관점에서 접근하면서 관료제적 합리성의 불가피성(inevitability of bureaucratic rationality)에 도전함으로써 막스 베버(Max Weber, 1864-1920: 독일의 사회과학자로서 사회과학의 모든 분야에서 막대한 영향을 끼쳤다. 그의 주요 업적으로는 사회과학 방법론의 확립, 유물사관 비판, 합리화와 관료제적 지배의 현대적 의의를 지적한 것 등이 있다.—옮긴이)를 페미니스트 관점에서 해석했다.[5] 진 엘쉬타인(Jean B. Elshtain)과 사라 루딕(Sara Ruddick)은 제각기 기술주의적 가치와 제도보다는 특별히 여성

---

3) Lynda M. Glennon, *Women and Dualism*(New York: Longman, 1979), p. 18.

4) 위의 책, pp. 22-23.

5) Roslyn Wallach Bologh, "Max Weber and the Dilemma of Male Rationality," unpublished manuscript, St. John's University, October 21, 1982.

적 경험을 요구하는 공적 담론을 만들어 내기 위해 페미니스트들에게 기대를 걸었다.[6] 로버트 덴하트(Robert B. Denhardt)와 잰 퍼킨스(Jan Perkins)는 페미니즘이 "권위의 위계적 유형을 통한 상급자의 지배는 중요한 목표를 달성하는 데 필수적인 것이 아니며 사실상 집단과 개별 구성원의 성장을 제약한다고 주장한다"면서 페미니즘이 현대 조직생활의 심장부에 도전하고 있음에 주목했다.[7] 『시간의 변방에 선 여성(*Woman on the Edge of Time*)』, 『그녀의 나라(*Herland*)』, 그리고 『아타의 종족이 당신을 기다립니다(*The Kin of Ata Are Waiting for You*)』와 같은 페미니스트 유토피아 소설에서 중요한 하나의 차원은 반위계적이고 참여 지향적인 이미지를 가진 인류공동체 구축이다.[8] 급진주의 페미니스트 조직은 평등하고 비위계적인 방식으로 일과 책임을 나누려는 노력을 의식적으로 하며, 미국의 전국여성조직(National Organization for Women: NOW) 같은 좀 더 '주류'인 페미니스트 집단 및 전문직 여성 조직 내에서조차 참여적인 조직 형태를 갖추기 위해 탈관료제화하려는 노력을 기울이고 있다.[9]

일단 관료제 자체가 단순히 현대적 삶의 한 양상으로서나 혹은 활동을 조직화하는 중립적 방법으로 생각되는 게 아니라 하나의 **쟁점**으로 생각되면, 관료제에 대한 질문들은 근본적으로 다른 시각에서 조망된다. 관료제에 대한 비판적 분석은 도구적 합리성(instrumental rationality)의 언어와 제도적 형식으로 가득 찬 사회인 관료제 사회의 역사와 구조에 대한 분석을 필요로 한다. 관료제에 대한 연구—관료제는 무엇인가, 그것은 누구에 의해

6) Jean Bethke Elshtain, *Public Man, Private Woman*(Princeton, N. J.: Princeton University Press, 1981); Sara Ruddick, "Maternal Thinking," *Feminist Studies* 6 (Summer, 1980): 342-367.

7) Robert B. Denhardt & Jan Perkins, "The Coming Death of Administrative Man," *Women in Public Administration* 36(July/August, 1976): 382.

8) Margery Piercy, *Woman on the Edge of Time*(New York: Fawcett, 1981); Charlotte P. Gilman, Herland(New York: Pantheon Books, 1979); Dorothy Bryant, *The Kin of Ata Are Waiting for You*(New York: Moon Books, 1971).

9) 급진주의 페미니스트 조직에 대한 논의는 Charlotte Bunch *et al., Building Feminist Theory: Essays from Quest*(New York: Longman, 1981) 참조. '관료제' 논란에 대한 간략한 논의는 Glennon, *Women and Dualism*, p. 10, 및 Denhardt & Perkins, "Coming Death," p. 381 참조.

어떤 목적으로 누구의 희생 아래 어떻게 논의되는가—는 조직구조와 조직담론 둘 다에 대한 연구가 된다. 내가 말하는 '담론(discourse)'이란 우리의 경험을 구성하고 반영하는 것에 대해 말하고 쓰는 특징적인 방식을 의미하며, 현대 사회에서 언어학적 관습의 지배적 형태는 관료제 담론의 형태다. 페미니스트 프로젝트는 담론의 대안적 양식을 만들어 낼 근거를 찾아내고 대안적 사회에 대한 전망을 명료하게 제시하는 것이며, 이렇게 함으로써 우리는 관료제를 이해할 수 있을 뿐만 아니라 그것을 넘어설 수 있을 것이다.

제 1 절 관료제의 정의

현대 관료제는 하나의 구조이자 과정으로 이해할 필요가 있다. 하나의 구조로서 관료제는 과업의 할당과, 역할의 상당히 안정적인 배열로 묘사할 수 있다. 개인은 관료제와의 일상적인 상호작용 속에서 관료제를 정적이고 고정된 권위 구조로 체험하는 경향이 있기 때문에, 사람들이 가장 쉽게 알아차릴 수 있는 것은 바로 관료제의 확립된 구조적 차원들이다. 그러나, 관료제는 또한 하나의 과정으로서, 특정한 정치적 목적을 추구하면서 특정한 역사적 조건에서 생겨나는 인간 행동의 일시적 질서다. 관료제를 유지하기 위해서는 지속적으로 관심을 쏟아야 하며, 또 관료제의 지배 양식들은 재생산되어야 하고, 관료제로 인해 생겨나는 저항(opposition)은 반드시 찾아내어 억압되어야만 한다.

베버에 따르면, 근대 관료제는 대체로 다음 속성을 가진 조직으로 묘사할 수 있다. 그 속성이란, 고정된 의무와 권한을 수반하는 복잡하고 합리적인 노동분업, 견고하며 규칙에 의해 지배되는 권위의 경로들과 보편적으로 적용되는 행위 지침, 상부로부터 감독을 받으면서 횡적으로 구분되어 있는 등급화된 권위 혹은 위계, 의사소통을 표준화하고 통제를 증가시키는 과학적 절차에 바탕을 둔 복잡한 문서 기록 체계, 그리고 조직이 요구하는 생활방식에 구성원들이 전적으로 충성할 것을 요구하는 경향이다.[10] 근대 관료제는 지나치게 규모가 커서 대부분의 구성원 사이에 대면적(對面的) 관계가 형성되기 어렵다. 근대 관료제는 구성원들의 관계에서 불확실성을 제거하기 위해 그리고 지속성과 안정성을 확보할 수 있게 개인과 임무를 배열하려고 하지만, 대체로 여러가지 내적 갈등에 시달린다. 사실상 관료제는 권력, 지위, 개인적 가치, 그리고/혹은 생존을 특징으로 하는 정치적 활동 장소이다. 그것들은 과두적이고(소수에 의해 지배되는) 그 구성원의 충원은 적어도 부분적으로는 선출(엘리트들 스스로에 의한 후계자 선발)에 의해 이루어진다.[11]

대규모 관료조직 자체가 근대의 발명품은 아니지만—고대 중국의 왕조들과 러시아 황제 체제 하의 관료제는 이런 유형의 조직이 오랜 역사적 뿌리를 가지고 있음을 보여 준다—근대 대중사회는 관료제에 의해 침범당하고 있다는 점에서 독특하다.[12] 대중사회에서 사적 영역과 공적 영역은 모두 분화될 수 없는 하나의 사회적 활동 무대 속으로 급속히 흡수되고 있으며 그 속에서 시민의 형식적 법적 평등은 그 아래에 깔려 있는 불평등을 은폐하며 순응하게 만드는 압력을 위장하고 있다. 구조이자 과정인 관료제는 사회적 맥락 속에 놓여져야 하며, 이것이 곧 미국 사회에서 계급 간·인종 간·성별 간의 사회적 관계가 근본적으로 불평등함을 보여 주는 맥락이다. '불평등을 과학적으로 조직한 것'인 관료제는, 이와 같은 서로 다른 형태의 지배들을 합리화하고 유지하는 하나의 제도적 활동 장소 속으로 이 지배들

---

10) Max Weber, *The Theory of Social and Economic Organizations*, trans. A. M. Henderson & Talcott Parsons(New York: Free Press of Glencoe, 1964). 나는 위계(hierarchy)라는 개념을 '위에서 아래로'의 감독과 통제를 포함하는, 횡적으로 등급화된 권위 관계를 의미하는 것으로 사용하고 있다. 사람에 따라서는 각 층위의 구성원들이 선발되고 아래로부터 권력을 부여받는 대의적인 형태, 즉 근본적으로 다른 형식의 위계를 상상할 수도 있겠지만, 그것은 근대적 관료조직에서 발견되는 위계의 종류는 아니다.

11) Robert Presthus, *The Organizational Society*(New York: Alfred A. Knopf, 1962), pp. 11, 27, 그 외 여러 곳.

12) 관료제에 대해 저술한 다른 사람들처럼 나 자신도 관료제의 사회 침범을 묘사하기 위해 '침투(penetrate)'라는 동사를 반복적으로 사용하고 있음을 알게 되었다. 아마도 이렇게 사용하는 것이 상징에 대해 지나치게 많은 의미를 두지 않으면서 관료제의 '남성성'을 하나의 사회적 형식으로 나타내는 표시 방법일 것이다.

을 투사하기 때문에 이들을 위한 거름장치 역할을 한다.[13] 대중사회의 제도는 개인들이 순응하게끔 유도하는 방식으로 개인에게 집중되며, 한나 아렌트(Hannah Arendt, 1906-1975: 독일 태생의 미국 정치학자·철학자—옮긴이)의 말처럼 대중사회는 "구성원들을 '정상화하는(normalize),' 즉 그들로 하여금 적절하게 행동하게 만드는 엄청나게 많고 다양한 규칙을 부과함으로써 구성원 개인이 각각 특정한 종류의 행위를 할 것을 기대한다."[14]

관료제적 언어와 실천이 널리 퍼져 있음을 고려할 때, 무엇이 공적이며 무엇이 사적인가를 구분하는 것은 조심스레 이루어져야만 한다. '공적'인 것을 정부와 등치시키고 '사적'인 것을 시장과 등치시키는 이 용어들의 오래된 사용법은 대부분 쓸모없게 되었다. 이 책 2장에서 논의하고 있듯이, 이 두 영역은 여전히 관료제적 자본주의의 이데올로기적 목적에 제각기 봉사하고 있지만, 이들이 너무나 긴밀하게 얽혀 있기 때문에 그런 구분은 경험적인 의미를 거의 지니지 못한다. 나는 '사적'이라는 말을 가족, 친족 관계, 혹은 친구 연결망 내에서 일어나는 가족생활, 개인적 친밀성의 영역, 가사노동, 그리고 재생산에 대한 담론과 제도적 실천의 장을 지칭하는 것으로 사용한다. '공적'이라는 말은 가정 외부, 즉 낯선 사람들로 이루어진 더 넓은 세상에 뿌리를 두고 있는 의사소통, 교통, 여가, 문화 등에 대한 제도, 임금노동, 정부라는 바깥 세상을 지칭한다.

후기 자본주의의 계급구조에 대한 관료제의 정치적 영향을 분석할 때도 비슷하게 주의를 기울여야만 한다. 모든 층위의 조직에서 일의 관료제화가 증가하는 현상은 계급 관계에 연관된 두 가지 결과를 초래한다. 첫째, 작업환경의 동질화로서 육체노동과 비육체노동, 스태프(staff)와 계선(line) 지위 간에 존재하는 많은 전통적 차이를 덜 중요하게 만든다. 둘째, 그와 동시에 행정관리 언어 속에 있는 이러한 관계의 대립적 본질을 은폐함으로써

---

13) Claude Lefort, "What Is Bureaucracy?" *Telos* 22(Winter, 1974-1975): 49. 나는 이 분석을 미국에 국한하고 있지만, 아마도 대부분의 서구 사회에도 적용 가능할 것이라고 생각한다.

14) Hannah Arendt, *The Human Condition*(Chicago: University of Chicago Press, 1958), p. 40.

노동자와 관리자 간에 남아 있는, 계급을 기반으로 한 권위를 신비화한다. 자본주의의 문제점은 관료제의 문제로 환원될 수 없으며, 관료제 내의 권위 관계도 계급분석만으로 설명될 수는 없다. 오히려 그것들을 정의하는 것은 그들 간의 상호작용이다. 자본주의의 관료제화는 모든 층위의 조직에서 피고용인과 고객에게 지배와 종속이라는 공통적 문제들을 발생시킨다.

관료제는 특정 형식들로 된 과학과 기술의 필요성에 부합하기 위해서뿐만 아니라 사회적 통제를 유지하기 위해 만들어지며, 관련 영역에서 전문성이 있다고 할 만한 직원들로 스태프진이 구성된다. 사실상 사회의 관료제화가 증가한다는 한 표시는 관련된 기능에 대한 지식을 가졌다고 주장하는 여러 전문가들이 제기하는 요구의 종류와 범위가 증가하는 것이다. 즉, 일, 정치, 여가, 자녀 양육, 섹슈얼리티, 결혼, 의상, 개인적 버릇, 그리고 '친밀한 관계'에는 지속적으로 규모가 커지면서 진단과 처방을 제공하는 전문가 군단이 있다. 기술에 의해 침범당하는 사회에서 살아가려면 시민들은 특정한 사회적, 문화적, 심리적, 정치적, 그리고 언어적 배치에 숙달되어야 한다. 이러한 배치는 '공적'(예를 들면, 미국 국방성, 국가기구)이거나 '사적'(예를 들면, 기업)이거나 혹은 이 두 개의 조합(예를 들면, 대학)이거나 간에 대부분의 현대 관료제들 속에서 거의 동일하다.

따라서 관료제를 사회적 체계의 한 유형, 즉 특정한 사회적 행동이 형성되고 유지되며, 특정한 사회적 목표가 가치를 인정받으며, 특정한 언어가 사용되며, 특정한 행동 유형이 요구되며, 그리고 특정한 동기가 장려되는 사회적 체계로 보는 것이 타당하다. 다른 사회 체계에서처럼 관료제에서도 주로 통용되는 규범과 규칙들은 대체로 관료제적 자기 유지 요건을 뒷받침해 주는 것들이다. 자기 유지의 필요성과 일치하는 동기와 행위는 장려되고 보상받으며, 일치하지 않는 것들은 처벌받는다. 따라서 조직의 진짜 목적은 그 제도를 움직이는 장치가 계속 작동하도록 하는 것이 된다. 관료제는 목표를 달성하기 위한 수단인 규칙들을 끊임없이 만들어 내고, 이러한 목표를 향한 표준화된, 신뢰성 있는 진보를 이루기 위해 기존 절차를 고수할 것을 강조한다. 그러나 그 상황은 관료들로 하여금 규칙에 대한 집착 자체를 목표로 생각하게 만든다.[15] 따라서 관료제의 기능은 목표와 같아지게 된다. 즉, 수행되는 일이 어떤 것이든지 간에 스태프들은 그것을 반드시 수행되어야 하는 것으로 간주하며, 제도가 계속 존재하는가 여부는-그리고 스태프들이 계속 존재하게 되는가 여부—그 장치의 계속적 작동에 달려 있다. 제도는 종종 그것의 실제 목표(예를 들면, 군대와 서비스 장치를 계속 작동하게 하고 문서들을 처리하고 스태프를 고용하는 것)와는 다른 외견상의 목표(예를 들면, 공산주의의 잔혹함으로부터 베트남을 구출하는 것, 가난한 사람들을 돕는 것, 혹은 운전면허증을 발급하는 것)를 가지고 있다. 그러므로 공식적이며 표면적인 목표는 기술적으로, 때로는 우연히, 그 과정의 최종 목표가 되는 것일 뿐이다. 진짜 목표는 과정 자체를 유지하는 것이며, 더 나아가서 그 과정을 안정시키고 확장시키는 데 필요한 조건을 유지하는 것이다.[16]

관료제는 잡힐 듯 잡히지 않는 안정성을 계속적으로 추구한다. 내부적으로, 또 주위 환경에서 안정성을 찾는 과정에서, 그리고 직원과 고객의 행위

---

15) 도구적 가치(instrumental values)가 최종적 가치(terminal values)로 되어 가는 과정은 로버트 머튼(Robert K. Merton)에 의해 분석되었다. "Bureaucratic Structure and Personality," in Merton, *Social Theory and Social Structure*(New York: Free Press, 1968), pp. 249-260.

16) Robert N. Kharasch, *The Institutional Imperative*(New York: Charterhouse Books, 1973). 찰스 페로(Charles Perrow)는 목표 전도라는 논쟁(goal displacement)에 검증이 필요하다고 주장한다. 왜냐하면 "우리 사회의 지배적 조직이나 제도들은 목표 전도를 경험한 적이 **없으며**, 자신들의 용어로 제도화할 수 있었고, 자신들이 바라는 환경을 창조할 수 있었고, 기존의 환경을 다듬을 수 있었고, 그리고 자신들이 다루게 될 부문을 정의할 수 있었기" 때문이다(Charles Perrow, *Complex Organizations: A Critical Essay*[2nd ed.; Glenview, Ill.: Scott Foresman, 1979], p. 196). 그러나 학자에 따라서는, 여전히 목표 전도가 있을 수 있음을 알면서도 석유회사, 대규모 은행, 미국 국방성과 같은 조직들이 단순히 '손을 놓고 있는' 것은 아니며 그 조직의 엘리트들은 의도적으로 권력, 이윤, 그리고 통제를 극대화하는 정책을 결정할 수 있다는 페로의 주장을 받아들일 수 있다. 그 정도로 크고 강력한 조직들에서도 목표 전도는 일어나지만 단순히 덜 중요하거나 눈에 띄지 않는다. 왜냐하면, 그 조직들은 자신이 가지고 있는 엄청난 자원들로 인해 끝없이 확대될 수 있기 때문이다. 많은 조직분석가들은 목표 전도를 '병리적' 현상으로 생각하지만(예를 들면, Steven A. Waldhorn, "Pathological Bureaucracies," in Virginia B. Ermer & John H. Strange, eds., *Blacks and Bureaucracy*[New York: Thomas Y. Crowell, 1972]. pp. 184-191), 나는 그것을 관료제의 불가피한 양상이자 동시에 관료제가 주장하는 것들에 대한 고발이라고 생각한다.

를 예측 가능하고 합리적으로 관리할 수 있게 만드는 과정에서 관료제는 필연적으로 불확실성을 제거하려고 한다. 관료제의 꿈은 "세계가 확실성에로 완전히 환원되는 것이다. 알아야 통제할 수 있다."[17] 조직과 환경, 모두에서 불확실성은 관료제적 자기 관리라는 제도적 지상명령을 위협하고, 지정된 전문가들이 자신들이 다루고 있는 환경의 양상을 예측하고 통제하기 위해 내놓는 진단과 처방을 훼손시킨다. 확실성을 찾으려는 탐색의 여러 차원들, 즉 공개되거나 은폐된 다양한 탐색 형식과, 그것이 관료와 고객으로부터 유도해 내는 반응들을 이해하는 것은 관료제 체계 속에 구축되어 있는 갈등과 모순을 이해하기 위한 하나의 긴 여정이다.

제 2 절 순응과 모순, 그리고 통제

불확실성을 제거하고 확실하게 통제하려는 노력은 개인이 격리되고 사회적 반응이 탈개인화되며 의사소통이 신비화되고 지배가 은폐되는 왜곡된 정치적 상황을 만들어 낸다. 관료제 내의 위계적 노동분업을 변호하는 입장에서는 작업 과정 안에서 전문성이 충분히 활용되어야 하고 매우 효율적이어야 한다고 호소한다. 그러나, 효율성에 대한 호소는 대체로 위계가 수행하는 통제 기능을 감추려는 하나의 위장술일 뿐이다. 효율성(efficiency)과 효과성(effectiveness)에 대한 염려는 기껏해야 부차적이거나 종종 관련성이 없는 것들이며, 관료제에 대한 설명이라기보다는 정당화이다. 작업 과정의 파편화, 노동자들 상호간의 소외, 최종 생산물에 대한 그녀/그의 기여가 부분적이기 때문에 발생하는 노동자의 소모품화는 모두 노동자를 조직 내의 관리에 의존하게 만듦으로써 그들을 통제하기 위해 작동한다. 상향이동을 할 수 있을 것이라는 환상은 가끔씩 일부 노동자가 관리자급으로

17) Ben Agger, "On Science as Domination," in Alkis Kontos, ed., *Domination*(Toronto: University of Toronto Press, 1975), p. 193.

흡수됨으로써 만들어지는 반면, 끊임없는 감독, 규칙과 절차에 대한 엄격한 고수, 그리고 지식의 축적은 나머지 노동자를 통제할 수 있게 한다.[18] 해리 브레이버만(Harry Braverman), 댄 클로슨(Dan Clawson), 스티븐 마글린(Stephen Marglin), 그리고 다른 학자들은 실행으로부터 구상을 분리시키는 것과(프레드릭 테일러의 과학적 관리론에서 비롯된 사고로서, 근로자에 의한 직접적인 생산활동과 관리자에 의한 기획 혹은 관리를 구분하고자 함.—옮긴이) 작업의 관료제적 조직화는 모두 원래 노동자에게서 작업 과정에 대한 지식을 고스란히 빼앗아 버려야만 가능한 것이었다고 설득력 있게 주장했다. 이 지식은 표준화되고 관리자에게 교육되고 또 작업 과정에 재적용되어 사용자의 이익을 구현하게 해 주었다. "위계적인 작업조직의 사회적 기능은 기술적 효율성이 아니라 축적이다. 자본주의적 조직은 생산자와 소비자 사이를 중개함으로써 개인들이 자본 축적 속도를 통제할 수 있었다면 했으리라고 생각되는 것보다 훨씬 많은 것을 공장과 장비의 확대 및 개선을 위해 따로 챙겼다."[19] 자본주의에서 과업의 전문화(specialization of task)는 생산 과정에서 자본가나 그의 대리인에게 진행 책임자나 마케팅 담당자의 자리를 확보해 주기 위해 시작되었으며, 과업의 일상화(routinization of task)는 노동자의 가치를 헐값으로 낮추고 노동자를 대체 가능하도록 만들기 위해 강요되었다.[20] 대부분의 전문화와 일상화는 기술이 너무 세련되고 비싸

18) Paul Goldman & Donald R. Van Houten, "Managerial Strategies and the Worker: A Marxist Analysis of Bureaucracy," *Sociological Quarterly* 18(Winter, 1977): 108-125.

19) Stephen A. Marglin, "What Do Bosses Do? The Origins and Functions of Hierarchy in Capitalist Society," *Review of Radical Political Economy* 6(Summer, 1974): 62. 푸코는 마르크스주의를 회피하면서 규율 권력(disciplinary power)의 익명성을 과장되게 주장한다. 그런 권력이 "그것을 지시하는 사람은 아무도 없지만 모든 사람이 그 속에 점점 엮이게 되는 것으로서, 권력과 질서 그 자체를 증대시키는 것이 목적인 하나의 전략으로서" 경험되는 것은 사실이다(Herbert L. Dreyfus & Paul Rabinow, *Michel Foucault: Beyond Structuralism and Hermeneutics*[Chicago: University of Chicago Press, 1982], p. xxii). 그러나, 그런 권력의 전체적 효과는 보통 사람들을 유순하게 만들며, 권력을 갖고 통치하는 사람들의 권력을 결합시키는 것이다.

20) Harry Braverman, *Labor and Monopoly Capital*(New York: Monthly Review Press, 1974), p. 114.

져서 대규모 기계화나 고정자산의 투입이 필요해지기 이전에 일어났다. “공장이 성공하기 위한 열쇠는 성공하기 위한 영감뿐만 아니라, 노동자에 의한 생산 과정 통제를 자본가에 의한 통제로 대체하는 것이다. 규율과 감독은 기술적으로 우월하지 않았어도 비용을 낮추었고 또 낮출 수 있었다.”[21] 이와 비슷하게, 현대 기술적 발달의 많은 측면은 관료제와 중앙통제를 요구하지 않는다. 라디오와 텔레비전에 대해 페로가 지적하듯이, 기술 발달은 종종 “다양한 문화적 스타일과 이해관계를 반영하는 분화되고 분절된 시장과 양립 가능하다.”[22] 대부분의 경우 조직의 형태를 만들어 내는 것은 순수한 기술적 필요성이 아니라, 기술의 용도를 결정하는 강력한 이해관계에 의한 기술의 통제이다.

생활과 일이 관료제적으로 배치된 사람들은 ‘익명적인 사회 관계’의 단절과 부자유 모두를 경험한다.[23] 관료제는 개인들을 서로에게서 소외시킴과 동시에 개인들을 연결시키고 있는 경로를 탈개인화한다. 조직을 유지하고 “관료제적 구조가 와해되는 것을 방지하기 위해서는” 몰개인적이고 규칙에 의해 지배되는 관료제 구성원 간의 관계가 “개인화된 관계로 대체되어야만 한다.”[24] 따라서 이 규칙들을 위반하고 사무실 내의 관계를 인간화, 심지어 민주화하려고 시도하는 관리자들은 조직을 심각하게 위협하는 셈이다. 심지어 사무실이 효과적으로 움직인다 하더라도 이 관리자들은 위계를 파괴하고 공식적 가치 체계를 훼손하고, 조직에 의해 정의된 다른 관리자들의 정체성을 위협하며, 조직 내의 합법적 관계에 대해 적대적인 입장에 있는 관계를 파급시킨다. 그러한 개혁을 시도하는 관리자들이 거의 보상받지 못할 뿐 아니라 종종 처벌받는다는 것은 그다지 놀라운 일이 아니다.[25] 공장

---

21) Marglin, “What Do Bosses Do?” p. 84. 또한 Dan Clawson, *Bureaucracy and the Labor Press*(New York: Monthly Review Press, 1980), p. 85 참조.

22) Perrow, *Complex Organizations*, p. 213. 페로는 허쉬(Paul M. Hirsch)의 연구, “Organizational Effectiveness and the Institutional Environment,” *Administrative Science Quarterly* 20(September, 1975): 327-344를 인용하고 있다.

23) Peter Berger, Brigitte Berger, & Hansfried Kellner, *The Homeless Mind: Modernization and Consciousness*(New York: Random House, 1974), p. 31.

24) Merton, “Bureaucratic Structure,” p. 259.

25) Ralph P. Hummel, *The Bureaucratic Experience*(New York: St. Martin's Press,

이나 사무실에서 노동자들에게 '부드럽게' 보이는 관리자들은 더 이상 승진하지 못하며 좌천되거나 심지어 해고될 수도 있다. 나의 면접 대상자 중 한 명은 자동차 공장의 조립 라인에서 7년 동안 일한 여성이었는데, 그녀는 동료로서 노동자들과 맺고 있는 관계가 자신의 승진길을 막고 있다는 것을 알고 있었지만 고위관리자들의 요구를 들어 주지 않으려고 애썼던 어느 십장의 얘기를 내게 해 주었다. 확장일로에 있던 대규모 미디어 사업체에서 관리자로 일하던 30대 후반의 한 여성은 자신이 인간적이며 민주적인 태도로 하급 직원을 다루는 비인습적 방식을 사용하고 또 노조활동가들을 괴롭히지 않으려고 애쓰지만 그래도 자기 사무실의 생산성이 높기 때문에 자신이 상급자들의 인정을 받고 있다고 착각하고 있었다. 이 이유와 다른 이유들(상급자의 성희롱에 그녀가 반대한 것과 관련하여) 때문에 그녀는 결국 조직에서 밀려나고 말았다.

관료제적 관계에서 탈개인화의 요건이란, 개인들이 서로에게서 소외된다는 것과, 의미 있는 사회적 상호작용이 공식적 교제로 대체된다는 것을 의미한다. 우리 생활의 점점 더 많은 활동 영역이 관료제화하면, 그만큼 탈개인화/소외 과정이 확대된다. 일의 관료제화(bureaucratization of work)는 생산 과정에서 타인들과의 친밀성과 연결성을 상실하게 하고, 언어의 관료제화(bureaucratization of language)는 대화와 언어에서 친밀성과 연결성을 상실하게 하며, 섹슈얼리티의 관료제화(bureaucratization of sexuality)는 역설적으로 친밀성 자체에서 친밀성을 상실하게 만든다. 관료제는 사람들이 활동 속에서 서로 분리되게 하며, 맡은 역할 속에서 사람들을 자신들로부터 분리시킨다. 즉, 우리의 삶은 부분적 행위와 욕구로 파편화되며(예를 들어, 시민 대 납세자 대 실업자 대 노인), 이러한 파편화를 낳은 조직에 우리는 영구적으로 의존하게 된다.

만일 다른 사람과의 상호작용 과정에서—그 속에서 개인은 타인의 관점에서 자신을 바라봄으로써 자신만의 독특한 정체성을 형성하게 된다—인간의 자아가 만들어진다고 보면, 관료제화를 통한 사적 관계의 파괴는 자아

1977), p. 16.

정체성의 토대를 위협하는 것이다.

> 관료제 안에서 일어나는 사회적 삶의 특성을 가장 즉각적으로 보여 주는 것은 소외되고 있다는 느낌이다. 관료제 안에 있는 사람들은 역할을 맡은 사람으로서 상호작용을 하고 서로를 알게 된다. 제각기 다른 역할 속에서 사람들은 다른 유형의 숙련과 재능을 대표하는 사람들로 인식되며, 결코 상대방을 온전한 개인으로 인지하지는 않는다. 만일 누군가를 인지하는 것이 인격의 토대 중 하나라면, 역할체계는 인격에 대해 통일성 있는 정의를 내리는 데 도움이 되지 못한다.26)

자율적인 인간 존재로서 말하고 행동하기 위해 우리는 반드시 의미 있는 사회적 유대를 통해 타인들과 연결되어 있어야만 한다. 지속적인 소외(자기 성찰을 위해 의도적으로 혼자 있으려고 하는 것과는 반대로)는 우리를 침묵과 정지된 상태에 머무르게 하고, 타인들은 물론 자신들로부터도 단절시킨다. 우리를 소외시키는 구조들은 정치 자체를 훼손하며, 그 속에서 우리의 사회성을 훼손한다. 또 이 구조들은 타인의 관점에서 우리 자신과 우리의 상황을 보고, 공유된 경험에서 나올 수 있는 대안을 상상하며, 지금과 다른 미래를 설계하고, 개인과 집단적 삶을 위한 다른 가능성들을 모색하며 과거의 경험들을 재정의하는 우리의 역량을 해친다. 이러한 종속/소외의 변증법은 일종의 '캐치 22'(Catch 22: 모순된 규칙에 얽매여 이러지도 저러지도 못하는 상태로서 불합리한 상황을 가리키는 말-옮긴이)의 상황과 관련되어 있다. 즉, 사회적으로 활동하기 위해 사람들은 반드시 타인들과 공통적인 세계를 공유해야 하고, 그 세계를 구성하는 의미의 장에 기여하는 바가 있어야 한다는 것이다. 사고와 행위에 독창성을 가지려면 우리들은 공유된 존재 속에 뿌리내리고 있어야 한다. 그러나 관료제 속에 굳건하게 뿌리를 내린 사람일수록 뭔가 다르게 생각하지 못하거나, 혹은 어떤 방식으로도 새롭게 시작하지 못하는 경향이 있다. 관료제적 환경에서는 창조성의 요건이-사람들이 다른 사람들과 연결되어 있어야 한다는-도리어 창조성을 억

---

26) Roberto M. Unger, *Knowledge and Politics*(New York: Free Press, 1975), p. 184.

압하며, 자신을 창조하는 과정 그 자체도 위협받는다.

달리 말하자면, 관리되는 삶의 조건들 속에서 관료든 고객이든 모든 개인들은 상대와 자신을 죄다 관리의 대상으로 보게 된다. 조직의 '일반화된 타자,' 즉 그들의 행위를 다스리는 규범과 규칙의 원천은 다름아닌 조직 자체의 규칙이다. 따라서 관료는 조직의 관점을 그/그녀 자신과 고객에게 적용하도록 요구받는다. 조직의 규칙은 한 명의 온전한 인간으로서 관료의 이해 관계를 포함하지 않고 있으며, 고객의 관점을 포함하는 것도 결코 아니다. 관료들은 종종 이 사실을 잘 알고 있지만, 그들이 거래를 할 때 고객의 관점을 취하는 것은 구조적으로 금지되어 있다. 이러한 상황에서 해당 관료는 다음 사실을 반드시 기억해야 한다. "당신이 관여하는 가장 중요한 관계는 당신과 당신의 관리자 사이의 관계이지 당신과 고객 사이의 관계가 아니다. 그리고 직원-관리자 관계는 통제 관계이다."[27] 시민들이 거의 모든 종류의 관료들에 대해 갖는 끊임없는 불만—관료들은 비인간적이며, 고객에 대해 관심을 갖지 않으며, 융통성이 없다—과 동일한 방식으로 끊임없이 제기되는 직원들의 방어—"아주머니, 제가 규칙을 만드는 게 아닙니다. 저는 단지 여기서 일하는 사람일 뿐입니다"—는 모두 이처럼 구조화된 환경의 필연적 결과다. 조직에 대한 헌신은 규칙 준수와 통제에 대한 헌신이며, 관료들은 그러한 가치를 자신의 가치로 받아들이도록 요구받는다. 여기에 저항하는 관료와 이것을 이해하지 못하는 고객은 모두 부정적인 제재를 받게 된다.

관료제는 직원들이 조직의 목표와 과정을 계속 통제할 수 있게끔 종종 자신들만의 독특하고 다소 비밀스러운 언어를 만들어 낸다. 이 비밀스러운 언어는 서로 관련된 몇 가지의 기능을 수행한다. 이 언어는 조직이 정보를 독점하게 하며, 구성원들이 이의를 제기하는 행동을 하거나 외부로부터 감독을 받게 되는 상황을 차단할 수 있게 해 준다. 관료들과 사업을 하려면 사람들은 반드시 그들과 대화를 해야 한다. 이 때문에 사람들은 관료들의 언어를 배우고, 관료들의 방식대로 사업을 진행하고, 그리고 결국에는 관료

---

27) Hummel, *Bureaucratic Experience*, p. 30.

들의 홈그라운드로 들어가게 된다.

> 직원들은 조직이 그들에게 할당한 지식의 범위 내에서 그들이 좋아하는 말이면 무엇이든 할 수 있게 허용된다. 그들은 조직에 의해 승인된 이 진술을 상대방이 이해했는지 여부를 알려고 할 필요가 없다. 이에 비해, 고객은 관료제적 언어를 배우기 위해 정반대의 태도를 취해야만 한다. 그렇게 하지 않으면 그들은 서비스를 거부당하는 피해를 입게 된다.[28]

관료제가 제공한 물건 그리고/혹은 서비스는 그것들이 자원을 소비하게 한다는 점에서 가치가 있기 때문에, 언어적 비밀을 간직하고 그래서 관련된 자원들에 대한 통제력을 유지하는 것이 직원들에게 이익이 된다. 따라서 관료제적 언어는 통제력을 증가시키는 기능을 하며, 그것은 의사소통을 장려하기 위해서가 아니라 정보와 지시를 전달하려는 의도를 가지고 있다. "관료제는 본래부터 스스로에게 스스로를 설명할 필요가 없기" 때문에 실제적인 의사소통을 무질서 속에 빠뜨린다.[29] 관료제적 언어는 '대꾸하기' 어려운 일방향성을 띠고 있으며, 인과 관계가 성립되지 않기 때문에 지시가 어디서 처음 나왔으며 또 누가 그 지시에 대해 책임을 져야 하는지 알아내기가 어렵다. 관료제화로 인해 공적 영역이 서로 연관된 무용지물의 네트워크로 축소됨에 따라, 사람들 사이의 말은 절차에 관한 정보를 헛되이 상호 교환하는 것으로 축소된다. 인간 행동에 관한 말은 전문용어로 대체되며, 대화, 토론, 판단이라는 말은 '피드백', '투입', '산출'로 대체된다.[30] 기술주의 사회의 언어적 경향은 정치를 의미있게 만드는 개방된 갈등과 타협의 과정을 억누른다. 적극적으로 저항하거나 거부하는 사람들은 다음과 같은 언어와 맞닥뜨리게 된다. 즉, 농촌마을에 대한 군대의 습격이 '보호를 위한 대처'로 일컬어지며, 정부의 건물들과 초고속화 도로 그리고 부유한 사람들을 위한 주거지 조성으로 가난한 사람들과 중산층이 대규모로 퇴거당하는 것이 '도시 재개발'로 불리며, 대량 해고가 '인원 감축'(혹은 '감원')이

---

28) 위의 책, p. 37.
29) 위의 책, p. 150.
30) Murray Bookchin, "Beyond Neo-Marxism," *Telos* 36(Summer, 1978): 18-19.

라는 말로써 개인과 무관한 용어로 표현되며, 노동자들이 '인적 자원'으로 지칭되는 언어들과 부딪치게 되는 것이다. 언어적 차원의 탈인격화로 인해 관료와 고객 모두 자신과 자신의 상황에 대해 침묵하게 되는데, 그것은 이들이 자신을 분명하게 표현하지 못해 정치적 반대를 마음에 품거나 추구할 수 없기 때문이다.

더욱이 위계적인 조직으로 인한 결과 중 하나는 책임을 분산시키는 것이므로 반대할 분명한 대상이 없는 상황에 처하게 되고, 따라서 제대로 된 반대를 준비할 능력은 관료제 속에서 더욱 약화된다. 의사결정 과정 자체는 "익명적이고 파편화된 정보를 획득하는 모호하고 탈개인적인 도구"가 되어 버린다.[31] 아렌트의 말에서처럼, 관료제적 절차의 복잡성과 파편화는 관료제가 '무인(無人)에 의한 통치'라는 인상을 남긴다. 그래서 관료제의 '문서제일주의(red tape)'는 잠재적인 반대 세력을 분산시키고 혼란시키는 체계유지적 기능을 수행한다. 즉, "관료제적 공간이 공적 공간을 잠식함에 따라, 책임을 지는 사람을 찾기는 더욱 더 어려워진다. 마치 사람들이 불평을 호소할 곳은 어디에도 없고, 아무 곳에서도 권력이 효과적으로 작용하지 않는 것처럼 보인다. 책임자의 자리에는 아무도 없는 것 같다."[32] 그렇다고 해서 이 얘기가 곧 엘리트들이 명령을 내릴 능력이 없다고 말하는 것은 아니며, 오히려 명령을 내리는 그들의 권력이 은폐되어 있음을 말하고 있을 뿐이다.

관료제 담론의 궁극적인 차원은 희생자들을 침묵시키려고 시도하면서(그리고 부분적으로 성공하면서), 동시에 정치적 중립성을 주장함으로써 이런 효과를 은폐하는 것이다. 행정 신화는 "조직을 공적으로 선언된 목표를 실현하는 데 효율적이며 효과적인 도구로 정의한다."[33] 이데올로기와 무관한 기술적 진보의 도구임을 자처함으로써, 관료제는 과학이라는 외피를 스스로에게 입히고 "자신의 이데올로기가 눈에 띄지 않도록" 한다.[34] 헤르베

31) Presthus, *Organizational Society*, p. 53.
32) David Schuman, *The Ideology of Form*(Lexington, Mass.: D. C. Heath, 1978), p. 69.
33) Deena Weinstein, *Bureaucratic Opposition*(New York: Pergamon Press, 1979), p. ix.
34) Theodore Roszak, *The Making of a Counterculture*(New York: Anchor Books,

르트 마르쿠제(Herbert Marcuse)가 헤겔을 좇아 "행복한 의식(Happy Consciousness)—실제적인 것은 합리적이며 체계는 선행을 행한다는 믿음—"이라고 부른 이 판본을 받아들이는 사람들은 "사회적 행위로 번역된 기술적 합리성의 한 양상인 새로운 순응주의(conformism)"를 채택하게 된다.[35] 개인적 불명예, 자신이나 타인을 향한 불의, 무능함, 혹은 대체로 비도덕적인 정치에 저항함으로써 관료제에 항거하는 사람들은 공식적 판본의 현실이 그런 현실을 대하는 관료와 고객에 대해 통제력을 완벽하게 행사하지 못하고 있음을 증명해 준다. 그러나 그러한 반대 행동에 가담하기 위해 사람들은 먼저 행정적 구조들이 자처하는 이데올로기적 중립성의 외양을 간파하고, 그것들이 바로 지배, 조작, 그리고 갈등의 거부를 표준적 운영 절차로 하는 정치적 활동무대임을 파악해야만 한다.

관료제의 통제 기제가 어디에나 있고 또 매우 강력하다는 면에서 볼 때, 관료제는 명백히 권위주의적인 정치 체계와 매우 흡사하다. 그들은 인간 생활을 예측 가능하게 하고, 기존의 권위구조들을 지지하거나 혹은 최소한 그것에 적극적으로 도전하는 행위를 하지 못하도록 인간 생활을 통제하고 합리적으로 조작하려는 공통의 목표를 갖고 있다.[36] 관료제나 권위주의적 정치 체계 중 어느 쪽도 소위 승인된 이의를 제기할 통로를 제공하지 않으며, 합법적인 '충성스러운 반대'가 부재한 상태에서는 어떠한 반항도 불충이나 반역과 동일하게 취급된다. 권위주의적 정치 체제처럼, 관료제는 실제로 완벽하게 통제되지 않고 내부에서 저항이 주기적으로 발생하는 것이 발견되기 때문에, 관료제가 비정치적이라는 이들의 주장도 역시 거짓이다. "조직은 잘못을 스스로 고칠 수 없으며 또 그렇기 때문에 비정치적이지 않다. 대신 조직은 정치가 필요없다고 주장하는 권위주의적 국가에서와 마찬

1969), p. 8.

35) Herbert Marcuse, *One-Dimensional Man*(Boston: Beacon Press, 1964), p. 84.

36) Roszak, *The Making of a Counterculture*, p. 9와 그 외 여러 곳. 중간관리자 계층의 목소리는 내부로부터 특별히 급진적인 결론을 이끌어 내는 것은 아니라 하더라도 관료제를 전체주의적 정치 체제와 비교하게 만든다. Earl Shorris, *The Oppressed Middle: The Politics of Middle Management*(New York: Anchor/Doubleday, 1981), p. 93과 그 외 여러 곳.

가지로, 노골적인 투쟁이 억압에 의해 잠재워지는 갈등의 온상이다."[37] 권위주의 체제에 의해 가끔 사용되는 테러는 관료제 조직의 통제구조와 동일한 기능을 한다. "관료제는 지배가 일상화된 것이며, 테러는 누적되는 위기 때문에 지배의 일상성이 붕괴하거나 혹은 지배의 일상성이 아직 발달하지 못했을 때 일어난다."[38] 두 지배 체제 모두 공개적 혹은 잠재적으로 저항적인 주민들을 다룰 때 사용하는 방법으로서 이렇게 하지 않고는 이들을 동원하거나 제거할 수 없는데, 이들은 설사 이들이 제공하는 서비스가 권력자들의 주장을 받아들인다는 동의에 불과하다 하더라도 지배집단이 어떤 이득이나 서비스 때문에 의존할 수밖에 없는 주민들이다. 두 지배 체계는 조직 내의 행정가와 조직 외부의 고객을 동시에 겨냥할 수 있다. 예를 들어, 스탈린주의는 체제의 헤게모니에 대해 실제적이거나 잠재적인 또는 상상속의 위협 요소라고 생각되었던 수백만의 일반 시민을 제거했고 또 "계속적으로 관료들이 처형되는 상황에서도 그들이 속한 부서들은 기괴하게 살아남았던 것처럼 스스로를 구조적으로 재생산했다."[39] 테러는 능동적이며 협동에 의한 저항을 발생시킬 수 있는 정치적 활동을 제거하며, 관료제는 좀 더 소극적이고 원자화된 반대를 처리한다. 관료제와 테러는 둘 다 공적 생활을 절름발이로 만들거나, 개인들을 체계의 소극적 대리인 혹은 체계에 갇힌 사람으로 만들어 버리고, 또 그들이 이성적으로 동의하거나 공유된 목적을 향해 함께 행동할 수 있는 책임 있는 행위자들임을 부인함으로써 사회를 탈정치화한다.

이처럼 관료제적 통제 전략의 여러 가지 차원들을 전체적으로 살펴보면, 직원, 고객, 그리고 환경은 아무 문제없이 통제할 수 있는 것이 아니며 통제된 상태가 쉽게 유지되지도 않는다는 점을 강조하는 것이 중요하다. 사실상, 통제하기 위해 지속적으로 노력하는 이유는 완벽한 통제를 방해하는 기본적인 장애가 지속적으로 존재하기 때문이다. 만일 조직에 확실성이 항

37) Weinstein, *Bureaucratic Opposition*, p. 107.

38) Alvin W. Gouldner, "Stalinism: A Study of Internal Colonialism," *Telos* 34(Winter, 1977-1978): 43.

39) Bookchin, "Beyond Neo-Marxism," p. 18.

상 확보된다면, 행정적으로 중립적이라는 주장이 더 정확할 것이며, 또 관료제는 정치적으로 흥미롭지도 위험하지도 않은 장소가 될 것이다.

불확실성이 왜 관료제에 계속 남아 있는지에 대해 최소한 네 가지 서로 중복되는 이유가 있다. 첫째, 일부 권력은 대규모 행정 구조 내에 위임되어야만 하며 거기에는 과업 수행 자체에 대한 약간의 재량권도 수반된다. 직접적인 감독을 통해, 혹은 자신과 세상에 대한 조직의 관점을 완전히 내면화한 '신뢰할 만한' 사람들을 고용함으로써 이러한 재량권을 감시하려는 시도가 있긴 하지만, 재량권이 있다는 것은 적어도 어느 정도의 불확실성이 항상 존재한다는 것을 말해 준다. 둘째, 관료제적 경로를 통과한 정보는 그 과정에서 다양한 사람들에 의해 선택적으로 걸러진다. 이 사람들은 여러 가지 동기들－오해나, 오직 환영받을 만하거나 미리 알고 있는 정보만을 제시함으로써 자기 상사들을 즐겁게 해 주려는 욕구, 혹은 고객을 보호하려는 의도－로부터 나온 지식들을 걸러내기도 하지만, 최종 결과는 "정보실패(intelligence failure)가 복합조직 속에 구축되게" 된다는 것이다.[40] 따라서, 더 나은 정보를 찾는 관리들이 더 많은 다른 유형의 '지식 전문가들'과 계획입안자들에게서 의견을 구할 때 관료제가 확대되는 공통된 경향이 생겨난다. 셋째, 조직 속에 있는 개인들의 목표는 조직 자체의 목표와 반드시 일치하지는 않는다. 심지어 가장 협조적인 관료나 순종적인 고객이라 하더라도 조직의 이익과 배치되는 개인적 이해 관계, 예를 들면 직업 안정성, 은퇴, 복지 프로그램, 승진 기준 등의 쟁점에 대해 투쟁을 벌이게 만드는 이해 관계를 가지고 있는 경향이 있다. 좀 더 근본적으로, 사람들은 종종 특별한 타인들에 대한 의무감이나 우정에서, 혹은 명예에 대한 개인적 가치를 따르기 위해서나 진리나 정의를 추구하기 위해 행동한다.[41] 관료제

40) Harold L. Wilensky, *Organizational Intelligence*(New York: Basic Books, 1967), p. 179.

41) Lloyd I. Rudolph & Susanne H. Rudolph, "Authority and Power in Bureaucratic and Patrimonial Administration: A Revisionist Interpretation of Weber on Bureaucracy," *World Politics* 3(January, 1979): 215-216; Jeffrey Pfeffer, "Who Governs?" in Oscar Grusky & George A. Miller, eds., *The Sociology of Organizations*(2nd ed.; New York: Free Press, 1981), p. 254.

의 비공식적 규범 중 가장 강압적이고 규제적인 일부 규범은 개인의 목표와 체계의 목표가 일치하지 않는 것을 바로잡기 위해 고안된 것들이다. 넷째, 위 주장의 연장선 위에 있는 것으로, 사람들은 종종 조직의 요구에 저항한다. 탈숙련화에 대항한 노동자들의 투쟁을 묘사한 클로슨의 연구에서 드러난 것처럼, 사람들은 때때로 공개적이고 집단적으로 저항한다.[42] 사람들은 좀 더 자주 은밀하고 개별적으로 저항한다. 왜냐하면, 반대는 불법이지만 그들의 책임 회피는 포착하기 어려우며, 그들이 저항하면 처벌받거나 회유당하며, 만일 그들이 싸움에서 지면 실제적인 억압에 직면하게 되기 때문이다. 관료제적 요구에 대해 보통 사람들이 대체로 순종한다는 것을 고려하면, 복종이 단순히 습관에서 나왔거나 선택이 일상적인 일이 되어버린 데에서 나온 것이 아님을 강조하는 것이 중요하다. 복종은 **강제된**다. 관료제적 순종에 대한 한 경험적 연구는 겉으로 보기에 아무런 유감없이, "순종을 얻어내기 위해 제재하고 그 집행 대리인을 분명하게 지명하는 것은 관료제적 규칙들의 힘을 더해 주는 주요 요소들이다"라고 결론짓는다.[43] 대부분의 정치적 상황에서, 사람들이 하지 않으면 어떻게 될까 망설일 때 명령에 따르는 경향이 더 높음을 알게 되는 것은 전혀 놀라운 일이 아니다. 그러나 위장되고 신비화된 관료제의 정치학 속에서 이 점은 분명하게 제기될 필요가 있다.

관료제적 언어와 제도의 완전한 승리를 막는 이러한 장애들을 이해하게 되면 관료제화가 하나의 과정, 즉 끊임없이 재생산되어야 하는 지배와 저항의 변증법 속의 한 순간이라는 점을 잘 알게 된다. 그 과정은 자신들이 혜택을 입거나 혜택을 입고 있다고 믿는 관료제적 질서의 옹호자들이 극복할 방법을 계속 찾아내야만 하는 반대, 긴장, 반대적 경향을 발생시킨다. 기술주의적 제국주의 뒤에 있는 엄청난 힘은 저항이 전혀 없는 곳이나 혹은

---

42) Clawson, *Bureaucracy and the Labor Process*, pp. 29-30와 그 외 여러 곳. 클로슨은 브레이버만의 주장에서 많은 것을 끌어오고 자신의 책 31-33쪽에서 브레이버만에 대한 비판을 유용하게 요약하고 있다.

43) Thomas Gray & Cynthia Roberts-Gray, "Structuring Bureaucratic Rules to Enhance Compliance," *Psychological Reports* 45(October, 1979): 587.

개인이나 집단이 대안을 상상할 내적인 능력이 부족한 곳에서 나오는 것이 아니라 관료제화가 막강한 세력을 펼치고 있는데서, 즉 반대를 회유하고 주변화하고 파괴할 수 있는 관료제의 능력에서 생겨난다.[44] 여기서 정확하게 꼭 들어맞는 균형을 확보하는 것, 즉 이렇게 복잡하고 계속 움직이는 변증법의 두 시기를 이해하는 것은 어렵다. 내가 말하는 것은 명백하게 관료제적 전체주의화를 지향하는 경향과 환원주의(reductionism)를 피하는 것 둘 다를 의미한다. 인간은 단순히 자극과 반응의 꾸러미나 내재화된 욕구의 위계들, 혹은 일반화된 타자의 반영체가 아닌 그 이상의 존재이며, 이렇게 보는 것은 부분적이며 왜곡된 시각들이다. 우리가 다른 사람과의 관계를 통해 창조되며 스스로를 상상의 미래로 투사하고 물려받은 과거를 재정의함으로써 자신을 창조하고 있는 본질적으로 사회적이며 일시적인 존재임을 부인할 수 없다.[45] 관료제가 가진 유해성의 일부는 관료제가 인격이라는 필터를 지나게 될 때 "우리의 느슨한 면을 꼼짝못하게 얽어매려" 하고 우리들을 조직의 반영체로 축소시키려고 한다는 점이다.[46] 호세 오르테가 이 가세트(José Ortega y Gasset)는 "나는 나 자신이자 나의 환경이며 만일 내가 환경을 지키지 못하면 나 자신도 지키지 못한다"고 말함으로써 이러한 생각을 표현했다.[47] 우리의 환경이 더욱 관료제적 성격을 띠게 될 때,

44) 많은 다른 것들과 마찬가지로 이러한 통찰은 스위스 취리히에 있는 고틀리브 두트바일러 연구소(Gottlieb Duttweiler Institute)에서 1982년 10월 4~8일에 개최된 First International Conference on the Comparative, Historical, and Critical Analysis of Bureaucracy에서 울프 나르(Wolf Narr)와 브루스 버먼(Bruce Berman)과의 토론에서 떠오른 것이다.

45) 어떤 점에서 나는 자아(self)와 자아-타자 관계(self-other relations)에 대한 특정 관점을 당연시하고 그것에 기반하여 논의를 이끌어가고 있다. 나의 이러한 논의가 자아에 대한 이 관점을 명료하게 설명하거나 변호한 부분에 대해 독자들에게 알려 주지 않고 속이는 것처럼 보이지 않기를 바란다. 만약 그렇게 보인다면, 내가 동일한 책을 두 번 쓰고 있을까봐 두렵다. 내가 볼 때 자아에 대한 정통한 페미니스트 관점이라고 생각되는 이론을 나의 첫 번째 책 *Self, Society and Womankind: The Dialectic of Liberation* (Westbury, Conn.: Greenwood Press, 1980)에 제시했다.

46) Michael A. Weinstein, *Structure of Human Life: A Vitalist Ontology*(New York: New York University Press, 1979), p. 143.

47) José Ortega y Gasset & Michael A. Weinstein, *Meaning and Appreciation: Time and Modern Political Life*(West Lafayette, Ind.: Purdue University Press, 1978), p.

타인과의 상호작용을 통해 스스로를 창조하는 과정은 가치가 하락하며, 창조된 자아는 단순히 관료제적 시장에서 교환을 위해 준비되어 있는 합리화된 소비재에 불과하다.

끊임없이 재발하는 긴장과 갈등을 처리하려는 조직 내에서의 노력과 더 큰 관료제적 환경 내에서의 노력들은 관료제적 질서의 심장부에 있는 다중적인 모순을 드러낸다. 모순적 상황이란 "한꺼번에 실현될 수 없는 전제들에 기반하고 있어서 그 중 하나를 추진하려면 반드시 다른 것을 억눌러야 하고 따라서 자충수를 두게 되는"[48] 상황을 말한다. 관료제가 과학적 합리성-즉, 조직의 문제에 접근하는 "가장 좋은 해결책"(혹은 최소한 관리자 차원에서 정의된 해결책)이 있다는-이라는 가정 위에 놓여 있기 때문에, 그리고 행정적 중립성이라는 신화로 자신을 감싸고 있기 때문에, 갈등을 처리하려는 노력은 설사 진행되고 있다 하더라도 반드시 숨겨야만 한다. 관료제는 갈등의 합법성을 인식하지 못하고, 갈등을 세련된 행정적 기술을 통해 처리될 수 있는 일시적 이상 현상으로 보기 때문에 반(反)정치적이다.

일부 모순들은 조직의 내부적 활동에 뿌리를 내리고 있다. 시간이 흐른 후에도 사무국은 존속하기 때문에 확실성을 찾으려는 노력은 스태프가 마주칠 수 있는 점점 더 많은 상황들을 망라할 수 있게끔 격식을 갖춘 광범위한 규칙들을 발달시키게 된다. "조직의 기억(organizational memory)을 남기려는 욕구"는 부서의 관리들이 이 규칙들을 훨씬 더 확장하고, 그것들을 글로 쓰고, 상세한 기록으로 남기게 만든다.[49] 규칙들은 스태프의 행동을 좀 더 표준화하고 시간이 지나도 예측 가능하게 만들며, 또한 스태프가 점점 더 규칙에 대한 순응을 일차적 목표로 초점을 맞추게 하고 그 결과, 앞에서 설명한 바 있는 목표 전도 현상이 발생한다. 그것들은 또한 "사무국의 구조적 복잡성을 증대시키고 이것은 다시 현행 절차들에 들어간 엄청난 비

18에서 인용.

48) Roslyn Wallach Bologh, "Beyond Weber's Analysis and Critique of Bureaucracy," paper presented at the First International Conference on the Comparative, Historical, and Critical Analysis of Bureaucracy, Gottlieb Duttweiler Institute, Zurich, Switz., October 4-8, 1982.

49) Anthony Downs, *Inside Bureaucracy*(Boston: Little, Brown, 1967), p. 18.

용 때문에 사무국의 관성을 더욱 강화한다."[50] 그래서, 관료제가 오래 존속할수록 관료들은 절차를 완벽하게 습득하고 시행하려고 더 애쓰며, 조직은 더욱 안정적이고 경직되며, 새로운 환경에 적응하거나 다른 방향으로 노력을 돌리는 것은 더 어려워진다.

위에서 언급한 바와 같이, 조직의 복잡성이 증대하면 과업은 하위 체계로 위임된다. 하위조직이 전체 조직이 아닌 자신들의 이익과 욕구를 충족시키고 발달시킴에 따라 다른 유형의 목표 전도 현상이 발생한다. 이러한 경향에 반발하는 중앙본부의 노력은 대체로 다시금 중앙집중화를 가져오고 감독의 증대를 초래하며 따라서 처음부터 최상층에 부과된 지나친 부담과 위임 발생 요인을 훨씬 더 심각한 상태로 만든다.[51] 감독을 강화하려는 지속적인 압력은 대부분의 대규모 관료제에서 근로자 3.5명당 감독관 1명을 고용하는 결과를 가져오고, 그것은 조직의 관리자 규모가 항상 근로자나 고객 규모보다 더 빨리 커지는 이유를 설명해 준다.[52] 감독이 강화된다는 것은 단순히 점점 더 많은 사람들이 고용되지만 실제로 수행되는 노동은 점점 더 적어짐을 의미하며, 따라서 자원의 효율적 사용이라는 관료제의 명성은 산산조각이 나버린다. 더 나아가, 임의적인 해석을 줄이고 조직의 기억을 통제하고 안전하게 보전하기 위해 추진된 상세한 공식적 규칙은 수용 불가능한 행위의 경계가 어디인가에 대한 좀 더 자세한 지식을 하급자들에게 전해 준다. 조직에 대한 헌신의 정도가 매우 약한 노동자들은 최소한으로 노동하고 최소한으로 순종하는 '방편으로' 이 지식을 사용할 수 있

50) 위의 책, p. 19.

51) Peter Selznick, "An Approach to the Theory of Bureaucracy," *American Sociological Review* 8(1943): 47; Nicos P. Mouzelis, *Organization and Bureaucracy*(Chicago: Aldine, 1968), p. 61에서 재인용.

52) Stanley Aronowitz, *False Promises*(New York: McGraw-Hill, 1973), p. 301. 리처드 에드워즈(Richard C. Edwards)는 1910년에서 1940년 동안 근로자 100명당 고용된 십장의 수는 15% 증가했으며, 1940년에서 1970년 사이에는 놀랍게도 67%나 확대되었다고 지적한다(Richard C. Edwards, *Contested Terrain*[New York: Basic Books, 1979], p. 35). 대규모의 감독자 숫자는 고용주에게 '파업보험(strike insurance)'의 형태로 제공되기도 하는데 반해 여전히 비용이 많이 들고 비효율적이다(Aronowitz, *False Promises*, p. 308).

다. 이렇게 되면 생산성은 다시 낮아지고 위로부터의 통제와 감독은 더 강화된다.[53]

관료제 내 역할들의 엄격한 위계적 배열 때문에, 그리고 예측 가능성과 통제력을 확보하기 위해 이 위계를 유지해야 할 필요성 때문에, 목표 전도와 융통성 부족 문제가 더 심각해진다. 종종 위계의 맨 아랫부분에 있는 관리들과 근로자들은 '통제의 대상(즉, 고객, 사물, 자연)'을 직접적으로 대하기 때문에 관료제의 결점을 제일 먼저 알아차리게 된다. 그러나 위계의 맨 아래에 있거나 혹은 중간 정도에 있으면서 폐해를 바로잡고 업무를 개선하려고 노력하는 사람은 곧 엘리트들의 권력을 위협하고 명령의 위계적 연쇄를 위반하는 셈이 된다. 관료제가 근본적으로 권위주의적 조직 형태이기 때문에 불만을 터뜨리거나 정책을 바꾸려는 아래로부터의 어떠한 노력도 억압받을 수밖에 없으며 그러한 통로를 만들려고 하는 어떠한 현실적 노력도 비합법적인 것으로 간주된다. 조직의 비효율성과 폐해를 둘러싼 정치적 투쟁은 관료제 안에서 끊임없이 계속되지만, 행정적 합리성이라는 신비에 의해 조직이 정책 구현을 위한 합리적이고 효율적인 도구로 정의되어 있기 때문에 조직은 투쟁이 진행되고 있음을 인식하지 못한다. 정치적 투쟁이라는 현실이 행정적 중립성이라는 신비와 부딪칠 때, 관료제는 대체로 조직의 목표를 희생시키더라도 신비를 보전할 수 있는 방법을 찾는다.

제 3 절 페미니스트 담론의 구축

대안적 목소리를 찾아내고 또렷하게 만들기 위해서는 관료제 사회 안에서 겪을 수 있는, 상충하는 두 가지 차원을 계속적으로 머릿속에 떠올리는 것이 필요하다. 첫째는 일상생활의 여러 측면에 침투해 있는 관료제 담론

53) Alvin Gouldner, *Patterns of Industrial Democracy*(New York: Free Press, 1954), Mouzelis, *Organization and Bureaucracy*(Chicago: Aldine, 1968), pp. 60-61에서 재인용.

의 지배와 만연이며, 둘째는 관료제 담론의 불완전성, 즉 갈등이 작동하고 있는 장을 완전히 흡수하지 못하는 관료제 담론의 무능력이다. 관료제 담론의 프로그램들과 기술은 굴복하기도 저항하기도 하는 인간 존재에 대해 또 그들을 통해 작동하는데, 이 사람들의 정체성은 권력과 지식에 대한 지배 담론에 의해 창조되며 또 동시에 그 담론에 반대하여 스스로를 창조해 낸다. 오늘날 전적으로 관료제 바깥에 사는 개인이나 집단은 거의 없지만, 일부는 다른 사람보다 더 주변부에 살고 있으며, 이들의 삶은 관료제 사회의 언어적·제도적 구조 속에 각인된 정도가 덜하다. 특정한 종류의 '외부적' 지식을 찾기 위해 정신병자에 의지할 수도 있다고 푸코는 제안한다.[54) 로버트 덴하트(Robert B. Denhardt)는 사회적 위계를 경험해 본 적이 없는 애팔래치아(미국 동부에 있는 산맥－옮긴이) 지방에 사는 매우 가난한 사람들이 "계급타파운동 이데올로기를 수반하는 개인 지향적인 행위"를 한다는 점에 주목한다.[55) 푸코의 주장에 의하면, 이와 같은 집단에서 사람들은 "위계의 아랫부분에 위치해 있는 예속된 지식"에 맞닥뜨릴 수 있는데, 이 지식은 주류로부터 아주 멀리 벗어나 있어서 이 지식의 "타당성 여부가 기존의 사고 체계들이 해 주는 승인에 의존하지 않는다."[56)

나는 그런 주변적 집단 속에서 여성이 중요한, 아마도 가장 중요한 사람들이라고 생각한다. 우리 사회에서 하나의 집단으로서 여성은 집단으로서 남성과는 다른 사회적 세계를 경험하는 경향이 있다. 부모와의 관계 속에서, 더 넓은 공적 세계와 가족 모두에서 자신들에게 허용된 역할 속에서, 타인과의 만남 속에서, 그리고 자신들에 대한 지식 속에서 여성들의 경험은 남성과 다른 방식으로 제도적·언어학적으로 구조화된다. 그러나 여성은 정신적으로 문제가 있는 사람들이나 매우 가난한 사람들(물론 둘 다 여성을 포함한다) 같은 다른 주변적 집단과는 다른데, 여성은 피해자였지만

54) Michel Foucault, *Power/Knowledge: Selected Interviews and Other Writings* (New York: Pantheon Books, 1972), p. 82.

55) Robert B. Denhardt, "Bureaucratic Socialization and Organizational Accommodation," *Administrative Science Quarterly* 13(December, 1968): 442.

56) Foucault, *Power/Knowledge*, pp. 81-82.

또한 피해자 이상이었기 때문이다. 여성은 행위자, 창조자, 사물을 만들고 관계를 구축하는 사람으로서, 제한된 사적인 영역에 갇혀 있는 것은 분명하지만, 남성이 지배하는 공적 세계에서 배제된데 대한 반응만으로 이루어진 것이 아니라 자체만의 긍정적 측면을 지니고 있는 세계에 파묻혀 있었다.

오늘날 공적 영역에 굳건히 자리잡는다는 것은 대부분 관료제 담론 내부에 깊이 새겨진다는 것이며, 비관료제 담론에 굳건히 뿌리를 내리는 것은 공적 발언이 허용된 영역에서 제거된다는 것을 의미한다. 역사적으로 공적 생활에서 배제되었고 지금도 여전히 그 영역에 들어갈 때 대체로 주변적이며 힘없는 지위를 차지하기 때문에 여성들은 다른 목소리, 즉 침잠 담론(submerged discourse)을 발달시켰다. 그러나 침잠되었다는 사실은 여성의 경험을 접근 불가능하게 만들고 억압의 경험에 의해 왜곡되었다. 페미니스트 담론의 목표는 이 딜레마를 넘어서고, 관료제 담론의 제약과 한계를 간파하는 것이며, 여성의 경험에 함축되어 있지만 여성이 공적 생활로부터 단절되어 있기 때문에 대체로 침묵 상태에 있는 침잠 담론을 찾아내는 것이다. 이 기획을 추진하는 것은, 남성이 지배하는 공적 생활로 진입하는 데 필요한 도구적 요건과 여성의 좀 더 전통적 역할에 의해 수행되는 표현적 가치 사이에 끼어 있는 여성의 주변적 지위를 활용하는 것이다. 만일 성공한다면, 그런 기획은 남성의 공적 세계를 있는 그대로 받아들이지도 않고 단순히 남성에게 넘겨줘 버리지도 않는 페미니스트 담론을 명료하게 드러낼 수 있다.[57]

여성의 경험으로부터 대안적 정치 담론을 구축하고, 이 담론으로부터 비관료제적 방식의 삶을 나타내는 징후들을 취하기 위해서는 여성 경험이 가진 두 가지 반대적 차원에 대해 공평하고 분명하게 살펴보아야 한다. 여성은 자신들의 영역 안에서 적극적 창조자이자 남성 지배의 소극적 피해자였으며 여전히 그러하다. 어느 한쪽을 무시하거나 낮게 평가하는 것은 우리

57) Jean Bethke Elshtain, "Antigone's Daughters," *Democracy* 2(April, 1982): 52와 그 외 여러 곳.

에게 도움이 되지 못하며, 그것들이 서로 얽혀 있기 때문에 발생하는 복잡한 변증법을 간과하거나 단순화하는 것도 도움이 되지 못한다. 많은 초기 페미니스트 저술들이 보여 준 것처럼 여성의 종속만을 강조하는 것은 이해할 만한 추세였으며, 그것은 배제당한데 따른 분노를 표출하는 데 주로 관심을 가진 것이었다. 그러나 계속적으로 그렇게 하는 것은 우리의 집단적 에너지를 갉아먹는 것이며, 여성의 전통적 경험이 제공할 수 있는 대안적 관점에 접근하지 못하게 만든다. 비슷한 경우로서, 최근 페미니스트 이론 중 일부처럼, 여성들을 자신의 세계에서 역사적 주체와 행위자로서 장점만을 강조하는 것 또한 편파적이다. 그리고 그것은 전통적 역할의 한계를 미화할 위험을 안고 있으며, 인격에 미치는 무권력(powerlessness)의 불쾌하고 비천한 영향과 맞서 싸우기를 피하는 것이다.[58]

긍정적이고 창조적인 차원에서 살펴볼 때 여성의 경험은 보살핌의 일종이다. 여성의 활동 영역은 "친척과 현장에 근거를 두었거나 혹은 **게마인샤프트적**(일차적, 친밀하고 사적인 관계가 중시되는 공동체 형태-옮긴이) 속성의 구조와, 사랑 그리고/혹은 의무라는 윤리를 가진 문화"를 특징으로 한다.[59] 타인의 욕구를 예측하고 해석하고 반응하는 여성의 책임은 타인에 대한 감수성과 감정 이입-양육과 협동의 태도-을 장려하고 또 필요로 한다. 뒤에서 상세하게 설명하게 될 여러 가지 이유 때문에 여성은 타인들과 반대 입장에서보다는 연속적인 입장에서 스스로를 경험하는 경향이 있다. 여성의 경험은 자신과 타인의 관계를 순전히 이기적으로도 인식하지 않고 그렇다고 이타적이나 자기희생적으로만 인식하지도 않는 방식을 제시해 준다.

58) 제2기 여성운동의 초기 저술들의 예로는, Shulamith Firestone, *The Dialectic of Sex* (New York: Bantam Books, 1970)와 Kate Millet, *Sexual Politics*(New York: Avon Books, 1970) 참조. 전통적 가족 역할들을 미화함으로써 여러 가지 면에서 과잉 보상을 받았던 이론가들에 대해서는 Elshtain, *Public Man, Private Woman*과 Ruddick, "Maternal Thinking" 참조. 이 설명들 속에서 가치 있는 것을 많이 발견하지만, 나는 해방의 윤곽을 찾기 위해 어머니 역할이나 가족에 대해 지나치게 열정을 갖는 것은 매우 위험스럽다고 생각한다. 또한 엘쉬타인은 초기 페미니스트 저술들을 부정함으로써 그것들이 씌어진 맥락과, 페미니스트적 질문들에 대답하기 위한 정치 이론을 처음으로 시작한 그들의 중요한 공헌 모두를 무시하고 있다.

59) Jesse Bernard, *The Female World*(New York: Free Press, 1981), p. 28.

오히려, 자신과 타인은 인간의 사회성을 개인의 근본적 구성 성분으로 만드는 중요한 방식 속에서(설사 다른 방식에서는 분리되고 구별된다 하더라도) 서로 연결되고 연속적인 존재로서 인식된다. 여성은 타인을 돌보는 책임을 하나의 윤리적 의무로 받아들이며, 판단을 내릴 때 추상적 기준보다는 상황에 적합한 기준에 근거하고 결과보다는 과정에 초점을 맞추는 경향이 있다.60)

여성의 경험 속에 구축되어 있는 가치들—보살핌, 양육, 감정 이입, 연결성—은 위에서 언급한 장점과 함께 엄청난 약점도 가지고 있다. 자신을 타인과 연속적인 존재로 느끼는 여성은 타인을 무척 필요로 하는 상태, 즉 제멋대로 행동하는 사람들로 가득 찬 세상에서 종종 욕구가 채워지지 못하고 의존 상태에 있는 자신을 발견하게 된다. 공평한 사회에서조차 사람들 사이의 유대는 배신당하거나 불편한 상태로 될 수 있다. 남성의 억눌려진 우호 관계보다 훨씬 솔직한 태도로써 자신이 타인들을 필요로 함을 인정하기 때문에 여성들은 크게, 때로는 너무 크게 상처받을 가능성이 있다. 그것은 여성이 상실의 위협, 가장 극단적인 형태로는 여성 속에서 발견되는 임상적 우울증의 대부분을 설명해 주는 두려움에 사로잡히게 만든다.61) 그것은 또한 여성으로 하여금 진실되고 비관료제적인 정치학이 요구하는 상태인 의지들 간의 공개적 충돌이 초래할 수 있는 위험과 갈등을 회피하게 만든다.

연결성과 취약성 간의 변증법적 관계는 인간 존재란 무엇인가를 나타내주는 가장 중요한 부분이다. 그 관계를 드러내는 것은 우리 존재의 비극적 차원을 드러내는 것이며, 우리들이 아무리 애써도 계속 놓치게 되는 완전성을 끊임없이 추구하는 존재로 우리 자신들을 보게 만든다.62) 여성이 이

60) Carol Gilligan, "Woman's Place in Man's Life Cycle," *Harvard Educational Review* 49(November, 1979): 440.

61) Maggie Scarf, *Unfinished Business*(New York: Ballantine Books, 1980). 스카프는 대인적 상실interpersonal loss)에 집착하는 것이 여성들의 생활 주기 속에서 공통적으로 나타나는 유형의 임상적 우울증이며 또한 여성 잡지에 실린 이야기와 상담글의 특징이라고 지적한다.

62) Weinstein, *Structure of Human Life*, p. 10 여러 곳. 우리 존재의 이중적이고 불완전한 성질에 대한 웨인스타인의 놀라운 통찰력에 흠이 있다면 사실상 남성의 경험을 보편적인 경험으로 보려는 그의 경향뿐이다. 그의 주장은 매우 복잡하므로 간단하면서도 정

과정을 남성보다 더 온전히 경험한다는 사실은 인간성의 이러한 측면을 남성은 경험하지 못한다는 것을 의미한다. 우리는 사회적 존재이기 때문에 자신에 대한 우리의 규정은 타인과 우리의 관계 속에 뿌리내리고 있다. 또 우리는 동시에 일시적인 존재로서, 시간이 지나면서 여러 가지 가능한 방향으로 자신을 투사할 수 있기 때문에 종종 특정한 관계를 뒤에 남겨둔 상태에서 우리들의 사회성을 끊임없이 재정의한다. 이 딜레마에는 어떤 정치적 해결책도 없다. 그것은 관계와 상실의 불가피한 변증법이다.

그러나, 이 변증법에 명백히 정치적 상황이 추가되는데, 그것은 여성의 전통적 경험이 가진 다른 극단을 나타낸다. 보살피는 사람이라는 것에 더하여, 그리고 부분적으로는 그 결과로서, 사적 생활과 공적 생활 모두에서 여성은 남성에게 종속된 상태에 있었고 계속 종속 상태에 있게 된다. 만드는 데 그녀가 전혀 영향력을 발휘하지 못했던 법, 그녀의 노동이 인정받지 못하게 되고 그리고/혹은 평가 절하되는 경제적 환경, 그녀의 경험을 표현할 수 없는 언어, 그리고 그녀에 대한 폭력이 매일같이 일어나는 일상사에서 보면 여성은 피해자였다. 심지어 최상의 환경에서도 여성은 능력 있고 낯선 사람으로 가득 찬 더 넓은 공적 세계에서 뭔가를 하고, 그리고 공적으로 가치를 인정받는 자신의 사업이나 활동을 할 수 있는 자격을 갖춤으로써 생겨나게 되는 자신감을 갖지 못했다. 무권력이라는 여성의 조건은 보살피는 사람인 그들의 역할 속에 긴밀하게 연관되어 있어서 전자에 의해 후자가 왜곡된다. 마치 남성의 전통적 역할이 부분적으로 권력의 행사를 위해 준비되고 그것에 의해 왜곡되는 것처럼, 여성의 전통적 역할은 부분적으로 여성을 무권력의 상태로 준비시키려고 하고 또 무권력에 의해 쉽사리 왜곡된다. 누군가가 종속적인 위치에 있을 때 그 사람은 대개 자신이 통제할 수 없는 세계 속에서 살아남기 위해 해야만 하는 행동을 한다. 억압은 사람의 능력과 자신에 대한 이해를 왜곡함으로써 진실된 발언을 하지 못하

확한 비판을 제기하기는 어렵다. 기본적으로 올바른 인식(appreciation)에 대한 그의 설명은 '본질적인 고독'의 방향으로 너무 쏠려 있다. 다른 사람과의 유대가 기본적인 심리구조와 과정에 더 강하게 뿌리내리고 있는 여성에게 "통상적인 자아를 덮고 있는 베일의 안쪽을 들여다보는" 행위가 고독과 홀로됨의 경험으로 될 것 같지는 않다.

게 만든다. 여성들은 종속적 위치에 있었기 때문에 타인에 대한 여성의 유대 관계는 평등하지 못했고 따라서 종종 희생되거나 조종당했다.

종속적 역할 속에 있는 여성의 경험은 관료제적 지배의 속성을 밝히는 데 크게 기여하며, 보살피는 사람의 역할 속에 있는 여성의 경험은 비관료제적 집단생활에 대한 전망을 가질 수 있는 토대를 제공한다. 이 책의 남은 부분에서는 이 두 개의 주장을 설명하고 다듬게 될 것이다. 주요 주장에 대한 서론격인 이 장에서는 세 가지 요점을 설명하고자 한다.

첫 번째 요점은 추가 조항(addendum)의 형식을 취한다. 페미니스트들은 비관료제적인 사회 조직의 형태를 구상하고 법제화하려는 사람들인 것만은 아니다. 대안적 교육과 생산자와 소비자 간의 협동조합에서 시행된 많은 무정부주의적 실험들이 증명해 주듯이, 지난 200년간 무정부주의 이론과 실천의 대부분은 정확히 그러한 목표를 겨냥했다.[63] 그와 비슷하게, 1960년대 반문화 뒤에 도사리고 있었던 충격의 대부분은 반관료제적 충동, 즉 기술주의적 사회의 제한적이고 자기 파괴적인 도구적 합리성을 초월하려는 욕망에서 생겨난 것이다. 급진주의 페미니스트 이론은 이 모든 자원들에 크게 의존해 있으며 여성운동의 급진적 분파는 반문화와 무정부주의에 의해 영감을 받은 신좌파에서 태어났다. 그러나 관료제에 대항한 페미니스트의 주장은 다른 비판들을 넘어서는 것이며, 그것은 전 자본주의적 생활에 대한 낭만적 비전이나 '인간 본성'에 대한 추상적 이상으로부터가 아니라, 여성의 구체적이고 공유된 경험으로부터 대안을 구축한다. 로슬린 볼로가 베버에 대한 비평에서 지적하듯이, 페미니스트의 주장은 "가족 세계, 즉 신뢰와 보살핌에 근거한 비공식적이고 개인적인 관계로 이루어진 세계의 특징인 개인적이고 합리적인 행위의 판본에서 끌어낸 것이다. 이 세계는 공적이며 관료제적인 생활의 이면(裏面)이다."[64]

두 번째 요점은 경고(caveat)의 형식을 취한다. 여성의 경험을 사적인 영

---

63) 무정부주의 이론과 실천 사이의 연결성과 내가 여기서 탐구하고 있는 생각들은 다음의 내 논문에서 연구되었다 "Toward a New Anarchism," *Contemporary Crises* 7 (January, 1983): 39-57.

64) Bologh, "Beyond Weber's Analysis," p. 6.

역과 등치시키고 남성의 경험을 공적 영역과 등치시키는 것은 구분되는 두 개의 세계관을 이해하고 각각의 정치적 중요성을 밝히기 위한 유용한 도구다. 예외를 염두에 두는 것은 언제나 가능하지만, 여기서 말하는 구분은 예외적으로 특혜를 받고 있거나 어떤 면에서 독특한 사람들의 경험이 아니라 대부분의 사람들의 경험에 대한 분석에 바탕을 둔다. 샌드라 하딩(Sandra Harding)은 "남성과 여성의 경험 세계는 각각 공적인 생활과 가족 생활 모두를 통해 확장된다"고 지적했다. 여성은 물론 남성도 가족 속에서 살고 있으며 대부분의 여성이 임금노동자로서, 쇼핑을 하고 체계적인 소비를 하는 사람으로서, 그리고 시민으로서 일정한 종류의 공적 역할을 가지고 있다는 것은 분명한 사실이다.[65] 그러나 여성과 남성은 각각 그들만의 활동 영역에 대한 세계관을 가지고 다른 영역으로 들어가며, 다른 세계에서 그에 맞는 조건으로 '성공하기' 위해서는 자신의 세계관을 의식적으로 옆으로 제쳐두어야만 한다. 나는 남성적 세계와 여성적 세계 간의 차이를 과장함으로써 왜곡시키고 싶지는 않다. 결국, 만일 여성이 남성에 대한 반대 성이라면 "이웃한 성(性)은 무엇이겠는가?"라고 언젠가 도로시 세이어즈(Dorothy Sayers)가 잘 지적했듯이, 다른 어떤 생명체보다 남성과 여성은 서로 닮은 존재라는 것을 명심하는 것이 중요하다.[66] 마지막으로, 내가 여기서 주장하는 공적/사적 구분을 자연과 문화라는 더 넓은 범위의 형이상학적 대립과 동일한 것으로 보는 것은 잘못이다. 남성과 여성 경험의 성별로 정의된 변수들은 똑같이 문화적 산물이며, 여성 역할의 차원들－보살피는 사람과 종속적 위치에 있는 사람으로서의 차원－도 형이상학적인 보이지 않는 손이나 생물학에 의해 명령된 것이 아니라 사회적으로 창조되고 유지된다. 여성의 독특한 세계관이 여성의 생물학적 특성과 관련된 특수한 창조적 힘에서 비롯되었다고 보는 것은 아리스토텔레스 식의 오래된 신비화에 현대적

65) Sandra Harding, "Toward a Strong Program for Epistemology: Clues from Feminist Inquiry," paper presented at the American Political Science Association Meetings, New York City, September, 1981, p. 24.

66) Dorothy Sayers, *Are Women Human*?(Grand Rapids, Mich.: Eerdmans, 1971), p. 37.

외양을 씌운 것에 불과하다. 그것은 생물학 그 자체가 아니라, 내부에 생물학이 각인되어 있으며 그것으로부터 성별 차이를 이해할 수 있게 만드는 의미를 취하는 중요한 그물망이다. 낡고 오래된 자연/양육 논쟁이 자꾸만 다시 등장하는 것은 이제 지겨울 따름이다. 생물학에서 따온 주장은 성별 배치처럼 역사적이고 비교문화적으로 다양한 배치를 설명하는 데 사용될 수 없다. 윤리를 생물학에서 끌어내려는 주장은 그것이 소위 '차이 관점의 페미니스트들'에 의해 제기되든 혹은 좀 더 노골적인 반동주의자들에 의한 것이든 상관없이 모두 받아들일 수 없다. 특히, "모든 것은 유전자와 호르몬 속에 있다"는 사회생물학의 주장은 사회 이론에 대한 하나의 공헌으로서가 아니라 사회적 문제에 대한 특별한 의사 표명으로 보아야만 한다.[67]

세 번째 요점은 자격 증명(qualification)의 형식을 취한다. 페미니스트의 가장 눈에 띄고 손에 잡히는 승리 중 많은 것들은 자유와 평등에 대한 자유주의적 약속을 실현하기 위한 국가 기구를 출현시켰다. 평등한 기회와 적극적 조치를 위한 자유주의적 싸움은 개인 여성의 삶의 기회를 개선하기 때문에 중요하고, 재생산 자유 분야에서 법적 개혁을 가져오는 것도 같은 이유 때문에 중요하다. 중요한 정치적 투쟁이라면 어디든 맞붙어야 하는 싸움이 있으며, 많은 도구가 사용된다. 내 주장은 이러한 개혁들을 모독하려는 것이 아니라 그것이 갖는 한계를 분명히 하려는 것이다. 만일 공적 세계에 반대하기 위해서가 아닌 다른 이유 때문이라면, 지금은 거의 모두가

---

67) 남성 지배가 발전하는 인류학적 조건에 대한 탁월한 논의로는 Peggy Reeves Sanday, *Female Power and Male Dominance*(London: Cambridge University Press, 1981) 참고. 공/사 영역 분리의 역사적 개념적 진화에 대한 설명으로는 Linda Nicholson, *Feminism as Political Philosophy*(출간 예정) 참고. "차이 페미니스트들(difference feminists)"에 대한 요약으로는 Elaine Marks & Isabelle de Courtivron, eds., *New French Feminisms*(Amherst, Mass.: University of Massachusetts Press, 1980)와 Alison M. Jaggar, "Human Biology and Feminist Politics," unpublished paper, University of Cincinnati, 1981 참고. 앨리스 로시(Alice Rossi)는 "A Biosocial Perspective on Parenting," *Daedalus* 106(Spring, 1977): 1-31에서 내가 볼 때 모순되는 용어들로 짝지어진 사회생물학의 '페미니스트' 판본을 제공해 준다. 필 그린(Phil Green)은 *The Pursuit of Inequality*(New York: Pantheon Books, 1981)에서 사회생물학적 논의 이면에 있는 주장의 진실에 대해 탁월하게 분석하고 있다.

관료제적 세계라 할 수 있는 공적 세계로 들어가는 것이 어떤 점에서 필요하다. 그리고 여성 경험의 미덕을 밝히기 위해 여성은 여성적 경험이 주는 제약을 넘어서야만 한다. 그러나, 푸코가 말했듯이, 자격을 박탈당한 지식(disqualified knowledges)은 일단 주목받으면 쉽게 다시 흡수되어 버린다. "사람들이 백일하에 드러내려고 시도하는 지식의 특정 요소들은 인정받거나 회람되자마자 재암호화나 재식민화될 위험을 안게 된다"[68]는 것이다. 애드리언 리치(Adrienne Rich) 등 급진주의 페미니스트들은 여성이 지나치게 잘 적응하려고 들기 전에, "국외자의 관점과 국외자의 의식을 보전할"[69] 필요가 있다고 경고했다. 그러나 다음 장에서 내가 분명히 하고 있는 것처럼, 비판적 의식의 포기와 순응은 관료제적 세계에서 성공하기 위해 지불되어야 하는 비용이다. 여성을 공적 제도 속으로 통합시키는 데만 초점을 맞추게 되면 관료제 담론에 도전하기보다 그것을 영속시키는 상황을 낳게 된다. 그렇게 되면 중요한 질문은 제기되지 않고, 비판적 쟁점은 형성되지 못하며, 대안들은 구상되지 못한다. 여기에는 교묘한 변증법이 작용하고 있다. 변화는 사람들이 기존의 사회구조에 맞섬으로써 발생하며, 단순히 이론 속에서 혹은 저 멀리서가 아닌 개인적인 방법으로 제도화된 한계에 대해 도전함으로써 저항할 수 있는 길이 열린다. 그러나 그들의 용어를 바탕으로 관료제에 대응하는 것, 즉 관료제 자체의 담론 속에서 관료제에 대결하는 것은 투쟁에서 진 것이나 마찬가지다. 페미니스트 담론의 목표는 여성의 경험, 이 경험을 정확하게 전달할 수 있는 말의 형식, 그리고 이 경험들을 장려하고 합법화시킬 수 있는 제도적 형식 간의 관계를 명확하게 밝히는 것이다. 이 작업을 하려는 나의 시도가 완성되지 못할 것이라고 예상하고는 있지만, 나는 최소한 진 엘쉬타인이 제기한 도전을 충족시키게 될 것이라는 희망을 품고 있다. "첫 번째로 필요한 것은, 우리가 당면한 공적·정치적 현실이 비판적이고 성찰적인 눈에 의해 검토될 수 있도록 페미니스트 이론들이 사회 세계 안에 자리 잡게 하는 것이다."[70] 페미니스트 담

68) Foucault, *Power/Knowledge*, p. 86.
69) Adrienne Rich, "Privilege, Power, and Tokenism," *MS* 8(September, 1979): 42-44.
70) Elshtain, "Antigone's Daughters," p. 58.

론은 권력과 합리성에 대한 기초적인 정치적 질문의 재구성을 놓고 벌이는 공적 토론 속으로 끼어들 수 있으며 또 공동체를 만들기 위한 관심사를 합법화할 수도 있다. 페미니스트 담론은 관료제적 형식의 연장도 아니고 그것의 거울 이미지도 아닌, 반대 입장에서 나오는 진짜 **급진적인** 목소리로 생각하고 행동하는 방식을 제공해 줄 수 있다.

제 2 장 사회구조와 관료제 담론

나는 그들이 내지르는 고함에 둘러싸여 있다. 아무도 내가 누구인지 알지 못하고, 아무도 내가 말하는 것을 듣지 못할 것이다. 나는 말하지 않을 것이고 말할 수도 없다. 나는 그들의 언어 외에 다른 언어를 가지고 있지 못하다.
-새뮤얼 베케트(Samuel Beckett)

관료제가 다른 시대와 장소에도 존재했었지만, 관료제 담론과 제도의 확장은 근대성의 탄생과 사실상 동의어라고 할 수 있다. 오늘날 사회과학 영역에서 관료제를 공부하는 학생들은 모두 관료제를 집단생활의 피할 수 없는 측면으로 보는 경향이 뚜렷하다. 그런 가설 하에서는 관료제가 역사적 창조물, 즉 자본주의와 근대적인 규제주의 국가(regulatory state: 미국에서 20세기 초반 소위 진보의 시대에 기업에 대한 정부의 규제가 크게 증가한 것을 지칭한다. 규제 증가는 사회 정의가 무너지는 것을 막기 위한 효율적인 대응책이라고 생각되었다.—옮긴이)와 함께 나타난 조직의 한 양식이라는 것을 강조하는 것이 중요하다. 사고와 행위의 관료제적 방식은 제도적 차원과 개인적 차원의 경험에서 사회생활을 구축하지만, 그러한 방식이 우리의 경험을 완전히 지배하는 것은 아니다. 즉, 관료제적 담론과 실천은 모두 우리의 경험 속에 스며들어 있지만 완전하지는 못하다. 관료제는 사회적 삶을 계속 침범하지만 완전히 장악하지는 못하는데, 그 이유는 침범하는 과정 그 자체가 저항과 반대를 불러일으키기 때문이다. 이 장의 목적은 사고와 행위의 관료제적 양식을 새로운 시각으로 검토하려는 것이다. 이를 위해 근대 역사 속에서 관료제의 팽창을 가져온 몇몇 중요한 지점을 간략하게 설명하고, 사회 제도적 차원에서 관료제적 조직 사이의 관계를 분석하며, 관료제적 노선을 따라 개인의 삶을 식민화하는 과정에서 교육, 가족, 그리고 섹슈얼리티의 역할에 대해 논의하고, 행정 규율(administrative disciplines)의 담론적 실천 속에 내재된 정치학을 드러낼 것이다.

제 1 절 관료제 사회의 역사적 근원

서구 세계에서 관료제 사회의 기원은, 후기 봉건 시대에 세금을 부과하고 군대를 일으키며, 무역을 통제·확장하려는 중앙정부의 노력에 대한 지방 관리들의 저항을 극복하기 위해 허약한 왕조들이 기울인 노력에까지 거슬러 올라갈 수 있다. 절대왕조에 의해 만들어진 관료제는 왕조 체제가 끝났음에도 살아남아 부르주아 사회의 필수적인 부분으로 되었다. 그리고 행정 체계는 봉건주의에서부터 자본주의까지 "유럽의 경제적 변모에서 비롯된 혼란 속에서 질서를 확립하기 위한 무력과 복지의 이중 체계"를 제공했다.[1] 독립적인 시장에 관한 고전적 자유주의 이론의 주장과는 반대로, 국가 관료제의 활동은 법·국방·문화·사회복지 영역에서 일어나는 활동을 규제할 권한들을 더욱 더 요구하면서 계속 확장되었다. 푸코는 개인이 연구의 대상으로 되어 가고, 인간의 행동을 조직·규제·통제의 필요성이라는 측면에서 정의하게 된 복잡한 과정을 설명하면서, 광범위한 행정적 규제－그가 '규율(disciplines)'이라고 부른－가 17세기와 18세기에 출현했다고 본다.

1) Henry Jacoby, *The Bureaucratization of the World*(Berkeley, Calif.: University of California Press, 1973), p. 50.

근대의 행정 증가는 자유방임주의 이론가들의 예측을 혼란시켰지만, 국가 권력이 팽창할 것이라고 한 토크빌(A. C. H. M. Cléral de Tocqueville, 1805-1859: 프랑스 정치가이자 역사가로서 『미국의 민주주의』(1835, 1840) 2권을 발표하여 오늘날과 같은 대중사회의 출현을 예고했다.-옮긴이)의 비평대로 자본주의의 출현과 같은 시기에 일어났다. 부르주아 이데올로기는 반민중적이고 반공동체적인 세계관을 포함하고 있어서 개인들이 각자 나름대로 경제적 실존을 확보하게 내려버 두었다. 그것은 입법가들로 하여금 정보를 수집하고 중앙집중화하고 행동을 규제하고 지시하려는 노력을 배가하도록 재촉함과 동시에 사람들을 집단적 쟁점으로부터 눈을 돌려 사적 이익에만 관심을 두도록 촉구했다. 따라서 헨리 자코비(Henry Jacoby)는 "경제적 자유주의 시대에 관료제가 성장한 것은 역사의 거대한 아이러니 중 하나였다"[2]고 지적한다. 베버가 설득력 있게 보여 준 대로, 프로테스탄티즘은 시장에 의한 구제에 관심을 갖고 내적 세계를 지향하는 금욕주의에 주의를 집중하면서 사유화와 한층 더 밀착되게 되었다. 탈개인화된 시장의 성공적인 운영은 사회적 관계와 기술적 생산 모두 계산적, 몰개인적, 예측적이 될 것을 요구했고, 그래서 이처럼 반사회적인 세계는 관료제의 공적인 권한 관계 및 합리적 회계 관습과 함께 결합되기에 이른다.[3]

대단한 낙관주의가 규제적 제도들이 등장하면서 함께 나타났는데, 이러한 제도에 찬성하는 사람들은 그러한 제도를 부르주아의 덕목들-정확, 검약, 경제적 합리성 등등-을 반항적인 봉건 계급의 심장부에 심기 위한 도구로 보았다. 조지프 프리스틀리(Joseph Priestly: 중요한 과학자이자 공리주의를 기초한 사람 중 한 명), 조시아 웨지우드(Josiah Wedgewood: 시계

2) 위의 책, p. 55. 소위 사회주의 국가들에서 관료제의 팽창은 다양한 정치적·경제적 기류를 관통할 수 있는 관료제의 능력을 말해 준다. 사회주의의 관료제화는 매력적이긴 하지만, 이 책에서 내가 다루고자 하는 주제는 아니다. 이 주제에 대한 논의는 Donald C. Hodges, *The Bureaucratization of Socialism*(Amherst, Mass.: University of Massachusetts Press, 1981)을 볼 것.

3) 역사에 대한 베버의 시각을 잘 개괄한 매우 유용한 자료를 보려면, Steven Seidman & Michael Gruber, "Capitalism and Individuation in the Sociology of Max Weber," *British Journal of Sociology* 28(December, 1977): 498-508을 볼 것.

발명가이자 상공회의소의 창립자), 존 윌킨슨(John Wilkinson: 거대 철강 자본의 창립자) 등과 같은 과학자, 산업자본가, 그리고 중간계급 급진주의자들은 근대성의 목표를 다음과 같이 요약했다. 그 목표란 자신의 이익을 위해 공장, 감옥, 학교, 병원, 그리고 관리자들의 새로운 규율적 권위에 개인을 종속시키기 위해 구제도(앙시앵 레짐, ancien régime: 무너진 구시대를 통칭하는 용어로서, 구체적으로는 절대왕권 하에 궁정의 관료 제도에 모든 권력이 집중되어 왕의 정책을 수행했던 프랑스의 루이 14세 시대를 지칭한다.－옮긴이)의 제약으로부터 개인들을 해방시키는 것이다.[4] 에드먼드 버크(Edmund Burke, 1729-1797: 영국의 정치사상가. 민주주의는 모두를 평준화하여 구제도 하의 사회가 가진 좋은 풍습을 파괴하는 것이라며 프랑스혁명을 비판했다.－옮긴이) 같은 구질서 옹호자들은 진보 제창자들과 지는 싸움을 했는데, 진보를 제창한 사람들은 지식, 이윤, 그리고 권력 간의 결혼 관계를 구현하고 버크가 궤변, 경제 그리고 계산의 시대라고 멸시했던 시대가 시작되었다고 선언했다. 푸코는 규율적 질서의 확산이 "낭비적이며 과시적인 군주권의 표시들"을 활용하지 않고 또 반란에서 사람들이 자신들의 수가 갖는 힘에 이끌리지 않도록 하면서 막대한 수의 사람들을 통제하고 사람들의 행위를 안정적이고 예측 가능하게 하는 방법을 제공했음을 보여 준다.

> 규율은 정착시키며, 검거하거나 이동을 규제하며, 혼란을 말끔히 없애며, 비생산적인 방식으로 국토를 방랑하는 개인들로 꽉 찬 집단들을 분산시키며, 의도한 분배 체계를 확립한다. 규율은 조직된 다수의 구조에서 형성된 모든 세력을 지배해야 하며, 그것을 지배하고자 하는 권력에 대한 저항 세력을 형성하며 그것으로부터 나오는 반(反)권력의 영향들, 즉 폭동, 반란, 자연발생적 조직, 동맹 등 수평적 결합을 이룰 수 있는 모든 것들을 중립화해야만 한다.[5]

푸코의 분석은 우리가 '규율'이라는 단어의 두 가지 통상적인 사전적 의미 사이의 연결성을 알게 해 준다. 하나는 통제와 관련된다. 즉, '자기통제,

---

4) Isaac Kramnick가 Columbia University Seminar on Political and Social Thought, December 16, 1982에서 발표한 논문 "Joseph Priestly-English Philosophe"을 볼 것.

5) Michel Foucault, *Discipline and Punish*(New York: Vintage Books, 1979), pp. 219, 220.

성격, 질서와 효율성을 발전시키는 훈련', '그런 훈련의 결과, 자기통제, 질서정연한 행동', '규칙 혹은 방법들의 체계', '규칙에 대한 복종', '교정'이다. 다른 하나는 지식과 관련되어 있다. 즉, '배운 것, 지식 혹은 학습의 갈래'이다. 푸코는 이 두 의미를 합친다. 규율은 말과 사물, 권력과 지식의 교차점에 위치해 있다.[6] 규제적 규율들은 그것들이 '생산, 규제, 분배, 유통, 그리고 진술의 작동을 위한 질서정연한 절차'를 생산한다는 의미에서 '진실'을 생산한다.[7] 그렇게 생산된 지식은, 규칙들이 구축되고 객체와 주체가 정의

---

6) Michel Foucault, *The Birth of the Clinic*(New York: Vintage Books, 1975), p. xii.

7) Michel Foucault, *Power/Knowledge: Selected Interviews and Other Writings*(New York: Pantheon Books, 1972), p. 133. 푸코의 용어는 종종 혼란스러운데, 그 이유 중 일부는 그가 새로운 용어들을 만들어 낼 때 그 용어와 다른 용어들 간의 관계에 대해 설명하지 않은 채 진행하기 때문이고, 또 일부는 그의 입장이 자율적인 담론에 대한 초창기의 강조에서부터 권력에 대한 좀 더 최근의 관심으로 발전됨에 따라 그의 언어와 강조점이 달라지고 있기 때문이다(이러한 강조점 이동에 대한 탁월한 분석으로는 Herbert L. Dreyfus & Paul Rabinow, *Michel Foucault: Beyond Structuralism and Hermeneutics*[Chicago: University of Chicago Press, 1982]을 볼 것). 이러한 혼란을 고려하여, 핵심적 용어에 대한 몇몇 정의들을 순서대로 나열한다.

'담론적 관계(discursive relations)' 혹은 '담론적 실천(discursive practices)'은 우리가 연구하는 상황과 대상을 구성하고 있는 말하기의 독특한 방식들이다. "동일한 꾸러미의 규칙에 의해 형성된" 말하는 행위(진술) 사이의 규칙성을 가리키는 좀 더 특수한 용어로서 나는 '담론적 구성체(discursive formations)'라는 용어를 택한다(Donald J. McDonell, "On Foucault's Philosophical Method," *Canadian Journal of Philosophy* 7 [September, 1977]: 549). "어느 한 기간의 담론 생산을 좌우하는 규칙들의 꾸러미"는 에피스테메(episteme 인식틀)이다(Alan Sheridan, *Michel Foucault: The Will to Truth* [New York: Tavistock Publications, 1980], p.209). 푸코는 '에피스테메'란 "**기저에 있는 거대이론의 일종이 아닌, 열려 있는 관계의 영역이며 아마도 무한히 설명할 수 있는…… 분산의 공간**"을 의미한다고 말한다 (Foucault, "History, Discourse, and Discontinuity," *Salmagundi* 20[Summer/Fall, 1972]" 228[위에 굵은 글자**체로** 표시된 것은 원저자의 것임]). 에피스테메라는 개념에서 푸코는 "변화와 문화적 전체성이라는 개념을 조화시키는" 방법을 찾고 있는 것 같다(Sheridan, *Michel Foucault*, p.209).

푸코는 담론적(언어적) 실천과 비담론적(제도와 신체적·사회적 배치) 실천 간의 더 넓은 관계들의 조합을 『지식의 고고학(*The Archaeology of Knowledge*)』(New York: Pantheon, 1972)에서는 '언명적 양식(enunciative modality)'이라고 말하고, 『지식/권력(*Power/Knowdedge*)』에서는 '기구(apparatus)' 혹은 "지식의 유형들에 의해 지원받거나 이들을 지원하는 세력들 간 관계의 전략들"이라고 말했으며(p. 196), 그리고 『지식/권력』에서 다시 자신이 조사하는 문화적 배치 및 실천의 구조와 자신의 방법 모두를 위한 용어인 '장치(*dispositif*)'라고 말한다(p. 194). 여기서 장치는 "담론, 제도, 건축물의 배치,

되며 연구할 사건들이 확인되고 구성되는 담론적 실천의 한 부분이다. 드레퓌스와 라비노가 설명하듯이, '규율'은

> 제도가 아니라 기술(technique)이다. 규율은 특정 제도(유치장, 군대) 속에서 대규모로 혹은 거의 전적으로 전유되거나, 혹은 다른 제도들(학교, 병원)에서 정밀한 목적을 위해 사용될 수 있는 방식으로 기능한다. 즉, 그것은 기존의 공공당국(질병 통제) 혹은 국가사법기구(경찰)의 일부에 의해 활용될 수도 있다. 그러나 규율은 사회에 존재하던 권력의 이와 같은 특수한 형태 중 어떤 것으로도 축소되거나 동일시될 수 없다. 그렇다기보다, 규율은 권력의 형태들을 서로 연결시키고 그 영역을 확장시키고 그 효율성을 연마하면서 그것들에 '투자하거나' 혹은 식민화한다.[8]

개인과 집단생활에 대한 규율적 질서의 부과는 19세기 후반과 20세기 초반 진보의 시대 동안에 한층 더 확장되었다. 행정적 실천의 다양한 분야들

규제, 법, 행정 수단, 과학적 진술, 철학적 명제, 도덕, 박애주의, 등등"을 포함한다(p. 194).

자신의 방법에 대한 푸코의 정의도 마찬가지로 혼란스럽다. 그의 '고고학적 방법'은 그것의 합리적 가치나 아는 주체(a knowing subject)를 참조하지 않고 또 인과 관계를 주장하지도 않고 에피스테메 혹은 인식론적 영역(epistemological field)의 발달을 분석한다(Foucault, *The Order of Things*[New York: Vintage Books, 1973], p. xxii; Foucault, "History, Discourse and Discontinuity," pp. 234-235). 드레퓌스와 라비노가 지적하듯이, 고고학적 방법은 아무런 도덕적 혹은 정치적 이론도 가지고 있지 않으며 담론에 대한 사회제도의 영향을 이해할 수 없게 만든다. 고고학적 방법은 아무도 그것을 믿지 않을 때만이 '작동하기' 때문에, 만약 분석자 자신을 제외한 모든 사람들이 '의미의 허상'을 공유하고 있다면 고고학적 방법은 또한 태생적인 딜레마도 가지고 있다.

'계보학적 방법(genealogical method)'으로 전환함으로써, 푸코는 자신이 보기에 마르크스주의자와 프로이트주의자들이 사용함으로써 오염되어 버린 초월적인 주체에게로 향하거나, 혹은 이데올로기나 억압의 개념에게로 향하지 않고 권력을 향해 좀 더 전격적으로 전향하는 것이 가능해졌다(*Power/Knowledge*, pp. 117-118). (푸코는 '이데올로기'라는 용어를 싫어하지만 나는 그에 동의하지 않으며 그 용어를 세계관이라는 의미를 나타내기 위해 자주 사용한다.) 계보학은 지배적인 담론을 넘어서 억압당해 왔던 사람들을 살펴본다. "계보학이 정말로 하는 것이 무엇이냐면, 과학과 그 연구 대상을 구성하고 있는 얼마간은 진실된 지식과 얼마 간은 독단적인 관념의 이름으로 자신들을 걸러내고 서열화하고 질서를 부여하려는 통일된 이론이 필요하다는 주장들에 대항하여 국지적이고, 불연속적이고, 자격을 박탈당했고, 정당화되지 못한 지식들에 주목하라는 주장들을 받아들이는 것이다"(*Power/Knowledge*, p. 83).

8) Dreyfus & Rabinow, *Michel Foucault*, p. 135.

—예를 들면, 행정법, 정책'과학', 사회복지, 공공행정, 그리고 합리적 계획—은 전문기술과 절차에 관한 도구적 질문들에 맞춘 초점과, 고객들 특히 가난한 사람들의 생활을 새롭게 구성하려는 실질적 관심을 서로 결합시켰다. 이 분야는 다 같이 개인적 치료와 서비스 소비를 정치적 행위로 대체하면서, "정치적 자격에 대한 행정적 접근"이라는 차원에서 정치제도에 대한 시민의 관계를 재정의했다.[9] 진보주의자들은 이민자 노동계급의 '사회병리 현상', 문화적 특이성, 그리고 경제적 조건들을 사회 질서에 대한 위협으로 판정했다. 더욱이 이민 빈곤층 사이에 인기가 있던 정치적 행위의 스타일들-무정부주의·사회주의·노동조합주의, 우발적인 노동자 파업, 군사주의와 국가에 대항한 선동, 수용소 정치—은 특히 진보주의 운동의 '과학적' 목표에 파괴적인 영향을 주었다.[10] 빈곤층 문제에 대해 이 행정적 규율들이 제시한 대답은 치료적 개입이었는데, 그 속에서 박애주의적 관심을 가진 대리자 그리고/혹은 국가는 노동자 계급 가족을 정상화하고 그들이 사리에 맞게 행동하게 하려는 목적에서 이민자 가정에 가정감독제를 도입했다. 도시의 유능한 관리자들은 잘사는 계급의 이익을 해치지 않고 시민에게 기초적 서비스를 제공하는 방식으로 공적 생활에 질서를 유지할 것이 기대되었다.

금세기 전반에 걸쳐 행정 규율(administrative disciplines)이 발달함에 따라 진보의 시대에 추진하던 작업이 계속되었다. 제2차 세계대전 후 기간 동안 경제·정치·과학 기관의 상호연결은 자크 엘륄(Jacques Ellul)이 '기술 문명'이라고 불렀던 형식 속에서 절정(혹은, 사람들이 말하듯, 최저점)에 도달했다. 기술 문명은 "미리 결정된 결과를 얻어내기 위한 표준화된 수단들의 복합체"라고 정의된 기술의 규칙이 사회생활을 지배하는 것이다.[11]

---

9) Andrew J. Polsky, "The Administered Citizen," paper presented at the American Political Science Association meetings, Chicago, Ill., September 1-4, 1983, p. 3. 폴스키는 진보의 시대 당시 개혁주의자들의 저술과 그 시대의 공식 문서에 대해 탁월한 분석을 했다. 또한 James A. Stever, *Diversity and Order in State and Local Politics*(Columbia, S.C.: University of South Carolina Press, 1980), pp. 137-189를 볼 것.

10) 위의 책, p. 7.

기술 문명은 합리성(rationality, 선형적, 규칙 지배적, 도구적 질서), 가공성(artificiality, 자연으로부터 거리를 두거나 반대적 입장을 취함), 자동성(automatism: 자기 정당화 덕목으로 작용하는 통제와 효율성), 그리고 보편주의(universalism: 기술과 기술의 용도 간에 구분이 없는 것)의 매우 한정된 관념에 대한 광범위한 복종과 의존이 특징이다. 기술은 "도덕적 판단을 수용하기를 거부하기" 때문에, 접근할 수만 있으면 어떤 활동에라도 적용된다.[12] 기술 문명의 이데올로기적 표현은 근대의 규율적 세계관이며 관리 중심 사고 방식이다. 그것의 조직적 표현은 관료제다.

근대 관료제는 자유주의 정치이론 및 경제이론의 출현과 함께 탄생했지만, 관료제는 어떤 점에서 자신의 자유주의적 동지와 '멀리 떨어져' 있었다. 그 결과 기술 사회의 권력 관계는 어떤 종류의 현대적 형태의 자유주의 사상으로도 이해하기 어려웠다. 19세기와 20세기 초에 있었던 권력과 특권에서의 격차들은 상당한 정도까지 법에 진술되어 있었다. 참정권을 백인, 남성, 그리고/혹은 유산자 계급의 구성원들에게 한정시켰던 법과, 좀 더 권력이 있고 돈도 잘 버는 직업에 여성이 진입하는 것을 막았던 법과, 백인에게 더 나은 공공시설을 제공했던 짐 크로(Jim Crow: 미국에서 1876년부터 1965년까지 남북부 모두에서 시행되었던 인종차별법으로서 학교, 철도, 식당, 극장, 호텔 등 모든 공공시설에서 조직적으로 흑백 분리를 제도화했다.-옮긴이) 법에서처럼, 경제적·사회적 지배를 향유하던 집단들은 더 높은 법적 지위까지도 요구할 수 있었다. 법 앞에서의 평등이라는 고전적 자유주의의 신념에 따라 헌법상의 불평등에 대해 반발이 생겨날 수 있었기 때문에, 이러한 특권들은 결국에는 미국 자유주의 전통의 주류였던 세력들에 의해 공격받았다.

---

11) Jacques Ellul, *The Technological Society*(New York: Alfred A. Knopf, 1964)에 수록된 로버트 머튼이 쓴 서론에서 발췌(p. vi). 엘륄을 비판하는 사람들은 그가 자본주의가 아닌 관료제와 기술을 비판하고 있기 때문에 비난받을 만하다고 주장했다. 자신의 오류에도 불구하고, 전문기술의 침범을 보는 엘륄의 눈은 날카롭다.

12) Ellul, *Technological Society*, p. 97. 이 특성 목록은 엘륄이 제공한 더 긴 목록에서 줄인 것이며, 그가 제시한 범주들 중 일부는 합쳤다. 푸코는 규율 사회에서 "지향하는 목표와 그것을 이루기 위해 계획된 기술이 합쳐지는" 현상에 대해 말할 때 같은 조합의 속성들을 강조하고 있다(Dreyfus & Rabinow, *Michel Foucault*, p. 154에서 인용).

사회 경제적 불평등을 유지하기 위한 법적 도구의 사용이 결코 끝난 게 아니지만—평등권수정법안의 몰락을 지켜보라—이제는 차별적인 법적 지위가 권력 관계를 집행하는 데 가장 중요한 기제가 되지 못한다. 그보다는, 통제 기제들이 현대 제도 속, 관료제적 과정 자체의 운영 속에 설치된다. 평등의 법적인 보장과 권력에 대한 헌법적 제약은 관료제적 지배와 쉽게 공존할 수 있다. 규율적 권위는 그래서 외관상 중립성과 법의 제약을 후원함으로써 자신을 위장한다. 푸코가 설명하듯이,

> 근대 사회의 보편적 사법권이 권력 행사에 한계를 정하는 것처럼 보이더라도 보편적으로 널리 퍼져 있는 사법권의 감시주의(panopticism)는 권력의 불균형을 지원하고 강화하고 배가하며, 법 주변에서 발견되는 한계들을 약화시키는 막강하면서도 미세한 장치인 사법권이 법의 이면에서 작동할 수 있게 해 준다.[13]

전형적으로 자유주의적인 현대 미국 정치의 주요 형태들도 기술 문명을 이해 가능한 상태로 만들 수 없다. 레이건 행정부와 '자유시장' 옹호자들의 수사(修辭)에 체화되어 있듯이 고전적 자유주의의 대변인들은 종종 규제에 반대하는 소리를 시끄럽게 내지만 관료제화에 대해서는 아무런 분석도 하지 않는다. 우파에서 나오는 이 목소리들은 그런 국가적 규제 정책이 사실상 지지하고 있는 자원의 독점을 유지하면서도, 국가적 규제의 일부 형식이 가져오는 불편으로부터 기업자본주의를 보호하려는 의도를 가지고 있다. 그들의 동맹군인 대니얼 벨(Daniel Bell) 같은, '소유권'에 대한 보수적 반대자들은 경제의 정치화가 계급구조의 맨 꼭대기에서 일어날 때에는 시장에 대한 정부의 통제에 관해 전혀 신경쓰지 않고 계급구조의 밑바닥에서 그런 견해가 나올 때만 반대 목소리를 낸다. 이와 유사하게, 민주당의 뉴딜 연합(New Deal Coalition: 뉴딜 정책을 지지하는 이익집단들의 제휴 관계를 지칭하는 것으로, 민주당, 대도시, 노동조합, 소수민족, 자유주의 농장 집단, 지식인, 남부 지역으로 이루어져 있었다.—옮긴이)의 잔재들과 관련 이익집단으로 대표되는, 개량적 자유주의의 옹호자들도 마찬가지로 반관료제적 분석을 제시

---

13) Foucault, *Discipline and Punish*, p. 223. 또한 Claus Offe, "Political Authority and Class Structure," *International Journal of Sociology* 2(Spring, 1972): 73-107 참조.

해 주지 못한다. 기업자본주의의 특징인 명백한 불평등에 대해 이 집단들이 마지못해 내놓은 방안은 뉴딜 정책(New Deal: 미국의 루스벨트[Franklin D. Roosevelt] 대통령이 1933년부터 1939년까지 공황 극복을 위해 실시한 일련의 경제정책-옮긴이), 페어딜 정책(Fair Deal: 모든 국민은 정부로부터 공정한 처우를 받을 권리를 가지고 있다는 취지로 미국의 트루먼[Harry S. Truman] 대통령이 제안한 사회 개선 정책으로서 이 정책은 실업 정책을 제외하고는 현실화되지 못했지만, 그 정신은 계속 민주당에 계승되다가 '위대한 사회'를 제창한 존슨[Lyndon B. Johnson] 대통령 때 고령자 등 취약 계층을 위한 의료 보장제도인 메디케어[Medicare]와 같은 프로그램에서 비로소 실행되었다.-옮긴이), 위대한 사회(Great Society) 정책의 구태의연한 자유주의적 프로그램 정도였다. 이러한 프로그램들은 모두 소유권을 박탈당한 사람들에게 자원을 최소한으로 할당하도록 통제하고 규제하는 관료제의 확대 증식에 근거한 것이기 때문에 이 프로그램들이 제시하는 '해법'은 사실상 문제를 더 키우게 된다.

기술 문명에 대해 정확하게 이해하기 위해서는 자유주의의 여러 판본에 대해 자유주의 안에서 왈가왈부하는 수준을 넘어서야만 한다. 기술 사회의 제도적 틀과 언어 형식 모두에 대한 분석을 통해 우리는 반관료제적 담론의 전망을 제시하고 비관료제적 사회를 꿈꿀 토대를 마련할 수 있다.

제 2 절 관료제적 자본주의의 구조적 배치

관료제적 지배는 서로 연관된 많은 차원을 따라서 사회적 삶을 관통하고 있기 때문에 다층적으로 검토할 필요가 있다. 사회과학적 언어에서 분석의 이중적 차원(dual level of analysis)은 매우 중요하다. 왜냐하면 기술문명의 동력에 대규모 제도와 과정들이 가진 거시적 차원의 상호작용과 미시적 차원의 개인적 활동 모두가 포함되기 때문이다. 이 두 개의 분석 차원을 연결하는 것은 두 개의 구조적 고리이다. 첫째, 관료제가 개인과 집단에 제공하는 역할과 사건들의 제도화된 체계이며 둘째, 관료제에 대한 담론을 구성하는 것으로서, 이러한 역할과 사건 그리고 그것들을 만들어 낸 체계에 대한 언어적 설명/정당화이다. 관료제 속에 있을 수 있는 역할 및 사건과 그것들을 표현하는 언어 사이의 관계는 복잡하다. 왜냐하면 사람이 역할과 사건 안에서 겪게 되는 경험은 계속되는 생각을 다듬는 데 비해, 생각하기와 말하기의 지배적 방식은 있을 수 있는 역할과 사건을 구조화하는 요소들 중 하나이기 때문이다. 그것들은 함께 하나의 '꾸러미'를 구성한다.—즉, "실제로 있을 수 있는 의식(consciousness)의 제도적 구조와 과정의 연쇄"다.[14] '관료제화(bureaucratization)'라는 단어는 사람들에게 가능한 역할과 사건 모두를 재형성하는, 인간적 관계(예를 들면, 생산, 교육, 의료)와 관료제적으로 역할과 사건을 묘사하는 데 통상적으로 사용되는 언어의 특별한 영역을 둘러싼 담론과 제도적 실천 모두에 규율적 기술이 침투한 것을 가리킨다. 관료제적 삶의 역할과 사건에 대한 논의는 3장과 4장에서 다루고, 이 장의 나머지 부분에서는 분석의 두 차원의 특징과 그것에 연결되어 있는 관료제 담론의 주요 특징들에 대해 개괄적으로 설명한다.

관료제를 논할 때는 환원주의적 태도를 갖기 십상인데, 환원주의는 개인을 그들의 조직적 역할과 완전히 동일시하거나 혹은 조직의 실제 기능을 기능에 대한 조직 자체의 설명 및 변호와 동일시하는 것에서 종종 볼 수 있다. 구체적으로 실존하는 개인들은 복잡한 사회적 역사와 여러 개의 미래를 가지고 있으면서 항상 변하는 존재임을 기억하는 것이 중요하며, 또 사람들은 그들의 조직적 정체성으로 쪼개어 파악할 수 있는 존재가 아니다. 근대적 조직이 하려고 하는 바로 그것, 즉 개인의 정체성과 그녀 혹은 그의 조직적 역할을 융합하려고 하는 것은 분석되어야 할 문제이지 당연히 받아들여야 할 삶의 한 양상이 아니다. 권력을 행사하는 데 필요한 모든 도구처럼, 근대 조직은 청중이 쉽게 받아들이도록 자신의 활동을 설명하는 데 관심이 있다. 다시 강조하지만, 자신을 위해 혹은 다른 관료제를 위해 관료제가 제공한 현실의 공식적 판본은 제기되어야 할 질문에 속하지 답에 속하

14) Peter Berger, Brigitte Berger, & Hansfried Kellner, *The Homeless Mind: Modernization and Consciousness*(New York: Random House, 1974), p. 98.

는 것이 아니다.

분석의 거시적 차원에는 체계적 과정으로서 관료제와 자본주의 사이의 복잡한 관계가 있다. 베버 이래로 관료제를 연구하는 대부분의 학자들은 선진 자본주의는 경제적 영역이 예측 가능하고 안정적이도록 해 주는 관료제적 행정구조를 필요로 한다는 사실을 인식하게 되었다. 그런 행정구조는 관련된 행위자들, 즉 행정의 표적인 고객과 행정을 수행하는 관리 측을 대상으로 체계 안정화 작업을 확실하게 해두려고 한다. 체계 안정화는, 안정성에 대한 위협이 심각하고 분명하면서 중대한 사회적 위기에 개입하는 것과, 기존 구조와 절차를 계속적으로 유지하는 것에 관련되어 있다. 자본의 구조와 관련된 조직의 과업은 "세심한 위기 관리와 장기적 위기 모면 전략"을 구사할 수 있게 하는 "기술주의적 행정의 가장 복잡한 기술과 방법"을 활용하는 것이다.[15]

그러나 기업자본주의가 관료제를 필요로 하는 동안에도 그 둘은 서로 긴장 관계 속에 있다. 계약에 근거한 권리와 법적 평등에 대한 이론들은 부르주아 사회에서 개인의 지위에 대한 공식적 이데올로기를 형성하는 토대를 제공한다. 그러나 이 이론들은 행정적 사회의 강압적 차원들, 즉 "규율적 강압(disciplinary coercion)의 조밀하게 연결된 망상조직"이 불평등, 정상상태, 그리고 통제를 집행한다는 점을 은폐한다.[16] 그와 동시에, 정상화 담론(discourse of normalization)은 임상적 지식과 과학적 정당성에 근거하여, 법과 권리에 대한 담론이 요구하는 바를 무의미하게 만들어 버림으로써 그 담론의 토대를 약화시킨다. 예를 들면, 진보의 시대 동안 복지사업 종사자들과 자선기관 직원들은 노동자 계층, 즉 이민 가족을 정상성에 대한 미국의 주요 기준에 적응시키기 위해 소년법원 체계를 이용했다. 위험에 처해 있거나(방치되거나 학대받는) 혹은 위험하거나('교정 불가능한') 혹은 이 두 가지 모두의 상태에 처한 것으로 보이는 아동들은 법원을 거쳐 알맞은 진단 전문가에게로 보내졌다. 정상화 담당 직원들은 아동을 통해

15) Offe, "Political Authority," p. 99.
16) Foucault, *Power/Knowledge*, p. 106.

가족 전체에 접근할 수 있는 통로를 얻게 되었으며, 그래서 가족 관계와 가정의 관습들은 공식적 감시와 '과학적' 규제 하에 놓이게 되었다. 노동자 계급 가족이 '사례(case: 복지 프로그램의 케이스-옮긴이)'로 탈바꿈하고 복지 수혜자(client)로 되었을 때 이 가족의 구성원들은 표면적으로는 자신들의 정치적·법적 권리를 상실하지 않았지만 그런 권리들이 그들에게 무의미하거나 무관한 것이 되어 버렸다. 자신의 개인 재산을 소유하고 통제하고, 자녀를 키우고, 친구들에 의해 평가받고, 사생활을 보호하고, 투표하고, 자신의 의견을 표현하는 등등을 위한 법적 권리는 결코 없어지지 않았지만, 이 권리들은 사적인 사항이 노출되게 하고 또 이것들을 규제하고자 하는 사회적 전문가들의 요구와 승산 없는 경쟁을 하게 되었다. 앤드류 폴스키(Andrew Polsky)의 설명에 의하면,

> 진보의 시대에 있었던 박애주의 영향 하에 발전된 많은 국가 프로그램 중에서 소년법원은 공적 기관에 끼친 치료적 담론의 영향력을 가장 잘 반영하고 있었다. 소년법원은 합법적 재판정과 사회 기구 사이에 존재하는 모호한 영역을 차지하고 있었다. 법적인 체계에 충실한 인간 서비스 논리와 조직이 심어졌고……그래서, 보호관찰의 결정적인 중요성은 바로 소년법원이 사례에 대한 확정 심판을 내리는 대신에 해당 아동과 가족을 끝없는 평가의 과정 속에 휘말리게 한 점이었다.[17]

오늘날 이 두 담론 사이의 갈등은 여러 가지 형태로 나타난다-예를 들면, 수감자와 환자의 권리 요구 대 감옥과 병원, 아동의 권리 대 학교와 소년법원, 시민의 권리 대 전문가의 요구 등등. 대법원이 연방 복지 프로그램의 "남성 거주(man-in-the-house: 과거 미국 일부 지역에서 적용된 복지급여 규정으로서, 가난한 가족에서 아버지가 없는 경우 아동이 복지급여의 대상이 될 수 있지만, 만약 아버지를 대신한다고 생각되는 남성이 함께 거주할 경우 복지급여의 대상에서 제외되는 규칙을 가리킴.-옮긴이)" 규정이 위헌적이라는 판결을 내렸을 때처럼 때때로 복지 수혜자 집단은 서비스 기구의 조사를 제한해 달라고 법적 기구에 호소할 수 있다.[18] 그러나 사법적, 공적, 정치적 담

---

17) Polsky, "Administered Citizen," pp. 8, 10.

론의 권위는 행정 담론(administrative discourse)의 권위와의 경쟁에서 더 자주 패배하게 된다.

기술 문명은 점점 대규모 복합 조직으로 가득 채워지게 되며, 후기 자본주의 사회로 나아갈수록 우리들의 다양한 활동은 더욱 그러한 조직들 안에 붙잡혀 있게 된다. 단순히 범죄자에 대한 처벌과 군사행동 조직만이 아니라, 노동 조직, 교육 조직, 의료 조직, 환경 조직, 여가 조직, 친밀성 조직에 이르기까지.— 이 모든 조직은 더욱 더 관료제 담론의 용어들로 정의되고 또 관료제 구조 안에서 수행된다. 우리 사회는 상호 연결된 조직의 조밀한 네트워크로 만들어져 있으며 이 조직들 각각은 다른 조직을 위한 실제적인 혹은 잠재적인 자원(resources)이 된다. 푸코는 감옥과 다른 통제 제도들의 예에서 어떻게 규율이 서로 얽히고 상호 지원적으로 되는지를 보여 주었다. 노동력을 통제해야 할 필요성과 함께, 대체로 인구가 팽창하고 자본주의가 확대됨에 따라 삶의 전 영역에 대한 행정 규제 또한 팽창한다. 한 영역에서 습득된 지식은 다른 영역에서 행사되는 권력을 지원하고, 한 기술구조에서 획득된 자원은 다른 기술구조에 의해 착수된 활동과 잘 들어맞는다. 사람들은 심리 연구에 의해 생성된 지식과 일터에서 행사되는 권력 사이의 관계를 즉각적으로 생각하게 되는데, 그 둘은 합쳐져서 산업심리학이라는 학문 분야를 만들어 냈다. 혹은 정부와 거대 기업의 관리기구와의 관계 속에서 일어나는 대학의 자격증 수여 활동을 생각해 내기도 하는데, 이것은 대학에 행정학과와 경영학과의 확산을 가져온다. 푸코처럼, 우리도 "감옥이 공장, 학교, 병영(兵營), 병원과 유사하며 이들은 모두 감옥과 비슷하다"는 사실이 놀랄 일이 아니라는 점을 인정해야 한다.[19]

거시적 분석 차원에서는 조직을 당연히 관료제 담론이 침투한 환경 속에 있는 다른 조직을 위한 자원으로 보아야 한다. 이 시각은 시장 자본주의와

---

18) 빈곤과의 전쟁(The War on Poverty)은 가난한 사람들에게 법적 자원을 제공하고 복지법 연구를 위한 학술센터들의 설립을 장려함으로써 두 담론들을 결합시켰다(David Street, George T. Martin, Jr., & Laura Kramer Gordon, *The Welfare Industry* [Beverly Hills, Calif.: Sage Publications, 1979], p. 128).

19) Foucault, *Discipline and Punish*, p. 228.

대조적인 관료제적 자본주의를 이해하는 데 핵심적이며, 계급 관계는 관료제적 조직과 네트워크 안에 포획되고 은폐된다. 대체로 조직들 사이에 일정한 호혜적 관계가 있긴 하지만, 좀 더 강력한 관료제에 의해 둘러싸인 조직들은 다른 곳에서 자원들을 발견하기보다 **스스로** 자원으로 되기 십상이다. 또한 일부 조직들이 만일 다른 조직들의 자원을 잠재적으로 위협할 수 있다면 결국 이 조직들은 서로 얽힌 네트워크 안에 들어가게 된다. 그래서 노동조합은 경제적·정치적 기류를 불안하게 만드는 노동자의 자발적인 반란을 대체하면서 자본주의 사회 속으로 구성원들을 통합시키는 도구가 된다. 단체협상의 합의 조항들 중 대부분은 조직들 간의 자원 교환 관계를 분명하게 보여 준다. 즉, 노동조합은 대체로 파업을 예측 가능한 기간 동안으로 제한하고, 공장에서 노동자-관리자 간의 대립을 제거하는 관료제적 조정 절차를 수용하고, 노동 과정과 고용에 대한 관리자의 통제를 인정하는 데 동의한다. 그리고 노동조합은 그 대가로 노동자들의 급료에서 조합 회비를 자동 인출하는 형식으로 확실한 수입을 얻게 된다.[20] 노동조합은 또한 임금과 부가급여의 형식으로, 그리고 가끔은 의료와 안전에 관한 특전들까지 포함하여 구성원들을 위한 구체적인 이득을 챙길 수도 있지만, 이것들은 두 조직 간에 벌어지는 자원의 중앙집중적 교환에 비해 점차 부차적인 것으로 된다.

> 근대적 노동 협약은 노동조합과 기업 간의 계급 협력을 가져오는 최고의 도구다. 그것은 관료제적이며 위계적인 근대 산업 및 국가 구조를 반영한다. 그 조항들은 법에 의해서만이 아니라 기업과 노동조합 관료제의 공동 노력에 의해 시행된다.[21]

혹은, 내가 인터뷰한 어떤 여성이 7년간의 공장 노동과 노동조합 활동을 회상하면서 한 말처럼, "노동조합이 있는 것보다 더 나쁜 유일한 상태는 노

20) Stanley Aronowitz, *False Promises*(New York: McGraw-Hill, 1973), p. 217. 미국 노동자 계급에 대한 아로노비츠의 연구는 노동계급 문화와 노동계급의 제도, 특히 노동조합 사이의 역사적 관계에 초점을 맞추고 있다.

21) 위의 책, p. 218.

동조합이 전혀 없는 것이다."

다른 관료제를 위한 자원이 되어 줌으로써 관료제가 살아남고 번창하는 과정은 기술 중심 사회의 모든 차원에서 명백하게 드러난다. 가장 강력한 경제 제도 사이에 존재하는 그런 관계는 잘 알려져 있다. 즉, 은행과 보험회사는 기업과 농업 관련 산업에 투자하기 위해 장·단기 자본을 제공하며, '포획된' 정부 기구는 자신들이 규제하도록 되어 있는 집단의 이익을 보장해 주며, 국가는 개인이 자동차보험을 갖도록 요구함으로써 보험회사에 엄청난 시장을 확보해 준다. 대규모 제약회사들은 다른 조직들과 거래를 함으로써 자신들의 영역을 확대하고 경쟁을 피한다. 그들은 특허법을 개정하는 데 연방정부의 협조를 확보했으며, 미국의료협회의 출판물에 비용이 많이 드는 광고를 하겠다고 제의함으로써 미국의료협회의 협조를 확보했고, 그리고 약품회사에 종사하는 의사들에게는 승진을 제의함으로써 의료직 자체의 협조를 확보했다.[22] 조직의 군집(群集)들-공급 회사, 자회사, 유통회사, 연구 조직자, 여기에 덧붙여 금융, 법률, 관리, 광고, 홍보 서비스를 제공하는 회사들, 여기에 또 관련 국가 기구-이 모여서, 상호 연관된 제도들로 구성된 느슨하고 융통성이 있지만 놀랄만큼 안정된 네트워크를 형성하게 된다. 특수한 정책을 둘러싼 어느 정도의 갈등과 희소 자원을 둘러싼 싸움이 이들 제도적 복합체 사이에서 일어나지만, 그런 불화는 조정을 지향하는 전체 분위기 내에서 존재할 뿐이다.[23]

오늘날의 사회 서비스 조직 간의 관계도 유사한 유형을 나타낸다. 그들

---

22) Paul M. Hirsch, "Organizational Effectiveness and the Institutional Environment," *Administrative Science Quarterly* 20(September, 1975): 327-344, Charles Perrow, *Complex Organizations: A Critical Essay*(2nd ed.; Glenview, Ill.: Scott Foresman, 1979), pp. 214-215에서 인용.

23) 서로 얽혀 있는 조직의 네트워크에 관한 종합적인 논의에 대해서는 다음을 참조. Bertrand Gross, *Friendly Fascism*(New York: M. Evans, 1980); Charles Perrow, "Demystifying Organizations," in Rosemary C. Sarri & Yeheskel Hasenfeld, eds., *The Management of Human Services*(New York: Columbia University Press, 1978), pp. 103-120; James Knowles, "The Rockefeller Family Group," in Ralph L. Andreano, ed., *Superconcentration/Supercorporation*(New York: Irvington, 1974), pp. 1-59.

은 엄청난 숫자의 인력을 고용하고 있으면서도, 산업 생산 혹은 에너지 생산의 주요 경제활동, 외교정책, 국제무역, 군사정책, 혹은 자본 투자 과정에 대해 직접적인 관계를 가지고 있지 않다. 그래서 그들은 거시적 차원에서 가장 중요한 조직 집합체를 구성하고 있지는 않다. 그럼에도 불구하고, 그들 사이에 얽혀 있는 관계는 유사하다. 즉, 서비스 관료제는 다양한 복지 수혜자 집단, 특히 가난한 사람들을 통제하고 눈에 띄지 않게 함으로써 정치적·경제적 안정성 모두를 제공하는 데 도움을 준다. 그렇게 되면, 선출직 정치 엘리트는 자신의 행정부를 위해 '법과 질서'를 유지하는 데 성공했다고 주장할 수 있으며, 경제 엘리트는 투자를 위한 안정적인 환경, 수요를 창출하기 위한 최소한의 지원, 그리고 믿을 만한(즉, 순화된) 예비노동력을 갖추게 된다.[24] 따라서 우리는 자본의 최전방 조직들과 이차적인 통제조직들 사이에 서로 중복되면서 상호작용하는 유사한 유형이 있음을 알게 된다. 즉, 이 조직들은 모두 관료제적 배치, 할당, 조정을 통해 서로 연결되어 있는 것이다.

제 3 절 교육, 가족, 섹슈얼리티

위에서 논의된 거시적 차원의 제도적 관계 사이의 연쇄와 개인의 일상생활은 개인이 접하는 역할과 사건 안에서는 물론이고 이 역할과 사건을 이해하기 위해 사용되는 언어 속에서도 발견된다. 교육제도, 가족, 그리고 섹슈얼리티 영역에서 개인의 경험은 모두 사적 생활과 더 넓은 공적 질서 사이를 연결하는 핵심적 연결고리를 제공한다. 이 세 영역에서 담론적·제도적 배치를 간략히 살펴봄으로써 우리는 일상생활을 관료제화하는 세력들의 실체를 밝히는 작업을 시작할 수 있다.

---

24) Francis Fox Piven & Richard Cloward, *The Politics of Turmoil*(New York: Random House, 1965).

교육제도는 관료제에 대한 담론과, 개인들을 관료제로 끌어들이는 역할과 사건을 만들어 내고 또 반영한다. 구조적 차원에서 교육조직은 기업과 국가 집단에 밀접하게 연결되어 있다. 제2차 세계대전 이후 미국은 독일이 착수한 선례를 따라서 대학의 연구 프로그램을 정부와 기업의 목표와 연계했다. 대부분의 대학 연구들은 연방정부에 의해 재정 지원을 받으며, "과학 그 자체를 자본으로 변형시키는 것"을 주도하는 사적 산업의 필요성에 의해 통제되거나, 아니면 그것으로부터 크게 영향을 받는다.[25] 당시 예일대 총장이던 킹먼 브루스터(Kingman Brewster)는 그 관계를 다음과 같이 정의했다. "학계와 업계는 시장, 투표함, 그리고 아이디어의 자유를 보호하기 위한 공동이사직을 가지고 있다." 기업 중역들이 모인 같은 회합에서 카이저 산업 주식회사(Kaiser Industrial Corporation)의 대표는 이 '아이디어의 자유'에 대해 좀 더 분명하게 정의했다. 즉, "업계는 젊은이들에 다가가기 위해 교육을 필요로 한다. 업계와 교육이 직면한 도전은 그들을 위한 최고의 기회를 보유하고 있는 체계를 젊은이들이 믿도록 어떻게 동기를 부여할 것인가이다."[26] 내부적 배치와 다른 제도들과의 연결성 모두에서 볼 때 오늘날의 대학은 산업과 국가를 위한 하나의 도구다.

> 직업전문대학은 명백하게 국가 주요 정책들에 도움이 되는 아이디어와 직원을 만들어 내고 활용하기 위해 고안된 지식기구이다. 외부와의 관계에서, 직업전문대학은 연방정부와 기업이 가진 공공 연구에 대한 이해관계에 의존하고 있는데, 이 이해관계는 다시 국가의 국내 및 국제 이해 관계에 민감하게 반응한다. 내부적 관계에서는, 젊은 남녀들을 조직화된 관료제의 욕구에 맞게 훈련시키는 경험적 직업교육 중심주의가 대학 본연의 지적인 경향들을 모두 대체해 버린다.[27]

---

25) Harry Braverman, *Labor and Monopoly Capital*(New York: Monthly Review Press, 1974), p. 164.

26) *The New York Times*, November 9, 1969, p. 49; Robert Goodman, *After the Planners*(New York: Simon and Schuster, 1971), pp. 44-45에 인용되었음.

27) Edgar Litt, "The Rise of the Public Vocational University," in Philip H. Melanson, ed., *Knowledge, Politics, and Public Policy: Introductory Readings in American Politics*(Cambridge, Mass.: Winthrop, 1973), p. 28.

교육제도는 조직복합체들 간의 연결고리로서, 또 가족과 친구집단 안에서 개인들이 겪는 사적인 경험과 조직 차원의 집단적인 정치적 문화 사이를 중재하면서 사회의 여러 차원 간의 연결고리로서 작용한다. 교육제도가 계급구조를 강화한다는 것, 중산층 학교들은 미래의 관리자를 준비시킨다는 것, 노동자 계층 학교들은 공장 취업자와 서비스 근로자를 준비시킨다는 것, 그리고 하층 계급 학교들은 기본적으로 보호 감독 기능을 수행하며 "그 학교 학생들이 노동력으로써 안정된 역할을 하게끔 준비시킬 능력을 가지지 못한 것 같다"는 점은 오랫동안 주지되어 온 사실이다.[28] (대체로 노동 현장에는 그런 개인들을 위한 자리가 없기 때문에 이것은 놀라운 일이 아니다. 그들은 최하층에 동참하도록 준비된다.) 교육제도 내에는 자신들의 '원재료'(아동과 젊은이들)를 가능한 오랫동안 보유하려는 기득권적이며 행정 차원에서 규정된 이해 관계가 있다. 따라서 학교들의 문제는 학생들이 좀 더 오래 학업을 수행함으로써, 즉 각기 다른 교육관료제 사이를 돌게 될 추천의 회전문을 시작하는 것으로써 '해결'되며, 학교를 그만둔 학생들에 대해서는 자라서 '나쁜 시민'이 될 수도 있는 "도덕적으로 온전하지 못한" 개인들이라고 생각하게 된다.[29]

더 나아가, 지식의 정의(定義) 자체는 기술 중심 사회에서 다른 조직의 이익에 봉사하게 되었다. 교육의 합리화는 지식의 정의 자체를 통해 학생들을 훈육하기 때문에, 성적과 같은 좀 더 명백한 형식의 통제가 갖는 중요성을 축소시킨다. 예를 들면, 대학 수준에서 적절한 지식은 점점 전문적인 학교에 입학하기 위한 요건의 차원에서 정의되며, 전문적 수준에서 지식은 다시 자격증 획득을 위한 준비로 되며, 그리고 중학교에서 대학 졸업 이후 수준까지 학교 체계 전반 어디서나 진로 지도가 활개친다. 카를 마르크스(Karl Marx)가 "지식의 관료제적 세례(洗禮)"라고 지칭한 시험제도는 점수매기기의 규율적 기능이 실제 학습 활동에게로 그리고 학습 대상인 실험

---

28) Paul Goldman, "The Organization Caste System and the New Working Class," *Insurgent Socialist* 3(Winter, 1973): 45.

29) Donald Arnstine, "The Use of Coercion in Changing the Schools," *Educational Theory* 23(Fall, 1973): 282.

재료에게로 옮겨감에 따라 점점 불필요하게 된다. 즉, "증대하는 산업 생산 속에서 효과적이라고 증명된 기술의 형식들이 이제는 교육으로 이전된다."[30] 예를 들면, 학부 수준에서 일반교양 과정은 사회복지, 범죄학, '법학대학원 준비 과목', 행정학 등등, 겨우 몇 년 전까지만 해도 전문적 그리고/혹은 기술적 훈련 과목으로 정의되었던 과목들에 밀려나고 있다. 이러한 '분야들'은 고도로 전문화되어 있으면서, 이론적 혹은 비판적 내용은 거의 없이 '방법'을 훈련하는 프로그램들이다. 그들이 학생들에게 심어 주는 지식은 파편화되어 있고 연속적이지 못하며, 부분들이 모여서 하나의 전체가 되는 '큰 그림'을 보여 주려는 노력은 거의 찾아볼 수 없다. 효율적인 생산이라는 기술적 요건을 맞추느라 개방성, 자기 표출, 혹은 비평과 같은 비경영적인 목표들은 희생되며, 교육 부문에서 '생산품'은 적합한 기술적 그리고/혹은 관료제적 숙련을 갖춘, 행정 차원에서 사회화되고 유순한 미래의 근로자거나 관리자거나 혹은 고객이다.

『일분 관리자(*The One-Minute Manager*)』, 『성공을 위한 의상(*Dress for Success*)』, 그리고 『성공의 지름길(*The Fast Track*)』과 같은 책의 유명세는 개인들의 입장에서 본 '멋진 삶'이 이제 조직적 용어들에 의해 널리 정의되고 있음을 말해 준다.[31] 이것이 성공한 창업자들이 가진 기존의 이미지와 일치하는 것은 아니지만, 그렇다고 놀랄 이유는 없다. 왜냐하면 자본주의 사회에서 쾌적한 삶은 언제나 물질적 용어로 먼저 표현되기 때문에, 물질적 자원이 사실상 거대 기업들에 의해 통제됨에 따라 개인의 행복이 조직생활과 동일시되어 버리는 것은 어쩔 수 없다. 심지어 기술 중심 사회를 옹호하는 사람들조차 유감스럽게 생각하듯이, 이러한 현상은 "개인의 복지는 근대적 조직과 그 관리 체계를 통해서만 실현될 수 있다는 관념이

---

30) Steinar Kvale, "Examinations: From Ritual Through Bureaucracy to Technology," *Social Praxis* 3(1975): 198.

31) John T. Molloy, *Dress for Success*(New York: Warner Books, 1975); John T. Molloy, *The Woman's Dress for Success Book*(New York: Warner Books, 1977); Kenneth Blanchard & Spencer Johnson, *The One-Minute Manager*(New York: Berkley Books, 1981); John Budd, *The Fast Track: How to Survive in the Corporate Labyrinth*(New York: St. Martin's Press, 1982).

만들어지는 결과"를 초래한다.[32] 자녀들의 상승 이동을 추구하는 부모들은 단순히 더 높은 급여에 더 좋은 직업을 구할 수 있는 방법을 제공하기 위해서가 아니라, 확립된 직업적 위계에 닿는 제도적 연결 장치를 공급하기 위해 더욱 더 교육에 기대를 건다. '구명선 심리(lifeboat mentality)'는 학생과 부모 모두에 널리 퍼져 있다. 안전한 조직적 틈새를 찾으려고 하는 이들의 노력은 교육을 적합한 자격증을 취득하고, 정확한 전문 기술을 골라잡고, 서야 할 바른 줄을 선택하는 문제로 축소시켜 버린다.[33]

학교에서 일어나는 전형적인 사회화 과정은 기술 중심 사회에서 관료제가 주문한 활동에 개인이 참여하게 하는 동시에, 그런 활동이 일어나는 실제 장소를 개인이 알 수 없도록 준비시킨다. 광범위하게 퍼져 있는 엄격한 개인주의 신화와 노동 윤리, 그리고 상업적으로 뒷받침되는 성격과 내면에의 몰입은 사람들로 하여금 자신의 삶을 오로지 개인적 조건에서만 바라보도록 장려한다. 부르주아적 개인주의가 중산 계급의 교육, 가족, 그리고 동료 집단의 경험에서 가장 두드러지지만, 이와 유사한 '희생의 이데올로기(ideology of sacrifice)'(즉, 개인적 인내가 성공의 열쇠라는 믿음)가 노동계급의 삶에도 널리 퍼져 있다.[34] 밀스(C. Wright Mills)의 문구를 인용하자면, 사적인 문제들은 개인적 노력을 통해 바로잡아질 수 있는 개인적 부족함의 결과로 간주된다. 동시에 우리 사회에는 위계를 사물의 자연스러운 질서로 받아들이고, 권위는 그 자체로서 정당하다고 믿게 하고, 또 조직적 네트워크를 '진보'의 불가피한 결과로 받아들이게 만드는 강한 압력이 존재한다. 중산층 학교에 있는 초등학생과 고등학생에 대한 연구에서 허버트 윌콕스(Herbert G. Wilcox)는 "백인, 근교 거주, 중산층 아이들은 더 어린

32) William G. Scott & David K. Hart, *Organizational America*(Boston: Houghton Mifflin, 1979), p. 49.

33) 이 책에 수록된 많은 다른 사람들의 통찰력과 마찬가지로, 나는 여기서 조직생활에 관한 그의 통찰력을 관대하게 나눠 준 마크 베르토치(Mark Bertozzi)와의 대화에 신세를 졌다.

34) William E. Connolly, *Appearance and Reality in Politics*(Cambridge, Eng.: Cambridge University Press, 1981). 또한 Lillian Breslow Rubin, *Worlds of Pain* (New York: Basic Books, 1976); 그리고 Richard Sennett & Jonathan Cobb, *The Hidden Injuries of Class*(New York: Vintage Books, 1972)를 참고.

시기에 공식 조직에 적합한 행동 형식들에 대한 지식을 습득한다"는 것을 발견했다. 11세가 되면, 때로는 9세에도, 이 아이들은 행정학과의 대학생과 대학원생 그리고 심지어 전문 행정가들이 그러하듯이, 위계적 조직에서 일하는 것에 대해 이해하게 된다. 아이들 중 상당 비율이 "공식 조직의 한 특성인 위계를 일반적인 사회적 관계와 구분하지 못했는데," 이것은 다양한 맥락 속에서 아이들이 경험하는 권력이 그런 위계와 유사한 형식을 가지고 있음을 보여 준다. 예상대로 윌콕스는 "그런 아이들은 대체로 피라미드 모양이 특성인 행정조직에 참여할 수 있게 잘 훈련받는다"고 결론짓고 있다.[35]

마찬가지로, 학교에서 일어나는 저항과 반대도 지적할 수 있다. 예를 들면, 스탠리 아로노비츠(Stanley Aronowitz)는 학교 화장실에서 일어나는 여러 가지 불법 활동이 학교 화장실을 "전체적 행정에 대한 학생들의 저항 장소"로 만든다는 점을 지적한다.[36] 그리고 교사들에 대한 폭력적 공격의 증가는 다른 질서의 저항을 나타낸다. 미국 국가교육협회(National Education Association)와 국가교육연구소(National Institute on Education)에 의한 최근의 연구들은 한 해 동안 공립학교 교육담당자의 5%, 혹은 200명의 중고등학교 교사 중 한 명 정도는 학생들에게 학교에서 신체적인 공격을 받았음을 보여 준다.[37] 그런 공격의 대부분은 윌콕스가 연구한 학교에서가 아니라 매우 가난하고 실업률이 높은 지역에서 일어난다. 학교는 복

35) Herbert G. Wilcox, "The Culture Trait of Hierarchy in Middle Class Children," *Public Administration Review* 28(May/June, 1968): 229, 231, 232. 자신이 시행한 테스트에서 윌콕스는 참가자들에게 위계적 격자 모양으로 나타낸 사회적 관계를 해석하라고 요청했다. 그는 그 테스트를 초등학교와 고등학교, 대학 학부와 대학원의 행정학과 학생, 그리고 시의 관리자들을 대상으로 실시했다. 평균 정답 수(즉, '상부-하달' 권위 관계, 명령의 위계적 연쇄 등의 대답)는 4학년에서 약 55%, 6학년에서 75%, 고등학교 1학년 85%, 고등학교 3학년 88%, 대학 3학년 84%, 대학원생 88%, 시 관리자 90%로 나타났다. 4학년과 6학년 간의 평균 점수 차이가 가장 컸다. 고등학교 1학년 이상에서는 점수가 놀랍도록 안정적이었다.

36) Aronowitz, *False Promises*, p. 83.

37) Laura A. Handrahan, "Teachers Increasingly Becoming Targets of Violence," *Albany Times Union*, March 29, 1983, p. 1.

도 감시를 증대시키고, 외부에서 학교로 들어오는 문을 걸어 잠그고, 보안 장치를 설치하고, 심리 치료를 제공하는 등 훨씬 더 감옥처럼 됨으로써 그런 공격에 대응한다. 부유한 학교와 가난한 학교 모두 자신들만의 방식으로 학생들이 평생 동안 만나게 될 위계와 지배에 대비해—중산층 아이들은 관료와 관리자들로, 가난한 아이들은 죄수와 고객으로—이들을 준비시킨다.

분석의 거시적 차원과 미시적 차원 사이를 이어 주는 두 번째 핵심 고리는 가족이다. 미국 가족의 역사를 간략하게 살펴보면 가족에 대한 담론이 진화하고 있으며, 또 일상생활 속으로 행정적 합리성이 더욱 더 침투하고 있음이 분명해진다. 가족이 생산 단위에서 자본주의 사회의 소비 단위로 진화함으로써 사적 생활의 광범위한 재조직이 일어났다. 역사적으로, 세 가지 종류의 '여성의 일'이 있었으며, 그것은 가족이 소비하기 위한 물품과 서비스의 생산, 시장에서 교환하기 위한 가내 생산, 그리고 집 밖에서 수입을 얻기 위해 하는 일이다.[38] 산업화 이전 미국에서는 첫 번째 범주의 일이 지배적이었으며, 다른 두 가지는 시간이 지나면서 더욱 중요해졌다. 생산과 재생산 영역, 곧 일과 가족 영역은 서로 중복되었다. 공적 영역과 사적 영역은 더 통합되어 있었으며, 그리고 대체로, 두 영역이 더 많이 통합되고 중첩될수록, 양성은 더 평등하고 여성의 지위는 더 높은 경향이 있다.[39] 1800년대 중반부터 말엽까지 물품 생산은 주로 세 번째 유형에 속했고, 집 바깥에서 행해졌다. 백인들 중 적어도 중산층 가족은 소비재 생산을 중단

---

38) Francine D. Blau, "Women in the Labor Force: An Overview," In Jo Freeman, ed., *Women: A Feminist Perspective*(2nd ed.; Palo Alto, Calif.: Mayfield, 1979), p. 265.

39) 이 논쟁의 배후가 되는 인류학적 증거를 탁월하게 제시한 경우로는 Peggy Reeves Sanday, *Female Power and Male Dominance*(London: Cambridge University Press, 1981)를 참고. 식민지 시대 미국의 성적 평등주의 수준에 대한 논쟁들이 좀 있다. 예를 들어 Heidi Hartmann, "Capitalism, Patriarchy, and Job Segregation by Sex," in Zillah R. Eisenstein, ed., *Capitalist Patriarchy and the Case for Socialist Feminism*(New York: Monthly Review Press, 1979), pp. 206-247과 Mary Beth Norton, *Liberty's Daughters*(Boston: Little, Brown, 1980)를 참고. 어떻든 나는 공적 생활과 사적 생활의 관계가 더 가까웠고, 그리고 여성의 노동력이 더욱 잘 인정받고 높이 평가되었다는 이유만으로 산업화 이전의 미국이 성평등한 사회였다고 주장하지는 않는다.

하고 그것들을 구입하기 시작했다. '진짜 일'은 집 바깥에서 수입을 얻기 위해 행해지는 것으로 재정의되었고, 가사노동은 시장에서 배제되었으며, 그와 함께 그 지위도 하락했다. 가구(家口, household)의 영역은 범위나 지위면에서 모두 축소되었다. 즉, 출산율 및 영아사망률의 감소와 수명의 연장과 함께, 여성은 더 적은 수의 자녀를 가졌고 자신의 삶에서 더 적은 부분을 자녀를 돌보는 데 할애했다. 서비스 산업이 팽창하여 이전에 집에서 여성이 수행했던 과업인 아이들의 교육과 노약자 돌보는 일을 떠맡았다. 그 결과, 19세기 후반에 이르자 일과 가족 영역은 서로 분리되기에 이르렀다. 동시에 백인 중산층 여성은 더 이상 임금노동자 집단에 속하지 않게 되었다. 미개척지의 감소는 곧 농업에서 일거리가 적어졌음을 의미했고, 이민자의 물결은 이전에 백인 여성이 가지고 있던 일거리 중 많은 부분을 빼앗아 갔으며 산업과 상업에서 생겨난 새로운 일자리들을 차지했다. 간단히 말하면, 중산층 여성들은 더욱 더 할 일이 적어진 사적 영역에 점점 갇히게 되었다.[40]

전통적인 가족의 욕구와 시장의 수요는 여성과 가족에 대한 새로운 담론을 생산하는 데 집중되었다. 20세기 초반에 자본이 점점 더 가내 소비재 시장에 의존하게 되면서 개인 및 가족의 소비 유형에 대한 관리는 생산관리와 마찬가지로 중요하게 되었고, 또 같은 방식으로 추진되었다. 당시에 새롭게 등장한 사회과학적 지식은 지역사회 활동과 레크리에이션/레저활동에 대해서뿐만 아니라 가족생활에까지 합리적 관료제의 통제를 확대하기 위해 적극적으로 개입되었으며, 공장과 사무실에서 이루어지는 생산을 합리화하기 위해 같은 방식으로 동원되었다. 진보 시대의 개혁가들은 개인적 생활을 '정상적인 것으로 만들기' 위해, 또 가족과 지역사회를 '서비스의 영구적 네트워크'로 에워싸기 위해 사회적 풍습과 노동자 계급 가족들의 가족적 관습에 대한 신뢰를 깎아내리려 했다.[41] 주로 광고를 통해, 그리고 건강·자녀 양육·영양·체력 관리·노화·섹슈얼리티를 포함하는 일상생활의

40) Blau, "Women in the Labor Force," p. 269.
41) Polsky, "Administered Citizen," p. 61.

여러 측면을 다루는 새로운 '전문가들'의 사무실을 통해, 개인과 가족의 실천과 습관은 점차 사회적 통제와 대량 소비시장의 욕구를 충족시키기 위해 정돈되고 관리하게 되었다. 바버라 에렌라이히(Barbara Ehrenreich)와 존 에렌라이히(John Ehrenreich)가 지적하듯이, 가족과 일터 모두에 대한 실제 효과는,

> 생산 과정에서 일(그리고 노동자)의 파편화, 즉 일터에서 열망을 거두어 사적인 목표를 지향하게 된 것, 지원과 상호 부조를 엮어 주는 고유한 네트워크의 혼란, 자율적인 노동자 계층 문화의 파괴, 그리고 재화의 사적인 소비라고 정의된 '대중문화'가 노동자 계층 문화를 대체한 것이었다.[42)]

통제와 자율이라는 도구적 가치와 양육과 공동체라는 표현적 가치 모두가 일터에서 제거되어 버린 사회에서는 이런 욕구를 충족시키는 가족에 지워지는 짐도 그만큼 증가한다. 따라서 가족은 매우 모순적인 부담을 안게 된다. 가족은 대부분의 성인이 보유하고 있으며, 타인에 대해 행사하는 모든 잔여적 권력이 머무는 자리이며, 그래서 종종 갈등과 폭력의 장이다. 동시에 가족은 사람들 간의 욕구와 욕망을 만족시키기 위한 주요 수단이다. 배우자를 사랑으로 보살피는 사람이자 배우자에게 기꺼이 복종하는 전통적인 여성 역할은 이 모순을 해소할 수 있는 주요 수단이 되어 왔다. 19세기에 '진정한 여성다움의 숭배(cult of true womanhood)'는 여성의 역할에 대한 가공의 지침서를 제공했다. 여성은, 최소한 적합한 계급의 여성은, 가족생활을 꾸려가고 그래서 "지친 생계 유지자의 기운을 북돋우기 위해" 근심 걱정에 가득 찬 남성 노동자에게 안전하고 가족적인 천국을 제공할 것이 기대되었다. 일터에서 하루 종일 명령에 따라야만 했던 남성은, 지배자로서의 지위가 도전받지 않으며 질서정연하며 가족적 조화가 있는 집에 와서 휴식을 취할 수 있었다. 결국, "한 남자의 집은 그의 성(城)이다." 성(城) 같은 특권이라고는 전혀 없는 집으로 돌아온 남성들은 자신의 좌절감을 아

42) Barbara Ehrenreich & John Ehrenreich, "The Professional-Managerial Class," in Pat Walker, ed., *Between Labor and Capital*(Boston: South End Press, 1979), p. 16.

내에게 퍼부음으로써 최소한 위안을 받을 수 있었다. 동시에, 도덕과 단란함의 수호자 역할 때문에 여성은 남편이 술 마시고, 도박하고, 술에 취해 떠드는 데 귀한 에너지를 다 써버리지 못하도록 지키고, 또 그로 인해 발생할 수도 있는 빈곤 상태에서 자신과 가족을 지켜내야 되었다. 남성들 그리고 미래의 노동자가 될 아이들에게 의무에 충실한 근로 습관을 강제하는 것은 검약에 대한 부르주아의 덕목과 자기 절제의 종교적 덕목이 한 곳으로 모아졌음을 나타낸다. 한 샌프란시스코 신문 편집자의 말을 인용하면, 여성은 "하느님의 직속 경찰이다."[43] 여성은 가족들에 대한 애정어린 헌신으로써 가족에게 친밀성과 자애를 제공하고, 또 남성이 자신에게 행사하는 지배—종종 학대라고 볼 수 있는—와 화해하는 것이 당연시되었다.

진정한 여성다움의 숭배라는 가치와 신념이 당대의 성역할의 이면(裏面)에 계속 잠복해 있었지만, 지난 반세기 동안 있었던 여성 역할에서의 변화가 그 세력을 약화시켰다. 시민권을 요구하고 임금노동자 자리를 차지하게 되면서, 여성은 집에서의 사랑스러운 하급자 역할에 대해 좀 더 공개적으로 저항하기 시작했다. 페미니스트 운동에 대해 보수적인 태도를 가진 비평가들은 이 추세를 비난하고 여성에게 '삭막한 세상의 천국'인 가정으로 돌아가라고 촉구한다. 그러나 이른바 페미니즘이 등장하기 이전 시대의 가정적 축복에 대한 그처럼 향수어린 열망은 중요한 것을 놓치고 있다. 진정한 여성다움의 숭배는 가족 내부에 있던 모순들을 은폐하고 영구화하는 데 쓰인 담론적 전략이었으며, 여성의 개인적 특성과 자율성을 희생시킨 것이었다. 푸코는 다음에 대해 명심해야 한다고 말한다. 즉, 담론적 전략을 이해하기 위해서는 반드시

> 복잡하고 불안정한 과정을 고려해야 한다. 담론이 권력의 도구이자 결과 둘 다가 될 수 있지만, 또한 방해·장애물·저항의 지점·반대 전략을 위한 출발점이 될 수도 있다. 담론은 권력을 전달하고 생산한다. 담론은 권력을 강화하지만, 권력을 훼손하고 폭로하며, 권력을 취약하게 만들고, 또 권력에 훼방을 놓을 수

43) Mary P. Ryan, "Femininity and Capitalism in Antebellum America," in Eisenstein, ed., *Capitalist Patriarchy*, p. 155의 여러 부분 참조.

있게 해 준다.[44)]

진정한 여성다움의 숭배는 권력의 도구이자 결과, 즉 전통적 가족의 욕구와 당시 출현하던 자본주의의 욕구를 둘러싸고 여성의 경험을 구축했던 담론의 한 요소였다. 그것은 두 가지 출처에 의해 생산되었다. 두 출처란, 여성문학산업의 새 전문가들과, 영원불멸성의 수호자라기보다 정서(情緖)의 수호자라는 수정된 역할로 배역을 바꾼 일상생활의 구 전문가, 즉 목사들이었다.[45)] 푸코는 담론이 비담론적 관계, 혹은 제도와 맺는 관계에 대해 우리에게, "여러 가지 대치 상태가 발생하는 어느 한 장면에서 어떤 결합과 어떤 세력 관계로 인해 비담론적 관계를 활용할 필요성이 생기게 되는지를 살피면서" 그것들의 '전략적 상호작용' 수준을 검토할 것을 제안한다.[46)] 진정한 여성다움의 숭배는 사적 영역에 가해지는 모순적 요구 사이를 한때 어느 정도 '성공적으로' 중재했다. 그러나, 19세기 말에서 20세기 초와 특히 제1차 세계대전을 전후로 서서히 개선되고 있던 여성의 경제적, 정치적, 사회적 상황과 진정한 여성다움의 숭배가 갈등을 일으킴에 따라 그것은 점점 여성에게 장애물이자 저항의 원천이 되었다. 하나의 담론적 전략으로서 가지는 유용성은 감소했지만, 가정중심성의 사물화(reification of domesticity)는 기존 권력의 앞잡이 역할을 한 만큼이나 반대 전략, 즉 페미니스트 전략을 추구하기 위한 도약 발판이 되기도 했다. 초기 페미니스트들은 여성다움의 기준을 강요하는 남성 혹은 여성이 그들에게 보낸 비웃음에 대처해야 했지만, 최초의 페미니스트들은 또한 그러한 기준에 대항하여 반역도 일으켰다. 최초의 페미니스트들은 가장 급진적 형태로 페미니스트 담론을 시작함으로써 반역을 일으켰는데, 여기서 그들은 교회, 국가, 가족, 그리고 시장이라는 지배적 제도들을 총체적으로 비판하고자 했다.[47)] 마침내, 페미니즘

---

44) Michel Foucault, *The History of Sexuality*, I(New York: Random House, 1980), 101.

45) Ann Douglas, *The Femininization of American Culture*(New York: Alfred A. Knopf, 1977).

46) Foucault, *History of Sexuality*, I, 102.

47) 페미니즘의 첫 번째 물결 내부에서 나온 좀 더 급진적 목소리의 지위에 대한 훌륭한 토론에 대해서는 Ellen DuBois, "The Nineteenth-Century Woman Suffrage Movement

의 첫 번째 물결이 참신한 생각과 대책을 찾아서 자유주의를 지향하게 되었으며, 좀 더 급진적인 목소리가 잦아들면서 참정권 촉구가 운동을 지배하게 되었다. 그러나 저항의 담론도 시작되었다.

진정한 여성다움의 숭배를 모범적 예로 삼는 가족 역할을 받아들이기를 여성이 점점 더 거부했다고 해서 가족 내에서 도구적인 만족과 표현적인 만족 모두를 충족시켜야 한다는 모순적인 요구가 해소되지는 않았다. 사실상 자율과 통제에 대한 욕구와 친밀성과 연결성에 대한 욕구 모두를 만족시키기 위해 사적 생활에 가해지는 요구는 기술 중심 사회에서 증폭된다. 왜냐하면 무미건조한 공적 공간은 그 어느 것도 제공하지 않기 때문이다. 요약하면, 일상생활의 관료제화는 후기 자본주의 사회에서 공적 생활과 사적 생활의 관계를 뒤죽박죽으로 만들고 훼손했다. 부르주아 사회의 이데올로기는 개인을 위한 최고의 보상은 물질적인 보상이라고, 즉 사적 생활에서 물질적 안전 보장은 사실상 공적 생활의 요구 사항으로부터 벗어날 수 있는 피난처라고 주장한다. 따라서 가족 내에서 재화의 소비는 부르주아 이데올로기 속에서 찬미되며, 이 활동은 생산과 정부라는 공적 세계의 제도적 행동 맥락과는 다를 뿐만 아니라 근본적으로 분리되어 있는 것처럼 보인다. 사적으로 무엇인가를 추구함으로써 피난처를 찾는 경향은 관료제화가 심화됨에 따라 더욱 더 증폭된다. 왜냐하면 부르주아 사회에서 일이 판에 박힌 듯이 돌아가고 참여와 자기 표현의 통로가 없는 상태에서 개인들은 더욱 더 일 이외의 만족 속에서 피난처를 찾게 되기 때문이다.

그러나 이러한 사생활화(privatization)는 자기 패배적이다. 그것은 사적인 것에 대한 관심과 일정 수준의 자기 몰입을 일으켜 사생활에 너무 큰 부담을 지운다. 리처드 세네트(Richard Sennett)가 강력하게 주장하듯이, 발언과 행위의 순수한 공적 영역에 의해 견제되고 대비되지 않을 때 개인적 친밀성과 자기 점검의 세계는 그 경계를 상실한다.[48] 사람들이 동료, 친지,

---

and the Analysis of Women's Oppression," in Eisenstein, ed., *Capitalist Patriarchy*, pp. 137-150과 Jean Bethke Elshtain, *Public Man, Private Woman*(Princeton, N.J.: Princeton University Press, 1981)을 참고.

48) Richard Sennett, *The Fall of Public Man*(New York: Vintage Books, 1978).

낯선 사람들과 공통적인 쟁점에 대해 협의하기 위해 함께 어울릴 수 있는 곳으로서 활력으로 가득한 공적 공간이 없으면 사적인 관심과 공유된 관심 사이, 즉 개인적 행위와 집단적 행위 사이의 균형이 파괴될 뿐만 아니라 사적 생활도 위태로워진다. 따라서, 계속되는 여성의 전통적 역할과 나란히 진행되는 행정적 합리성(administrative rationality)의 가족 생활 침범은 기술 중심 사회에서 가족의 모순된 역할을 영속화하고 은폐하는 도구로 작용한다. 가족 생활과 개인 생활의 관료제화는 생활의 객체화와 상품화를 다듬고 확장함으로써, 일과 관련된 불만과 또 장차 파괴적이 될 수도 있는 개인적 욕구와 욕망을 행정적이고 자본주의적인 헤게모니에 해롭지 않은 경로로 흡수해 버린다. 자율성과 공동체를 찾으려는 노력은 일련의 관리되고 상품화된 활동들 안으로 도피하는 꼴이 되어 버린다. 어떻게 행동할 것이며 어떻게 살아갈 것인가에 대한 결정은 무엇을 살 것이며 어디에 가입할 것인가에 대한 결정으로 대체된다. "남자의 집은 그의 성(城)이다"와 "여자가 있어야 할 자리는 집안이다"라는 말은 "우리 협상합시다"라는 유니섹스적인 말로 대체되었다. 1920년대에 여성들이 개인적으로 소비했던 화장품과 로맨스는 1950년대에 가내 소비주의로 진화했으며, 그때의 가정주부들, 특히 어린 자녀가 있는 결혼한 여성들이 대거 취업 노동을 하게 되면서 초점은 이동했다. 집 밖에서 일하는 여성들조차도 대부분의 가사 노동을 담당하고 있기 때문에, 전통적인 가내 역할을 강화하는 많은 문화적 메시지가 여전히 여성에게 전달되고 있다는 것은 명백하다.[49] 그러나 이 메시지에 덧붙여, 미국이라는 기업은 이제 좀 더 세련된 다소 다른 이미지 -**성공**, 급행 차선의 삶, 남편과 부인을 위한 관료제적 상향 이동-를 팔고 있다. 당연히 급행 차선이 모든 사람을 실을 수는 없기 때문에(그렇지 않다면 왜 급행 차선이겠는가?) 패자와 비특권 계급 및 유색인들을 위한 잔여 범주가 있다. 그것은 바로 생존이다.[50] 그러나, 성공은 목표이며, 그것은 조

49) 마거릿 데이비스(Margaret R. Davis)는 1972년에 맞벌이 부부의 남편은 부인이 집 밖에서 일하는 1시간 노동에 대해 집안일을 평균 2.5분 했는데, 1976년에는 남편의 가사 참여가 평균 5분으로 증가했다고 추정한다. Davis, *Families in a Working World: The Impact of Organizations on Domestic Life*(New York: Praeger, 1982), p. viii 참고.

직 참여의 세심하게 조화된 집중 상태라는 측면에서 정의된다. 독신자를 위한 술집, 레저를 지향하는 특수 건축의 발달, 운동센터, 만남을 주선하는 집단, '스트레스와 긴장 이완' 강좌, 그리고 온갖 사교 클럽은 소외되고 원자화된 사람들을 겨냥하고 있다. 상품화된다면 이러한 활동들은 본질적인 인간적 접촉과 구체적 행동을 통한 성취 기회 모두를 제공한다. 오늘날 체력 단련 열풍이 인기를 얻게 된 이유 중 일부는, 신체적 활동이 대부분의 사람에게 자신의 일터에서는 가능하지 않은 일종의 개인적 성취를 허용한다는 사실 때문이다.

행정 담론이 개인적 생활 속으로 침투하는 것은 '합리성 숭배(cult of rationality)'가 고양되고 있음을 나타낸다. 내가 말하는 합리성 숭배란 인간관계, 감정, 그리고 정체성의 매우 친밀한 측면들이 상거래와 기술의 지배에 예속되는 것을 말한다. 합리성 숭배가 초래하는 공적인 것과 사적인 것의 동질화를 보여 주는 분명한 예는 민간 항공기에서 일반인에게 안전과 서비스를 파는 항공기 승무원 같은 노동자의 상황에서 발견된다. 항공기 승무원은 알리 러셀 호시차일드(Arlie Russell Hochschild)가 '감정노동(emotional labor)'이라고 부른 일에 종사한다. 미국에 있는 약 25%의 남성 노동자와 50% 이상의 여성 노동자처럼, 그녀는 (항공기 승무원은 거의 모두가 여성이므로 그녀로 칭한다) 소비자가 요구하는 반응을 생산해 내는 용모를 가꾸기 위해 자신의 감정, 얼굴 및 신체적 표현을 관리하고 제공한다.[51] 항공기 승무원의 미소는 그녀가 한 화장과 같아서 그녀의 것이 아니라 그녀에게 부착되어 있다. 어떻게 느끼며 어떻게 감정을 표현해야 하는가에 대한 규칙은 탑승 고객을 만족시키려는 목적을 고려하여 관리자들이 정한다. 회사의 편람은 어떻게 "수수하면서도 우호적인 미소"를 지을 것인가, 어떻게 "진지하고 꾸밈없는" 표정을 지을 것인가, 어떻게 "명랑하지만

---

50) 현대 문화에서 생존이라는 주제의 중요성은 1983년 3월 17일 러셀 세이지 대학(Russell Sage College)에서 한 "American Life in an Age of Diminishing Expectations"라는 강의에서 크리스토퍼 래시(Christopher Lasch)가 잘 지적했다.

51) Arlie Russell Hochschild, *The Managed Heart*(Berkeley, Calif.: University of California Press, 1983), pp. 171, 7.

흥분하지 않은 상태"로 보일 것인가에 대한 상세한 지침을 제공한다. 개방성, 톡톡 튀는 대화, 활기찬 신체 언어 등등으로 자신들의 쇼를 평가받는 할리우드 게임 쇼 출연 참가자들의 선발 과정처럼, 대부분의 회사에서 지원자들은 '애니메이션 테스트'를 반드시 거쳐야 한다.[52] 감정노동자들은 가족과 친구들 사이의 친밀한 관계를 특징짓는 감정관리와 통제라는 고도의 기술(예를 들면, 질투와 분노를 억누르고, 사랑을 표현하는 것을 자제하고, 수용하거나 혹은 판단을 억제하는 능력)을 구사하고, 조직이 정한 '느낌 규칙(feeling rule)'에 따라 그 관계를 포장하도록 요구받는다.

> 한때 감정관리(emotion management)의 사적 행동이었던 것이 이제는 공적인 대인 접촉 직업에서 노동으로 판매된다. 한때 사적으로 협상되었던 느낌 혹은 표현의 규칙이 이제는 회사의 표준 작업 부서에 의해 정해진다. 감정적 교류는 한때 독특한 것이자 회피할 수 있는 것이었지만 이제 표준화되고 피할 수 없는 것이 되었다. 사적 생활에서 드물었던 교류는 상업적 생활에서 보편적이 되었다……대체로, 사적인 감정 체계는 상업적 논리에 종속되었으며, 그것 때문에 변해 버렸다.[53]

호시차일드가 매우 설득력 있게 제시한 '감정 체계의 변질(transmutation of emotion system)'은 합리성 숭배가 개인 생활을 침범했음을 증명해 준다. 항공기 승무원의 상황은 정서의 사적 영역에 기술이 침범한 극단적 사례이며 명백하고도 철저히 규칙적인 경우다. 물론, 감정은 언제나 하나의 사회적인 경험이었지만, 최근에 와서야 비로소 **관리된**(adminstered) 경험으로 되었다. 항공기 승무원은 가장 개인적인 감정, 기분, 태도, 그리고 자세를 합리화하고 상품화하도록, "우리가 각자의 개별성을 구성하는 깊고도 긴요한 부분으로 간직하고 있는 자아의 근원"을 향해 도구적인 자세를 취하도록, 상업적 목적을 위해 관료제적 노선을 따라 이 친밀성을 조작하고 관리하도록 요구받는다. 이로 인해 개인의 정체성이 치러야 할 대가는 엄청나다. 즉, 항공기 승무원은 매춘부처럼 기계적이며 가짜인 것 같고 더 이

52) 위의 책, pp. 96-97.
53) 위의 책, p. 186.

상 하나의 통합적인 자아가 아니라는 느낌으로 괴로움을 당하기만 하면서, 일이 자신을 삼켜버리는 것을 막으려고 종종 일에서 자신을 분리시킨다.[54]

합리성 숭배 속에서 상품과 기술에 대한 질문으로 변질되어 버린 섹슈얼리티와 정서에 대한 질문들은 친밀한 관계 속에 관리적 존재 양식(administrative mode of being)을 재생산한다. 『성의 역사(*The History of Sexuality*)』에서 제기한 푸코의 주장은 섹슈얼리티가 "권력 관계에서 유난히 밀도 높은 전이(轉移) 지점"임을 보여 준다.[55] 섹슈얼리티에 대한 새로운 담론은 18, 19세기에 '죄'에 대한 질문에서 '건강'에 대한 질문으로 성(性)을 다시 정의했다. 교수법, 법학, 의학, 경제학, 그리고 인구학의 기세가 결합하여 섹슈얼리티를 교회에서 세속적 환경으로 옮겨 놓았다. 지배 계급의 혈통은 위기에 처했으며, '성적 타락'(동성애, 남색, 심지어 간통)의 위협은 부르주아 후손의 가계(家系)를 위험에 빠뜨렸다. 섹슈얼리티의 근대적 기술은 '계급의 건강'을 유지하기 위해 최초로 부르주아에게 적용되었으며, 나중에 산업이 발달함에 따라 유순한 노동력이 필요하게 되면서 노동 계급에게까지 확대되었다.[56]

기술 중심 사회에서 섹슈얼리티에 관한 담론은 '전술적 전환'을 거쳤다.[57] 봉건 시대에 사실상 죄로서 처벌받았고 그리고 나서 근대에는 건강에 대한 문제로 취급되었던 것이 이제는 판매를 위한 품목으로 포장된다. 성(sex)을 의료행위의 대상으로 취급하는 추세와 함께, 오늘날 성의 상품화와 관료제화는 성을 상업적 생산물로 정의하고 있다. 이 변화를 주목한 푸코, 세네트, 또 그 외 다른 사람들은 섹슈얼리티에 대한 담론의 모든 재정의가 대체로 여성의 희생으로 이루어졌다는 것을 인식하지는 못한다. 섹슈얼리티에 대한 종교적 담론의 규칙들은 여성에 대해 훨씬 더 엄격하고, 규칙을 따르지 않았을 때의 처벌도 더 가혹하다. 심지어 마녀로 죽임을 당했던 일부 여성은 의심스러운 성적 일탈 때문에 처벌을 받았으며 그 수는

54) 위의 책, pp. 19, 7.
55) Foucault, *History of Sexuality*, I, 103.
56) 위의 책, pp. 120-121.
57) 위의 책, p. 131.

정말 엄청났다.[58] 비슷하게 성(性)의 의료화는 성인 남성의 신체보다는 여성과 아동의 신체를 통해 훨씬 총체적으로 생산되었다. 아동의 수음(手淫)에 반대하고, '히스테리'와 '성적 타락'에 반대하는 운동은 양성에게 다 영향을 미쳤지만 여성에게 더 심각한 영향을 주었는데, 여성이 자녀를 출산하는 사람으로서 인종과 계급의 재산과 순수성을 보존하는 사람이라는 것 외에는 아무런 다른 이유가 없었다.

성(性)에 관한 종교적 담론은 우리 사회에서 여전히 들을 수 있는 목소리다. 그것은 성의 의료화를 후원하며, 또 완전히 새로운 것은 아니지만 발언과 행위의 지배적인 양식으로 떠오르는 최근의 성 상품화/관리를 후원하고 있다. 연인들에 대한 조언은 적어도 플라톤(Platon)의 『향연(*Symposium*)』에까지 거슬러 올라가지만, 오늘날 성과 친밀성을 향한 기술적 안내서들(담론, 다이어트 서적, 그리고 운동 지침서에 있는 유사한 유형과 함께)은 베스트셀러 목록을 뒤죽박죽으로 만든다. 이와 비슷하게, 포르노그라피는 새로운 것은 아니지만, 수백만 달러 산업으로 된 것은 제2차 대전 후 시기 현상이다.[59] 자위를 어떻게 할 것인가, 자신의 성감대(G spot)를 어떻게 발견할 것인가, 성행위를 위한 진동 기구를 어떻게 사용할 것인가 등등에 대한 서적과 기사들은 엄청난 독자층을 불러 모았다. 『코스모폴리탄』, 『에스콰이어』, 『플레이보이』, 그리고 『셀프』 같은 인기 있는 미국의 대중잡지는 친밀성에 대한 '규칙들'을 성문화(成文化)하고, 표준화하고, 널리 선전한다. 예를 들면, 전통적 결혼을 일련의 열정적 관계들—'연쇄적 일부일처제(serial monogamy: 결혼 관계가 이혼이나 사별로 종결된 후 재혼하는 식으로 생애 기간 동안 진행되는 일부일처제의 연속—옮긴이)'로 대체한 사람들은 "퇴짜맞고 반발심에서 하게 되는 사랑"의 위험성에 대해 읽을 수 있으며, 자신들의 성적 반응에 대해 혼란스러워하던 여성들은 어떻게 '윙윙거리는 정도의' 오르가즘과 반대되는 '폭발적' 오르가즘을 느낄 수 있는가에 대한 노골

58) 마녀 재판의 범위와 의미에 대해서는, 페미니스트들의 주장을 포함하여 여러 주장을 놓고 엄청난 논쟁이 있었다. 그 증거에 대한 흥미로운 해석으로는 Mary Nelson, "Why Witches Were Women," in Freeman, ed., *Women*, pp. 451-468 참고.

59) James Cook, "The X-Rated Economy," *Forbes* 122(September 18, 1978): 81-89.

적인 지침을 발견할 수 있다.[60] 포르노 작가 등 새롭게 등장한 일부 성전문가들은 모든 주체들에 의해 완전하게 인정받지는 못했으며, 아동 포르노와 여성에 대한 가장 난잡한 폭력 등 그들의 생산물 중 일부는 다소 저항을 받았다. 그러나 포르노그라피의 주요 주제들—남성 폭력과 자기 집착, 여성 혐오, 잔혹성, 익명성, 그리고 무엇보다도 "다른 사람에 대한 절대적이고, 불변하며, 전능하고, 무한정 영구적인 권력"—은 더 부드럽고 더 수용할 만한 꾸러미들에까지 침투하고 있다.[61] 번쩍거리는 가판대의 잡지들, 플레이보이 클럽과 그 복제품들, 낮 시간과 밤 시간의 인기 연속극들에 등장하는 섹스·부·권력에 대한 공상들, 자기 몸을 상품으로 파는 광고판, 방송 광고, 그리고 출판물 광고에 깔린 표정 없는 여성들, 이 모든 것은 상품과 기술에 대한 동일한 성적 담론의 일부다.

랠프 허멜(Ralph P. Hummel)은 관료제적 사회화 과정이 사람들로 하여금 연결성을 대체하는 기술에 잘 대비하게 만든다고 지적한다. "관료제적 생활에 종속된 인간 존재의 전체 훈련 과정은 (1) 어떤 사람에게도 직접적인 애착을 가지지 않고, (2) 체계의 표준에 맞게 성공적으로 수행한 자신의 기능에 대해서만 애착을 가지고, 그리고 (3) 권력을 휘두르는 것에 대해서만 애착을 가지도록 하기 위한 것이다."[62] 섹스 치료 전문가와 성상담가의 역할 수행을 통해, 성적 용맹성의 비밀을 제공하는 '방법' 지침서들의 간곡한 부탁으로, TV 영화 광고에 의해 확립된 매력의 기준 속에서, 관리적 합

60) 연쇄적 일부일처제를 위한 규칙을 둘러싸고 생산된 담론은 섹슈얼리티의 표준화를 나타내는 놀라운 예다. 나는 스티브 레너드(Steve Leonard)와 테리 볼(Terry Ball)과 미셸 푸코(Michel Foucault)에 대해 나눈 활기찬(그리고 술에 취해서 나눈) 대화에서 이 예를 알게 되었다.

61) Andrea Dworkin, *Pornography*(New York: Perigee Books, 1979), p. 68. 드워킨의 설명은 강력하긴 하지만 조심스럽게 읽혀져야만 한다. 경제적으로 그리고 인종적으로 정의된 경험에 기초한 것을 포함하는 모든 착취를 전적으로 여성을 지배하는 남성 권력의 증거로 이해하는 그녀의 주장은 환원주의적이며 불완전하다. 특히 부(p. 21)와 인종(p. 178)에 대한 그녀의 논의를 참고할 것. 그럼에도 불구하고 우리 문화 속에 널려 있는 포르노그라피에 대한 그녀의 설명은 강력한 것이다.

62) Ralph P. Hummel, *The Bureaucratic Experience*(New York: St. Martin's Press, 1977), p. 51.

리성은 창백하고 희석된 욕망의 판본을 되풀이한다. 티모시 루크(Timothy W. Luke)는 과학적 합리성, 대중 심리학, 그리고 성의 세속적 결합이 갖는 함의를 적절하게 포착했다.

> 섹슈얼리티 속에서, 자기 관리자인 개인은 필요한 시간과 에너지를 투자한 후에 자신의 욕구를 계획하고, 목표를 정하며, 가장 효율적인 기술을 습득하고, 그에 상응하는 자신의 잠재력을 실현할 수 있다……궁극적으로 섹슈얼리티 자체는 사람의 유기체적 잠재력과 그 실현을 최대화하기 위해 시간-동작-에너지 분석이라는 테일러주의 논리에 굴복하게 된다.[63]

다행스럽게도, 욕망은 어떤 점에서는 길들여진다 하더라도, 다른 점에서는 길들여지기를 거부한다. 사회의 관료제화가 본래 양면적 과정이라는 것을 기억하는 것이 중요하다. 그것은 침범하며 확산적인 성격을 가지고 있고, 또 평탄하지 않으며 불완전하다. 푸코는 계속해서 우리에게, 어떤 사회의 지배 담론과 지배구조는 결코 고정된 대상이 아니며 항상 하나의 과정, 즉 침범하고 정복하는 동시에 자신이 직면하게 될 저항을 스스로 만들어 내는 과정임을 상기시킨다. 시장이 제공하는 사회생활의 이미지는 개별 사업가가 자신과 흡사한 다른 사람과의 경쟁 속에서 계속적으로 자신의 유용성을 최대화하려고 노력하는 이미지이며, 사회적 관계는 상품을 거래하기 위해 극히 최소한의 필요 수준으로 축소된다는 점에서 자본주의는 관료제적 침투에 특히 취약하다. 자본주의는 그 구성원에게 의미 있는 사회적 관계 구조를 제공하지 못하기 때문에 행정 담론의 조항들이 공동체 생활을 대체하게 된다. 머레이 북친(Murray Bookchin)은 이 점을 잘 지적하고 있다.

> 오늘날 자본주의 하에서, 관료제적 제도들은 단순한 사회 통제 체계가 아니다. 그것들은 말 그대로 사회적 형식(form)의 제도적 대체물이다. 그것들은 고대 그리스의 사회 사상이 강조했을 것 같은, 본래적 무질서 상태에 가까운 한 사회의 골격을 구성한다. 시장사회가 생산력을 아무리 증진시킨다 하더라도, 시장

63) Timothy W. Luke, "Regulating the Haven in a Heartless World: The State and Family Under Advanced Capitalism," *New Political Science* 2(Fall, 1981): 69-71.

> 사회는 합리화를 통해 사회에 타격을 줄 뿐만 아니라, 한때 활력넘치는 사회적 저항에 도약대를 제공했던 고도로 연관된 사회적 관계를 파괴함으로써 역사적인 복수를 한다. 근대 관료제의 가장 불온한 양상은 그것이 사회에 부과하는 강압, 통치, 그리고 통제만이 아니라, 그것이 말 그대로 근대 사회의 **구성 성분**이라는 측면이다. 즉, 관료제가 사회 해체라는 혼돈에 대처하는 '질서'의 영역으로서 스스로를 정당화한다는 점이다……자본주의 사회는 시장이 자체의 내적인 삶을 사회에 결코 제공할 수 없다는 바로 그 이유 때문에 골수(骨髓)까지 관료제화한다.[64]

따라서, "사회 전체가 거대한 시장"으로 변질됨으로 인해 사적 생활과 공적 생활 모두 관료제적 침투에 취약해지게 되었다.[65]

동시에, 합리성 숭배는 침투가 평탄하지 않고 부분적이다. 조절되지 않은 개인적 불안, 지속적인 개인적 집단적 경제 위기, 그리고 연결성과 행동 속에서 창조성, 자발성, 즉각적 환희를 발할 수 있는 개인의 역량에 자리 잡고 있는 좀 더 긍정적인 저항의 원천들－이러한 사실 및 다른 것들은 욕망에 대한 관료제의 포획이 완벽하지 못함을 말해 준다. 만일 그렇지 않다면, 만일 개인적 생활이 겉모양뿐이고 지루한 관리 및 상품화의 경로에 쉽게 빠져 버린다면, 다양한 성산업들이 자신의 오염된 생산물을 시장에 계속 퍼부어 댈 필요가 없을 것이다.[66] 진정한 여성다움의 숭배가 다양한 문화적 경로를 통해, 특히 문학과 교회를 통해 가장 두드러지게, 계속적으로 생산되고 전파되어야 했던 것과 똑같이 합리성 숭배도 또한 계속적인 유지관리를 필요로 한다. 그리고 가정중심성이 요구하는 바에 대해 여성들이 여러 가지 방법으로 저항하거나 교묘하게 회피했던 것처럼－예를 들면, 여성운동의 첫 번째 물결을 통해, 혹은 노동자 계급과 빈곤한 여성들이 그들에게는 가능하지 않았던 이상적 가족 생활에 대해 보여 준 실제적 저항을 통해－개인도 일상생활에 스며드는 관료제적 풍조에 저항하거나 그것에서 빠져나갈 수 있다. 예를 들면, 반문화를 특징짓는 윤리인 자발성, 즉각성, 그

64) Murray Bookchin, "Beyond Neo-Marxism," *Telos* 36(Summer, 1978): 18.
65) Braverman, *Labor and Monopoly Capital*, p. 27.
66) 욕망의 합리화에 관한 함축성 있는 논의는 Joel Kovel, "Rationalization and the Family," *Telos* 37(Fall, 1978): 5-21 참고.

리고 권위에 대한 적대감—"전쟁 아닌 사랑을 하라," "느낌이 좋다면, 그걸 해라," "가능한 것이라면, 자연스러운 것이다"와 같은 구호들에 표출되는—은 바로 그런 저항의 한 표현이다. '자연스러운'이라는 말이 머리 색깔에서부터 아침식사 대용 시리얼(여러 가지 곡물 등을 가공한 식품으로 아침식사 대용품—옮긴이)이나 낮은 수준의 방사능에 이르기까지 허구적이고, 인공적이며, 그리고 심지어 위험한 물건을 묘사하기 위한 단어로 타락한 것처럼, 그런 관념이 상품 영역에 흡수되는 것은 있을 수 있는 한 가지 결과다. 그러나 계속되는 저항은 또 다른 결과다. 또한 반문화는 많은 급진적 페미니스트 운동과 공동체 지향적인 풀뿌리 정치 활동에 영감을 주었다. 더 나아가서, 저항과 순응 사이의 선택은 대체로 정도의 문제일 뿐이며, 사람들은 종종 이 두 가지 모두를 약간씩 실행한다. 콜린 고든(Colin Gordon)은 푸코에 대한 평에서 이 점을 잘 지적하고 있다.

> 저항과 비저항 사이의 이분법적 분리는 흔치 않다. 반역할 것 같지 않은 사람들이 있기 때문에 전체적인 지배의 가시적 사실들에 대해 반대하고 그것들을 변화시키는 상세하고 개별적이고 자율적인 전술과 전략들이 자꾸 생겨나며, 이 사람들은 목표를 갖고 있고 계산하기 때문에, 즉 욕망을 갖고 선택하기 때문에, 정치적인 것과 비정치적인 것 사이를 결코 쉽게 분리할 수 없다.67)

예를 들면, 호시차일드가 연구한 항공기 승무원들은 종종 감정 노동 요구에 저항하는 방법을 찾아냈다. 그들은 때때로 일을 하지 않고, '진짜' 개인적 서비스를 해야 하는 곳에서 '얄팍한 피상적 표현'을 함으로써 저항한다.68) 그런 반항은 자기 감정으로부터 소외되는 대신 자기 이미지로부터 소외되는 과정에서 대가를 치르게 되지만, 어떻든 그것이 반항인 것은 사실이다. '속도 높이기'(더 적은 수의 항공기 승무원들로 더 많은 일을 처리하려는 시도) 정책을 시행하는 회사가, 순응하기를 거부하여 외모 규칙을 대놓고 어기는 승무원들과 '미소 전쟁'을 치를 때처럼, 때때로 승무원들은 더 심하게 저항하기도 한다. 대부분의 항공사가 매년 모든 항공기 승무원

---

67) Foucault, *History of Sexuality*, I, 100.
68) Hochschild, *Managed Heart*, p. 21.

을 위한 '주기적인 훈련'을 필수로 하고 있으며 승무원으로 하여금 자기 검열을 하도록 강제하고 또 승무원을 끊임없이 단속하고 있다는 사실은 노동자에 대한 조직의 통제가 허약하며 부분적이라는 점을 관리자가 잘 알고 있음을 말해 준다. 그리고 일부 승무원들이 노동조합을 결성하고, 회사를 고발하거나 그게 안 될 경우 스스로 권리를 주장한다는 사실은 '규칙을 어기려는' 의도가 있음을 나타낸다.

요약하면, 일상생활의 활동과 태도들은 합리화에 복종할 수도 있지만, 그만큼 또 합리화에 저항할 수도 있다. 항의하고 전망을 제시하는 페미니스트 담론을 만들어 내는 것은 그런 저항을 촉진하는 한 단계다.

제 4 절 관료제 담론의 이해

관료제 담론(bureaucratic discourse)은 행정 규율의 발언이다. 규제의 성격을 띤 다른 규율의 언어처럼, 관료제적 언어는 어떤 정치적 활동, 즉 권력의 분배가 담론 자체 내에서 표현되기도 하고 숨겨져 있기도 한 활동들의 표현이다. 푸코에 따르면, 담론은 일종의 실천 형식, 즉 담론 속에 재현된 사회적 관계의 구조를 나타내는 것이라고 볼 수 있다. 일부 행정 규율 혹은 관리적 환경－공공행정, 회사 경영, 교육행정, 의료행정, 교정행정, 사회 서비스 행정, 기타 등등－의 상황 안에서 역할을 담당하는 사람들의 발언은 정치적 색채를 띤 의미의 장(場) 속에 깊이 새겨져 있다. 행정 담론은 사람과 사건을 위해 입장(position)을 만들어 내고 또 사람과 사건의 입장을 대변하기도 한다. 다시 말하면, 행정 담론은 제도와 실천의 특별한 구조를 표현하는 동시에 반영한다.

관료제 담론은 사람과 사물을 "사회적, 정치적, 행정적 장치들의 네트워크" 내부에 배치하는 역할을 하면서 일종의 말로 하는 연기(演技)처럼 작동한다. 단어-대상 관계를 지배하는 규칙을 연구함으로써 우리는 사람들이 "어떻게 해서 한 사회 안에서 다양한 종류의 대상들이 특정 규율, 직업, 그리고 그 밖의 유사한 집합체들에게 관심거리로 등장하는 것에 맞추어 사회적, 정치적, 행정적 관계들이 규칙을 만들어 내는지 질문할 수 있게"[69] 된다. 행정 담론 분석은 우리로 하여금 규율이 생겨나는 제도적 맥락을 명료하게 설명할 수 있게 해 주고, 또 "우리가 말로써 지배와 복종의 세계를 구축하면서도 전혀 의식하지 못하고 있는 정치를 복구함으로써" 정치적 영역을 확대하는 것도 가능하게 해 준다.[70]

행정 규율의 담론적 관계는 "정치적 문화의 잠재적 이데올로기적 차원"에서 권력을 드러낸다.[71] 권력은 가까이에 있는 활동에 "덧붙여지는 것"이 아니라 활동과 함께 공존한다. 권력은 담론적 관계 자체에 내재하는 수많은 권력 관계로 구성되어 있다. 이 수준에서 권력을 이해한다는 것은 푸코가 "담론의 전술적 다가성(多價性, tactical polyvalence of discourses)"이라고 부른 것을 찾는 작업을 의미한다. 그것은 즉,

> 여러 가지 전략 속에서 작용할 수 있는 수많은 담론적 요소들을 찾는 것이다. 우리가 반드시 구성해야 하는 것은 바로 이 분포(distribution)다. 이 분포가 포함하고 있는 말로써 표현된 것과 감춰진 것들, 요구된 진술과 금지된 진술들로써. 이 분포가 함축하고 있는 변이들과 서로 다른 효과들로써—말하는 사람이 누구인가와, 그의 권력상의 위치, 그리고 그가 처하게 된 제도적 상황에 따라 나타나는—. 그리고 이 분포가 활용하는 수단과 반대적 목표들을 위해 동일한 공식들을 다시 활용함으로써.[72]

언어는 제도에 내재된 권력의 전략을 조사하고, 행정 규율을 구성하는 지식을 향한 요구들을 조사하는데 자료 역할을 한다. 사람들은 언어를 "단순히 정치적 현상에 **관한** 것이 아니라 정치적 현상의 **구성 요소**로" 봄으로써, 발언을 개인들이 사회적 활동에 참여할 때 각자가 들어가게 되는 하나의 진행 중인 사회적 과정으로 파악할 수 있다.[73] 매우 현실적 의미에서,

---

69) Michael J. Shapiro, *Language and Political Understanding*(New Haven, Conn.: Yale University Press, 1981), p. 137.
70) 위의 책, p. 10.
71) 위의 책, p. 218.
72) Foucault, *History of Sexuality*, I, 100.

사람들이 언어를 '가지고 있는 중(having)'이 아니라 언어가 사람들을 '가진(have)' 것이라고 얘기할 수 있다. 왜냐하면 우리는 새로운 활동을 개시하기보다는 활동의 기존 흐름에 합류함으로써 발언에 참여하기 때문이다.[74] 관료제가 현대 사회 생활의 모든 영역에 엄청나게 퍼져 있다는 것을 감안하면, 관료제 담론은 행정 규율의 가치와 가정들을 반영하고 있는 '삶을 위한 은유'를 우리에게 선사하면서 개인적 집단적 생활을 점점 더 많이 침범하면서 포위한다.[75]

제 5 절 관료제 담론의 '사례 연구': 공공행정

푸코 식의 용어로 분석된 공공행정(public administration)[76] 분야는 일반적인 관료제적 인식 체계 위에 붙일 유용한 창문을 제공해 준다. 토머스 쿤(Thomas S. Kuhn)의 용어를 빌린다면, 공공행정은 공유된 지식에 대한 요구, 숙련, 기술, 그리고 차별과 적합성에 대한 관념들의 묶음인 특수한 '규율 매트릭스(disciplinary matrix)'로 보일 수 있다. 규율 매트릭스는 "'규율적'이다. 왜냐하면 그것은 특정 규율을 실천하는 사람들이 공통적으로 점유하고 있음을 가리키기 때문이다. 그리고 그것은 더 세부적인 사항을 요

---

73) Shapiro, *Language and Political Understanding*, p. 5 여러 곳(굵은 글자체는 원문의 것임).

74) 위의 책, pp. 59, 141, 여러 곳.

75) Robert R. Denhardt, *In the Shadow of Organization*(Lawrence, Kan.: Regents Press of Kansas, 1981), p. vii.

76) 내가 의도하는 것은 이 분야에 대한 단순한 문헌 고찰이 아니라 분석과 비평을 제시하는 것이다. 나는 이 문헌들을 설명하는 데 관심이 있지, 다른 데서도 잘 수행될 수 있는 과제인 내용 요약에 관심이 있는 것이 아니다. 조직에 관한 문헌들을 잘 고찰해 놓은 것으로는 Bengt Abrahamsson, *Bureaucracy or Participation: The Logic of Organization*(London: Sage Publications, 1977); Nicos P. Mouzelis, *Organization and Bureaucracy*(Chicago: Aldine, 1968); Perrow, *Complex Organizations*, Nancy DiTomaso, "The Problem of Organizing: Ends versus Means," unpublished paper, Northwestern University, January, 1981을 참고.

구하는 여러 가지 종류의 질서정연한 요소들로 구성되어 있기 때문에 '매트릭스'다."[77] 공공행정은 독특한 종류의 규율/학문 분야다(원문인 discipline은 이 책에서 규율로 번역되었지만, 이 장에서는 규율의 의미에 포함되면서도 더 친숙한 표현인 '학문 분야'를 병기했다.-옮긴이). 정치학과 국가 간의 세속적 결혼에서 생긴 가장 눈에 띄는 자식인 공공행정은 자체의 조직적 담론을 구축하기 위해 학제적(interdisciplinary) 출처들에 의존한다. 사실, 공공행정의 학제적 위치는 공공행정 실천가들이 가진 걱정거리의 진원지인데 이들은 자신이 다른 규율/학문 분야에 먹혀버릴 것이고 또 자신의 규율/학문 분야에서 경계를 유지할 수도 없을 것이라고 두려워한다.[78] 그것은 이론과 실천 모두 경영학, 사회학적 조직론, 산업심리학 등과 같은 자신의 사촌격인 규율/학문 분야와 매우 밀접하게 관련되어 있기 때문에 공공행정은 현대 관료제 담론의 대표자로 간주될 수 있다.

관료제 담론은 여러 가지 활동과 자원을 관리하는 기업과 정부조직 안에서, 그리고 행정 규율이 정의되고 연구되는 곳인 대학의 프로그램들(스스로가 관료제라고 볼 수 있는) 안에서 만들어진다. 기술문명에서 그런 학교는 '운반자', "의식의 어떤 특수한 요소를 생산하거나 전파하는 집단 혹은 제도적 과정"[79]이다. 학교는 푸코가 담론의 '사회적 전유(專有, social appropriation)'라고 부르는 현상에 참여한다. 즉, "모든 교육 체계는 담론이 가지고 들어오는 지식 및 권력으로써 담론의 전유를 유지하거나 수정하는 정치적 수단이다."[80] 학교는 앨빈 굴드너(Alvin Gouldner)가 관료제의 형이상학적 연민(metaphysical pathos of bureaucracy)이라고 불렀던-사용된 언어, 설정된 가설, 그리고 수용된 가치들에 의해 주제에 대해 긍정적인 수용 태도를 갖게 만드는 설명과 분석-것의 운반자다.[81] 학교를 통해

---

77) Thomas S. Kuhn, *The Structure of Scientific Revolutions*(2nd ed.; Chicago: University of Chicago Press, 1970), p. 182.

78) Robert T. Golembiewski, *Public Administration as a Developing Discipline*(New York: Marcel Dekker, 1977), 서문.

79) Berger, Berger, & Kellner, *Homeless Mind*, p. 98.

80) Michel Foucault, *L'ordre du discours*(Paris: Gallimard, 1971), p. 46, Sheridan, *Michel Foucault*, p. 127에서 인용.

관료제의 형이상학적 연민을 퍼뜨리는 것은 엘륄이 ‘통합적 선전(integrative propaganda)’이라고 이름붙였던 기능을 수행한다. “사람들을 충성심 혹은 익명성의 광기로 흥분시키곤 하는 선동적 선전(agitational propaganda)”과는 반대로, 통합적 선전은 주어진 환경 안에서 “의견 수렴을 장려하고 갈등 해결을 지향한다.”[82]

행정 담론은 **말하는** 내용(또한 행위의 형식이기도 하다), 또 **행하는** 내용 모두에 의해 관리자적 정신 상태를 표현하고 반영한다. 진술함으로써 또 침묵함으로써 행정 담론이 말하고 있는 바는 관료제가 불가피하고, 필요하며, 그리고/혹은 좋다는 것이다. 행정 담론이 하는 일은 관리의 기술과 신념 안에서 신참들을 훈련시켜 조직 생활에 대비하게 하는 것이다. 행정 담론을 생산하는 사람들은, 진리라는 자신들의 주장에 약간의 ‘체계적이고 제도화된 정당성’을 부여하는 행위인 ‘진지한 발언 행위’라는 지위가 자신이 하는 말에 주어질 것을 요구한다.[83] 진리에 대한 이러한 주장들은 행정학을 공부하고 나중에 조직적 위계에서 일하게 될 학생들에 의해 부분적으로 사회에 퍼진다.

> 근대 조직은 모두 보편적인 행동 기술에 근거한 동일한 조직적 가치 속에서 학교 교육을 받은 관리자들에 의해 운영된다. 근대 조직의 가치들이 사회에 널리 퍼진 것은 대체로 관리자라는 인물들을 통해서다. 국가적 관리 체계는 서로 복잡하게 얽힌 광대한 관리 체계로서, 이 체계는 공통된 가치의 묶음을 공유하면서 근대 조직을 통제하고 우리의 국민적 생활에 질서와 안정을 가져다 준다.[84]

간단히 말하면, 학교는 그들이 가르치는 주제와 그것이 가르쳐지는 방법 모두에서 관료제를 위한 일종의 계절 훈련 캠프를 제공한다.

---

81) Alvin Gouldner, “Metaphysical Pathos and the Theory of Bureaucracy,” in Lewis A. Coser & Bernard Rosenburg, eds., *Sociological Theory*(New York: Macmillan, 1964), pp. 500-510.

82) Jacques Ellul, *Propaganda*(New York: Alfred A. Knopf, 1965), Scott & Hart, *Organizational America*, p. 126에서 인용.

83) Dreyfus & Rabinow, *Michel Foucault*, p. 48.

84) Scott & Hart, *Organizational America*, p. 5.

조직이론의 진화는 더 훌륭한 해설과 명료함을 향한 진보 혹은 좀 더 인간적인 조직 형태를 향한 진보의 역사가 아니라, 통제 기술이 계속적으로 확장되고 통합되어 온 역사를 보여 준다. 권력에 대한 근대적 담론의 영향을 보여 주는 푸코의 설명은 공공행정 이론과 실천의 구성에 고스란히 적용될 수 있다. "그것은 지식을 형성하고 축적하는 데 효과적인 도구들-관찰 방법, 등록 기법, 조사와 연구를 위한 절차, 통제 장치들-의 생산이다."[85] 정신의학의 출현에 대한 그의 분석은 공공행정의 출현을 설명하는 데 활용될 수 있다. 20세기에 하나의 규율/학문 분야로서 공공행정이 출현하게 된 것은 교육, 기술, 자격의 부여와 평가, 국가의 역할, 노동의 가치 하락 및 일에 대한 통제와 일의 분리, 기업 자본주의와 서비스 경제의 등장, 가족의 쇠락 간의 관계, "간단히 말하자면 담론적 구성체들을 관장하면서 서로 얽혀 있는 관계들"에서 발생한 변화 때문이었다.[86]

강조점과 범위에서 차이가 있긴 하지만, 공공행정의 출현에 대한 설명에서 공통된 주요 주제들이 발견된다. 로버트 골렘뷰스키(Robert T. Golembiewski)는 공공행정의 역사를 네 가지 단계, 세 가지 패러다임, 그리고 하나의 새로운 관점으로 나눈다. 네 가지 단계란, 행정학으로부터 정치학의 이론상 분리, 행정학으로부터 정치학의 실제적 분리, '가치중립적인' 과학적 관리, 그리고 공공정책이다. 세 가지 패러다임은, X이론이라고 불리기도 하는 것으로서 효율성에 초점을 맞춘 전통적, 중앙집중적, 위계적 모형과; Y

85) Foucault, *Power/Knowledge*, p. 102.

86) 내가 문장을 바꿔서 설명하고 있는 인용문은 푸코의 방법에 대한 도널드 맥도넬(Donald J. McDonell)의 설명에서 가져온 것이다. 완전한 인용문은 다음과 같다. "19세기에 하나의 학문으로서 정신의학이 출현할 수 있었던 것은 입원(hospitalization), 수용(internment), 사회적 격리의 조건과 절차, 법체계의 규칙, 산업 노동의 규범, 그리고 부르주아 윤리학 간의 관계의 변화, 간단히 말하지만 담론 형성을 지배하는 관계들의 총체에서 일어난 변화 때문이었다. 모든 학문, 새롭게 출현하는 모든 과학은 주어진 담론 형성 체계 내에서 기존의 지식에 기반하여 출현한다"(McDonell, "on Foucault's Philosophical Method," p. 551). 맥도넬은 내가 이해하는 바의 푸코와는 반대로, '담론적 구성체(discursive formation)'라는 개념을 제도적 장치를 포함하는 것으로 사용하는 것 같다. 그렇다고 해서 푸코의 방법에 대한 맥도넬의 해석이 가지고 있는 유용성이 줄어드는 것은 아니다.

이론(혹은 좀 더 모욕적으로 '암소 사회학(cow sociology)')이라고 불리기도 하는 참여와 집단적 결정을 강조하는 사회심리학적 인간관계 모형; 앞의 두 가지 이론을 통합하여 인간의 욕구를 충족시키는 데 체계적 이론을 적용하려고 하는 인본주의/체계 모형이다. 하나의 새로운 관점은 '적합성(relevance)'을 강조하는 '반실증주의적' 변화 지향적 접근법을 취하는 '신행정학'이다.[87] 네 가지 단계, 세 가지 패러다임, 그리고 하나의 새로운 관점이 서로 어떻게 연관되는지는 분명치 않다. 그러나, 그 이론적 단순성을 보여 주기 위해 골렘뷰스키가 '미니패러다임(miniparadigm)'이라 부른 신행정학은, 다른 어떤 단계와도 맞지 않기 때문에 네 번째 단계의 일부임에 틀림없는 세 번째 패러다임과 많은 공통점을 가지고 있다. 그가 분명하게 설명하고 있지는 않지만, 골렘뷰스키가 좋아하는 '미니패러다임'인 조직발달론(organizational development: OD)은 아마도 네 번째 단계와 세 번째 패러다임의 일부인 것 같다. 골렘뷰스키는 1960년대에 공공행정이 받은 도전에 대한 응답으로 신행정학이 등장했음을 인정한다. "공공행정학자들에게 1960년대는 마치 전쟁과도 같았다."[88] 반문화 및 신좌파에 공감하는 사람들에게는 이것이 기분좋은 소식이지만, 이 때문에 '신행정학'이 단순히 이전의 것을 살짝 꾸미고 재탕한 것에 불과하다는 사실이 사라지지는 않는다.

행정 담론의 출현에 대한 찰스 페로(Charles Perrow)의 설명은 좀 더 제한된 준거틀을 가지고 있지만, 비슷한 주장을 하고 있다. 그는 체스터 바너드(Chester Barnard)의 책 『고위관리자의 기능(*The Function of the Executive*)』에서 조직이론의 시초부터 그 주요 추세를 추적한다.[89] 바너드는 조직의 핵심은 협동(cooperation)이라고 강조했고 조직은 모든 구성원들을 위해 기능적이라고 전제했다. 페로는 바너드의 책이 오늘날에도 여전

---

87) Golembiewski, *Public Administration*, p. 123.

88) 위의 책, p. 117. '신행정학'과 OD에 대한 명료한 요약에 대해서는 Thomas Vocino & Jack Rabin, *Contemporary Public Administration*(New York: Harcourt, Brace, Jovanovich, 1981) 참고.

89) Chester Barnard, *The Functions of the Executive*(Cambridge: Harvard University Press, 1938).

히 널리 사용되고 있음을 지적하면서, 그 책이 주로 관리자를 위한 변명이기는 하지만 조직이론의 세 학파를 낳았음에 주목한다. 세 학파들은, 부분보다는 조직 전체를 보고 조직과 공동체의 조화로운 상호 침투를 강조하는 제도학파(institutional school), 조직통제라는 맥락 내에서 비용과 이익을 계산하는 합리적인 개별 행위자에 주목하는 의사결정학파(decision-making school), 잘 알려진 인간관계 학파(human relations school)다.[90] 이미 성립된 주제들을 이후에 세련되게 다듬은 이론은 상황적합이론(contingency theory)과 환경이론(environmental theory)이다. 상황적합이론의 옹호자들은 그 이론이 "피고용인들의 행위를 관리하는 가장 좋은 방법은 피고용인들의 주변에서 일어나는 사건(앞서 일어난 일들은 물론 결과까지도 모두 포함하는)에 대한 체계적 통제를 통한 것"임을 의미한다고 말하기 때문에, 기술까지도 강조하는 상황적합이론은 환경이론과 유사한 것 같다.[91]

이 두 가지 사례는 행정 담론의 출현을 주류 이론이 어떻게 설명하고 있는지를 잘 보여 준다. 이 둘은 공통되는 담론적 세계를 공유하고 있다. 이 사례들은 모두 조직이론의 출현과 발달은 덜 적절한 분석에서 더 적절한 분석으로 진보적인 진화가 일어나고 있음을 보여 준다고 가정한다. 조직생활 속 '저기에(out there) 진리(truth)'가 있으며, 조직이론은 그 진리를 이해하기 위해 그에 점점 더 가까이 접근하고 있다는 것이다. 심지어 특수한 조직 분석이 관리자들의 이해를 반영한다는 점이 인정될 때조차도(예를 들면, 페로가 바너드에 대해 말하듯이), 규율/학문 분야의 기획은 진리를 어느 정도 과학적으로 추구하는 것일 뿐이다. 조직이론에 대한 개관의 대부

90) Perrow, *Complex Organizations*, pp. 87, 89, 여러 곳. 제도학파는 Philip Selznick, *Leadership in Administration*(New York: Harper and Row, 1967)에 의해 대표된다. 의사결정학파는 Herbert A. Simon, *Administrative Behavior*(2nd ed.; New York: Macmillan, 1957)과 James G. March & Herbert A. Simon, *Organizations*(New York: John Wiley and Sons, 1958)의 일부분이 대표한다. 인간관계 학파의 대표격은 많으며, 페로에 의해 *Complex Organizations*, pp. 90-138에 잘 요약되어 있다.

91) Perrow, *Complex Organizations*, p. 200과 Perrow, "A Framework for the Comparative Analysis of Organizations," *American Sociological Review* 32(1967): 194-208.

분이 진보에 대한 이러한 시각을 공통적으로 가지고 있다. 즉, 테일러리즘과 과학적 관리론의 '나빴던 옛 시절'은 지나갔으며, 사람들이 승리를 거둠에 따라 피고용인의 욕구를 좀 더 계몽된 태도로 인정하게 되었고, 심지어 노동자 참여를 지향하는 약간 실험적인 움직임도 생겼다는 것이다. 프리스틀리, 웨지우드, 그리고 그 외 근대성의 다른 초창기 대변인들처럼, 조직이론가들은 대체로 진보에 대한 자신의 공헌에 매료되어 있었다. 예를 들면, 블라우와 동료들은 세기의 전환점에 진행되었던 노동의 탈숙련화가 통제 전략이었다기보다 대체로 기술 발전의 우연한 결과였으며, 지금은 그것이 역전되는 중이라고 믿는다.

> 교육이 더욱 확대되고 더 많은 비율의 노동력이 기술적·전문적 능력을 획득함에 따라, 생산직과 사무직에 컴퓨터 기술을 적용할 때 이런 고도의 숙련들이 틀림없이 고려될 것이다. 노동자가 사용하는 숙련 수준을 높이지 않고서 많은 작업을 자동화하는 것이 가능하지만, 고도로 훈련된 노동력은 이러한 자동화를 점차 불필요하게 만든다. 따라서 사람들은 공장 자동화의 확대가 노동자의 숙련과 책임 수준을 끌어올릴 것으로 기대할 수 있다.92)

'공장 자동화의 확대'가 노동자들의 숙련과 책임 수준보다는 빈곤과 실업 수준을 높인다는 사실은 제쳐두고라도, 블라우와 동료들이 놓친 것은 통제 전략인 탈숙련화의 목적이다. 탈숙련화를 끝내는 것은 사용자나 관리자의 관심거리가 아니며, 기술적 변화가 이 사실을 바꾸지 못한다. 이들과 비슷하게, 워렌 베니스(Warren Bennis)는 증대하는 관리의 전문화, 요동하는 조직의 환경, 그리고 급속한 조직 변화에 직면하여 조직들이 반드시 민주화되고 탈중앙집중화되어야 한다고 순진하게 주장한다.93) 진보의 시대에 활동했던 선배들과 마찬가지로, 합리화를 추구하기 위해 사회공학(social engineering)이라는 도구를 가져온 조직이론가들은 소유주와 피고용인 사

---

92) Peter M. Blau, Cecelia M. Falbe, William McKinley, & Phelps K. Tracy, "Technology and Organization in Manufacturing," in Oscar Grusky & George A. Miller, eds., *The Sociology of Organizations*(2nd ed.; New York: Free Press, 1981), p. 449.

93) Warren Bennis, *Changing Organizations*(New York: McGraw-Hill, 1966).

이의 전문 중재자다. 자신들을 조직의 '병리 현상'과 기능 불량을 바로잡기 위해 나선 개혁가로 생각하는 사람들은, 행정이론가들의 능력에 대한 믿음을 표현하는 데서부터 만일 자신들이 지식을 한데 모은다면 개혁을 위해 더 적절한 지침을 제공할 수 있다는 쪽으로 나아간다.[94]

관리자들이 관리하는 대상이 주로 다른 사람들이기 때문에 행정학 문헌 내에서는 인사(人事) 문제와 실천에 대한 논의가 중심적인 관심사다. 인사관리 '하위 분야'는 피고용인들에 대한 조직의 관계를 직접적으로 다루고 있기 때문에 사람 때문에 치러야 하는 관료제의 비용을 매우 분명하게 알려 준다. 또한 인사에 관한 활동들은 행정 기능 중에서 가장 위세가 낮고 힘이 없는 경향이 있어서, 이 분야의 이론가들과 관료들은 관련된 지식에 대한 독점권을 주장할 수 있게끔 자신의 '영역'을 확립하고, 자신의 연구 대상인 '대상'(사람)과 '사건'(일)을 정의(定義)하기 위한 중요한 캠페인을 시작했다. 인종 차별 및 성 차별, 노동자 안전, 노사 협상, 연금 계획 등등에 대한 연방정부 규정의 급격한 증가는 이들이 이 과업을 수행하는 데 도움을 주었다. 연방정부 규정에 대한 지식은 관료제에 중요하다. 늘어난 지원자 중에서 적합한 사람을 선별하는 일과, 비용이 많이 드는 차별 소송과 파업이라는 위협을 고려한 상태에서도 피고용인을 선발해야 함을 보여 주는 일은 인사 부서의 일이다.

뜻을 분명하게 해 주는 주석이 여기서 필요하다. 이것은 제기하기에 꽤 위험한 논쟁이다. 왜냐하면, 누군가 적극적 조치, 직업적 안전(safety), 그리고 비슷한 목표들을 비판하자마자 그 사람은 우파의 '반규제주의' 목소리와 동격으로 취급되는 위험을 감수해야 하기 때문이다. 나는 내 입장을 분명히 하고 싶다. 진정한 평등이 없는 상태에서는 이와 같은 법적 조치가 필요하다. 그러한 조치들은 종종 일거리를 찾거나 정의(正義)를 추구하는 개별 피고용인이 유일하게 의지할 수 있는 곳이다. 내 주장의 요점은 그것을 거부하는 것이 아니라 그것이 전적으로 부적절함을 보여 주는 것이다.

---

94) Gerald E. Caiden & Heinrich Siedentop, eds., *Strategies for Administrative Reform* (Lexington, Mass.: D.C. Heath, 1982), p. xv.

인사행정은, 만일 포착하기만 하면 폭로하는 역사를 가지고 있다. 포드자동차회사와 같은 초기 기업 집단이 "노동자들의 가정이 정돈되고 깨끗하게 유지되도록, 노동자들이 술을 너무 많이 마시지 않도록, 성생활에 흠결이 없도록, 그리고 여가 시간을 유익하게 사용하도록 확실히 하기 위해" 노동자의 가정을 방문하는 조사관들('고문'으로 불림)을 고용함으로써 신입 사원들을 정상화(normalize)하려고 최초로 시도했다.95) 사람들이 점점 더 자신의 복장, 여가 시간, 친밀한 관계를 조직의 요구에 비추어 관리하기 때문에, 그처럼 공공연한 규제는 오늘날에 와서는 대체로 불필요하게 되었다. 광고는 우리에게 어떻게 하라고 말해 주며, TV, 영화, 잡지, 책들은 모범을 보인다. 즉, 달리기를 할 때, 테니스를 칠 때, 에어로빅을 할 때는 무엇을 입고, 머리, 얼굴, 몸은 어떻게 모양을 내며, 무엇을 먹고 마시며, 누구와 어떻게 친밀한 관계를 만들 것인지에 대해 사례를 제시해 준다. 잡지 『에스콰이어』의 대표적 칼럼에 쓰인 단어들은 사람들에게 누구나가 채택하고 있는 동일한 이미지를 자신의 '개인적 스타일'로 취하도록 재촉한다.96) 인사행정은 훨씬 더 미묘한 방식으로 초기 조사관들의 일을 계속하고 있다. 즉, 둘 다 조직이 할 수 있는 '가장 최고의 투자'는 '인간적 요소'에 대한 통제라는 조직의 확신을 공유한다. 목표는 여전히 '적합한 노동 습관'을 형성하고, 정서적 에너지를 통제하고 지시하며, 갈등을 인정하지 않은 채 축소시키고, 그리고 '사기를 높이는' 것이다.97)

『인사관리의 고전(*Classics of Personnel Management*)』에서 토머스 패튼(Thomas H. Patten, Jr.)은 인사행정을 "경제의 사적·공적 부문 모두에서 노동조직이 사회적으로 책임 있는 자세로 수행하는 모집, 선발, 배치, 개발, 보존, 보상, 인적 자원을 위한 정의(正義)의 수용, 그리고 인적 자원의 공급"으로 정의한다.98) 그는 계속해서, 인사관리에 속하는 활동에는 엄청난

---

95) David A. Wren, "The Origin of Industrial Psychology and Sociology," in Thomas H. Patten, Jr., ed., *Classics of Personnel Management*(Oak Park, Ill.: Moore, 1979), p. 7.

96) '개인적 스타일'에 대한 이 칼럼은 *Esquire* 98(July, 1982): 76-79에 게재된 것이다.

97) Wren, "Origin of Industrial Psychology," p. 7.

98) Patten, ed., *Classics of Personnel Management*, p. 1.

양의 새로운 지식이 응용되어야 하며("조직의 인적 자원을 관리하는 문제는 반드시 종합적으로 접근되어야 한다"), 인사관리 부서는 작업조직 내에서 발생하는 절실한 요구 사항을 채워 줄 수 있고(인사관리 부서는 "자신들에게 적합한 임무는 조직의 인적 자원을 최대한 활용하는 것이라는 점을 전제"해야만 한다), 그리고 이 필요성을 대부분 (그리고 특별한 이유 없이) 모르고 지나친다 하더라도 야심 있는 인사행정가들은 조직 내에서 중요한 위치를 확보하기 위해 그것을 이용할 수 있다("조직 단위는 재정적·물질적 자원에 대한 관리를 포함하는 운영 책임을 가지고 있지만, 조직의 인적 자본을 최대치로 개발하는 데 특별히 책임을 지는 단위를 가지고 있는 조직들은 거의 없다. 의지만 있다면 인사관리 부서가 이 공백을 메꿀 수 있다")고 주장한다.[99] 유사하게 『정부인사관리(*Personnel Management in Government*)』의 저자들은 인사행정이 '황천길'에 올랐다고 탄식하지만, 인사행정을 전문화하고 그래서 중요한 정보에 대한 독점권을 획득하려고 노력함으로써 인사행정의 중요성이 증가할 것이라는 데 희망을 걸고 있다.[100] 오드웨이 티드(Ordway Tead)와 헨리 멧캘프(Henry C. Metcalf)는 자신들의 논문 "인사부서가 있어야 하는 이유"에서, 인사행정이 점점 중요해지는데, 그 이유는 관료들이 자신이 관리하는 대상과 사건(인간과 인간의 노동력)은 조직이 활용하는 다른 어떤 기술이나 원재료와도 결정적으로 다르며, 따라서 서로 다른 관리 기법을 필요로 한다는 것을 발견했기 때문이라고 주장한다.

> 인간관계를 감독하기 위한 분리된 행정 분과가 발달되어야 하는 근본적 이유는 사람들이 기계나 원재료와는 다른 특성을 가지고 태어났다는 인식이 증가하고 있기 때문이다. 그리고 만일 최고의 결과를 낳게 하는 방식으로 사람들이 영향을 받게 된다면, 다른 주요 관리 분야에서 감독이 전문화되었던 것처럼 이 분야의 감독도 반드시 전문화되어야 한다.[101]

---

99) 위의 책.

100) Jay M. Shafritz, Walter L. Balk, Albert C. Hyde, & David H. Rosenbloom, *Personnel Management in Government*(New York: Marcel Dekker, 1978), p. 62.

101) Ordway Tead & Henry T. Metcalf, "The Reasons for a Personnel Department," in Patten, ed., *Classics of Personnel Management*, pp. 12-13.

이 언어에서 표현된 권력 관계는 무엇이 말해지며 무엇이 말해지지 않는가로 알 수 있다. 푸코가 분명하게 밝히고 있듯이, 권위가 부여된 담론은 그것이 진술된 곳이나 생략된 곳 모두에서 권력을 암시하고 합리화한다. 침묵은 "담론의 기초가 되면서 담론에 스며들어 있는 전략에 반드시 들어있어야 하는 필수적인 부분이다."[102] 인사행정가들은 자신의 담론이 가지고 있는 가시적(可視的) 측면과 비가시적(非可視的) 측면 모두를 네 가지 중요한 방식으로 드러낸다.

첫째, 조직의 노동자들은 조직의 필요에 따라 조작되고 감독되는 사물로 간주된다. 서로 반대되는 주장을 함에도 불구하고, 테일러의 과학적 관리 원칙들은 '인간관계' 학파와 공존하며 후자를 보충하고 있다. 둘 다 부분적으로는 "자본의 필요에 노동력 적응시키기"다.[103] 엔지니어, 직무설계가, 최고관리자들에 의해 채택되는 '과학적 관리'는 생산 과정 자체의 조직화를 주로 다룬다. '인간관계론'은 인사부서와 학계에 있는 그들의 대변인들이 채택하며, 노동 과정에 '인력'을 맞추는 것을 목표로 한다. 인간관계 전략들은 직접적 강압보다는 흡수에 더 민감하게 반응하는 사람들인 중간 계급의 교육적·문화적 배경을 가진 사람들에게 더 잘 들어맞는다. 리처드 세네트(Richard Sennett)가 지적하듯이, 그런 전략은 고위층의 요구 사항을 바꾸지 않으면서 "부드럽게 만들고," "상급자가 원하는 것이 무엇인지 그리고 상급자가 대표하는 것이 무엇인지를 신비화"하기 위해 작동한다.[104] 어떻든 인간관계론에 의한 관리가 여성을 해방시킨다고 칭송하는 자유주의 페미니스트들은 관료제 담론에 대한 그들의 순진함이나 관료제 담론을 기꺼이 끌어안으려는 자발성 중 하나, 혹은 그 둘 다를 드러내고 있다.[105] 브레이버만이 분명히 밝히듯이, "테일러주의는 생산의 세계를 지배하고 있으며,

---

102) Foucault, *History of Sexuality*, I, 27.

103) Braverman, *Labor and Monopoly Capital*, p. 86.

104) Richard Sennett, *Authority*(New York: Alfred A. Knopf, 1980), p. 115.

105) Betty Friedan, *The Second Stage*(New York: Summit Books, 1981), pp. 245-247); Barbara L. Forisha & Barbara H. Goldman, eds., *Outsiders on the Inside: Women and Organizations*(Englwood Cliffs, N.J.: Prentice-Hall, 1981), p. 5. 이 주제는 제5장에서 상세하게 설명될 예정이다.

'인간관계론'과 '산업심리학'의 실천가들은 인간 기계를 위한 유지 보수 인력이다."[106]

'삶의 질'과 '직무 충실화(job enrichment)' 프로그램으로의 전환은 기껏해야 발전하고 있는 통제관리 전략의 내부적 또 다른 단계일 뿐이다. 이러한 전환은 일터의 관료제적 장치에 도전하지 않고도 그것에 참여할 수 있다는 환상을 노동자들에게 심어 준다.[107] 많은 노동자들은 회사가 후원하는 '삶의 질' 프로그램이 빈 껍데기임을 잘 알고 있다. 한 공장 노동자는, 프로그램이 대변하는 전략이 노동조합을 위협할 때조차도 노동자들이 그런 프로그램을 받아들이는 것은 순전히 경제적 동기 때문이라고 단언했다. 즉, "모두가 각자 자기 일자리를 안전하게 지키고 있다고 믿는다"는 것이다. 삶의 질 프로그램은 조직의 권위 관계에 도전하기 위해서가 아니라 대체로 그것을 은폐하기 위해 기획된다. 이 남자는 자신의 경험을 내게 다음과 같이 묘사했다. 그와 그의 십장은 쾌적한 시골 환경에서 의사소통 게임에 집중하는 소집단 활동 주간에 '성장 파트너'이자 서로 같은 방을 쓰게 된 짝이었다. "그곳에 도착한 첫날 당신은 모든 면에서 개방되고, 민감해져야만 한다는 경고를 받는다." 도우미들은 그러한 상황 설정에 반대한 사람들을 '저격수'라고 이름붙이고 저항을 '역기능적 행동'이라고 폄하했다. 게임의 목표는 노동자/관리자 관계를 바꾸는 것이 아니라 그 관계가 존재하지 않는 것처럼 가장하는 것이었다. 이 노동자는 "일단 당신이 [공장]작업장으로

---

106) Braverman, *Labor and Monopoly Capital*, p. 87. 브레이버만은 과학적 관리에서 효율성에 대한 집착―단계와 동작을 끊임없이 세는 것, 상세한 반복 의례, 전체를 부분으로 축소하는 것 등―이 개인으로서 봐서는 신경증적인 현상으로 간주되지만 관료제에서는 정상적인 것으로 생각된다는 점을 지적한다. 테일러는 그를 아는 사람들에게는 다소 괴팍한, 매우 이상한 사람이었던 것 같다(p. 92). 만일 국가가 분명 개인이라는 플라톤의 견해가 옳다면, 테일러주의는 관료제적 자본주의의 집단 신경증을 대변한다.

107) 상세한 설명으로는 Neil Tudiver, "Business Ideology and Management in Social Work: The Limits of Cost Control," *Catalyst* 13(1982): 24-48과 Neil Tudiver, "Quality of Work Life: The New Shape of Employer Paternalism," paper presented at the First International Conference on the Comparative, Historical, and Critical Analysis of Bureaucracy, Gottlieb Duttweiler Institute, Zurich, Switz., October 4-8, 1982 참고.

복귀하면 [노동자와 관리자 사이의] 분리는 명백하다. 회합 몇 번 한 것이 그동안 지속되어 온 관계들을 대신하지는 못한다……그게 제대로 작동하려면 그들은 당신을 중립적 환경에 집어넣어야만 한다"고 결론지었다.

이 프로그램이 가진 피상적 성격은 부르주아의 자기 관리 실험이 실제로 성공했으며, 바로 그 이유 때문에 실험이 중단되었을 때에 이르러서야 분명해졌다. 데이비드 젠킨스(David Jenkins)는 폴라로이드(Polaroid) 사에서 프로그램이 너무 성공적이어서 관리자가 없어도 된다는 것을 보여 주었기 때문에 회사에 의해 종결된 한 노동자 참여 프로그램을 인용하고 있다. 훈련 책임자가 말했듯이 "경영진에서는 단지 그만큼 자격을 갖춘 기계조작원을 원하지 않을 뿐이라고 결정했다."[108] 당시 제너럴 모터스사(GM) 시보레(Chevrolet: '쉐비 Chevy'라는 애칭으로 불린 미국 GM사 제작의 자동차 이름 —옮긴이) 생산부에서 종업원 연구 및 훈련 책임자였던 토머스 피츠제럴드(Thomas Fitzgerald)는, 『하버드 경영 학술지(*Harvard Business Review*)』에 실린 훌륭한 인터뷰에서 "1인치를 내주면 그들은 1마일을 뺏어갈 것이다"라는 식의 생각으로 직무 충실화 프로그램에 대해 반대 주장을 펼쳤다.

> 가령, 업무 영역 재배치 과정에서 일단 능력이 드러났다면(혹은 나타났다고 믿었다면), 그리고 참여가 의식적인, 공식적으로 지원받는 활동이 된 후에는, 참여자들이 직무 배치, 보상의 할당, 심지어 지도자의 선별 등의 화제들에 계속 참여하려고 하기 쉽다. 다시 말하면, 경영진의 현재 (통제)독점 상태 그 자체가 쉽게 분쟁의 원천으로 될 수 있다.[109]

일본식 작업 설계에 매료된 미국 관리자들이 그것에 마음이 끌린 이유는, 권력을 공유하려는 의도가 있었기 때문이 아니라, 종업원의 참여를 관리 목적에 부분적으로 이용하려고 했기 때문이다.[110]

---

108) David Jenkins, *Job Power: Blue and White Collar Democracy*(New York: Doubleday, 1973), pp. 313-315, Richard C. Edwards, *Contested Terrain*(New York: Basic Books, 1979), p. 156에서 인용.

109) Thomas Fitzgerald, "Why Motivation Theory Doesn't Work," *Harvard Business Review* 49(July/August, 1971): 42, Edwards, *Contested Terrain*, p. 156에서 인용.

둘째, 인사관료제는 다른 관료제를 위한 자원이 됨으로써 그 고유 영역을 개척하고 자원들에 대한 권리를 확보한다. 이렇게 하기 위해, 인사관리는 필요하면서도 다른 관료제에는 없는 지식의 영역을 독점한 하나의 전문 분야로 정의되어야만 한다. 새로운 지식에 대한 요구들은 종종 그 기능면에서 주로 의례(儀禮)적이다. 말하자면, 그런 요구들은 새로운 지식을 희소하고 가치 있는 것으로 규정하기 위해 의례와 기술들을 상세히 설명하고 꼬리표를 붙이는데, 이 의례와 기술들은 전문성 측면에서 최첨단이라는 주장에 의해 정당화된다.[111] 패튼은 다음과 같은 희망을 표하는데, 인사관리자들의 새로운 지식은

> 사기업 고용주나 공공 부문에서 그 지식을 후원하는 조직(host organization)의 많은 분야를 활성화시킬 뿐만 아니라, 사내(社內) 응용행동 컨설턴트 집단이 담당하는 영역을 포함하게끔 지식의 책임 영역을 확대할 수 있다. 잘만 된다면, 이와 같은 지식의 역할 확장은 모조직(母組織)을 운영하는 데 드는 비용을 감소시킬 뿐만 아니라 인사관리 전문 분야의 내용, 과정, 그리고 관련 직원들에게 혁명적 영향을 미치게 될 것이다.[112]

따라서, 행정 담론에서 대체로 그런 것처럼, 전문 분야로서의 지위에 대한 불안감이 인사행정 문헌에 왜 널리 퍼져 있는지가 분명해진다. 어떤 저자는 법률 혹은 의학처럼 공공행정도 하나의 '진정한 전문 분야'인지 여부를 두고 괴로워한다.[113] 공공행정이 '표류 상태'와 '위기 상태'에 있는 분야라는 경고는 흔하며, 적절히 유지되지 못한 규율적/학문적 경계에 대한 우려가 이 불안감의 중심부에 있는 것 같다. 또 다른 일군의 저자들은 "인사과정의 제도화를 심화"하여 오직 인사관리 부서에서 훈련받은 사람들만 채

110) Robert E. Cole, "Work Redesign in Japan: An Evaluation," in Grusky & Miller, eds., *Sociology of Organizations*, pp. 495-529.
111) John W. Meyer & Brian Rowan, "Institutionalized Organizations: Formal Structure as Myth and Ceremony," in Grusky & Miller, eds., *Sociology of Organizations*, pp. 530-554.
112) Thomas H. Patten, ed., *Classics of Personnel Management*, p. xi.
113) George Gordon, *Public Administration in America*(2nd ed.; New York: St. Martin's Press, 1982), p. 30.

용에 대한 결정에 참여할 수 있게 하고, 또 이 훈련에서 나눠 주는 '지식'이 다른 지식과 분명하게 구별될 수 있어야 한다고 요구한다. 이 저자들은 진지한 의사형이상학적(quasi-metaphysical) 헌신의 필요성을 심각하게 제기하면서, 인사행정은 단지 하나의 직업이었을 뿐이지만 이제는 하나의 "전문적인 소명(召命)"이 되고 있다고 단호하게 선언한다.114)

셋째, 인사관리의 담론은 조직의 문제들이 조직 그 자체의 구조 때문이 아니라, 조직 내에서 개인이 잘못 배치되었거나 기능을 잘못 수행하기 때문에 주로 발생하거나, 심지어는 오직 그런 이유 때문에 발생한다고 본다. 관료제의 제도적 장치들은 당연한 것으로 간주되거나, 혹은 언급조차 되지 않는다. 푸코의 용어에 의하면, 그 장치들은 행정 담론 내의 연구 대상이 아니다. 만일 조직에 문제가 있다면 이 문제들은 직원이 바뀌면 해결될 수 있으며, 그 언어는 문제에 대해 다른 방식으로 사고하는 것을 허용치 않는다. 예를 들어, 마틴 개논(Martin J. Gannon)은 조직의 문제는 종종 개인과 조직 사이에 '편안한 적합성'이 결여되어 있음을 나타내며, 이것은 "직무 적응 지도, 훈련, 선발 기법의 적절한 사용을 통해" 고쳐질 수 있다고 말한다. 그는 "개인의 성격이 직무에 맞는지는 물론 그 혹은 그녀의 배경이 직무 요건에 맞는지 확실히 하기 위해 후보자를 면접할 것을" 권장한다. 이것은 "가중치가 부여된 지원서의 빈 칸"을 사용하여, 교육, 결혼 여부[!], 노동 경험, 군대 경험, 학교 성적, 기타 등등의 측면에서 조직 속에서 이미 "훌륭한 성과를 나타낸" 사람들과 닮은 개인들을 선발함으로써 달성될 수 있다.115) (사람에 따라서는 결혼 여부를 기준으로 한 선발이 불법적이라고 생각했을 것이다.) 개논은 그저 이 부문의 다른 저자들이 은폐하고 있는 것을 드러내고 있을 뿐이다—기술 사회에서 장점(長點)이라는 미사여구는 그 사람을 면밀히 조사할 필요가 있는 조직적 복제 과정에 살짝 위장된 이유를 제공한다.

조직의 권력구조를 모른 체하고 개인은 철저히 조사하는 것이 노동자를

114) Shafritz, Balk, Hyde, & Rosenbloom, *Personnel Management*, pp. 293, 296.
115) Martin J. Gannon, *Organizational Behavior*(Boston: Little, Brown, 1979), pp. 107, 108, 109.

학대하기로 작정한 관리자가 어쩌다 한 실수가 아닌 점은 확실하다. 조직이 피고용인을 일상적으로 학대하고 있지만, 인사 관행에 대해 저술한 많은 사람들은 분명 좋은 의도를 가지고 있으며, 그런 학대에 대해 민감하게 반응하고, 또 그것을 경감시키는 데 골몰한다. 예를 들면, 골렘뷰스키의 OD(Organizational Development, 조직개발) 감싸기는 개방성, 의사소통, 그리고 신뢰와 같은 인도적 가치를 배양하는 데 목적을 두고 있다. 그러나 결국에는 정신적 고통에 아랑곳하지 않는 사람들의 목표와 그의 목표가 다르지 않다. 즉, 그 행위가 일어나게 된 정치적 맥락을 변화시키지도 않고 혹은 심지어 그것을 거명하지도 않은 채 상대방에 대한 사람들의 행동을 변화시키려는 것이다.

네 번째, 인사관리 담론의 용어들은 노동 과정을 바꾸려는 어떠한 논의도 어리석은 것으로 만들어 버린다. 당연히 노동자들은 관리되어야 하는 대상이고 노동 과정은 다른 사람들의 지시를 받기 때문에 노동자의 진정한 자기관리와 같은 쟁점은 제기되지도 않는다. 노동자들 간의 관계, 그리고 노동자와 자신의 노동과의 관계는 '인적 자본(human capital)'이라 불리며, 위에 제시한 패튼의 인용구에서처럼, '혁명'이란 단어는 인사관리 직책을 위해 확대된 권력을 지칭한다. 행정 담론을 만드는 사람들은 공인된 진술의 활동 무대를 전유함으로써, 진지한 발언 행위가 이루어지는 영역에 참여할 자격을 노동자에게서 박탈했다. 진정으로 노동자에 의한 통제를 요청하는 소리는 행정 담론 속에서 거의 마주칠 수가 없으며, 그런 소리는 애초부터 나오지도 않는다. 하급자들의 시각에서 또렷하게 표현된 하급자들의 경험은 "조직이론에 의해 우리가 사용하게 된 렌즈의 초점에서 깜박이다가 사라져 버린다."[116] 노동자에 대한 정의에 노동자가 스스로 순응하지 않을 수도 있다고 관료제 담론이 제기한 경고는 정치적 언어가 아닌 행정적 언어로 표현된 경고다. 예를 들면, 일군의 저자들은 "피고용인들이 더 이상 무조건적으로 권위를 수용하려 하지 않거나, 혹은 관리자들의 인사 정책과

116) Stewart Clegg, "Power, Organization Theory, Marx and Critique," in Stewart Clegg & David Dunkerley, *Critical Issues in Organizations*(London: Routledge and Kegan Paul, 1977), p. 22.

관행에 대한 불만을 내비치지 않은 채 그냥 참지만은 않을 것이라는 증거가 있다"[117]고 인정한다. 그러나 그들은 인사 담당자들이 적합한 인간관계 기술로써 그러한 불만족을 경감시킬 수 있다고 서둘러 추가했다. 또 다른 저자는, 오늘날 노동자들이 자신의 형편없는 노동에 대해 만족하지 못하기 일쑤지만, 그 책임이 노동 과정을 설계할 능력이 없는 노동자들 자신에게 있는 것이 아니라, "조직의 인적 자원을 적절하게 활용하도록 직무를 알맞게 설계할 능력이 없는 관리자들"에게 있다고 주장한다.[118] 패튼은 "인사부서는 인적 자원들이 작업환경에서 행동의 자유와 창의성을 가질 수 있는 기회를 더 많이 요구할 것이라는 사실에 대응해야만 하며, 또 적절한 심리적 공간이 인적 자원을 위해 마련되어야만 한다"고 경고한다.[119] 따라서 항의는 '인적 자원'이 고분고분하지 않은 상태로 간주되며, 그에 대한 답은 관리자들이 '심리적 공간'을 공급하는 것이다. 이런 언어 속에서는 반란은 상상조차 불가능하며, 노동자들이 자신의 작업 지시에 참여할 수 있으리라는 것은 생각할 수도 없다. 관료제적 행동에서 무엇이 '최고의 결과'인가는 관료제 자체의 관점에서만 정의될 수 있으며, '인적 자원'은 관점이 아닌 기능을 가질 뿐이다.

평등주의적이며 비관료제적인 운영 형식에 의식을 갖고 진지하게 헌신하는 조직들조차, 관료제 담론 속으로 들어갈 때는 자신이 추구하는 정치적 목표의 존망(存亡)이 위태로워진다는 사실을 발견하게 된다. 관료제적 세계는 중요한 자원들(자금 지원, 대출, '교제')의 분포를 통제하기 때문에, 대안적 조직은 만일 스스로 자립적이지 못하다면 살아남기 위해 관료제와의 담론적 관계 속으로 들어갈 방도를 찾아야만 한다. 관료제 담론의 용어들이 모든 실험을 명백하게 금하는 것은 아님에도 불구하고 그럴 수 있는 여지를 전혀 남기지 않는다. 조직의 목표는 관료제 담론이 확보하는 자원

117) Peter Allan & Stephen Rosenberg, *Public Personnel and Administrative Behavior* (Monterey, Calif.: Duxbury Press, 1981), p. xiv.

118) Richard M. Steus, *Introduction to Organizational Behavior*(Glenview, Ill.; Scott, Foresman, 1981), p. 431.

119) Patten, ed., *Classics of Personnel Management*, p. 589.

의 흐름을 유지하는 데 더욱 초점을 맞추게 되고, 평등과 참여의 담론은 사라진다.[120]

인사행정 문헌의 상당 부분은 적합한 기술의 탐색으로 채워져 있다. 이것은 모든 규율적/학문적 활동의 진화와 일치하는데, 왜냐하면 모든 규율적/학문적 활동이 권위를 확보하려면 활동을 측정하고, 규제하고, 통제하기 위한 표준화된 도구가 급격히 증가되어야 하기 때문이다. 패튼은 적합한 기술(relevant techniques)을 "작업집단 행동, 생산량 제한, 감독 훈련, 인사 연구, 면접 방법론, 직원 상담, 사회－기술체계 이론, 소집단 인센티브 계획들", 그리고 관련된 전략들이라고 정의한다.[121] 기술에 열광하는 태도는 약어(略語)를 좋아하는 경향과 결합되어 대부분의 공공행정 문헌들을 오염시킨다. 예를 들면, 대학생을 위한 개론서인 『공공관료제의 동학(*Dynamics of Public Bureaucracy*)』은 학생들에게 '인력'과 조직의 요구를 예측하기 위한 의사결정 분석예측 방법(decision analysis forecasting: DAF), 수행평가와 검토 기법(performance evaluation and review technique: PERT), 사업계획 관리를 위한 주경로법(critical path method: CPM), 경력 목표와 '인력' 수요를 산정하기 위한 개인별 육성 계획(individual development plan: IDP), 기획-계획-예산 체계(planning-programming-budgeting systems: PPBS), 목표관리 제도(management by objectives: MBO), 그리고 영기준예산(zero-based budgeting: ZBB)과 같은 전략적 도구들을 소개하는 데에만 거의 집중되어 있다. 이 기법들이 때로는 "정치적인 동기를 가진 의사 결정을 정당화하는 데 유용한 분석적 겉치레를 제공"하는 데 쓰일 수 있다는 경고는 뒤늦게 떠오른 생각으로 덧붙여져 있을 뿐이며 기술적인 정보가 소개되는 데에는 아무런 영향도 주지 못한다.[122] 피고용인들의 정신 건강에 대해 가장 관심을 가져야 한다고 주

120) 이 과정에 대한 탁월한 사례 연구로는 Katherine Newman, "Incipient Bureaucracy: The Development of Hierarchy in Egalitarian Organizations," in Gerald M. Britan & Ronald Cohen, eds., *Hierarchy and Society*(Philadelphia: Institute for the Study of Human Issues, 1980), pp. 143-164를 참고.

121) Patten, ed., *Classics of Personnel Management*, p. 2.

122) Fred Kramer, *The Dynamics of Public Bureaucracy*(2nd ed.; Cambridge, Mass.:

장하는 저자들은 '인사문제'를 명백히 의료적인 것으로 만들도록 제안한다. 예를 들면, 자신이 저항을 '잠재운다'는 비난을 받고 있음에도 불구하고, 골렘뷰스키는 사실상 매우 의심스러운 성격 테스트, 감정 테스트 등등으로 구성된 포괄적이며 놀랄만큼 복잡한 기법의 배열을 상세히 설명하기 위해 위에서 언급된 통찰력을 재빨리 무시해 버린다. 골렘뷰스키는 T집단치료(1946년 레빈[Kurt Lewin]이 시작했으며, 소집단 구성원 모두가 참여하는 일종의 집단상담-옮긴이), 감각 훈련, 그리고 역할 연기라는 대중심리학의 특수 용어를 비난하면서 자신이 제안한 OD(자기 개발) 기법을 EST(Erhard Seminars Training: 미국인 워너 에하드[Werner Erhard]가 창시한 요가, 선[禪], 정신 의학 등의 진수를 모아 짠 인간 잠재성 개발 훈련-옮긴이) 같은 자조(自助) 집단의 전략을 질 나쁜 행정 언어와 결합시킨다. (OD의 일부는 매일 12시간씩 3일간의 집중 세미나를 요구하지만, 골렘뷰스키는 구성원들이 화장실을 쓸 수 있는 특전이 부여되었는지 여부에 대해서는 언급하지 않는다.) 그의 책은 "모순을 느끼는 정도가 낮은 응답자들은 좀 더 영향력 있는 프로그램에서 효과를 볼 수 있다"와 같은 조직론적 문구로 가득 차 있다. "나도 괜찮고, 당신도 괜찮아" 식의 '창조적 이혼(creative divorce)' 용어의 냄새를 풍기면서, OD 실천가들은 좌천된 사람들을 위해 T집단치료를 권하며 또 좌천이 "그저 또 다른 학습과 성장의 기회"일 수 있음에 주목한다. (이 논리에 의하면, 해고된 사람들은 아마도 시설에 수용되어야만 할 것이다.) OD의 의도에도 불구하고 (혹은 어쩌면 그 의도 때문에) OD는 조직을 향한 피고용인들의 적대감을 무산시키고, 직원들이 상처받기 쉬운 시기에 그들의 감정적 욕구를 조종함으로써 그들에게 조직이 좀 더 효과적으로 권력을 행사하도록 하고, 또한 '파벌 형성' 행위로 비난받을 집단행동을 하려는 모든 노력을 저지하기 위한 전략일 뿐이다.123) 이 관점에 따르면, 불만을 가진 근로자에게는 정의(正義)가 아닌 치료가 필요하다.

행정 담론의 전략적 도구들에 의해 수행되는 통제 기능의 탁월한 예는

Winthrop, 1981), p. 308.

123) Golembiewski, *Public Administration*, pp. 102, 113, 139.

리처드 보야치스(Richard E. Boyatzis)의 저서 『유능한 관리자(*The Competent Manager*)』에서 찾아볼 수 있다. 겉으로 볼 때 '해방된' 예로서 여성은 관리자고 남성은 부하 직원인 사례를 사용했지만, 이 책은 테일러주의를 인격에 적용하는 방법들을 제시했다. 보야치스는 성격과 역할의 여러 가지 차원들을 서로 다른 '직무 능력(job competence)'으로 쪼갠다. "직무에서 효과적이 되도록 그리고/혹은 탁월하게 업무를 수행하도록 하는 개인의 근본 성격"이라고 정의되는 각 직무 능력은 상사가 부하 직원을 평가하는 데 사용할 수 있는 평가의 한 범주로 된다.[124] 자신감, 정확성, 타인에 대한 개방성과 같은 상호작용의 기본적 속성들은 '긍정적 관심', '사회화된 권력의 사용', '집단적 과정 관리'와 같이 기술적인 함의를 풍기는 세분화된 측면으로 공식화된다. 정교한 언어와 복잡한 통계 기법은 많은 형식과 빈약한 내용을 만들어 내는 데 사용된다. 이러한 기법들은 "조직으로 하여금 인적 자원을 효과적으로 사용하도록 돕는" 상사들을 위한 '중립적' 도구처럼 보인다.[125]

보야치스의 논의로부터 중요한 세 가지 통제전략이 출현한다. 첫째, 이러한 업무 수행 범주가 실제 인간의 상호작용 혹은 구체적인 인간의 노동에서 너무도 멀리 벗어나 있기 때문에 독단적이 되기 쉽다. 이러한 조건에 따라 평가받는 관리자들은 범주를 구분해야 하는, 혹은 행위의 구체적 형식이 제각기 의미하는 바가 무엇인지를 알아야 하는 압박을 받게 된다. 이러한 기법들이 숨겨져 있는 다른 평가 기준을 위한 손쉬운 '은폐막'이 될 수 있기 때문에, 피고용인들은 더욱 취약해지고, 또 상급자들이 선의(善意)를 갖게끔 만들어야 할 피고용인들의 필요성도 증대한다. 평가를 위한 이른바 '객관적' 표준은 사실상 가장 '주관적인' 종류의 남용을 초래한다.

둘째, 이 업무 수행 범주는 다른 사람들의 입장에 서서 다른 사람들을 품위와 존경으로써 대하고 공감하는 인간의 기본적 능력들을 취하여 그것들을 미세한 하위 범주로 쪼개어 비인간적인 범주들로 변형시킨다. 간단히

124) Richard E. Boyatzis, *The Competent Manager*(New York: John Wiley and Sons, 1982), p. 21.
125) 위의 책, p. 259.

말해서, 그 부분들은 합쳐도 전체가 되지 못한다. 호시차일드가 연구한 항공기 승무원들의 작업환경처럼, 작업장에서 대인관계는 성문화(成文化)·표준화되며, 분리·세분되고, 파괴되고 통제된다. 인간 상호작용은 표준화된 절차의 실행으로 축소되며, 진짜 사람들과 진짜 관계들은 사라져 버린다.

셋째, 관리환경에 대한 보야치스의 설명은 관료제적 환경이 유해함을 드러낸다. 관료제는 사람들을 조직적 역할, 규칙, 언어의 반쯤 비어 있는 범주들에 얽어매 놓지만, 진짜 인간적 상호작용으로부터는 소외시키는 사회조직의 한 형태다. 만일 사람들이 단순히 **살고**, 전인격적 인간으로서 다른 사람과 상호작용을 하고, 공통의 기획(project)에 참여한다면, 이 범주들이 포착해 내고자 하는 자기 주장 및 의사소통 기술을 배울 수 있다. 지식에 대한 행정 담론의 요구는 관료제적 자본주의 속에 진짜 공동체와 진정한 자율성이 없는 상태를 만회해 보려는 관료제적 노력을 반영한다.

『정부인사관리(*Personnel Management in Government*)』의 저자들은 급격하게 팽창하는 공공행정을 가르치는 학교들이 보야치스가 발명한 것과 같은 기술을 제공하느라 바쁘다는 것을 만족스럽게 지적한다. 이 학교들도 행정의 '윤리'에 대해 약간 관심을 보이지만, 그들의 좀 더 중요한 기능은 인사관리자들에게 적합한 권위, 지위, 존경을 보장해 줄 기술적 숙련을 고안해 내는 것이다—"그러나 모든 윤리적 고려 사항보다 더 중요한 것은, 공공 인사 기능이 특히 인적 자원, 계획, 생산성 측정과 협상, 직무설계, 검사확인 등의 영역을 포함하게끔 급속히 성장하고 있다는 사실 자체이다."[126] 이 기술을 제각기 설명하고 있는 별개의 장에서, 그 저자들은 시종일관 기술적으로 가장 복잡한 장치가 선호되고 있음을 지적한다. 자신들이 저술한 유명한 대학원생용 교재인 『조직행동론(*Organizational Behavior*)』에서 돈 헬브리겔(Don Hellbriegel)과 존 슬로컴(John W. Slocum, Jr)은 '윤리적 고려 사항'에 대한 논의에 두 페이지를 할애하고 있는데, 거기서 그들은 몇몇 사람들이 '조작하다(manipulate)'와 '통제하다(control)'라는 단어에 대

126) Shafritz, Balk, Hyde, & Rosenbloom, *Personnel Management*, p. 72.

해 반대하지만 그런 우려를 줄이기 위한 방법—그 방법 중 하나는 "자기 통제의 발달을 강조하는" 것임—이 있다고 경고한다.[127] 다른 저자들은 행동주의 사회과학과 인사관리가 결합되어야 한다고 호소하는데, 그 이유는 후자에 필요한 권위의 중요한 원천이 전자 안에 있음을 간파했기 때문이다. 인사관리자는 "관리직과 노동자들이 기업조직인 체계 전체를 최적 상태로 만들게 하기 위해 현대 심리학, 사회학, 경제학의 원리와 방법들을 사용하는 응용행동 과학자가 되라"는 재촉을 받는다.[128] 인사행정가들과 학계에 있는 그들의 대변인이 느끼는 지위 불안은 다시금 명백해진다. 회계, 마케팅, 생산, 혹은 공학과 비교해 볼 때 인사행정이 하나의 조직적 기능으로 되기는 훨씬 더 어렵기 때문에, 인사부서 직원은 "인사관리자가 관리 팀에 미치는 좀 더 중요한 역할을 담당하도록 해 줄 수 있는 행동 지식의 적절한 사용"이 어떤 것인가를 찾아내야 한다.[129] 따라서 인사행정은 사회 통제의 원인에 이론을—심지어 비판적 전통에 뿌리를 둔 이론일지라도—보충하기 위해 "기술관료가 된 지식인들"에게 의지하면서, 사회과학과 행정을 결합시킴으로써 모든 규율적/학문적 담론의 잘 다져진 발자취를 따르고 있다.[130] 지식은 정보로 축소되고, "생각하기는 진부하고, 편리하며, 완벽하게 예측 가능한 것에 국한된다. 또 기계는 각각의 부품이 장소와 기능을 가지고 있으며, 숙련공은 단지 정해진 회로 속에서 기계가 돌아가는 것 외에는 마음속에 아무런 목표도 없이 기계를 작동시키고 또 기계가 계속 움직이게 하는 데 필요하다면 무슨 조정이라도 한다."[131] 이러한 목적에 봉사하는 학

---

127) Don Hellbriegel & John Slocum, Jr., *Organizational Behavior*(2nd ed.; St. Paul, Minn.: West, 1979), p. 207.

128) Marvin D. Dunnette & Bernard M. Bass, "Behavioral Scientists and Personnel Management," in Patten, ed., *Classics of Personnel Management*, p. 86.

129) Patten, ed., *Classics of Personnel Management*, p. 58.

130) Aronowitz, *False Promises*, p. 279. 이 측면에 대한 흥미로운 예는 존 왓슨(John B. Watson)의 이야기다. 심리학 입문 교재에서 근대 행동주의의 아버지로 예우를 받는 왓슨은, 자녀 양육 관습을 가정에서 또 사랑과 접촉에 대한 강조에서 분리시켜서 "일터의 무정한 인물에 대한 수동적 충성을 권하는" 방향으로 전환시키는 데 행동주의 심리학을 활용하도록 주장함으로써 기술 사회의 탄생에 나름대로 기여했다(Stuart Ewen, *Captains of Consciousness: Advertising and the Social Roots of the Consumer Culture*[New York: McGraw-Hill, 1976], p. 82).

문의 결과는 연구 대상인 관료제의 결과만큼이나 진부하고 예측 가능하며, 지식의 기준은 행정 담론의 용어들과 비슷하게 표준화된다. 그 속에서는 실제 세계가 "잠수함에서 방향이 고정되어 있고 불변하는 잠망경을 통해 보는 것처럼 생각되는" 전문 교육의 협소함과 또 시험을 통한 행정적 관점의 반복적 강화는 행정 담론에 위협이 될지도 모르는 생각을 하는 대부분의 잠재적 지원자들을 추려내 버린다.[132] 약간의 공공행정 경험을 가진 어떤 노련한 관료는 규정된 통로에 가차없이 감금하는 관료제 담론에 대해 논평하면서, "관료제는 사람을 죽도록 지겹게 만듦으로써 살아남는다"며 한탄했다. 행정 훈련은 넓고 다양한 배경을 추구하는 학생들에게는 점점 더 벌을 주고, 일찌감치 전문 영역을 정하는 학생들에게는 보상을 준다. 수년 간의 경험을 가진 한 행정가에 따르면, 그녀가 몸담고 있는 기관에 들어온 신참자들의 공통적 속성은 그녀가 가진 것과 같은 인문학적 배경을 더 이상 갖고 있지 않다. 고도로 발달된 전문 기술을 가지고 있고(그녀의 말로는, '셈을 잘하는'), 상사의 매너리즘과 태도를 흉내내고, 그리고 '폭력적' 해결책을 찾는(문제를 구획짓고 상급자가 관리 조치를 하게 하여 단번에 그 문제를 해결하려는) 사람들은 행정 훈련 프로그램의 전형적인 산물이다. 많은 교재들은 경력에 대한 그들의 강조에 격려를 보낸다. 예를 들면, 개논은 각자가 '급행 노선'에 있는지 아닌지를 말해 주는 유용한 정보를 수록하고 있으면서 "변화하는 세계 속의 당신의 경력"과 "관리자 경력을 위한 준비"와 같은 주제들에 대해 학생들에게 말해 주는 특별 단락들을 그의 책에 포함시켰다.

관료제 담론의 탄생은 대학과 공공 부문 및 기업의 관료제 사이에 있는 연결고리의 본질을 반영한다. 대학은 전문 분야를 위한 훈련장을 제공하고, 전문 분야는 신규 모집을 통제할 수 있게 되며, "교육 프로그램, 시험, 자격

131) Earl Shorris, *The Oppressed Middle: The Politics of Middle Management*(New York: Anchor Doubleday, 1981), p. 98.

132) Frederick C. Mosher, *Democracy and the Public Service*(New York: Oxford University Press, 1968), p. 108. 연구 분야의 관료제화에 대한 흥미로운 연구로는 Bette Denich, "Bureaucratic Scholarship: The New Anthropology," in Britan & Cohen, eds., *Hierarchy and Society*, pp. 165-175.

인정, 면허를 통해 지식, 숙련, 그리고 일의 측면에서 각 전문 분야의 내용을 상당 부분 결정한다."[133] 이제 정부와 기업관료제는 이 전문가를 고용해서, 이들에게 연구와 교육을 위한 보조금을 제공함으로써 전문적 활동들을 지원하고, 그들의 자율성을 보호하고, 그들의 영역을 확장하며, 지식에 대한 그들의 독점을 합법화하며, 그들의 보수를 높여 준다. 이 연결고리는 담론에 각인되어 있는 '3차적 관계(tertiary relations)'라고 푸코가 부른 것, 즉 담론 속에 이름이 오르내리는 사물과 사건의 개념에 함축된 전문 분야의 경계선과 직업적 역할 간의 연관 관계를 보여 준다. 따라서 공공행정의 의미는 공공행정의 개념을 합법화하는 사회 관계 속에 놓여 있다. 또 행정에 관한 문헌의 저자들의 관심을 끄는 쟁점은 서로를 지지하는 관료제 사이의 담론적 관계 속에서 생산된 쟁점들이다. 관료들이 관료제를 연구하는 이유는 관료제에 대해 알고 싶어서가 아니라 그것을 대내외적으로 강화하기 위해서다.

기술(technique)을 강조하게 되면 복종과 예측가능성의 가치가 다른 어떤 가치보다 더 우위를 차지하게 되고, 또 사람들은 "부드럽고 효율적으로 진행되는 세상사에서 불편함을 해결하는" 기제를 활용함으로써 갈등을 피하려고 하게 된다.[134] 조직관리에 대해 글을 쓰는 사람들이 관료제의 구조에 내재된 갈등이 있다는 것을 아는 경우도 있지만, 대체로 이러한 통찰은 분석에서 주변으로 밀려나게 되며 담론에서 중심적 위치를 차지하지 못한다. 페로가 지적하듯이, "조직이론에는 권력이라는 단어가 없어서, 권력을 권위라고 부르면서 신비화하려 한다."[135] 매우 교훈적인 책인 『민주주의와 공공 서비스(*Democracy and the Public Service*)』에서, 프레드릭 모셔(Frederick C. Mosher)는 관료제의 정치를 신비화하는 것이 관리자의 활동에 어떻게 영향을 미치는지 설명하고 있다.

문제들이 기술—즉, 정치적 혹은 사회적 혹은 대인적—속에서 충분히 숙고되

133) Mosher, *Democracy and the Public Service*, p. 104.
134) Denhardt, *In the Shadow of Organization*, p. 5.
135) Perrow, "Demystifying Organizations," p. 112.

> 지 않은 요소와 관련되어 있을지라도, 관리자는 그 문제들에 대해 기술적으로 옳은 해결책을 찾으려 하고 또 잘 발견한다. 동료와의 관계에서 발생하는 공개적인 의견 불일치, 적대감, 그리고 공격성 등 기술적이지 않은 해결책이 필요한 상황을 만나면 그는 본능적으로 후퇴하려 한다. 왜냐하면, 내부의 대립은 체계와 그 구성원 모두를 위협하기 때문이다.136)

이해관계를 둘러싼 갈등에 대해 말할 수 있거나, 혹은 관료제적 관계를 권력 투쟁으로 개념화할 수 있는 언어가 없기 때문에, 관리자들은 그런 것이 존재한다는 것을 인정하지 않으며 또 인정할 수도 없다.

제 6 절 관료제 담론과 정치이론

행정 담론은 승인받지 않은 어떤 질문에 대해서도 '극도로 무관심'한 태도를 취하며, 따라서 정치적·사회적 이론이 통상적으로 관심을 갖는 많은, 아마도 대부분의, 사안에 대해 적대적이다.137) (불행히도 이것이 곧 관료제화에 저항하기 위해 정치이론가들을 찾아가야 한다는 의미는 아니다. 그들도 관료제 속에 살고 있기 때문에 종종 다른 관료들과 마찬가지로 이러한 사안에 대해 무관심하도록 조직적으로 설득당한다.) 공공행정에 관한 연구물들은 이론적으로 빈곤하고, 정치적으로 위험하며, 또 너무 자주 도덕적 파탄 상태에 있다. 헬브리겔과 슬로컴은 '성공적인' 행정학 교재를 위한 공식의 대표적인 사례로 취급될 수 있다. 즉, 그들은 책을 김빠진 체계 이론에 대한 장으로 시작해서, 행동주의에 중심을 둔 학습 방법을 피상적으로 다루고, 또 인성 이론에 대해서도 카를 융(Carl Gustav Jung)과 장 피아제(Jean Piaget) 같은 권위자들을 향해 인사치레만 함으로써 똑같이 피상적인 윤색을 하고, 관리자적 관점에서 정의되고 해결되는 '문제들'과 사례 연

136) Mosher, *Democracy and the Public Service*, p. 153.
137) '극도의 무관심'이라는 어구는 푸코의 용어다.

구를 풍부하게 넣고, 그리고 나서 동원 가능한 모든 기법과 통계적 전략에 대한 상세한 논의로써 나머지를 채웠다. 골렘뷰스키 같은 저자들은 이론을 '역효과적(counter productive)'이라고 내쳐 버리는데, 그 이유는 이론이 행정학 문헌들에 있는 '의지와 기술의 실패'에는 관심을 두지 않고 추상적이고 비생산적인 분석적 질문에만 집중하기 때문이다.[138] 다른 저자들은, 의도하지 않은 결과라는 에드먼드 버크(Edmund Burke)의 견해 ('의도하지 않은 결과'라는 개념은 버크가 프랑스 혁명에 대해 논평하면서, 혁명은 앞에 있는 모든 것을 태워 버리는 산불처럼 적은 물론 동지까지도 파괴해 버린다고 묘사한 데서 비롯되었다.-옮긴이) 같은 오래된 개념들을 최고의 열정으로 다시 고안해 내면서, 정치이론의 가장 초보적인 통찰력을 거창하게 환영한다. 예를 들어, 만일 '상황 적합' 이론가들과 '환경주의' 이론가들이 마르크스를 진지하게 염두에 두었더라면 자본주의가 조직에 영향을 미친다는 사실을 발견해도 그렇게 놀라지는 않았을 것이다.[139] 비슷하게, '공공선택이론'의 옹호자들은 만일 그들이 제레미 벤담(Jeremy Bentahm)과 비평가들 사이에서 벌어진 토론에 대해 조금이라도 알고 있었더라면, 비용/이익 분석과 합리적 행위자 모형에 덜 열중했을지도 모른다.[140] 만일 '신행정학'의 대변인들이 그처럼 단순한 선언을 과학철학 분야에서 지난 30년 간 벌어진 논쟁에 비추어볼 수 있었다면, '오래된 사실/가치의 이분법'을 버리고 '규범적 공공행정이론'을 택한다는 선언을 덜 용감하게 할 수 있었을 것이다.[141] 이 문헌들 중에서 좀 더 사려깊은 글은 때로는 관리자들에게 유용하게 쓰일 상황과 쟁점을 다루고 있지만, 그때조차 그들은 현장에서 훨씬 쉽게 배울 수 있는 정보를 격식을 갖추어 포장하는 작업을 주로 하고 있다.

행정에 대한 문헌들 내부에서 보통 진행되는 '논쟁'은 강압과 통제라는 더 큰 쟁점을 회피하는 사소한 질문에 집중되어 있다. 저자들은 서로 다른

138) Golembiewski, *Public Administration*, pp. ix-x.

139) Perrow, *Complex Organizations*, p. 200 여러 곳.

140) Vincent Ostrum, *The Intellectual Crisis in American Public Administration* (University, Ala.: University of Alabama Press, 1973) 참고.

141) Michael M. Harmon, *Action Theory for Public Administration*(New York: Longman, 1983) 참고.

행정적 비율의, 중복적 관할 대 배타적 관할의, 적당한 중앙집중화의, 기계적 조직 대 유기적 조직의 이점에 대해 습관적으로 또 끝없이 토론한다. "만지고 느끼는 사람들(부드럽고 온건한 통제 방법을 사용하는 사람들-옮긴이)"은 "압박하고 밀어붙이는 사람들(거칠고 강력한 통제 방법을 사용하는 사람들-옮긴이)"과 함께 어떻게 하면 사람들을 가장 잘 통제할 수 있을까를 두고 논쟁을 벌이지만, 누구도 통제 그 자체를 두고 논쟁하지 않는다. 문헌 중 좀 더 학술적인 목소리는 조직에 대한 끝없는 분류 작업처럼 보이는 일에만 몰두한다. 즉, 탤콧 파슨스(Talcott Parsons)는 조직이 무엇을 하고자 하는가의 측면에, 에치오니는 자원과 순응 구조의 유형 측면에, 우드워드와 페로는 기술과 '원재료'의 유형 측면에 몰두한다.[142] 좀 더 훌륭한 학문적 유형론(typology)은 조직의 유형을 구분하는 데 유용하지만, 여전히 행정 담론의 용어들을 당연한 것으로 간주하고 그 담론을 정당화하는 데 필요한 경계 안에 조심스럽게 머물러 있다. 구체적인 관료제 남용 사실은 자주 눈에 띄고 또 공공연한 비난의 대상이지만 관료제 자체는 결코 그런 비난의 대상으로 되지 않는다. 다음의 예를 보자. 윌리엄 화이트(William H. Whyte)의 고전적 저작인 『조직인간(*The Organization Man*)』에서 보면 "오류는 조직에서 발생하는 것이 아니라 우리가 조직을 숭배하기 때문에 발생한다." 윌리엄 스콧(William G. Scott)과 데이비드 하트(David K. Hart)가 쓴 『조직적 미국(*Organizational America*)』에 의하면 "근대적 조직은 조직에 부과된 용도가 조직을 이끄는 가치에 의존한다는 점에서 가치중립적이다." 찰스 페로(Charles Perrow)가 쓴 『복합조직론(*Complex Organizations*)』(1979)에 의하면 "일반적으로 관료제의 탓이라고 치부되는 죄악들은 결코 죄악이 아니거나 혹은 충분히 관료제화되지 못했기 때문에 발생하는 결과다." 엘리엇 자크(Elliott Jacques)가 쓴 『관료제 총론(*A*

142) Graeme Salaman, "Classification of Organizations and Organization Structure: The Main Elements and Interrelationships," in Graeme Salaman & Kenneth Thompson, eds., *Control and Ideology in Organizations*(Cambridge, Mass.: MIT Press, 1980), pp. 56-84; Amitai Etzioni, *A Comparative Analysis of Complex Organizations*(New York: Free Press, 1961).

General Theory of Bureaucracy)』에서는 관료제는 결백할 뿐만 아니라 자연스럽다고 주장한다. "사회 체계는 만일 그 체계가 인간 본성과 밀접하게 조화를 이루지 않았다면 지금처럼 관료제 체계가 계속될 수 없었을 것이다."143)

행정학을 전문적으로 연구하는 학생들이 반드시 관료제를 방어해야 하며 급진적 비판으로부터 관료제를 보호해야 한다는 것은 결코 놀라운 일이 아니다. 이 주장에서 볼 때, 이들은 경력을 쌓기 위해, 짭짤한 컨설팅 사례비를 받기 위해, 대학과 대학원 프로그램을 마련하고 재정 지원을 하기 위해, 학생들을 유치하기 위해, 연구비를 받기 위해, 그 외 기타 등등을 위해 다른 조직구조를 자원으로 이용하는 또 다른 조직 엘리트를 구성한다. 이 문제를 좀 더 노골적으로 표현한다면, 그들은 자신이 누구를 위해 일하는지를 알고 있다는 것이다.

요약하면, 행정 담론의 급증은 진정한 정치이론의 기획을 적어도 세 가지 방법으로 위협한다. 행정 담론은 추론적 사유, 즉 인간적 삶을 둘러싸고 영원히 계속되는 질문들을 심사숙고하는 것에 대해 적대적이다. 그러한 사유(思惟)는 기술에 호소함으로써 답을 찾을 수 있는 질문이 아닌, 어쩌면 결코 답을 찾을 수 없을지도 모르지만 도구적 지식이 의지하고 있는 인식론적·존재론적 토대인 질문들을 제기한다. 그것은 한나 아렌트(Hannah Arendt)의 사유와 같은 종류로서, 페넬로페(Penelope: 호메로스의 서사시「오디세이」에서 자신의 남편인 오디세이가 원정길에서 돌아오길 기다리면서 다른 남성들의 구혼을 뿌리치기 위해 종일 뜨개질을 하고는 밤이면 낮에 짠 것을 모두 풀

143) William H. Whyte, Jr., *The Organization Man*(New York: Doubleday, 1957), p. 14; Scott & Hart, *Organizational America*, p. 223; Perrow, *Complex Organizations*, p. 5; Elliott Jacques, *A General Theory of Bureaucracy*(New York: Halsted Press, 1976), p. 141. "Prolegomenon to a Teachable Theory of Public Administration"(in Thomas Vocino & Richard Himovics, eds., *Public Administration Education in Transition*[New York: Marcel Dekker, 1982], pp. 93-114)에 실린 애덤스(Guy B. Adams)의 주장은 표준적 공공행정의 추세와는 다소 차이가 있다. 애덤스는 정치이론 및 지식철학의 문헌들에 상당히 친숙한 것 같다. 그는 공공행정에 대한 이데올로기적 차원을 알고 있으며 민주주의와 공동체에 관한 쟁점에 더 많은 관심을 기울여야 한다고 촉구한다. 그처럼 우려하는 사람은 이 분야에서 흔치 않다.

어버리고 다시 뜨개질을 하던 아내—옮긴이)의 뜨개질—하루가 끝나면 모두 풀어버리고 다시 짜기 시작하는—과 비슷한 것이다. 그런 대화에 적합한 관리적 혹은 기술적 답변이란 없으며, 따라서 관료제 담론 내에는 그런 대화를 위한 여지가 전혀 없다.

둘째, 행정 담론은 엄격한 정치철학의 임무를 위한 토대가 되는 자기 점검에 대해 적대적이다. 우리 자신을 알라고 한 소크라테스(Socrates)의 훈계는 관리자들의 목표에 나쁘게 작용할 뿐이다. 철저한 자기 검토, 즉 우리 자신의 구체적 삶 속에서 스스로를 기꺼이 살피고 판단하려는 태도와 그렇게 할 수 있는 능력은 관료제적 언어 속에는 없는 자신에 대한 지식을 추구하도록 요구한다.

셋째, 관료제 담론은 사회적 비판과 정치적 변화의 기획을 좌절시킨다. 우리는 여성의 경험으로부터 내가 만들어 내고자 하는 것과 같은 저항 담론을 억압되고 배제된 사람, 반역자, 비판가, 그리고 '패배자들'의 언어에서 발견할 수 있다. 이 담론은 투쟁과 비전을 가지게 하는 담론이지만, 행정 담론이 지배하는 영역에서는 환영받지 못한다. 어떤 이유에서든 간에 관료로서 적합하게 기능하고자 하는 정치이론가들은 기술 중심 사회에서 안락함을 찾을 수 있을지 모르지만, 정치이론은 안락함을 찾지 못할 것이다.

제 3 장 제2의 성으로서 관료

남자와 여자를 잘 대합시다, 그들을 진짜처럼 대합시다
—아마도 그들은 진짜일 겁니다.
—에머슨(Ralph W. Emerson)

관료제에 대한 급진주의 페미니스트의 적대감은 위계적 지배가 개인과 집단에 대해 초래할 결과를 향한 반대, 잘 표현되지는 않았지만 확실한 토대가 있는 반대에 근거해 있다. 확장일로에 있는 정치 체제의 관료제화는 공적 생활에 의미를 갖고 참여하는 여성과 남성 모두에게 심각한 결과를 가져다 준다. 제레미 벤담(Jeremy Bentham)이 주장한 파놉티콘(panopticon: 원형 감옥)에 대한 푸코의 묘사는 피고용인(employee)과 고객(client) 모두에 대한 관료제적 지배의 좋은 예다. 베버의 기계적 유추를 따라, 푸코는 파놉티콘을 "그 속에 있는 모든 사람, 즉 권력의 지배를 받는 사람만큼이든 권력을 행사하는 사람이든 모두 꼼짝못하게 하는 기계"[1]로 묘사한다. 우월하고 특권적인 지위가 분명히 있지만, 그것들은 보편적인 지배라는 상황 속에 자리 잡고 있다. 이 장에서는 피고용인, 즉 관리자와 노동자들이 차지한 여러 가지 지위를 살펴보고, 다음 장에서는 고객의 상황에

1) Michel Foucault, *Power/Knowledge: Selected Interviews and Other Writings*(New York: Pantheon Books, 1972), p. 156.

대해 살펴볼 것이다. 두 경우 모두에서 나의 주장은, 관료제 사회의 구성원들은 전통적으로 여성이 처해 있는 처지와 여러 면에서 유사한 정치적 상황에 매몰되어 있고, 또 종속 상태를 만들어 내고 유지하는 힘과 압력이 나란히 작용하는 환경에 속해 있다는 것이다. 따라서 여성을 기존의 경제적, 정치적, 사회적 조직 속으로 통합시킴으로써 여성 해방에 도달하게 되리라는 환상은 널리 알려져 있는 '타협'이라는 비난보다 훨씬 더 많은 것을 함축하고 있다. 그런 접근법은 그것을 인구의 더 넓은 부분으로 점차 확대시킴으로써, 여성과 종속적 위치에 있는 다른 집단이 공적 생활에 적극적이고 진지하게 참여하는 것을 제한해 왔던 일련의 과정을 확대시킬 뿐이다.

제1절 조직의 계급구조

나는 2장에서 복잡하고 다차원적인 개인의 삶과, 서로 얽혀 있는 조직 네트워크 간의 연결은 주로 두 가지 형식을 취한다고 주장했다. 이 두 가지 형식이란, 개인이 취할 수 있는 역할, 활동, 사건들에 대한 정의와, 이러한 역할, 활동, 사건들을 설명하고 정당화하는 담론이다. 어떤 비평가가 '조직의 카스트 체계'라고 부른 체계 안에서 얻을 수 있는 서로 다른 역할들은 후기 자본주의 사회의 일반적인 계층 체계와 비슷하다. 복잡한 사회에서 일반적으로 나타나는 특성인 과업과 직업 사이의 구분을 넘어서는 조직의 카스트 체계는 과업과 직업을 내부적으로 섬세하게 나누고 또 다시 나누게 하는데 여기서 구분은 단순히 일을 구분하는 것이 아니라 그 일을 하는 사람들을 구분하는 것을 말한다. 조직의 계급구조는 사람들을 다음과 같은 집단으로 나눈다. 이 집단은 정책을 만드는 최고위직과 감독으로 구성된 엘리트 집단, 조직의 중간층을 차지하고 있으며 고도로 숙련된 기술직·관리직·전문직 피고용인들로 구성된 '신노동 계급(new working class)', 교육 수준이 낮으며 매우 일상화되고 파편화된 작업을 하는 공장 및 사무직 노동자 계급이다. 맨 아래쪽에는 2차 노동시장의 '임시적 일자리들'이 있으며, 대규모 조직에 대한 관계는 미미하고 불안정하며, 노동자로서 역할과 고객으로서 역할 사이를 오가는 주변적인 노동자들이 있다.[2] 사람이 '생산물'인 조직의 경우 고객(client)은 조직 및 그 자원들과의 관계에서 가장 심하게 의존적인 역할을 맡고 있다.

사회과학 분야에는 '신노동 계급' 개념을 둘러싼 구체적인 논쟁과 함께, 조직 계급구조의 여러 층위들 간의 관계에 대한 방대하면서도 혼란스러운 문헌들이 있다.[3] 이 논쟁들 중 상당수는 후기 자본주의 시대의 변화하는 계급 관계에 관한 유용한 토론을 촉발시키는 반면, 전문직, 관리직, 그리고 고급기술직 층의 '진정한 본질'에 관한 여러 가지 주장과 반대 주장에는 별로 특별한게 없다. 계급에 대한 진정한 정의를 두고 마르크스주의자와 네오마르크스주의자들 사이에서 벌어진 '내부적' 논의는, 그들이 조사하고 있는 계급 경험의 특정한 차원이 무엇인가에 따라 계급에 대한 적절한 정의가 변화한다는 사실을 은폐한다. 리처드 에드워즈(Richard C. Edwards)가 한 것처럼 일군의 사람들이 생산 수단의 소유와 맺고 있는 관계만을 검토

2) Richard C. Edwards, *Contested Terrain*(New York: Basic Books, 1979), pp. 163-199. 에드워즈가 탁월하게 쓴 작업장의 사회적 관계의 역사는 다음에 제시한 대기업들의 기록에서 이끌어 낸 것이다: 미국전화전신회사(American Telephone and Telegraph: AT&T), 아이비엠(International Business Machines: IBM), 포드자동차회사(Ford Motor Company), 제너럴 일렉트릭(GE), 폴라로이드(Polaroid), 팹스트 브루잉(Pabst Brewing), 펄만(Pullman), 미국철강회사(United States Steel), 그리고 인터내셔널 하베스터(International Harvester).

3) 신노동 계급에 대한 논의에서 앙드레 고르(Andre Gorz), 서지 말레(Serge Mallet), 피에르 발레빌(Pierre Balleville), 니코스 풀란차스(Nicos Poulantzas), 그리고 그 외 다른 학자들이 끼친 공헌에 대한 요약으로는 Barbara Ehrenreich & John Ehrenreich, "The Professional-Managerial Class," in Pat Walker, ed., *Between Labor and Capital* (Boston: South End Press, 1979), pp. 5-45 참고. 또한 Paul Goldman, "The Organization Class System and the New Working Class," *Insurgent Sociologist* 3 (Winter, 1973): 41-52와 Kenneth W. MacDonald, "A Class Analysis of Perception and Explanations of Opportunity in America: An Empirical Test of William Ryan's *Blaming the Victim* Thesis," Ph.D. dissertation, Northeastern University, 1983. 에런라이히와 에런라이히의 '전문 관리 계급'은 폴 골드먼(Paul Goldman 그리고 다른 학자들)의 신노동 계급, 그리고 스탠리 아로노비츠의 '중간층(middle strata)' 개념(Stanley Aronowitz, "The Professional-Managerial Class or Middle Strata," in Walker, ed., *Between Labor and Capital*, pp. 213-242)과 대체로 유사하다.

하는 것은, 피고용인들이 취업을 위해 자본에 의존하고 있기 때문에 거의 모든 피고용인들을 신노동 계급의 일부로 간주하게 만든다.[4] 관련된 개인들이 자신을 어떻게 정의하는가에 대해서나, 수행되는 노동의 유형에 초점을 맞추게 되면 각기 다른 점이 강조되어 버리곤 한다. 내가 관심을 갖는 것은 노동이 수행되는 조직적 맥락과 관련되어 있으며, 이러한 측면에서 보면 조직 계급구조의 서로 다른 차원에서 개인이 처한 작업환경 사이에는 중요한 유사점과 함께 상당한 차이점도 있음을 알게 된다.

조직의 여러 수준에서 발견되는 노동 상황의 차이는 직업적 건강과 안전, 그리고 과업의 자율성 수준과 조직적 감시의 강도 모두에서 특히 명백하게 드러난다. 스트레스 때문에 발생하는 관리자와 전문가의 건강문제에 관한 우려는 지나치게 잘 알려져 있는 반면, 자신들이 통제력을 전혀, 혹은 거의 갖지 못하는 탈숙련된 작업을 하는 사람들에게 발생하는 건강에 대한 똑같은 위협이―주로 심장질환인―훨씬 큰 위험성을 내포하고 있다는 사실은 매우 다른 시각에서 조명된다.[5] 사무직 노동자들은 거대한 자동차 조립 공장의 주조장(鑄造場)에서 일하는 클리프 쉴즈(Cliff Shields) 같은 사람의 일상적인 작업환경과 유사한 상황을 거의 경험하지 못한다. 그는 엄청난 열기와 대기 중으로 끊임없이 솟아오르는 기름안개를 묘사하면서―"그것은 푸른 아지랑이일 뿐이야"―그곳에서 한동안 일하면 "사람들이 자신의 건강 상태가 크게 달라졌음을 알 수 있다"고 부드럽게 말했다. 주조장 일에 딸린 조기 은퇴 조건과 상대적으로 높은 급료를 지적하면서, 그는 그 회사의 '지옥굴' 속으로 들어가려고 기다리는 대기자 명단이 있다고 말한다. "그들은 내 생명을 5년 단축시키는 만큼을 내게 지불하고 있어요.……그렇지만, 할 만해요. 상관없어요." 그가 기꺼이 그 5년을 포기하는 이유는, 그것 때문에 일을 두 가지나 하지 않아도 되고 또 아내와 아이들과 함께 시간을

---

4) Edwards, *Contested Terrain*, p. 185.

5) Bryce Nelson, "Bosses Face Less Risk than the Bossed," *The New York Times*, April 3, 1983, p. 16E. 넬슨은 컬럼비아대학교의 로버트 카라섹(Robert A. Karasek) 박사가 주도한 연구를 인용하면서 "그런 노동자들의 최하위 10%는―기준을 자신의 직무에 대한 통제 능력으로 삼았을 때―직무 통제에서 특권층인 최상위 10%보다 관상동맥 심장질환의 발병률이 약 5배였다"고 말한다.

보낼 수 있기 때문이다. "나는 거리에서 볼 수 있는 평범한 생산직 노동자일 뿐입니다. 나는 내 가족 외에 아무것도 바라는 게 없어요."

일반적인 조립 라인에서 좀 덜 극단적인 조건이라 할지라도 더럽고, 시끄럽고, 정신을 멍하게 만드는 작업 때문에 갖게 되는 신체적 위험은, 신노동 계급 중에서 가장 소외된 사람들이 직면하게 되는 것과 질적으로 다르다. 일시적 해고 상태인 한 자동차회사 노동자는 "로봇들이 오기 전에"라는 자신의 시에 이런 느낌을 일부 담고 있다.

너는 말하지, "빨리 내게 말해.
로봇들이 오기 이전에는,
조립 라인에서 일하는 건 어땠어?"

나는 눈을 감네.
소음이 맹렬히 공기를 가르고
더러운 쓰레기는 내 몸의 구멍들 속으로 깊이 들어가네.
냄새. 연기. 십장들이 소리를 지르네.
몸에 착 달라붙은 옷과
정신을 멍하게 하는 피곤의 고약한 냄새.
근육이 녹아버리네. 눈이 따끔거리네.

일을 제대로 할 시간이 없네.
그들은 일이 제대로 되는 것을 바라지 않아.
그저 일하기만을 바랄 뿐.
당장
빨리
일거리는 내게로
　내 옆으로
　　나를 지나쳐 굴러가 버리네.
돈다. 달린다. 움켜쥔다. 손을 뻗는다. 내려친다.
못을 박는다. 더듬거린다. 아프다. 다음 일감……

일하는 게 어땠느냐고? 내 생활이었지.
너에게 내 모든 생활을 말해 줄 수는 없지

빠르게. 너에게 이것만은 말해 줄 수 있지.

로봇들이
항상
조립 라인에서 일했네.[6]

어떻든, 도리스 들레이니(Doris Delaney)나 클리프 쉴즈의 일이 위험하다는 면에서 볼 때 대부분의 전문/관리/기술직은 위험하지 않다. 1970년에 14,200명의 노동자가 일터에서 발생한 사고로 죽었고, 1천~2천만이 부상을 당했으며, 10만 명 이상이 직업과 관련된 질병으로 죽었다.[7] 왼손 네 번째 손가락을 잃으면 2,222.50달러, 팔 하나 잃으면 20,891.50달러, 고환 하나 잃으면 4,445달러 등, 신체의 일부를 상실하는 데 대해 노동자에게 지급하는 보상으로 혹시라도 "한 밑천 챙길" 절박한 가능성에 직면하는 사무직 노동자들은 극소수다.[8] 강제된 연장 근로, 심야 근무, 보잘것없는 직업 안정성, 그리고 짧고 고정된 휴가 기간과 병가 휴가는 '신노동 계급'이 경험하지 못하지만 전통적인 생산직 노동에는 빠짐없이 들어 있는 측면이며, 이런 차이에서 볼 때 "탈산업적 프롤레타리아"라는 제목 아래 두 집단을 하나로 묶는 것은 거의 모욕에 가깝다.

감시와 직접적 조직 통제의 수준 또한 조직의 관리자, 전문가, 그리고 숙련된 기술자 사이에서보다는 산업노동자와 사무직 노동자 간에 더 차이가 난다. 조직의 낮은 수준에서는 직접 감독의 정도는 광범위하고 불신과 의심의 정도는 높다. (실제로, 조립 라인의 밀착되고 지속적인 감독과 비교할 때 클리프 쉴즈가 하던 것과 같은 주조장 일의 장점 중 한 가지는 작업환경이 너무나 위험해서 그런 환경에서는 감독관이 대체로 안전 거리를 유지한

6) Doris Delaney, "Before the Robots," *UAW Solidarity*, December 16-31, 1981, p. 10.

7) Sandy Carter, "Class Conflict: The Human Dimension," in Walker, ed., *Between Labor and Capital*, pp. 97-119. 회사에서 직무 관련 상해들을 보고하지 않으려고 고안한 방법임을 전제할 때, 이 수치들은 아마 낮게 나온 편일 것이다.

8) 이것들은 1976년 일리노이 주 산재보상법(1976 Illinois Workmen's Compensation Law)에 의해 제공된 혜택으로서 찰스 스펜서(Charles Spencer)의 다음 책에 인용되어 있다. Charles Spencer, *Blue Collar*(Chicago: Lakeside Charter Books, 1977), pp. 232-233.

다는 점이다.) '사무직 공장'에 있는 널찍하고, 확 트이고, 창문 없이 펼쳐진 책상과 파일들은 산업 공장보다 덜 더럽거나 덜 위험하지만 좀 더 직접적이고 구체적인 형식으로 통제된다는 점에서 성격이 비슷하다. 왜냐하면, "모두가 서로에 대해 감시할 때에는 사교가 줄어들고 침묵만이 보호의 유일한 형식이기" 때문이다.[9] 조직의 상층부에서 이루어지는 통제는 좀 덜 노골적이고 따라서 더 쉽게 신비화되는데, 통제는 작업을 규정하는 조직의 용어들과 노동 과정 자체에 각인되어 있다. 노골적이지 않은 통제는 감독들이 직접적으로 규칙을 적용하지 않아도 작동하며, 이러한 잠재적 통제 수단들은 전문적 사회화 혹은 비공식 집단의 압력처럼 이 수단들이 노동자를 직접적으로 강제하기 때문이 아니라, 있을 수 있는 숱한 담론을 몇 개 안 되는 선택 사항으로 축소하기 때문에 효과적이다. 예를 들면, 학교는 종종 교사에 대한 통제와 감독을 최소화하고, "학교에서 실제로 행해지는 교수 활동과 그 결과를 조사하게 되는 상황을 피하기 위해" 활동과 행사에 대한 의례적인 범주를 만든다.[10] 조직의 이러한 '느슨함'은 '결과물'(교수와 학습) 측정이라는 어려운 과업을 피하고 인문학적 가치와 직업 경력 준비와 같은, 규범과 가치 간의 경쟁에서 발생할 수 있는 충돌을 비껴가면서, 제도에 대한 피고용인들의 헌신을 증가시킨다. 학교가 교사에 대해 덜 강압적인 통제를 할 수 있는 이유는, 조직의 목표를 위해서는 교사가 무엇을 하는가는 그다지 중요하지 않은 반면, 학교가 다른 조직에 적합한 제도적 연결고리를 제공하는가와 또 필수적인 정당화 이데올로기에 따라 학교가 작동하고 있는가의 여부만이 중요하기 때문이다. 따라서,

> 교육제도에서, 교사와 학교의 일과 결과물에 관련된 피드백은, 설사 그것이 어쩌다 있게 되더라도, 제거되어 버리는 경향이 있다. 참여자들은 확신의 논리

---

9) Richard Sennett, *The Fall of Public Man*(New York: Vintage Books, 1978), p. 15. 사무 공장에서 감독과 동료 모두에 의한 노동자 관리 정책에 대한 탁월한 설명으로는 Barbara Garson, *All the Livelong Day*(New York: Doubleday, 1975) 참고.

10) John W. Meyer & Brian Rowan, "The Structure of Educational Organizations," in Marshall W. Meyer and associates, eds., *Environments and Organizations*(San Francisco: Jossey-Bass, 1978), p. 98.

> 를 사용하고, 실제 일을 관찰하거나 결과를 살펴보지 않는다. 교사, 학교, 학생, 그리고 프로그램의 절대적 지위에 대한 피드백은 보류되는 경향이 있다.[11]

요약하면, 관료제는 다양한 수준에서 다양한 방법으로 사람들에게 피해를 주는 경향이 있다. 전통적인 생산직 일과 전통적인 사무직 일 간에는 그 각각의 물리적 장치와 조직의 감시 유형 측면에서 매우 확실하게 구분된다. 이 차이를 쉽게 알 수 있음에도 불구하고, **모두**가 관료제의 참여자라는 조직적 맥락 속에서 발견되는 중요한 유사점이 여전히 언급된다. 조직 네트워크에 어느 정도 통제력을 행사하고 그로부터 이득을 얻는 최고위직 엘리트를 뺀 나머지 층-전문직/관리직/숙련된 기술노동자, 산업/사무 노동자, 부차적 노무자, 그리고 서비스 조직의 경우 고객-은 하나의 체계 속에 파묻혀 있는데, 이 체계는 그들의 행위 및 관계를 너무나 자동화, 탈개인화, 객체화하여 그 속에서 작동하는 권력 관계가 활동 그 자체로 되어 버린다. 푸코가 말해 주듯이, 관리된 환경은

> 권력이 외부로부터 와서 마치 엄격하고 무거운 제약처럼 관리된 환경이 만들어 놓은 기능들에 덧붙여져 행사되는 것이 아니라, 자신이 접촉하는 지점을 늘림으로써 스스로 효율성을 증대시키기 위해 기능들 속에 은밀하게 현재하게끔 하는 방식으로 사물을 배치한다. 파놉티콘 같은 방식의 기제(mechanism)는 단순히 하나의 이음매, 즉 권력 기제와 기능이 서로 교환되는 지점이 아니다. 그것은 권력 관계가 하나의 기능 속에서 작동하게 하는 방식, 하나의 기능이 이 권력 관계를 통해 작동하게 하는 방식이다.[12]

환경이 행정 규율의 기제들에 의해 좀 더 철저하게 영향을 받을수록, 개인은 더욱 전적으로 관찰, 규제, 분배의 기술에 매이게 된다. 관료제의 권력 관계는 교육하든지, 생산하든지, 감금하든지, 처리하든지, 혹은 소비하든지 간에 그 관계가 만들어 가는 활동과 공존한다. "그 관계들이 구축하는 다중성의 구조 위에 있는 것이 아니라 그 안에 있는" 이것이 바로 권력이다.[13]

11) 위의 책, p. 106.
12) Michel Foucault, *Discipline and Punish*(New York: Vintage Books, 1979), pp. 206-207.

생산의 기술적 측면에 대한 통제를 통한, 즉 기계의 설계, 작업의 방향 및 속도, 그리고 작업장의 건축 구조를 통한 작업통제는 공장에서 처음으로 출현했고 뒤에는 사무실에 적용되었다. 첫째 사무 기능이 '프롤레타리아화' 했고, 그 뒤에는 탈숙련 과정이 기술적, 관리적, 그리고 심지어 전문적 활동에까지 침입했는데 탈숙련 과정은 이 활동으로부터 자율성을 빼앗고 더 강도 높은 외부적 통제를 가했다.[14] 반대로, 관료제적 통제는 사무실에서 처음 출현하여 나중에 생산 과정에 적용되었으며, 제도의 사회적·조직적 구조－직무의 범주, 임금 체계, 승진 및 강등 절차, 훈육 기제－가 작업을 관례화(routinization)하는 애초의 과정을 보충하고 확대한다. 생산직 노동과 사무직 노동 간의 전통적 구분은 위에 제시된 방식에서는 여전히 뚜렷하지만, 그러한 구분이 작업의 조직적 맥락을 설명하지는 못한다. "후기 산업사회에서는 한쪽에는 전문성과 특권의 이데올로기가 다른 쪽에는 소비주의가 공장 노동자들 사이에서와 똑같이 [사무실에서도] 위계적인 노동의 사회적 분업과 억압적인 권위구조를 유지한다."[15] 작업의 관례화와 가치 절하를 통한 조직의 통제 체계는 공장을 오염시킨 것과 똑같은 규율 문제(disciplinary problem)를 사무실에도 만들어낸다. 결근, 지각, 태업에 대해 조직은 당연히 감독 기능 증대로 대응할 것이므로, 이 통제 체계와 감독 기능 증대 모두 노동자를 분노하게 하고 또 단체협상에 호소하려는 노동자의 성향을 더 강화시킬 것이다. 같은 맥락에서 조직은 점점 더 많은 자원을 실제 작업이 아닌 다른 부분에 쏟게 되어 조직의 효율성이 줄어들게 될 것이다. 바바라 가슨(Barbara Garson)은 문제를 잘 요약하고 있다.

> 관리직이 직면하는 문제는 그들이 인간적 판단을 억압해야 하지만 동시에 그것에 의존해야 한다는 사실이다. 그들은 사람을 필요로 하지만 사람을 두려워한다. 그들은 분업을 강화하고 점점 더 높은 비용을 치르면서까지 감독함으로써 두려움에 대응한다.

13) 위의 책, p. 220.
14) Harry Braverman, *Labor and Monopoly Capital*(New York: Monthly Review Press, 1974), p. 293 여러 곳. Edwards, *Contest Terrain*, p. 132.
15) Stanley Aronowitz, *False Promises*(New York: McGraw-Hill, 1973), pp. 289-290.

영원한 경계심은 다른 사람들의 자유를 빼앗기 위해 치러야 하는 대가다.[16]

피해자를 **만들어 내고** 또 **억압하는** 능력인 관료제적 지배의 복합성을 기억하는 것은 중요하다. 사람들은 어떤 면에서는 저항적임에도 불구하고 동시에 다른 면에서는 고분고분한 '원재료'다. 관료제적 권력은 그것이 분명하게 제한적이라는 점에서 확실히 억압적이다. 즉, 그것은 피해자로 하여금 "자신과 자신을 둘러싼 환경에 대해 덜 민감하고, 자신의 행동 범위를 더 제한하고, 열망을 갖는 데 좀 더 조심스러워지고, 그리고 자신의 인식 구조가 매우 편협하게 되도록" 만듦으로써 피해자들에게 인지적 정서적 피해를 끼친다.[17] 조직 하층부에 있는 사람들은 추상적 사고와 관련하여 좀 더 무관심하고 더 강압적이 되는데 비해, 조직의 상층부에 있는 사람들은 구체적 행위 영역에서 발휘할 수 있는 최고의 민감성과 융통성을 상실하게 되지만, 두 경우 모두 사람들로 하여금 자신이 실제로 할 수 있는 것보다 능력을 발휘할 수 없게 만듦으로써 사람들의 실제 인식 능력이 손상을 입게 된다.[18] 그러나, 관료제적 권력은 단순히 부정적이지만은 않다. 관료제적 권력은 스스로에게 필요한 지식과 개인들을 적극적으로 생산한다는 점에서 긍정적이기도 하다. 푸코는 그답지 않게 명확하게 이 점을 지적한다.

만일 권력이 억압적이기만 하다면, 만일 권력이 안돼라고 말하는 것 외에는 아무것도 하지 않는다면, 당신은 정말로 사람들이 권력에 복종하게 될 것이라고 생각하는가? 권력이 잘 유지되게 하는 것, 즉 사람들이 권력을 받아들이게 만드는 것은, 안돼라고 말하는 힘처럼 권력이 우리를 위에서 내리누르기도 하지만 동시에 이리저리 가로지르면서 사물을 만들어 내고 쾌락을 유발하고 지식을 형성하며 담론을 생산한다는 사실이다.[19]

역사상, 관리된 주체성(administered subjectivity)의 출현은 봉건제 사

16) Garson, *All the Livelong Day*, p. 219.
17) Larry Spence, *The Politics of Social Knowledge*(University Park, PA.: Pennsylvania State University Press, 1978), p. 7.
18) 위의 책.
19) Foucault, *Power/Knowledge*, p. 119.

회를 특징짓는 개별화 과정의 역전(逆轉)을 요구한다. 개별성(individuality)이 자신들의 행위가 구술 역사 및 기록 역사 속에서 칭송되었던 엘리트들의 특권이었는데 비해, 다수 대중은 후손을 위해서든 권위를 위해서든 기록되지 않은 삶을 살았다. 근대 사회에서는 반대로 되었다—분리와 객관화의 의례(儀禮)들은 아래로 내려가서 사회적 위계의 최하위층에 속한 사람들의 특성을 극명하게 보여 준다. "검사 의례는 세밀하게 관찰한 내용을 담고 있는 서류철을 만들어 낸다. 아동, 환자, 범죄자는 성인, 건강한 개인, 그리고 법을 준수하는 시민들에 비해 엄청나게 상세하게 알려지게 된다. 서류철은 서사시를 대체한다."[20] 사적 생활과 공적 생활에 대한 관료제의 침투가 증가함에 따라, 관료제적 주체를 합리적인 방식으로 생산하는 것도 그에 상응하게 확대된다. 여러 가지 형태의 저항들이 관료제적 자본주의 안에 계속 남아 있지만, 불완전하고 만신창이가 된 개인들이 행정의 막강한 흡수력에 대치하고 있는 투쟁의 장 안에서 일어난다. 관료제와 사회가 어느 정도 공존하는 상황에서, 행정 차원에서 규정된 역할들에서 벗어나거나 혹은 자신의 삶에서 그러한 역할을 중요하게 취급하기를 거부하는 사람은 대부분의 사회적 연결고리를 크게 상실하게 된다. 행정적 관례(administrative convention)의 제약에서 자유로울지는 몰라도, 그/그녀는 제도적 참여가 내포하고 있는 사회성도 잃게 된다 (비록 그것이 약화된 사회성이긴 하지만). 행정적 역할을 신봉하면 자신이 담당한 조직적 역할과 부합하지 않는 자신의 특성은 상실하게 된다. 이쪽 혹은 저쪽을 택함으로써 이 딜레마를 해결하려 하는 것이 가능하긴 하지만, 그것은 개인이 양쪽 사이를 껄끄럽게 움직이는 두 가지 지위 간의 균형을 잡으려고 하는 상황이기 십상이다. 로베르토 웅거(Roberto M. Unger)는 이 딜레마가 기술 사회에 사는 사람들이 가진 두 가지의 기본적인 도덕적 정서들을 생겨나게 했다고 설득력 있게 주장한다.

그들은 공적 자아를 위해 사적 자아를 희생할 정도로 자신들의 개인적 정체

---

20) Herbert L. Dreyfus & Paul Rabinow, *Michel Foucault: Beyond Structuralism and Hermeneutics*(Chicago: University of Chicago Press, 1982).

> 성을 포기한다. 그들이 관례를 내던져 버리고 정해진 역할 없이 자신만의 길을 따르려고 애쓸 때, 자아의 통일성이 분열되는 상황을 겪게 된다. 체념과 분열로부터 동시에 고통을 받는 것은 도덕적 생활의 일상적 상황이 되어 버린다.[21)]

따라서 저항의 대가는 분열이지만, 복종의 대가는 체념이다. 억압 상태의 다른 사람들처럼, 관료제의 희생자들은 그들이 선택하는 행동이 어느 쪽을 향하든지 간에 그들이 할 수 있는 선택 범위가 관료제적 자본주의의 조직 환경에 의해 결정된다는 것을 알게 된다.

제 2 절 종속 상태로서 여성성

조직 내의 관료제적이며 기술적인 권력이 관료, 노동자, 그리고 고객을 만들어 내는 것처럼, 가족과 대인 관계 안에서 남성적 권력은 여성을 만들어 낸다. 좀 더 정확히 말하자면, 그것은 보통 전형적인 '여성적(feminine)' 특성들로 생각되는 속성을 가진 인물, 상호작용 스타일, 생각과 말하기 유형을 만들어 낸다. 그러나 인류학 문헌과, 성별 지정 오류(gender mis-assignment: 성별을 가리기 모호한 성기를 가지고 태어났을 때 실제 생물학적 성과는 다른 성으로 규정된 경우—옮긴이) 연구들이 보여 주듯이 이러한 특성들은 생물학적 여성과는 아무런 상관이 없지만, 정치적으로 무력한 상태와 또 사회 관계에서의 종속적 역할을 수행하도록 학습하는 것과 크게 관련되어 있다.[22)] 여성성의 특성이 생물학이 아니라 정치학과 관련되어 있기 때

21) Roberto M. Unger, *Knowledge and Politics*(New York: Free Press, 1975), p. 62
22) *Female Power and Male Dominance*(London: Cambridge University Press, 1981)에서 페기 샌데이(Peggy Reeves Sanday)는 다른 성별 관계의 특수한 환경적·문화적 맥락에 대해 얘기한다. 루비 리비트(Ruby R. Leavitt)가 "Women in Other Cultures," in Vivian Gornick & Barbara K. Moran, eds., *Women in Sexist Society*(New York: Basic Books, 1971), pp. 383-430에서 논의한 것처럼, 마거릿 미드(Margaret Mead)는 자신의 고전적 연구인 *Sex and Temperament in Three Primitive Societies*(New York: William Morrow, 1935)에서 성별에 기반한 역할과 규칙의 엄청난 다양성에 대

문에 사람들은 다른 종속적 집단에서도 유사한 특성을 발견하리라고 기대하곤 한다. 엘리자베스 제인웨이(Elizabeth Janeway)가 지적했듯이, "약한 쪽이 제2의 성이다."23) 자신들을 억압하는 자들과 빈번하게 혹은 지속적으로 접촉하는 종속적 위치의 사람들은 누구라도 '여성성(femininity)'이라는 기술을 필요로 한다. 종종 흑인의 "톰 아저씨(해리엇 비처 스토[Harriet Beecher Stowe]가 19세기 말 미국 노예제의 잔혹성을 비판한 소설 『톰 아저씨의 오두막』의 주인공 톰 아저씨로서 압제를 견디는 유순한 노예를 가리킨다.-옮긴이)" 역할과 관련하여 이 점이 자주 주장되었다. 라이오넬 트릴링(Lionel Trilling)은 계급 상승을 위해 자신이 가질 수 있는 기회보다 더 높은 열망을 가진 사람들 사이에서 그와 유사한 연관성이 계급과 여성성 간에 있음에 주목했다.24) 동일한 비유가 관료와 고객의 역할에 적용되는데, 이들은

해 논의하고 있다. 수전 헤슬러(Suzanne J. Hessler)와 웬디 맥케나(Wendy McKenna)는 자신들의 연구 *Gender: An Ethnomethodological Approach*(New York: John Wiley and Sons, 1978)에서 성별(gender)과 성(sex) 모두에 관한 문화적으로 규정된 기대가 생물학적 특질보다 우위를 차지한다고 주장한다.

23) Elizabeth Janeway, *Between Myth and Morning: Women Awakening*(New York: William Morrow, 1975), p. 188.

24) 트릴링(Lionel Trilling)은 Arlie Russell Hochschild, *The Managed Heart*(Berkeley, Calif: University of California Press, 1983), p. 67에 인용되었다. John Killens, *Black Man's Burden*(New York: Trident Press, 1965)와 Simone de Beauvoir, *The Second Sex*(New York: Alfred A. Knopf, 1952)는 모두 인종과 성별 사이의 유사성에 주목했다. 조 프리먼(Jo Freeman)은 Gordon W. Allport, *The Nature of Prejudice*(Reading, Mass.: Addison-Wesley, 1954), pp. 1080-1100에서 가져온 몇 가지 흥미로운 증거를 "피해자의 속성(The Traits of Victimization)"이라는 제목을 단 자신의 글에 다음과 같이 인용한다. "예민함, 복종, 권력에 대한 환상, 보호받으려는 욕망, 간접적임, 영합하려는 속성, 사소한 복수와 방해, 동정, 자기와 집단에 대한 적의와 미화의 극단들, 화려한 지위에 대한 상징물을 전시하는 것, 혜택받지 못한 사람들에 대한 연민, 지배집단 규범과의 동일시, 그리고 수동성과 같은 인격적 특성이 포함된다. 올포트는 유대인과 흑인들에 대해 우선적으로 관심을 가졌지만, 성차에 대한 문헌들을 매우 철저하게 고찰한 루이스 터먼(Lewis Madison Terman)과 리오나 타일러(Leona E. Tyler)의 연구 결과와 자신의 성격 묘사를 비교한다. 그들은 소녀들의 속성으로서 예민함, 사회적 압력에 대한 동조, 환경에 대한 반응, 사회통제에 대해 편안하게 생각함, 영합하려는 속성, 동정, 낮은 열망 수준, 혜택받지 못한 사람들에 대한 연민, 불안과 같은 속성들을 나열했다. 그들은 소년에 비해 소녀가 좀 더 신경질적이고, 불안정하고, 신경증적이고, 사회적으로 의존적이고, 순종적이며, 자신감이 낮고, 자신에 대해 평가를 낮게 한다는 것과, 소녀가 대체로 소심하고, 감정적이며, 봉사적이며, 두려움이 많고, 수동적이라는 것을

여성이 전통적으로 처해 있는 상황과 여러 측면에서 비슷한 조직 환경 속에 자신들이 놓여 있음을 알게 되며, 또 이들은 종속적 지위에 대처할 때 여성이 관례적으로 사용하는 것들과 매우 유사한 방식으로 대응하도록 요구받는다.

행정적 통제(administrative control)가 사회적 삶에 더욱 더 침투하기 때문에, 관료제 안에 근무하는 사람들은 '여성화(feminization)'라는 과정을 거치게 된다. 이 말은 전통적으로 여성적 역할과 관련되어 있던 개인적·집단적 특성의 확산을 가리킨다. 남성이 분석적, 독립적, 합리적, 경쟁적, '도구적'으로 보이는 반면, 통상적으로 여성은 지원적, 비공격적, 의존적이며, 다른 사람들을 고려하며, '표현적'이라고 얘기된다.[25] 남성 지배적 사회라는 정치적 환경 속에서 표현적 역할은 주로 지원적 역할로서, 여성은 이를 통해 자신이 처한 위험스러운 상황에 대해 협상할 수 있지만 대신 엄청난 정치적·정신적 비용을 치르게 된다. '여성화'는 탈정치화의 연장, 즉 여

발견했다(Jo Freeman, "The Social Construction of the Second Sex," in Michele H. Garskoff, ed., *Roles Women Play*[Belmont, Calif.: Brooks/Cole, 1971], p. 125에서 인용).

인상관리에 대한 이 주장에서 계급과 성별의 관련성은 특히 복합적인데 그 이유는 여성들과 달리 노동계급 사람들은 자신을 억압하는 사람들과 함께 살지 않기 때문이다. 권력이 더 멀리 있고 덜 개인적일 때 여성적인 인상관리 기술을 발달시켜야 할 유인이 없어진다. 나는 계급적, 인종적, 성적 억압이 모두 동일하다고 주장하는 것은 아니다. 이 셋은 역사적·상황적 측면에서 명백히 차이가 있다. 내가 주장하는 것은 종속된 집단의 구성원들이 권력을 가진 자와 직접 대면할 때 위험한 사회적 형국을 협상하기 위해 비슷한 전략을 활용한다는 점이다.

25) 린다 글레논(Lynda M. Glennon)은 두 가지 역할을 특징짓는 서로 다른 동기와 상호작용 스타일에 대해 다음과 같이 간략하게 요약했다. "사회 관계에서 도구적으로 행동하는 사람은 보통 감정을 억압하고, 이기적인 동기에서 행동하며, 표준화되었거나 '객관적인' 규칙에 의존해서 판단하며, 업무 수행이나 성취 측면에서 다른 사람들을 평가하며, 특정한 목표에 한해서만 다른 사람들과 어울리려는 경향이 있다. 어떠한 도구적 관계도 목적을 달성하기 위한 수단으로 생각된다. 이에 비해 표현적 행위는 정서적 충족, 집단 응집성, 그리고 안정성과 같은 통합적 목표를 강조하곤 한다. 표현적으로 행동하는 사람은 대체로 감정적이며, 집단적 이익을 지향하며, 다른 사람들을 평가하는 데 개인 관계적 기준에 의존하며, 다른 사람들을 그들의 개인적 자질 측면에서 판단하며, 상대방에 대해 폭넓은 관심을 보이곤 한다. 여기서 관계는 목적 그 자체이며, 특별한 이익 때문이 아니라 관계 자체에서 즐거움을 찾는다"(Lynda M. Glennon, *Women and Dualism* [New York: Longman, 1979), p. 28).

성의 전통적 역할이 가진 측면을 관료제적 조직체의 희생자인 관리자와 고객에게 적용시키는 것을 포함한다. 관리자와 고객 두 집단에 속한 개인들은 모두 하급자 노릇을 해야 하고 또 하급적 지위에 대처하는 데 필요한 기술, 즉 '여성성'의 일부이자 여성이 항상 학습해 왔던 기술을 배워야 하는 제도적 상황 속에 놓여 있다.

'여성화'라는 용어를 아주 조심스럽게 정의내리는 것이 중요하다. 나는 그것을 앤 더글러스(Ann Douglas)가 『미국 문화의 여성화(*The Feminization of American Culture*)』라는 책에서 정의한 것과 거의 같은 방식으로 사용하고 있다.[26] 빅토리아 시대의 미국에서 가정 중심성의 숭배(cult of domesticity)가 만연했던 현상을 살펴보면서, 더글러스는 대중문화 속에서 감상주의(sentimentalism)가 확대되는 현상을 가리키기 위해 '여성화'라는 용어를 사용하고 있다. 여기서 말하는 감상주의는 자유방임적 자본주의를 좀 더 강력하게 확장시키려는 윤리에 사로잡혀 있는 감상주의가 아니라, 순수성, 고상함, 보살핌, 동정심, 인내심, 그리고 의존성 등의 가치를 더 높은 도덕적 수준으로 향상시키는 감상주의다. 여성적 감상주의는 더 넓은 공적 활동 무대에서 배척된 중요한 가치들을 보존했지만, 그 안에 고질화된 잔혹성이 '발달'하는 것을 막거나 그것에 효과적으로 도전하지 않고 오히려 합리화했다. 20세기 들어 여성화는 관료제적으로 정의된 하급자들에게 전통적인 여성적 특성과 유사한 속성이 널리 퍼진 것을 가리킨다.

여성만의 고유성을 가지고 있고 그래서 여성주의 담론을 구성하는 기반을 제공해 주는 전통적인 여성적 경험의 양상과, 남성 권력에 적응해 온 여성 경험을 반영하는 양상은 조심스럽게 구분할 수 있다. 그림을 좀 더 복잡

---

26) Ann Douglas, *The Feminization of American Culture*(New York: Alfred A Knopf, 1977). '여성화'라는 용어의 두 가지 다른 용법이 지적되어야 하고 여기에 적용된 다른 용어와 구분되어야 한다. '빈곤의 여성화(feminization of poverty)'는 단순히 빈곤 계층 그리고/혹은 공적 부조에 의존하는 사람들 중에서 여성이 증가하는 현상을 가리킨다. 남성의 '여성화'는 때때로 반(反)페미니스트들에 의해 비난받으며, 그들이 의미하는 것은 소위 공격적인 여성에 의해 남성이 나약하게 되는 것을 의미하는 것처럼 보인다. 이 중 첫 번째는 중요하긴 하지만 내가 여기서 다루는 주제가 아니며, 나는 두 번째에 대해서는 전혀 흥미가 없다.

하게 만드는 것은 여성성의 이 두 차원 간 관계다. 왜냐하면 어느 한쪽도 다른 쪽과 격리된 상태로 존재하지 못하기 때문이다. 다른 사람들에 대한 연민, 관대함, 연대감, 민감함은 중요한 가치이며, 이러한 가치들이 억압하는 자들 사이에서보다 억압받는 자들 사이에서 더 자주 발견된다는 사실은 이러한 속성을 가치 절하하고 권력자의 이익을 위해 봉사하도록 왜곡한 것이 바로 지배적 사회 질서임을 말해 준다. 무권력에 대한 왜곡은 여성의 가장 깊숙한 정신적 구조에까지 영향을 미치므로 실제적인 사람을 제한하는 인위적인 외양이라며 논외로 취급해 버릴 수는 없다. 만일 억압이 원래 의도했던 것, 즉 억압 속에서 억압받는 자의 복종을 이끌어 내고 또 종속 상태에 적합하도록 주체를 생산해 내는 것을 부분적이나마 달성하지 못했다면 우리가 억압에 대해 그토록 격렬하게 반대하지 않았을 것이다.

그러므로 여성화에 대한 나의 비평은 정치적 조직체의 '남성화', 즉 전통적으로 남성 역할과 연관된 특성이 조직으로 확장되면 개인 및 집단생활이 확실히 해방될 수 있다는 뜻이 아니다. 여성은 '남성처럼' 됨으로써가 아니라 인간의 잠재력을 성별에 따라 할당하는 전체 체계를 없애 버림으로써 해방될 것이다. 또한 나의 비평은 관료로서 일하는 데 여성이 남성보다 더 잘 준비되어 있다는 뜻도 아니다. 여성은 남성을 모방하기 위해서가 아니라 남성을 기쁘게 해 주기 위해 '여성적' 기술을 사용하는 데 비해, 관료는 상급자를 모방하기 위해 자신들의 '여성적' 기술을 사용한다. 조직에 진입하는 여성은 조직을 받아들이고 또 자신이 같은 '패거리'임을 증명하기 위해, 여성의 전통적 역할이 가진 인간 지향적 가치를 포기할 것을 요구받기 일쑤다. 상승 이동하려는 여성에게 주어지는 경력에 대한 조언은 여성적인 상호작용 기술의 형식은 그대로 가지고 있되 그 내용은 버리라고 지시한다.

여성화에 대한 이 주장의 초점은 남성성을 찬양하는 것도, 여성에게 관료주의적 속성을 배정하는 것도 아니다. 오히려 남성 지배의 정치적 결과로 여성이 하급자의 역할을 배우고, 또 그 역할은 쉽게 자기영속적으로 된다는 것이 이 주장의 초점이다. 이차적 지위를 극복하기 위해 배우는 기술이 도리어 그 지위를 강화시키는 것이다. 여성적 역할은 그것이 여성들에게 공적인 존재로서보다는 사적인 존재로서 자신들의 이미지를 내면화하도록 요구한다는 점에서 원래부터 탈정치적이다. 여성은 대체로 공적 생활의 참여자라기보다는 구경꾼이었으며, 여성적인 역할 안으로 더 견고하게 통합될수록 공적 영역으로부터 더 많이 배제된다. 여성은 여성적이기 때문에 권력이 없는 것이 아니다. 그보다, 여성이 여성적인 이유는 여성에게 권력이 없기 때문에, 또 그것이 종속 상태가 요구하는 사항들에 대처하는 방식이기 때문이다.

관례적인 여성성의 특성 중 많은 것은 "인상관리(impression management)"라는 제목 아래에 넣을 수 있는 것들이다.[27] 여성은 남성보다 다른 사람들에 대해 더 반응을 잘 보이기 때문에 자주 칭찬받으며, '여성으로서의 직관'은 여성으로 하여금 다른 사람의 욕구와 열의를 잘 알아채게 하고, 여성은 또 '대인 관계를 관리함'으로써 사회적 상호작용을 결합시킬 수 있다.[28] 예를 들어, 최근의 소집단 연구들은 다른 사람들이 보내는 비언어적 신호에 대해 여성이 남성보다 대체로 반응을 더 잘 보인다는 것을 알아냈다. 남성은 심지어 친밀한 관계에 관한 화제를 얘기하고 있을 때조차 상호작용을 시작하거나 통제하는 경향이 여성보다 더 많으며, 남성은 또 마지막 남성이 코멘트를 한 시점에 다소 정중하게 듣고 대화를 재개하느라 여성이 꺼낸 화제에는 응대하지 못하는 경향이 더 많다.[29] 그러나 사람들은 여성이 좀 더 매력적이도록, 감정을 더 많이 표시하도록, 그리고 스스로에 대해 솔선해서 말하도록 기대한다.

> 우리 사회에서 여성은 자신의 몸뿐만 아니라 자신에 대해서도 더 많이 드러내도록 기대된다.……자기 노출은 다른 사람의 권력을 높여 주는 수단이다. 어떤 사람이 다른 사람에 대한 정보에 더 잘 접근할 수 있다면 그 사람은 상대가 갖지 못한 자원을 가진다. 따라서 권력이 지위를 줄 뿐만 아니라 지위가 권력을

---

27) 이 용어는 Erving Goffman, *Presentation of Self in Everyday Life*(New York: Doubleday, 1959)에서 나온 것이다.

28) Elizabeth Janeway, *Man's World, Woman's Place*(New York: Delta Books, 1971), p. 112.

29) Nancy Henley, *Body Politics: Power, Sex and Nonverbal Communication*(Englewood Cliffs, N.J.: Prentice-Hall, 1977), p. 78. 또한 Dale Spender, *Man Made Language*(London: Routledge and Kegan Paul, 1980) 참고.

준다. 그리고 아무것도 가지지 못한 사람들은 계속 다른 사람의 권력과 지위에 유리하게끔 행동해야 한다.[30]

게다가 남성은 여성보다 더 자주 더 길게 말하며, (친밀한 상황이 아닐 때) 여성이 남성에게 하는 것보다 남성이 여성에게 신체적으로 더 접촉하려는 경향이 있다.[31] 여성은 남성의 반응을 가늠하고 비언어적 신호를 찾기 위해, 상호작용을 하는 동안에 남성보다 시선을 맞춘 상태를 더 유지한다. 그러나 여성은 시선을 맞춘 상태에서 '보는 것'이 지배의 제스처가 되어 버리면 시선을 더 잘 철회하는 경향이 있다.[32] 남성은 여성보다 다른 사람들의 말을 중간에서 더 잘 가로채는 데 비해 여성은 가로채이는 경향이 더 많다. 남성은 여성에 비해 행동 반경이 더 넓지만, 그것은 남성이 몸집이 크기 때문이 아니라 남성이 더 자세를 펼치는 경향이 있고, 자신을 덜 억제하며(이런 측면에서 여성의 복장은 종종 여성을 제약한다), 또 자신만을 위한 공간을 더 많이 차지하려고 하기 때문이다.[33]

여성은 또한 언어 사용에서도 남성과 다르다. 남성이 여성의 발언을 모방하기보다 여성이 남성의 발언을 모방하는 경향이 더 있다. 예를 들면, 그런 형용사들을 사용하면 자신의 남성성이 의심을 받게 되기 때문에 귀여운, 애교 있는, 호감을 주는, 사랑스러운, 그리고 성스러운 등과 같은 주로 '여성적인' 형용사들을 이성애 남성들은 사용하지 않는 경향이 있다.[34] 여성은 남성보다도 "날씨가 좋네요, **그렇죠**?"와 같은 부가의문문을 더 많이 사용한다. 그런 부가문은 자신들의 주장을 좀 더 우연적이고 덜 위협적이게 만들며, 듣는 사람으로 하여금 쉽게 빠져나갈 수 있는 길을 열어 준다. 여성

30) Nancy Henley & Jo Freeman, "The Sexual Politics of Interpresonal Behavior," in Jo Freeman, ed., *Women: A Feminist Perspective*(2nd ed.; Palo Alto, Calif.: Mayfield, 1979), p. 478.

31) Henley, *Body Politics*, pp. 74, 104.

32) Henley & Freeman, "Sexual Politics."

33) Henley, *Body Politics*, p. 104.

34) Robin Lakoff, *Language and Woman's Place*(New York: Harper and Row, 1975), pp. 11-12. 여기서 예외적인 경우는 종종 여성적 언어를 노골적으로 사용하는 동성애 남성들이다.

들은 또한 진술을 의문문으로 만들기 위해 억양을 사용하여 듣는 사람으로부터 동의나 확인을 구한다. 즉, "저녁식사는 언제입니까?"라는 질문에 "6시?"라는 답을 한다. 그런 관습은 여성의 발언을 좀 더 '예의바르고' 적절하게 해 준다. 여성은 또한 결정을 하지 않고 듣는 사람에 대해 자신의 견해를 강요하지 않으려 하면서 직접적으로 주장하거나 요구하는 것을 회피한다.

우리 문화가 내린 여성성에 대한 정의 중 한 가지는 만일 그녀가 다른 사람으로부터 대답을 얻어내지 못하면 그녀가 정말 여성적인 사람인지를 확실히 알 수 없다는 것이다.[35] 여성적 역할이 성공하려면 남성으로부터 계속 인정받아야만 한다. 여성은 제시 버나드(Jesse Bernard)가 '쓰다듬기(stroking)'라고 이름붙인 과정을 통해 다른 사람들을 위해 지원을 제공하도록 기대된다. 여성은 구성원들을 안심시키고, 칭찬하고, 그들의 지위를 높여 줌으로써 집단 내의 유대를 유지하도록 기대된다.[36] 여성은 남성에게 '언어적으로 유용한' 사람이 되기 위해 자신의 표현 기회를 제한하면서 관계는 물론 대화에서 지원적인 일을 해 주는 사람이다.[37] 대부분의 여성은 다른 사람들을 즐겁게 해 주는 솜씨 면에서 상당한 기술을 가지고 있다. 제인웨이가 지적했듯이, 이것은 정치적으로 중요한 기술이다. 즉 "권력을 가진 사람은 다른 사람을 즐겁게 해 줄 필요가 없다. 그런 일을 해야 하는 사람은 하급자들이며－혹은 적어도 그렇게 하지 않는다고 비난받는 사람은 하급자들이다－특히 자신의 상급자와 밀접하게 살아가는 하급자들이다."[38]

인상관리 전략을 여성들이 사용하는 것은 상황에 따른 대응이므로, 상황이 변함에 따라 전략도 달라질 것으로 기대할 수도 있다. 위에 인용된 소집단 상호작용에 관한 연구는 대체로 백인 여성과 남성에 대한 연구이며, 일부 흑인 학자들은 상호작용의 성별 양상과 스타일이 흑인 여성 사이에는

---

35) Leonore Weitzman, "Sex-Role Socialization," in Freeman, ed., *Women*, p. 118.
36) Jesse Bernard, *Women and the Public Interest*(Chicago: Aldine, 1971), p. 88.
37) Pamela Fishman, "Interactional Shiftwork," *Heresies: A Feminist Publication on Arts and Politics* 2(May, 1977): 99-101, Spender, *Man Made Language*, p. 49에서 인용.
38) Janeway, *Man's World, Woman's Place*, p. 114.

달리 나타난다고 주장했다. 예를 들면, 조이스 래드너(Joyce Ladner)는 『내일은 내일이다(*Tomorrow's Tomorrow*)』라는 책에서 노예제의 유산, 그리고 게토(ghetto: 빈민이나 인종, 민족별 소수자 등 사회적 약자들의 밀집 거주지역—옮긴이) 생활의 급박함 때문에 흑인 여성은 백인 여성 사이에서는 별로 볼 수 없는 독립성과 자립성이 필요했다고 주장한다.[39] 노예를 부리던 남부에서는 흑인들의 일에서 '남성의 일'과 '여성의 일'을 별로 구분하지 않았으며, 생존하기 위해서는 엄청난 신체적, 정신적, 정서적 자원이 필요했다. 오늘날에는 게토 남성들의 고질적인 실업과 불완전 고용 때문에 이들이 안정적인 생계 유지자가 될 가능성이 희박한 상태다. 어느 젊은 흑인 여성이 지적했듯이, 대부분의 흑인 소녀는 백설공주가 백인이라는 것과, 자신을 구하기 위해 달려오는 남성은 없다는 것을 알고 있다.[40] 이런 상황에서 의존성과 수동성은 세상을 향한 효과적인 처신이 아니며, 가치가 높게 매겨지지도 않는다. 중산층 표본에 근거한 다른 연구들은 특별한 계급적 경험이 인상관리 기술을 필요로 하는 맥락을 구성하고 있음을 시사하면서, 이 경우 흑인 여성과 백인 여성 사이에 비슷한 전통적 태도가 있음을 보여 준다.[41] 핵가족 속에서 중산층 여성의 전통적 위치는 이들이 의존적이 되는데 확실하게 기여해 왔다. 핵가족 구조는 다른 성인들과 지역사회에서 진행되고 있는 생활로부터 가정주부를 소외되게 만든다. 여성의 전통적 가족 역할은 그녀에게 자기주장이 강하고, 자신감 있거나 독립적인 사람이 되도록 가르치지 않는다. 여성이 가정 밖에서 구할 수 있는 가장 흔한 취업 유형—핑크 칼라 직무, 서비스 직종, 그리고 '다른 사람을 돕는' 전문직—은 여성이 외부 활동에 개입하게는 하지만 여성의 전통적 역할을 한층 더 강화시킨다.

인종 및 계급과 연관된 다양성처럼, 조직에서 여성 경험의 다양성은 인

---

39) Joyce Ladner, *Tomorrow's Tomorrow: The Black Woman*(New York: Doubleday, 1971).

40) 레노어 위츠먼(Leonore Wietzman)은 이 젊은 여성을 "Sex-Role Socialization," p. 174에서 인용하고 있다.

41) 이 연구 결과에 대한 요약은 H. Edward Ransford & Jon Miller, "Race, Sex and Feminist Outlooks," *American Sociological Review* 48(February, 1983): 46-59 참고.

상관리 기술의 용도를 바꾸기도 한다. 최근까지, 조직과 집단 내 여성들에 대한 대부분의 연구들은 남성은 자신들의 경력 목표를 진전시키는 데 가장 관심을 갖는 데 비해 여성은 만족스러운 개인적 관계를 유지하는 데 가장 관심이 있다고 결론지었다.[42] 여성이 기업과 전문직에서 활동하는 데 필요한 성격적 특성을 검토하기 위해 시도되었지만 사실상 사무직에 초점을 맞추었던 1930년대의 한 연구에 따르면, 가장 높이 평가된 속성은 예의, 책임감, 그리고 사람들을 다루는 능력이었다. 세부적인 사항에 대한 세심한 관심, 호감을 주는 용모, 그리고 지시를 따르는 능력 또한 매우 높이 평가되었다. 성격적 특성 목록의 맨 아래쪽에는 '효과성'과 '분석적' 능력 등 권력과 관련된 속성과 '예술적인' 능력, 창조적 상상력, 그리고 독창성 등 창의성과 관련된 속성들이 있었다.[43] 조직 속의 여성에 대한 좀 더 최근의 연구들은 관료제적 생활 속에서 변화하고 있는 여성의 상황을 반영하는 복합적인 결과를 내놓았다. 조직의 위계에서 낮은 위치에 있는 여성은 경력 목표보다 개인적 관계에 계속적으로 가치를 부여한다.[44] 여성이 다른 사람들의 동의 여부에 따라 행동한다는 사실을 놓고 볼 때, 집단 안에서 긍정적 관계를 형성하고자 하는 여성의 관심은 자신들이 처한 상황에서 발생하는 요구와 제약에 대한 현실적인 반응이다. 권력을 가지지 못한 사람들은 늘상 상급자들이 원하는 것이 무엇인가에 대해 주의를 기울이라는 충고를 받는다.

---

42) Rosabeth Moss Kanter, "Women and the Structure of Organizations," in Marcia Millman & Rosabeth Moss Kanter, eds., *Another Voice*(New York: Doubleday, 1975), p. 54.

43) Grace E. Manson, "Occupational Interests and Personality Requirements of Women in Business and the Professions," *Michigan Business Studies* 3(April, 1931): 281-409. 이 연구는 여러 가지 이유에서 흥미롭다. 저자는 14,000명의 여성에 대해 설문조사와 질문지 자료를 수집했다. 표본 여성의 연령 중앙값은 38세, 취업 경력 중앙값은 14년이었다. '직업적 관심' 부문에는 여자친구, 찻집 경영자, YWCA 간사를 포함하여 보통 여성들이 취업하는 160개의 직업이 열거되어 있었으며, 응답자들은 5점 척도로 직업에 대한 그들의 호감을 표시하도록 되어 있었다. '성격 요건' 부문에는 위의 30개 성격 특성이 열거되어 있었고 각 여성이 그러한 특성이 여성의 일에 필요한 정도에 따라 가장 중요한 순서대로 10개를 지적하도록 요청했다.

44) *Men and Women of the Corporation*(New York: Basic Books, 1977)에 있는 Rosabeth Moss Kanter의 비서들에 대한 논의 참고.

또 자신이 통제할 수 없는 사람들의 선의(善意)에 의존할 때, 그들의 기분과 태도에 세심하게 자신을 맞추고, 허용된 방식으로 행동하고, 적합한 이미지를 유지하는 것 등등은 매우 중요하다. 관리자급 여성은 점차 남성 관리자처럼 동일한 경력 지향적 접근법을 택하고 있다. 그렇다고 해서 남성 혹은 여성 관리자에게 인상관리 기술이 더 이상 필요하지 않다는 것은 아니다. 그와는 반대로, 아래에서 주장하듯이 그런 기술은 중요하지만 나는 좀 다른 목표를 추구한다.

관료제적 권력은 하급자들의 '여성화'를 조장하는 투쟁의 장을 만들어 낸다. 관료제의 희생자—통제를 받는 사람들, 특히 가난한 사람들과 통제를 행사하는 사람들 모두—는 여성성의 속성을 많이 가지고 있다. 그들은 서로에게서 소외되어 있으며, 서비스의 수혜자(가난한 사람들)와 승인(承認)의 수혜자(관료들)로서 권력을 가진 사람들의 선의에 의존한다. 따라서 그들은 자신의 상사에게 호의적인 인상을 줄 수 있는 합당한 이미지를 필요로 한다. 즉, 가난한 사람들은 사회복지사에게 올바른 이미지를 제시해야 하며, 사무원과 관료들은 상급자에게 보여 줄 적절한 이미지를 갖추어야 한다. 그들은 자원이 부족하기 때문에(가난한 사람들의 경우 시간과 돈 모두), 또 체계의 복잡한 규칙과 규제로 인해 서로에게서 분리되어 있기 때문에 권력을 가진 사람들에 대항하여 조직화하는 것이 어렵다는 것을 자주 알게 된다. 이들 중 어느 집단도 공통의 이익을 둘러싼 조직과 그 이익에 대한 인식이 수반되는 정치적 대항에 필요한 기술을 발달시키도록 허용되지도 권장되지도 않는다. 아렌트의 의견을 좇아 관료제를 '무인(無人)에 의한 통치'로 본다면, 관료제를 통해 행사되는 지배는 파악하기 어렵고 따라서 효과적으로 반대하기도 어려운 '무인(無人)에 의한 억압'이라고 할 수 있다. 이러한 지배는 부하들을 훨씬 더 무력한 상태로 남겨놓는데, 그 이유는 설사 그들이 모반을 꾀하더라도 눈에 보이는 표적이 없기 때문이다. 사회가 더욱 관료제화함에 따라 이러한 위치에서 위태로운 삶을 살고 있는 사람 수는 늘어나고 있고, 우리는 행정 증가에 따른 정치조직의 여성화를 목격하고 있다.

관료제적 조직과는 정반대인 진정한 정치적 활동은 이론상 개인이 자신의 집합적 삶을 정돈하는 창조적인 과정이다. 이 과정은 공통의 이해관계가 정의될 수 있고, 대안들이 논의되고, 정책들이 선택되는 개방된 공적 공간을 필요로 한다. 그것은 다른 사람들과의 협력도 반대도 모두 포괄하는 활발한 자기 창조 과정에 개인을 가담시킨다. 이런 점에서 정치는 개인과 집단에 권력을 부여하고, 그래서 이들은 혼자서는 할 수 없었던 일을 집단적으로 할 수 있게 된다. 관료제적 사회의 제도적 장치들은 이런 종류의 정치가 시민들에게는 사실상 불가능하도록 만들며, 그에 따른 여성화 과정은 우리로 하여금 그런 정치가 존재할 수도 있다는 것을 상상하는 것조차 점점 더 어렵게 만든다.

제 3 절 하급자로서 관리자

관료제에 대한 많은 분석들은 행정적 과정을 특징짓는 다양한 경력 유형을 묘사하고 때로는 설명하기 위해 관료제적 행위의 유형학을 만들어 냈다. 그 중 대부분은 관료제 자체에 대해 개인이 가지고 있는 태도를 바탕으로 행정가를 구분한다. 『조직사회(*The Organizational Society*)』에서 로버트 프레스더스(Robert Presthus)는 전체 인구를 세 가지 인격 유형으로 나눈다. 그들은 상향 이동자들("관료제적 상황에 대해 긍정적으로 반응하고 그 속에서 성공하는 사람들"), 무관심한 사람들("자신의 직업을 과외의 만족을 얻기 위한 단순한 도구로 생각하면서 열심히 일하지 않는 대다수"), 양가적인 사람들("지위와 권력에 대한 자신의 요구를 포기하지도 못하고, 그런 자원을 이용해서 성공할 수 있도록 규율잡힌 역할을 수행하지도 못하는, 숫자가 적으면서 영구적인 불안 상태의 소수자들").[45] 앤서니 다운스(Anthony Downs)는 체계를 개인적 이익의 원천으로 보는 관료와 개인적 이익을 위

45) Robert Presthus, *The Organizational Society*(New York: Alfred A. Knopf, 1962), p. 15.

한 동기를 더 큰 목표에 대한 지향과 섞는 관료를 구별하면서 관료에 대한 다섯 가지 범주를 제안한다. 순수하게 이기적인 행위자들로는 권력, 수입, 그리고 위세를 높이려고 계속적으로 노력하는 야심가(climber)와, 편의와 안전을 추구하는 보존가(conservor)가 있다. 혼합된 동기를 가진 사람들로는 자신만의 '신성한 정책'에 몰두해 있는 열성가(zealot), 좀 더 광범위한 일련의 기능에 혹은 조직 자체에 열중하는 옹호자(advocate), 그리고 '공공의 이익'에 몸을 바친 정치가(statesmen)가 있다.[46] 일반적으로, 야심가와 상향 이동자는 같은 유형의 개인을 포함하는 것 같고, 보존가와 무관심한 사람들이 같은 유형이고, 혼합된 동기를 가진 행위자의 세 가지 유형은 양가적 주제를 두고 나타나는 변이들로 생각될 수 있다. 해럴드 윌렌스키(Harold L. Wilensky)는 관료제적 인격 유형에 대한 설명에서 별로 다르지 않은 세 가지 범주를 제시한다. 전문가(professional)는 서비스를 지향하고 조직 바깥에 있는 동료집단과 가깝게 공감하며, 경력주의자(careerist)는 다른 이념적 헌신이나 조직 외적인 목표는 삼가면서 오로지 조직 및 조직이 제공하는 보상에 전적으로 공감하며, 전도사(missionary)는 조직의 혁신을 통해 사회 변화를 이룰 수 있다는 비전을 가지고 있어 조직 바깥의 일부 정치적 운동에 크게 공감한다.[47] 윌렌스키가 말하는 경력주의자는 프레스더스의 상향 이동자와 다운스의 야심가와 일치하는 데 비해, 윌렌스키의 전문가와 전도사 범주는 프레스더스가 말한 권위에 저항하면서도 동시에 권위를 두려워하며 안절부절하는 양가적인 사람과 다운스가 말한 세 가지 유형의 복합적 동기의 행위자들로 각각 분류된다.

이 유형학이 상당히 겹치는 것은 관료제에 몸담고 있는 사람들 사이에서 발견되는 행위에는 정말 공통된 양식이 있음을 말해 준다. 그러나 그렇다고 해서 곧 조직의 모든 구성원이 자동적으로 어떤 틀에 맞아 들어간다는 뜻으로 생각되어서는 안 되며, 이 범주가 쉽게 풍자될 수 있다는 점 때문에 분석보다는 조롱의 대상이라고 생각되어서도 안 된다. 위계적인 조직의 구

46) Anthony Downs, *Inside Bureaucracy*(Boston: Little, Brown, 1976), pp. 88-89.
47) Harold L. Wilensky, "The Professionalization of Everyone?," *American Journal of Sociology* 70(September, 1965): 151.

조는 특정한 종류의 활동과 동기는 장려하고 다른 종류는 막으면서 구성원의 행동을 형성한다. 여성적 행동이 여성적 무권력에 따른 제약에 합리적으로 대응하는 방식인 것과 똑같이, 관료제적 행동은 체계가 구성원에게 가하는 제약에 매우 합리적으로 대응하는 방식이다. 다양한 관료제적 유형은 "조직적 관계의 네트워크에서 생겨난 문제들"을 해결하기 위해 개인이 선택한 입장으로 생각될 수 있다.[48] 다양한 관료제적 인격에 대한 분석은 이런 행동 양식 뒤에 놓여 있는 개인의 존엄성, 자율성, 그리고 인정받기 위한 매우 실제적인 투쟁을 종종 간과하는 경향이 있다. 따라서 이들은 관료제에 대한 급진적 비평 대신 관료들을 그저 너무 쉽게 질책한다. 관료제가 구성원에게 조직과 자신의 정체성을 통합하도록 압력을 가하는 것처럼, 너무나 많은 종사자들은 이러한 결과를 피하려고 투쟁하며 이러한 상황은 양가적 사람들·열성가·전도사 범주가 잘 말해 준다. 관료제적 순응(順應)은 조직환경에 의해 끊임없이 생산된다는 점을 계속 상기하는 것이 중요한데, 조직환경이란 개인과 제도 사이에 있는 침투의 경계선이 "질문하고, 감시하고, 지켜보고, 은밀히 탐지하고, 조사하고, 심장이 고동치며, 만천하에 드러내는" 권력의 기계를 유지하는 곳이다.[49] 어떤 측면에서는 취약하지만 다른 측면에서는 저항적인 사람들에 대해 그리고 그들을 통해 관료제적 권력이 행사되지 않는다면 관료제적 권력의 계속적 유지와 확장은 불필요할 것이다. 규율적 권력의 수법은 개인을 대상이자 도구로 취급한다. 규율적 권력은 "신중하며 수상쩍은 권력"이며, "비교하며 구분하고 위계지으며 동질화하고 배제한다. 간단히 말해서 그것은 **정상화**를 추구한다."[50] 순응하라는 압력은 관료제가 구성원을 채용하는 과정에서 발생하는 당연한 결과이며, 이 채용 과정은 제2장에서 설명한 교육제도의 정상화 과정을 지속한다. 프레데릭 모셔(Frederick Mosher)가 설명하듯이,

경력 체계에 숙달된 구성원의 지휘에 따라 정상적으로 시행되는 실제 선발

---

48) Kanter, *Men and Women of the Corporation*, p. 5. 또한 Hugh Heclo, *Government of Strangers*(Washington, D.C.: Brookings Institution, 1977), pp. 143-144 참고.
49) Foucault, *The History of Sexuality*, I(New York: Random House, 1980), 45.
50) Foucault, *Discipline and Punish*, pp. 173, 183(굵은 글자체는 원문에서).

과정은 순응하지 않을 것 같은 사람들을 제거해야만 한다. 사실상, 일부 분야에서는 예상되는 비순응자를 제거하는 것이 가장 우선적인 목표인데, 그 이유는 학사 학위를 가지고 있고 전문적 시험을 통과한다면 당연히 지식과 능력이 있는 것으로 간주되기 때문이다.[51]

한 대규모 항공사의 사원 채용 간부는 이 점을 잘 지적하고 있다.

나는 팬암(Pan Am) 항공사뿐만 아니라 일자리를 찾고 있는 많은 사람에게 조언을 해야 했었다……또 일자리를 얻는 비밀은 회사가 고용하기를 원하는 종류의 사람을 상상해 보고 면접하는 동안 그런 사람이 되는 것이라고 그들에게 말해 주곤 했다. 당신이 무엇을 믿고 당신의 성실성이 어떤 것인지에 대한 당신의 이론이나 그 외 다른 것들이 무슨 상관이 있나. 당신이 채용되면 그 모든 것을 기획할 수 있다.[52]

그러나, 긴 훈련 프로그램과 매년 의무적으로 실시하는 정기적 훈련 프로그램이 말해 주듯이, 회사는 사람들이 품고 있는 그런 전략들에 대해 잘 알고 있는 것 같다.

이렇게 말한다고 해서 관료제에는 전혀 '일탈자'가 없다는 것은 아니다. 일부 불순응자들은 슬쩍 들어가고, 또 일을 너무 잘하기 때문에 태도, 의복, 행동 양식에서 보여 주는 그들의 일탈이 눈에 띄지 않는다. 그들은 프레스더스가 예술가로 묘사한 역할을 차지하는데, 예술가란 특출한 생산성을 통해 조직의 가치를 초월하며 그의 불순응이 그저 괴짜 같은 행동으로 받아들여지는 사람들이다.[53] 노련한 한 여성 관료는 자신의 모반을 위장하고 진보적 가치관을 간직하기 위해 자신이 사용했던 전략을 묘사하면서 "나는 내가 닿을 수 있는 한 최대한 가장자리 쪽에 살고 있다"고 말했다. 다른 사람들은 의식적으로 혹은 무의식적으로 상향 이동에서 탈락하고, 또 조직의 가장 낮은 단계에 남아 있음으로써 순응하라는 압력을 어느 정도는 피한다.

---

51) Frederick C. Mosher, *Democracy and the Public Service*(New York: Oxford University Press, 1968), p. 152.

52) Hochschild, *Managed Heart*, p. 96.

53) Presthus, *Organizational Society*, p. 282.

그럼에도 불구하고, 이 일탈자들은 상향 이동자/경력주의자/야심가의 행동을 가장 높이 평가하는 환경 안에서 행동한다. 조직의 통제가 죄어옴에 따라, 특히 자원이 희소한 경제적 위기 동안에, 관료제 내의 모든 구성원에게는 단순히 살아남기 위해 상향 이동의 전략을 채택하라는 압력이 점점 더 크게 가해진다. 조직환경이 상당히 '느슨할' 때는 괴짜 같은 행동으로 용인될 수도 있었던 행동과 태도가, 이제는 피고용인의 신뢰성 부족 혹은 예측 불가능성의 증거로 간주되기 때문에 더 이상 받아들일 수 없는 것으로 보이기 시작한다. 또 다른 면접 대상자로서, 이전에 정부의 대규모 연구 프로그램의 책임을 맡았던 30대 중반의 한 백인 남성은, 자신에게 남아 있는 명예로운 길은 사퇴 외에는 없을 지경까지 그의 상급자가 그에게서 과업과 책임을 빼앗음으로써 그를 '사람이 아닌 존재'로 몰아간 과정을 묘사했다. 이 사람은 처음에는 짧은 기간에도 어려운 임무를 수행해 내는 그의 능력 때문에 "용케 빠져나갔지만", 그의 이러한 생산성은 상급자들이 그것을 통제할 수 없었기 때문에 오히려 위협이 되었다. "만일 어떤 사람이 무엇을 하고 있는지를 그들[고위 관리자들]이 이해하지 못한다면 그 사람은 위협적인 인물이 된다." 덜 구속적인 환경, 즉 서로 연관되어 있는 조직적 연계와 도구적 합리성이 덜 침투한 환경에서 무관심하거나 양가적인 태도를 취하곤 하는 사람들은, 아랫사람으로부터는 격리되고 윗사람에게는 복종하는 경력주의자의 행동 양식에서 벗어날 수 있는 여지가 거의 없다.

관료제의 구조가 그 참여자를 형성하고 또 궁극적으로는 희생자로 만드는 방식을 이해하기 위해서는 확실성과 안정성을 찾는 과정에서 활용되는 조직의 다양한 규범과 규칙을 검토하는 것이 필요하다. 불확실성을 줄이는 하나의 방법은 조직의 구성원 사이에서 목표에 대한 합의를 성공적으로 이루어 내는 것이다. 목표에 대한 합의는 직원들 사이에서 일어나는 갈등의 빈도와 강도를 줄이고 권위 통로의 신뢰성을 높이기 위해서다.[54] '목표 합의(goal consensus)'라는 구절은 조직에 관한 문헌들에서는 흔한 것이며, 그 단어 자체가 관료제적 담론 속에 들어 있는 언어적 신비화를 암시한다.

54) Downs, *Inside Bureaucracy*, p. 223.

관료제적 방식으로 언어를 사용하는 데 익숙하지 않은 사람들은, '합의'란 개인이 그것을 정의하는 데 어느 정도 목소리를 내는 일정한 상호 승인 과정에 의해 이루어지는 만장일치나 동의를 포함할 것이라고 생각할 수도 있다. 그러나 관료제에서 목표 합의란 현실에 대한 공식적 정의를 집행하는 것을 간단하게 말하는 용어일 뿐이다. 조직에 고용된 개인은 조직의 목표를 받아들이거나, 목표를 받아들였다는 인상을 주거나, 혹은 그 둘 다를 하도록 배우는 사회화 과정을 거친다. 다운스는 이 점을 잘 지적한다.

> 만약 최하위 직급에서만 신입사원을 채용한다면, 모든 최상위직 관리들은 아마도 자신의 상급자들을 반복적으로 **만족시킴으로써** 위계 구조에서 상향 이동할 수 있도록 노력해야 한다. 상급자들은 전통과의 칼로 자르듯 날카로운 단절보다는 자신들의 정책을 지속적으로 발전시키는 데 대체로 찬성한다. 그러므로, 상향 이동할 사람들을 선발하는 과정은, 그 부서가 매우 급변하는 환경 속에서 움직이고 있지 않는 한, 급진주의자들을 거부하고 상대적으로 동질적인 집단을 만들어 내는 경향이 있다.[55]

상급자를 만족시키기 위해 관료는 인상관리 기술을 개발해야 하며, 그녀/그는 적절한 이미지를 연출하고, 상급자 그리고/혹은 조직의 일반적인 요구 사항을 예측하고, 또 인정받고 승진하기 위해 그런 요구 사항에 부응하는 방법을 배워야만 한다. 따라서 관료제 조직의 직원들은 데이비드 리스먼(David Reisman)이 말한 타자 지향적 인간, 즉 "자기 윗사람의 이미지에 스스로를 짜맞추면서 상대가 나타내는 개인적 감정의 미묘함에 자신을 조절하는" 사람이 되도록 장려된다.[56] 이와 같은 통제의 내면화는 조직을 위해 자신이 적합한 사람이라는 것을 다른 사람들과 스스로에게 설득시키려는 목적을 가지고 있으며, 자기 이미지는 조직의 이익 추구를 위해 정돈된 상품이 된다. 윌리엄 화이트(William H. Whyte)가 그의 고전적 연구인 『조직인간(*The Organization Man*)』에서 지적하듯이, 관료제는 구성원에게 "충성을 맹세할 것을 노골적으로 요구한다." 또 '조직 인간'은 조직 및 집단

---

55) 위의 책, p. 230(굵은 글자체는 필자의 강조).
56) George Benello, "Wasteland Culture," *Anarchy* 88(June, 1968): 168-188.

과 우선적으로 동일시하고, 외부인을 의심하며, 회사를 따라다니며 전근을 다녀 종종 지리적으로 "뿌리가 없고," "규칙에 따르는 생활"을—주거지(근교지역), 가족(핵가족, 가부장적 가족), (틀에 박힌) 의복—선호하는 사람이다.[57] 조직에 통합된 관료는 합리성을 조직의 목표와 동일시한다. "조직 구성원의 합리성은 다양한 개인적 관심사를 포괄하는 측면에서 정의되는 것이 아니라 조직 목표를 성취하는 데 구성원이 기여하는 측면에서 정의된다."[58] 따라서 "좋은 부하 직원이 되는 법"이라는 제목의 『뉴욕타임스』 기사에서 사업가인 로이 스미스(Roy C. Smith)는 중견 직원들에게 "'새로운 아이디어'를 너무 많이" 가지지 않도록—즉, 조직에서 일을 처리하는 기존 방식에 도전하는 제안을 하지 말 것을—조언한다.[59] 신입사원이 '팀 플레이어'로 알맞게 바뀌면, 조직의 이익과 동떨어지거나 거스르는 방식으로 자신의 이익을 정의하기가 매우 어려워진다. 한 노조 활동가는 조직에 대한 이런 충성심이 노조를 조직하는 데 장애물이 되고 있음을 한탄하면서 "대파국, 위기, 호전성은 사무직 노동자에게는 희귀한 단어들"이라고 지적한다. "그들은 품위 있고, 전문적이고, 사랑받기를 원한다. 그들은 승진하고 싶어하며, 안전한 일자리를 원하고, 그리고 싸워야만 하는 상황에 처하기를 원치 않는다."[60]

노동자에게서 인상관리 기술을 이끌어 내기 위한 조직적 노력의 탁월한 예는 항공기 승무원에 대한 호시차일드의 연구에서 볼 수 있다. 끊임없이 소비자를 대하는 '일선' 노동자들이므로 항공기 승무원은 탑승객뿐만 아니라 상사를 상대로 한 광범위한 이미지 관리 훈련을 받는다. 승무원은 불평등한 권력 관계를 받아들이고 현장에서 발생하는 어려움을 노동 조건이나

57) William H. Whyte, Jr., *The Organization Man*(New York: Doubleday, 1957).
58) Robert B. Denhardt & Jan Perkins, "The Coming Death of Administrative Man," *Women in Public Administration* 36(July/August, 1976): 382.
59) Roy C. Smith, "How to Be a Good Subordinate," *The New York Times*, November 25, 1979, p. 16F.
60) Dick Bruner, "Why White Collar Workers Can't Be Organized," in Sigmund Nosow & William H. Form, eds., *Man, Work and Society*(New York: Basic Books, 1962), p. 194. 사무직 노동이 좀 더 판에 박힌 일로 되고 파편화되면서, 또 생산직 노동과 사무직 노동 간의 지위 차이가 줄어들면서 사무직의 노동조합 의식이 성장한다.

고객의 기대 탓이 아닌, 자신의 성공적이지 못한 감정관리와 성격 탓으로 돌리도록 소속 회사에 의해 훈련된다. 승무원은 "분노에 둔감해지도록" 교육받는데, 그들은 이 교육을 통해 받아들이기 어려운 행동에 대해 받아들일 만한 이유를 상상하고 공격적인 상황으로부터 스스로를 떼어놓도록 배운다. 승무원은 화를 낼 권리를 인정받지 못하기 때문에 자신들을 화나게 하는 원인들—난폭한 고객, 하찮은 훈련 프로그램, 혹은 부당한 회사 정책—과 실제적으로 대결하는 것은 금기 사항이다. 그들은 그 권리를 포기하는 대가의 일부로 임금을 받는다. 조직에서 받아들여지는 언어에서 보면 탑승객들은 '성난' 혹은 '통제되지 않는' 사람들이다—결코 불쾌하지는 않다. 비행기에는 '사고'가 아닌 '작은 사건들'이 있을 뿐이다. 승무원은 동료 근로자에게 절대 '화를 내지' 않도록 교육받는데, 그 이유는 그러한 행동이 노조가 만들어지게 하는 분노와 불만감에 집단적 지지를 제공하는 것일 수도 있기 때문이다. 오히려, 그들은 조직과 진심으로 동일시하고, 심리적 자기 조작을 통해 분노를 털어 버리고, 무엇보다도 미소를 짓도록 교육받는다.[61]

조직에서 더 높이 올라갈수록 인상관리 기술은 더욱 중요해지고, 조직에 대해 좀 더 강력하게 충성하고 몰입하는 최고위층에서는 관계가 규칙에 의해 지배되는 정도가 덜하고 좀 더 사적으로 된다. 최고위층에서 일어나는 결정은 종종 현존하는 규칙들로 대신할 수 없으며 따라서 개인적 판단을 요구하기 때문에 개인이 의사결정 과정에 더 많은 영향력을 발휘한다. 최고위직 임원들은 공식적 규칙의 상대적 부재를 메우기 위해 조직과 서로에게 충성심을 더 많이 보여 줄 것이 요구된다.[62] 성공적인 이미지 관리를 위해서는 말과 자세를 섬세하게 조절하고, 대인 관계의 미묘한 차이에 대해 민감하게 주의를 기울일 필요가 있다.

> 얼굴 표정, 말로 하는 대답, 말로써 표현되지 않은 미묘한 기대는 단서를 제공한다……상향이동자들은 자신의 행동이 다른 사람 속에서 불러일으키는 그 신

61) Hochschild, *Managed Heart*, pp. 25, 116의 여러 곳.
62) Downs, *Inside Bureaucracy*, pp. 67-68.

호들을 읽는다. 그 기술이 개인별로 다양하게 나타남에도 불구하고, 상향 이동자들만이 갖는 독특한 표시는 그가 그런 전략적 조건 속에서 **생각하며** 또 그에 따라 자신의 행동을 수정할 수 있다는 것이다. 그런 행동은 본래 합리적이며, 가치에 대한 열렬한 애착으로 인해 개인이 융통성을 발휘하지 못하는 상황을 피하는 능력을 필요로 한다.[63]

하급자들은 상급자와 비슷해지도록 인상관리 기술로써 자신의 이미지를 만들 수 있다. 비인간적인 관료제적 환경 속에서, 신뢰성의 외적 표시들은 직접적인 개인적 지식을 대신하며 관리자는 신뢰를 위한 기반으로서 사회적 유사성에 의존한다.[64] 인종, 성, 의복, 언어, 그리고 스타일 등과 같은 외적으로 식별 가능한 특징에서 유사성이 많을수록, 지망자는 '적합한 종류의 사람'으로 여겨지고 또 재량과 권력이 있는 위치에 접근할 수 있는 가능성도 높아진다. 따라서 사회의 인종적, 성적, 계급에 따른 계층화의 유형은 조직 안에서 재생산된다. 모셔는 공적 관료제가 항상 계급구조를 반영해 왔으며, 심지어 관리 체계를 옹호하는 사람들조차도 "대부분의 관료제적 직무, 특히 고위에 있는 직무는 그 성격상 중간 계급적이며 또 중간 계급에 해당하는 문자 해득력과 학력증명서들을 요구한다"고 솔직하게 지적한다.[65] 그러나 학력증명서는 요구 조건의 일부일 뿐이다. 관료제적 환경은 또한 중간 계급적 사회화로 습득되는 특정한 '문화적 자원'이자, 상급자의 행동과 태도에서 드러나는 미묘한 차이를 인식하고 흉내내는 것을 가능하게 해 주는 의사소통 기술과 태도를 제공하는 '문화적 자원들'을 응용할 것을 요구한다.[66] 나의 면접 대상자 중 한 명은 이러한 상황을 가장 간결하게 표현하고 있다. "반드시 은어를 배워야 하고 은어를 흉내내야 한다. 내부[즉, 대규모 조직 내부]에서 일하고 있을 때는 내부적 의사소통이 가장 중

---

63) Presthus, *Organizational Society*, pp. 171-172.

64) Kanter, *Men and Women of the Corporation*, p. 52.

65) Mosher, *Democracy and the Public Service*, p. 29, Jay M. Shafritz, Walter L. Balk, Albert C. Hyde, & David H. Rosenbloom, *Personnel Management in Government* (New York: Marcel Dekker, 1978), p. 155.

66) Paul W. Vogt, "The Theory of the Credentialed Class," *The Review of Education* 7(Spring, 1981): 141.

요하다. 많은 에너지가 당신의 결점을 가리는 데 쓰여진다.”

낮은 계급 사람들, 흑인과 히스패닉, 그리고 여성은 모두 뚜렷하게 다르고, 명백하게 ‘적합하지’ 않으며, 그리고 적합하게 되려는 이들의 노력은 이들이 관료제 담론에 익숙하지 않아서 실패하기 때문에 경영 계층으로 진입하는 데 엄청난 어려움을 겪는다. 조직의 엘리트는 그들이 관료제 담론에 익숙하지 않기 때문에 ‘관리자가 될 가능성’이 없다고 본다. 한 관료제 연구자는 관료제의 비인간적이고 보편적인 권위 양식 때문에 어려움을 겪는 사람들-흑인, 히스패닉, 여성, 그리고 가난한 사람-은 ‘애 같은데’ 비해, 그런 분위기에서 성공적으로 움직이는 사람들, 즉 “기본적인 성격적 경향이 공식적 조직의 운영 양식과 일치하는” 사람들은 적합하게 ‘성숙된’ 사람들이라고 주장하기까지 했다.[67] ‘적합하지’ 않은 사람들은 조직 내에서 불확실성이 가장 적은 지점에-즉, 좀 더 판에 박힌 일이며 규칙에 의해 지배되고, 입직하기 위해 자신이 신뢰할 만한 사람임을 보여 주어야 하는 정도가 덜 엄격한 직위에-몰려 있는 경향이 있다. 이 직위는 독립적인 판단을 덜 요구하며 권위도 적기 때문에 그 직위를 차지한 사람은 자신의 유능함을 보여 줄 수 있는 기회가 적어서 그들이 정말로 ‘적합한’ 사람인지 증명할 기회도 적다. 로자베스 칸터(Rosabeth Moss Kanter)가 보여 주듯이,

> 이 속에 숨겨져 있는 것은 자기 충족적 예언이다. 집단이 닫혀 있을수록 ‘외부인들’이 그것을 깨고 들어가기는 더 어렵다. 그들이 안으로 들어갈 때 겪는 어려움은 곧 무능함의 징표, 즉 내부인이 그들의 계층을 걸어 잠그는 것이 옳다는 징표로 간주된다. 집단이 닫혀 있을수록, 때가 올 때, 즉 불가피하게 올 수밖에 없는 것으로서 다른 사람들이 하나로 뭉쳐서 통제에 도전할 때, 권력을 공유하는 것이 더 어려워진다. 그리고 집단이 자신을 재생산하려고 노력하는 경향이 클수록 순응을 더 많이 강조하게 된다.[68]

67) Victor Thompson, *Modern Organization*(New York: Alfred A. Knopf, 1965), pp. 170-171, Orion F. White, Jr., “The Dialectical Organization: An Alternative to Bureaucracy,” in Virginia B. Ermer & John H. Strange, eds., *Blacks and Bureaucracy*(New York: Thomas Y. Crowell, 1971), p. 260에 인용되어 있다.

68) Kanter, *Men and Women of the Corporation*, p. 68.

순응하라는 압력은 성별, 인종, 나이, 언어, 그리고 일부 다른 명백한 특성에서 주류와 눈에 띄게 다른 사람인 토큰(token)들에게 특히 문제를 일으킨다. 토큰은 매우 눈에 띄며 그 까닭에 다른 사람들과 구분된다. 왜냐하면, 상급자, 하급자, 그리고 동료로부터 주목을 받고, 또 보통 직원들과의 차이가 과장되게 표출되기 때문이다. 사회적 거리에 대한 인식과 사회적 거리가 주는 압력은 토큰을 고립시키고, 그/그녀의 업무 수행 상태는 토큰이 속한 '유형'에 비추어 일반화하는 토대로 작용한다. 위계구조에서 높은 자리에 있는 사람들은 자신과 토큰과 동일시하는 데 어려움을 겪으며 또 멘토(조언자—옮긴이)로서 그녀/그의 기능을 수행하지 않는 경향이 있다. 따라서, 위계구조와 성공적으로 협상하기 위해 그/그녀의 동료들에 비해 훨씬 더 후원자를 필요로 하는 토큰은 후원자를 발견하기가 더 어렵다.[69]

요약하자면, 하급자는 상급자의 역할을 취해 보고, 그 관점을 내면화하고, 그 관점을 행동의 지침으로 적용하는 것을 배우도록 요구받는다. 남성과의 관계에 있는 여성처럼, 관료제 안에서 하급자는 "상급자의 기분과 편견을 알아차리고" 상급자를 기쁘게 해 주고 또 "상급자의 욕구를 충족시키기 위해 즉각 자신을 조정하는 것"을 배워야만 한다.[70] 하급자는 상급자의 요구 사항을 예측하고, 상급자가 직면하여 경감시키려고 하는 문제를 이해하고, 그리고 대체로 "상급자가 업무 수행을 잘 하고 근사하게 보이게 도와" 주라는 충고를 많이 받는다.[71] 나의 면접 대상자 중 한 사람으로서 중요 관리 직책을 맡고 있는 한 젊은 백인 여성은 자기 직속 상사의 욕구를 예측하고 맞춰 주는 것이 자신의 일자리를 지키기 위한 전제 조건이라고 생각하고 있었다. "나는 그녀가 엄청난 실수를 범하고 있다는 것을 알고 있고, 내가 그 실수를 수습해야 할 것이라는 것도 알고 있다……그녀는 내가 그녀의 모든 결점을 알고 있으며 내가 절대로 그것들로 그녀를 꼼짝못하게

69) 위의 책, pp. 211-212 여러 곳. 칸터의 주장을 지지하는 경험적 증거로는 Eve Spangler, Marsha A. Gordon, & Ronald M. Pipkin, "Token Women: An Empirical Test of Kanter's Hypothesis," *American Journal of Sociology* 84(1978): 160-170 참고.

70) Robert B. Jansen, *The ABCs of Bureaucracy*(Chicago: Nelson Hall, 1978), p. 2.

71) Smith, "How to Be a Good Subordinate," p. 16F.

하지는 않을 거라는 것을 알고 있다." 이 여성은 상사가 "일이 잘못되는 것에 대해서는 나를 비난하고 잘 되는 것에 대한 공로는 자신이 갖는" 것을 알고 있기 때문에 자기 상사의 무능력함이 초래하는 결과로부터 상사를 보호해 주고 있다. 이 여성 노동자의 유능함이 상사에게는 자원이자 위협이며, 따라서 노동자는 그 균형을 자신의 불이익으로 만들어 버릴 수도 있는 문제들을 예측하고 피해 가면서 조심스럽게 행동해야만 한다. "나는 어떤 사람들로부터는 매우 좋은 사람으로 인정받는데 그녀[나의 상사]는 나에 대한 그런 평판을 자기 모자의 깃털 장식처럼 자랑으로 생각한다. 그러면서도 그녀는 자신이 교체될 수도 있다는 생각으로 두려워하며 나를 깎아내리려고 한다."

이미지 관리를 성공적으로 활용할 수 있는 사람들은 관료제적 자아상(自我像)의 표준에 호소함으로써 다른 사람들의 개인적인 요구에 대항해서 자신을 방어할 수 있고 또 적절한 얼굴 표정을 연출함으로써 다른 사람들보다 유리한 입장에 서려고 할 수 있다.[72] 성공적인 인상 관리는 또한 상급자에게도 이익을 준다. 왜냐하면 낮은 직급 구성원의 목표는 상급자들의 것과 일치한다는 확신을 주고, 조직을 좀 더 효율적으로 만들고, "새나가는 권위의 상대적인 양"을 줄여 주기 때문이다.[73] 성공적인 인상관리는 또한 권력을 가진 사람들에게 특정한 심리적 이득을 제공할 수도 있으며, 또 한 관료제 옹호자가 주목했듯이, "자신을 직속 상사의 이미지에 맞게 만드는 야심 있는 관료는 즉각적인 이득을 누리게 될 것이다……최고위직 간부는 자신과 닮은 수많은 사람들에 의해 둘러싸여 있음으로써 편안함을 느끼게 될 것이다."[74] "이처럼 남성들이 자신의 이미지 속에서 자신들을 생산하는 동성 재생산(homosexual reproduction)" 과정은 조직 내에서 불확실성을 최소화하는 데 도움을 주지만, 독자적인 발언, 사고, 행동을 해치며, 혁신을 저해하고, 적절한 이미지를 연출하지 못하거나 할 수 없는 사람들이 의사

72) Deena Weinstein & Michael A. Weinstein, "Self, Society, and Social Control: An Existential Perspective," *Humanity and Society* 1(Summer, 1977): 104-115.

73) Downs, *Inside Bureaucracy*, p. 223.

74) Jansen, *ABCs of Bureaucracy*, p. 41.

결정자의 위치에 접근할 수 있는 길을 차단한다.[75)]

공식적 규칙과 비공식적 규범 모두 관료제적 위계 내에서 복종을 강조한다. 관료제적 인간성에 대한 자신의 유명한 글에서, 로버트 머튼(Robert H. Merton)은, "자신의 행동을 규율하는 단 하나의 규칙도 결코 잊는 일이 없기 때문에 많은 자기 고객들을 도와 줄 수 없는 관료제의 대가(大家)" 사례에서 보듯이, 목표 전도 과정은 관리들이 규칙 자체에 복종하는 데 일차적인 충성을 바치도록 조장한다고 지적한다.[76)] 하급 직원은 이처럼 뚜렷한 목표 전도에 대해 특히 취약한데, 그 이유는 이들은 자신의 행동에 대해서도 책임을 져야 하지만 자신이 아무런 통제력도 행사할 수 없는 사람들의 행위도 또한 적합한 결과를 얻어 내는 데 중요하기 때문이다. 따라서 "권위 구조 안에서 권력을 갖지 못한 사람들은 종종 권력을 얻는 데 제한된 선택권밖에 없는 자신들의 상황에 대한 대응으로서, 권력의 도구인 '규칙'에 초점을 맞추는 규칙 중심적 사고를 가지게 된다."[77)] 상대적으로 권력이 없는 상태에 있으면서 동시에 권력자들을 만족시켜야 한다는 요구는 개인의 내면에 엄청난 불안감을 만들어 내는 경향이 있다. 권력자를 만족시켜야 할 필요성은 관료가 일반적으로 조직의 반응, 혹은 구체적으로는 그녀/그의 상사의 반응 외에는 그녀/그의 행위를 판단하는 준거를 전혀 가지고 있지 않다는 사실 때문에 더 강력해진다.

> 더욱이 관료제적 상황은 지위를 성취하려는 욕망을 자극하는 동시에 지위를 획득할 기회를 축소시킨다. 대규모 조직에서 노동자가 자신의 작업 도구로부터 분리되고 또 무력해짐으로써, 이들이 개인적 독립과 자기 실현을 할 수 있는 기회는 줄어든다. 동시에, 관료제적 소득, 숙련, 그리고 연공서열에서는 격차가 극히 적기 때문에 각자가 자신의 독특함을 주장하려는 욕망이 강렬해진다.[78)]

---

75) Wilbert Moore, *The Conduct of the Corporation*(New York: Random House, 1962), p. 109, Kanter, *Men and Women of the Corporation*, p. 48에 인용되어 있음.

76) Robert K. Merton, "Bureaucratic Structure and Personality," in Merton, *Social Theory and Social Structure*(New York: Free Press, 1968), p. 254.

77) Kanter, *Men and Women of the Corporation*, p. 192.

78) Presthus, *Organizational Society*, pp. 184-185.

자신이 충분히 여성적인지 아닌지를 판단하기 위해 남성의 승인을 필요로 하는 여성처럼, 관료도 그들이 성공했는지 혹은 실패했는지를 알아내기 위해 상급자 혹은 조직의 승인을 필요로 한다.

성별 관계에서 종속적 위치에 있는 사람들처럼, 관료제에서 하급자는 다른 경로로는 얻을 수 없는 정보를 얻기 위한 자원으로서 소문이나 잡담에 종종 관심을 기울인다. 인류학자 수전 하딩(Susan Harding)은 "여자들의 수다" 혹은 잡담으로 비하되는 정보, 관찰, 의견을 둘러싼 여성들 간의 전통적 교환이 평판과 이미지를 만들어 내는 중요한 정치적 자원이라는 것을 보여 주었다.[79] 그러나 소문은 자원으로 작용할 수도 있는데 비해, 동시에 관례적인 행동을 강화하고 사회적으로 승인받지 못하는 행동이 가져올 결과를 구성원에게 경고함으로써 사회 통제 수단으로 작용한다.[80] 존 들로리언(John DeLorean)은 제너럴 모터스(GM) 자동차회사에서 자신의 경력을 설명하면서 소문의 두 측면을 보여 주는 예들을 제시한다. 그의 말처럼, "소문은 삶의 한 방식이었다." 소문은 하급자가 상사의 취향을 예측하는 것을 가능하게 할 만큼 유용했다. 그는 하급자가 상사의 취향을 알아내기 위해, 그래서 상사의 환심을 사기 위해 얼마나 극한까지 노력했는지를 보여 주는 많은 사례들을 제시한다. 그는 또한 인사관리 방식이 달라질 거라는 소문이 다른 관리자들을 움츠러들게 했고 '독불장군'으로 인식된 사람들에게 벌을 주는 효과를 낳았던 시절을 잘 보여 주는 일부 사례를 제시한다. 소문, 풍자, 그리고 저주에 부여된 높은 지위는 관리자들이 개인적 대화를 습관적으로 필기하고 기록을 남김으로써, 최소한의 개인적 일탈 행위조차 재앙을 불러올 수도 있으며 '협박에 의한 관리'가 규범이 되는 분위기가 조성된다는 그의 주장 속에 잘 설명되어 있다.[81] 그러한 환경에서 능력이나

79) Susan Harding, "Women and Words in a Spanish Village," in Zillah R. Eisenstein, ed., *Capitalist Patriarchy and the Case for Socialist Feminism*(New York: Monthly Review Press, 1979), pp. 302-303.

80) 조직 생활에서 소문의 이중적 기능에 대한 이러한 통찰에서 나는 래리 스펜스(Larry Spence)와의 대화에서 도움을 받았다.

81) J. Patrick Wright, with John DeLorean, *On a Clear Day You Can See General Motors*(New York: Avon Books, 1979), pp. 23-53.

경험 따위는 상대를 **만족시켜야** 하고, 상대가 원하는 인간형이 되고, 그리고 안정성, 예측성, 안전을 택하고 상상력, 창의성, 위험성은 버려야 하는 지상 최고의 필요성과는 결코 비교될 수 없는 것이다.

제 4 절 하급자로서 생산직 근로자와 사무직 근로자

관료제적 자본주의(bureaucratic capitalism)에 내재되어 있으며 현재 진행 중인 노동의 탈숙련화는 '블루 칼라'와 '화이트 칼라' 노동 사이에 존재하는 많은 전통적인 차이를 제거해 버렸다. 사실상, 점차 증대하는 생산의 기계화와 로봇에 의한 노동자 대체가 '블루 칼라' 노동이라는 범주를 완전히 없애 버릴 수도 있으며, 내가 면접했던 많은 공장 노동자들은 '자신과 같은 종류'는 '멸종해 가는 품종'이라고 강하게 믿고 있었다. 테일러의 과학적 관리 원칙을 사무직에 적용함으로써 비서의 숙련이 파편화되면서 그 업무 내용이 타자 전담 부서, 속기 전담 부서, 서류 전담 부서 등등에 종사하는 구성원들에게 할당되는 '사무 공장'이 만들어진다. 유사하게, 섬세한 컴퓨터와 워드 프로세싱 기술의 사용과, 작업장에서의 인간관계의 파편화는 중간관리자의 숙련을 점차 단순한 기술자의 숙련으로 위축시킨다. '능력의 관료제적 감퇴'는 거의 모든 수준의 조직 생활에 영향을 미친다.[82]

사무직의 탈숙련화는 노동자와 그녀의 일 사이의 관계에 흥미로운 변화를 가져온다. (이 직무들은 주로 여성이 수행하기 때문에 여성 대명사를 사용하는 것이 경험적으로 정확하다. 사실상 사무 효율화에 관한 문헌들은 키 펀치 조작자를 통상적으로 '아가씨들'로 지칭한다.)[83] 전통적 비서-상사 관계는 여러 가지 면에서 봉건적 관계다. 상사는 비서에 대해 세습적인 권

82) Garson, *All the Livelong Day*, p. 152, Braverman, *Labor and Monopoly Capital*, pp. 293-326.

83) 브레이버만은 *Labor and Monopoly Capital*, pp. 332-337에서 이 문헌의 내용을 인용하고 있다.

위를 행사한다. 그 이유는, 상사가

> 자신이 원하는 대로 또 임의로 요구할 수 있고, 조직의 효율성 검증 기준에 맞추기보다 자신들의 개인적 지위를 향상시키려는 동기에서 비서를 선택하며, 사적으로 협상하여 한계를 정한 개인적 서비스, 즉 확실한 충성을 기대하며, 그리고 비서를 자신들이 움직일 때 같이 움직이는 사적 하인의 일부로 만들 수 있기 때문이다.[84]

조직에서 '사무실 아내'가 처한 위치에 대한 탁월한 분석에서 칸터는, 비서라는 위치에서는 권위를 가진 사람들을 만족시키기 위한 이미지 관리라는 전형적인 여성적 전략의 활용이 요구된다는 것을 보여 준다. 비서의 노동 조건은 협소함(상사와의 밀접한 동일시와 그에 상응하여 좁아진 관심사), 겸손함과 소심함(기술을 한층 더 발전시킬 기회가 거의 없고 또 기술을 발전시킬 수 있는 능력에 대한 자신감 부족), 칭찬 중독(그리고 다른 사람들로부터 비판을 불러일으킬 수 있는 과업을 수행하는 것에 대한 두려움), 무력한 척하고 감정을 조작하는 태도다.[85] 전통적인 비서 역할의 성공적 수행은 많은 측면에서 남성-여성 관계를 특징짓는 것과 똑같은 인상관리 기술을 요구한다. 사무 공장으로 변화함에 따라 개인적인 비서-상사 관계는 좀 더 비인간적인 피고용인-관리자 관계로 대체되며, 봉건적 맥락이 아닌 근대적 맥락에서 재정의된다. 개인적 제약과 보상, 즉 서로 얼굴을 맞댄 감독과 서비스는 조직 자체의 좀 더 분산되고 비인간적인 통제에 의해 대체된다.

탈숙련화된 노동의 전형적인 사례가 공장이므로, 판에 박힌 노동이 노동자에게 미치는 영향은 공장에서 가장 잘 드러난다. 노동자가 하는 일에 변화가 있을 여지나 자유가 거의 없기 때문에 노동자가 직무에 대한 창의성, 기업가 정신 혹은 진취성을 발휘할 수 있는 여지도 거의 없다. 관리자의 관점에서 볼 때 노동자는 믿음직하거나 혹은 믿음직하지 않거나 둘 중의 하나일 수는 있지만, 탁월하게 되는 것은 불가능하다. 게다가 엄청난 양의 물

84) Kanter, *Men and Women of the Corporation*, p. 73.
85) 위의 책, p. 96 여러 곳.

품을 제작하고 정해진 할당량을 채워야 하는 압력이 있음을 볼 때 관리자들이 생산품의 질에 대해서는 거의 관심을 기울이지 않는다는 것이 자명하다(설사 노동자에게는 품질에 대해 관심을 갖도록 끝없이 훈계하더라도). 도리스 들레이니의 시가 말해 주듯이, "그들은 그것이 제대로 되는 것을 원치 않아/그들은 그것을 원해/지금/빨리." 내가 면접한 사람들 중에 두 명, 즉 공장 근무 경력 7년인 부인은 다시 고용될 기약 없이 정리 해고되었고 22년의 경력을 가진 남편은 곧 정리 해고될 예정이었던 한 부부팀은 그들이 일했던 자동차 조립공장의 노동 과정 구조가 생산 물품의 양에만 치중하는 바람에 생산 물품의 질이 떨어졌다고 설명했다. 품질관리 담당자는 조립 라인에서 나오는 부품 중 일정 비율을 검사하고, 상당수의 불량 부품에 '불량 꼬리표를 붙이는' 업무를 맡는다. 그러나 조립 라인의 십장은 채워야 할 할당량이 있고, 그 부품이 통과될 수 있도록 종종 '불량 꼬리표'를 '양호 꼬리표'로 바꿀 것이다. 품질관리 직원은 비교적 쉬운 직무 과제를 유지하고 싶어하는 정규직 공장 노동자이기 때문에, 꼬리표의 변화에 대해 보통 아무도 항의하지 않거나 눈치채지 못한 채 넘어간다. 다시 말하면, 십장과 품질관리 직원 모두 같은 이해관계 속에서 질보다 양을 선호한다.

일을 잘 하려고 노력하는 노동자가 겪는 좌절은 생산직 노동자에 관한 연구와 내가 실시한 면접에서 공통적으로 강조되고 있다. (관리자들이 가장 자주 강조한) 조립 라인에서의 좌절과 혹사에 대한 한 가지 대응은 사보타주(sabotage: 쟁의 중의 노동자에 의한 공장 설비·기계 따위의 파괴, 생산 방해－옮긴이)이다. 창의적 사보타주에서 얻을 수 있는 오싹한 만족감을 잘 나타내며 아마 지어낸 것일 이야기를 젊은 기술자 한 사람이 내게 너무나 재미있게 말해 주었다. 그는 어느 자동차 주인이 성내면서 가져온 비싼 새 자동차가 보이는 이상스러운 증상과 몇 시간을 씨름하다가 결국 문제를 찾아냈는데, 그것은 부품 중 한 개의 내부에 숨겨져 있던 조그만 플라스틱 봉지 때문이었다. 봉지 안에서 발견된 메모에는 이렇게 쓰여 있었다. "결국 이걸 찾아냈군, 이 부자놈아." 사보타주는 또한 사무직 작업장에서도 자주 있는 일이며, 대규모 사무 공장에서 겪었던 나 자신의 경험에서 보면 없어진 서류철이 사용하지 않는 서랍에서, 서류 캐비닛 뒤에서, 사무실 가구 밑에서 청소부에 의해 자주 발견되었다.

그러나 저질의 생산품을 노동자가 일을 잘 못한 탓으로 돌리려고 관리자가 애쓰는데도 불구하고, 의도적인 사보타주는 놀랄만큼 드문 것 같다. 좀 더 지속적으로 나타나는 것은, 정신을 멍멍하게 만드는 지루한 작업을 좀 더 흥미로운 것으로 만들고 또 지루함을 떨칠 수 있는 방법을 찾으려는 많은 근로자의 영웅적 노력이다. 바버라 가슨(Barbara Garson)은 다음과 같이 말한다. "설사 사보타주 내용에 창의성이 있다 할지라도, 노동자들이 가진 더 놀라운 재주는 어느 정도 성취감을 맛볼 수 있는 여지가 합리화를 통해 모두 빠져나가 버린 직무에서 목표와 만족감을 찾아내는 데 있다."[86] 일을 틀에 박힌 작업으로 만들기 위해서는 노동자가 기술을 가지고 있다는 사실을 부인함과 동시에 노동자가 기술을 개발할 기회를 최소화하는 의도적인 노력이 필요하다. 그래서 앞에서 인용한 주물 공장 노동자 클리프 쉴즈는 해당 기계를 수리할 줄 알고 수리공은 수리할 줄 모르는데도, 회사는 그가 계속 작업해 온 기계를 수리하지 못하게 한다. 그가 일하는 기계는 종종 몇 시간, 때로는 며칠 동안 '작동이 안 되는 상태'에 있게 된다. 그가 직접 고치면 관리자는 그렇게 했다고 그를 질책하고 그가 해놓은 작업을 되돌려놓기 위해 수선공을 보내서 기계를 다시 잘못된 상태로 만들어 놓는다. 그는 이것이 단순히 관리자가 어리석어서 그런 것이 아니라, 그의 기술을 인정하기를 회피하고 그의 일에서 즐거움과 충족감을 주는 측면을 없애 버리려는 의도적인 노력이라는 것을 정확하게 알고 있다. "나는 공장일을 혐오한다. 기계와 일하는 것이 좋다"라는 말을 곱씹으면서, 그는 노동자에 대한 통제력을 잃기보다 이윤을 못내는 것을 선호하는 작업 조직에 대항하여 공장 노동자들이 품는 광범위한 분노를 표출한다.

노동자들은 산업 공장 및 사무 공장 모두에서 어린애 취급을 받는다. 존 들로리언은 조직에 스며 있는 "노동자에 대한 노골적인 경멸"을 지적한다.[87] 노동자에 대한 테일러주의적 시각은 여성에 대한 전통적 시각과 매

86) Garson, *All the Livelong Day*, p. xi.
87) Wright, *On a Clear Day*, p. 206.

우 흡사하다. 즉, 여성에게는 그들에게 특별히 적합한 직무가 있으며, 너무 어리석어서 남성이나 관리자가 하는 일을 배울 수 없다는 것이다. 또 다른 젊은 공장 노동자는, 단순하고 틀에 박힌 일을 하는 노동자가 마치 단순한 사람들인 것처럼 취급된다고 회상했다. "그것은 고등학교로 되돌아가는 것과 같습니다……학장, 교장, 선생님이 있고……그런 다음 총괄 공장장, 즉 교육감이 있지요." 일에 대해 결정을 내리는 것에서부터 일을 실제로 하는 것이 분리될 때마다, 의사 결정을 하는 사람들이 유능하다는 주장이 힘을 얻는 이유는 그것과 나란히 제기되는 주장, 즉 노동자는 무능하다는 주장 때문이다. 조직의 모든 층위에서 행해지는 위계적인 사회통제는 하급자들이 무능하다고 하는 의례화된 주장들에 의해 유지되며, 그러한 주장에는 그 주장을 실현하기 위해 결집된 노력이 함께한다.

> 사회통제가 치러야 하는 비용은 시민이 부적합하다는 것과 이들이 오류를 저지른다는 것을 반복적이고 일상적으로 보여 주는 것이다. 따라서 안정은 조직 구성원의 가치를 거듭해서 떨어뜨리고서야 확보될 수 있다. 그렇게 통제받는 상황에서 살아가는게 가능하지만, 그렇게 산다는 것은 보지도 느끼지도 판단하지도 구별하지도 않기를 배운다는 것을 의미한다. 그러한 상황의 결과로 발생하는 정신분열증적인 반응은 인간의 생각하는 능력이 혼란 상태에 빠져 버렸음을 의미한다.[88]

탈숙련화 과정의 자기 충족적인 본질은 조립 라인 노동자, 특히 유니온 숍(union shop: 노동자가 채용된 후 일정 기간 내에 노동조합에 가입해야만 하는 사업장—옮긴이) 체제에서 제공하는 상대적으로 높은 보수에 익숙해진 노동자가 자신이 하는 작업에 정신을 기울일 필요가 없음을 받아들일 뿐만 아니라 그것을 하나의 혜택으로 보기 시작할 때 논리적 결론에 도달한다. 그들은 직무에 자신의 시간을 투입해야 하지만 적어도 그것에 대해 생각할 필요는 없다. 자신과 10대 딸을 부양할 수 있도록 직업을 절실하게 필요로 했던 한 실직한 자동차회사 노동자는 나에게 "나는 내 정신을 사용해야만 하는 곳에서는 어떤 일거리도 원치 않는다"라고 퉁명스레 말했다. 그녀는

88) Spence, *Politics of Social Knowledge*, p. 12.

자신의 일을 죄수나 군인과 다르지 않은, 고임금을 받는 유폐 상태로 보았고, 상징적 차원에서 볼 때, "얼마나 오랫동안 있었습니까?"라는 구절은 이 세 가지 제도적 상황 모두에서 선임 순위를 알아보고자 할 때 사용될 수 있다. 푸코가 말했듯이, 우리는 정말로 공장에서 감옥의 냄새를 맡을 수 있다.

작업의 탈숙련화가 점점 더 조직의 상부로 침투함에 따라 생산직 노동자의 경험은 작업장의 전체적 맥락을 더욱 잘 나타내 주게 된다. 직무 속에 체면이라는 함정을 더 많이 가지고 있는 사무직 노동자에 비해 공장 노동자는 자신에게 행사되는 조직의 통제에 대해 옛날부터 잘 알고 있다. 수년간 단순 노무자로서 일하다가 최근에 노조의 사무직으로 옮긴 30대 후반의 한 백인 남성은 조직의 통제라는 면에서 두 가지 직무 간에 거의 차이가 없다는 것을 알게 되었다. "모든 사람들이 일하고 있다. 제길, 나는 공장에서 매일 일했다. 그것은 그저 또 다른 방식으로 일하는 것일 뿐이다." 탈숙련화가 조직의 상부로 침투함에 따라, 인상관리 기법의 사용은 조직의 하부로 침투한다. 조직의 규칙과 규범에 대해 과도하게 순응함으로써 상향 이동하는 경우는 종종 공장은 물론 사무실의 특성이기도 하다. 십장으로 승진하려고 노력하는 조립 라인 노동자는 모범적인 노동자다. 과업의 관례화로 인해 탁월하고 독특한 능력을 발휘하는 것이 불가능하기 때문에, 그런 열망을 가진 노동자는 대신 관리 규범에 복종하는 식으로 그/그녀의 외모와 행동을 조작해야만 한다. 그런 사람은 덥고 지저분한 공장환경에는 그 복장이 부적합함에도 불구하고, 조립 라인의 '단정치 못한 옷차림' 대신, 남성에게는 일상적인 레저 복장이고 여성에게는 '맞춤복 같은' 좀 더 정장다운 옷을 입기 시작한다. 예를 들면, 그들은 욕설을 적게 하고 컨트리 클럽이나 친목회 지부 같은 적합한 사외 집단에 가입하고, 그렇게 하기 위해 자신이 가지고 있었지만 인정받을 수 없었던 가톨릭 신앙을 버리기도 함으로써 충성과 적합성을 과시하여 관리자의 행동을 흉내낸다.[89] 조립 라인의 다른 노동자는 그 지망자가 십장과 더 친해졌으며 그녀/그가 십장으로부터

89) Melville Dalton, "The Interlocking of Official and Unofficial Rewards," in Oscar Grusky & George A. Miller, eds., *The Sociology of Organizations*(2nd ed.; New York: Free Press, 1981), pp. 324-350.

우대를 받는 것을 보게 된다. 그들은 또한 십장이 다른 노동자에 대한 정보, 즉 누군가가 '밀고했음'을 보여 주는 것으로서 그녀/그가 보통 때라면 가지지 못할 정보를 가지고 있다는 것을 알게 된다.[90] 따라서 승진 과정은 지원자 중에서 가장 고분고분하고, 순응하라는 압력에 대해 가장 덜 저항적이고, 그리고 이전의 동료들을 감시하는 데 가장 적극적인 자를 선별해 낸다. (혹은, 나의 인터뷰 대상자가 퉁명스럽게 말했듯이, 승진 과정은 '최고로 나쁜 놈'을 발탁한다.)

관료제적 행동—인상관리, 남을 만족시킬 필요성, 순응, 조직과의 동일시, 의존성 등등—에 대한 이러한 개략적 설명 속에 열거된 인물 속성은 관료제 내에서 일하고 살아가는 사람들에게 양날을 가진 칼로 작용한다. 한편으로는, 그러한 기술이 권력으로부터 자신을 보호하기 위해 배워야 하는 전략이기 때문에 그것을 배우는 것이 경제적·직업적 생존을 위해 필요한 전제 조건일 수 있다. 대부분의 개인이 조직과 맞붙게 되면 불리한 처지로 몰리게 되는 구조인 관료제 구조에서, 그러한 생존 전술은 권력을 갖지 못한 사람이 불운한 상황에서 최선의 것을 끌어내는 방편이 될 수 있다. 그러나, 그 전술은 개인을 더욱 조직에 옭아매고, 더 나아가 그/그녀가 조직에 한층 더 의존하게 만든다.

제 5 절 여성과 조직적 저항

조직적 억압에 저항하는 사람들은 억압을 만들어 낸 바로 그 구조 속에서 저항한다. 관료제 담론과 제도 안에 깊이 새겨져 있는 저항은, 기술 사

90) 관리직을 위해 씌어진 십장들에 관한 어느 초창기 논문에서 가드너(Burleigh Gardner)와 화이트(William F. Whyte)는 십장과 너무 좋은 관계를 가진 노동자를 다른 노동자는 회사의 꼭두각시로 여긴다고 경고한다("The Man in the Middle: Position and Problems of the Foreman," *Applied Anthropology*(*Human Organization*) 2[1945]: 1-28).

회가 요구하는 것으로 인해 자신의 주체성이 구성되고 또 왜곡된 사람들이 사용하는 관료제적 용어를 통해 실천된다. 그러나 저항은 정치적 행위이기 때문에, 모든 것이 비정치적이어야 한다고 주장하는 관료제는 저항 행위 자체를 이해할 수 없는 것으로 만들어 버린다. 관료제적 경험은 전체화(totalization: 전체에 대한 일관된 그림을 그려내는 것) 과정을 막고 대안을 없애 버림으로써 정치적 행동을 이해할 수 없게 만든다. 일이 파편화되고 역할들이 서로 격리되어 있기 때문에 누군가의 상황을 전체화하는 능력, 즉 사회적이며 시간적 맥락에서 그 상황의 원인을 찾는 능력은 발휘되기 어렵다. 많은 조각들이 보이지 않는 상태에서 '큰 그림'을 구성하는 것은 어렵다. 과업의 세밀한 분할은 최종 결과로부터 개별 참여자를 떼어놓는데, 그 이유는 과업의 분할로 인해 개인이 전체에 끼친 공헌이 모호하게 되고, 각자는 자신이 조직적 성과물에 아무런 책임이 없으며 그것과 무관하다고 느끼게 되기 때문이다. 이와 비슷하게, 문제와 해결책에 대한 기술적 정의가 넘쳐나기 때문에, 대안을 상상할 수 있는 능력이 차단당한다. 품격 없는 언어, 공적인 토론과 집단행동을 위한 공유된 통로의 부재 그리고 불확실성과 다양성에 대한 불관용은 머레이 북친(Murray Bookchin)이 '침묵하는 사회(the mute society)', 즉 '자기 소리를 내지 못하게 된' 것이라고 말한 상태를 가져온다.[91] 관료제화는 더 나아가 끊임없이 다른 조직을 잠식함으로써 대안들을 억제한다. 그래서 비관료제적 조직을 만들려는 노력은 자주 실패한다. 왜냐하면 그러한 노력에 필요한 자원을 구하기 위해 거대 복합조직에 호소해야 하기 때문인데, 거대 복합조직 같은 관료제 조직에 효과적으로 대처하기 위해서는 대안적 조직이 관료제처럼 될 필요가 있다. 결국, 관료제는 단순히 그들이 엄청난 유인(誘因)들-종종 높은 수준이거나 혹은 최소한 안정적인 수준의 임금, 안전, 지위, 그리고 질서 감각-을 제공할 수 있기 때문에 대안을 개념화하고 추구할 수 있는 능력을 억제한다. 예를 들면, 폴라로이드 회사의 노동자에게 제공된 관료제적 유인에 대한 리처드 에드워즈(Richard Edwards)의 사례 연구는 다음과 같이 결론짓고 있다.

---

91) Murray Bookchin, "Beyond Neo-Marxism," *Telos* 36(Summer, 1978): 19.

> 긍정적 유인, 변덕스러운 감독에서 벗어남, 어려움을 호소하고 더 나은 직무를 배정받기 위해 노력할 수 있는 권리, 연공서열에 따른 추가적인 직무 안정성−이 모든 것들이 폴라로이드 사 노동자의 일상적인 노동 활동을 좀 더 쾌적하게 만든다. 그것들은 세련된 뇌물 체계 같은 역할을 하며, 모든 좋은 뇌물처럼 그것도 매력적이다. 그러나 그것은 또한 사람들을 망치기도 한다. 그것은 노동자로 하여금 개별적으로 옹색하게 자기 이익을 추구하도록 밀어붙이며, 같은 이익을 추구하는 사람들을 위해 집단적으로 투쟁하려는 충동을 억압한다.[92]

관료제적 지배는 노동자이지만 고객은 아닌 사람들을 "공포에 떨게 하지는 않지만, 합리적 근거로 설득하지도 않는다. 관료제적 지배에 의해 설치되는 구조는 삶의 대안적 방식을 말살하고 뭔가 다른 것을 제공함으로써 노동자의 마음을 유혹한다."[93]

특히 유니온 숍에서 더 그렇지만, 노동자와 관리자의 관계가 적대적인 것으로 인식되고 있기 때문에, 겉으로 보기에는 공장에서 저항이 일어날 가능성이 더 크다. 강한 노조 지부를 가진 공장은 종종 계약 조건을 더 잘 시행하게 되며 그래서 개별 노동자의 노동 상황에 중요한 차이를 가져온다.[94] 노조를 불러들임으로써 관리직에 저항하는 것은 인정받는 역할로서, 일부 노동자는 그 역할을 스스로 떠맡으려고 의식적으로 결정한다. 그 역할은 고유한 언어와 의례를 가지고 있다. 최소한 내가 면접한 공장 근로자 중에, 회사에 대해 전쟁을 선포하는 근로자는 '미친 개'로 알려져 있었다. 그런 사람은 대체로 다른 면에서도 반역자 혹은 부적응자−술고래 혹은 대마초 흡연자, 싸움꾼, '거친' 사람, 혹은 어쩌면 지식인−이다. 미친 개들은 취업해 있는 부인, 농장, 개인 가게, 건축일 등 현 직장 외에 다른 수입원을 가지고 있어서 저항함에 따라 발생할 수 있는 자신의 재정적 위험을 최소화한다. 미친 개가 "보고서를 작성하기에 충분히 강력한"(조립 라인의 속도를 빠르게 한다거나 연공서열을 위반하는 것과 같이 노조와의 합의 사항을

92) Edwards, *Contested Terrain*, p. 145.

93) Alkis Kontos, "Domination: Metaphor and Political Reality," in Kontos, ed., *Domination*(Toronto: University of Toronto Press, 1975), p. 219.

94) 강한 노조, 약한 노조, 그리고 유니온 숍 노조가 없는 예를 잘 대비시켜 놓은 것으로는 Garson, *All the Livelong Day* 참고.

심각하게 위반하는 행위) 문제를 포착하면 그녀/그는 십장을 부른다. 만일 십장의 대답이 만족스럽지 않으면 그녀/그는 노조 위원에게 면담을 요청한다("그 사람을 부른다"). 노동자와 노조 대의원은 그 문제에 대해 의논한다. 만일 노조위원회 대의원이 좋은 쟁점이라고 생각하면, 십장이 불려 들어가고 협상은 진전된다. 이 수준에서 해소되지 않은 갈등은 복잡하고 시간을 많이 잡아먹는 문서 작업의 의례를 통해 교착 상태에 있는 회사와 노조의 고위층에 보고된다. 진짜 미친 개는 매일 '불려다니게' 될 터이지만, 그녀/그가 나서지 않았더라면 관리직으로부터 가해질 보복을 얼마든지 피할 수 있는 모범적인 노동자다. 내가 면접한 노동자 중 여러 명이 자신을 미친 개로 생각하거나 혹은 미친 개와 자신을 동일시하고 있었다. 30대 중후반의 나이로 두 사람의 조립 라인 경험을 합하면 30년이 되는, 위에서 인용한 남편/부인 팀은 둘 다 미친 개로서 자신의 경험을 자세하게 얘기해 주었다. 신디 카슨(Cindy Carson)은 노조 계약의 세세한 부분을 아주 잘 알고 있어서 종종 십장의 허를 찌르고 위원회의 다른 위원을 논쟁에서 누를 수 있을 정도였다. 그녀는 저항적인 노동자들을 포섭하려는 관리직의 노력을 회상하면서, 상사들이 1930년대에 저항적 노동자들을 상대하면서 경험을 쌓았다고 말했다.—"나가서 그들(노조원들—옮긴이)의 머리를 때리는 일은 더 이상 하지 않습니다. 그들을 포섭해 버립니다." 그녀 남편인 필은 조직에 대항하여 조직 자체를 이용함으로써, 즉 그가 생산에 참여하고 있는 차의 품질을 저하시키는 부실한 부품과 부적절한 계획에 항의하기 위한 방편으로 품질과 안전에 대한 적절한 기준이 필요하다고 호소함으로써 미친 개 역할을 수행한다. "만일 내가 그 형편없는 차를 사게 된다면, 나는 내가 치르는 값만큼 가치가 있는 물건을 원한다"면서. 두 사람 모두 관리직이 "문제를 털어놓고 얘기하기" 위해 집단감수성 훈련그룹(encounter group: 여러 명이 합숙을 하면서 보통 공적인 자리에서 이야기하지 않는 신념이나 감정을 서로 솔직하게 털어놓아 자기 성장과 대인 관계의 발전·개선을 꾀하도록 하는 인간관계 기법 훈련—옮긴이) 상황에 노동자를 불러들이는 '말도 안 되는 회의'를 비웃는다. 그의 부서에서 환기 장치가 고장났을 때 회사가 공기 중의 유리섬유 입자들을 제거하려고 애쓰는 시늉조차 중단하자, 필 카슨(Phil Carson)은 바로 공장 사무실로 가서 직업 안전 및 건강청(Occupational Safety and Health Administration: OSHA)의 전화번호를 물음으로써 조직에 직접적으로 맞섰다. 관리직과 남편의 대결에 대해, 그리고 생산성과 안전의 공식적 이데올로기에 호소한 남편에 대해 말하면서 신디는 그의 전술을 내부로부터의 대결이라고 묘사했다. "그 사람은 **그들의** 게임 규칙을 배웠던 겁니다."

사업장에 상대적으로 강한 노동조합이 있으면 신디와 필 카슨 부부와 같은 노동자가 이러한 전술을 활용하는 것이 가능해진다. 일부 공장에서는 노조위원회 인물이 허약한데, 그 이유는 그/그녀가 관리직으로부터의 보복을 두려워하기 때문이거나(십장은 노조위원회 대의원을 해고할 수 있고, 그렇기 때문에 관리직의 횡포로부터 노동자를 방어하는 것이 직무인 인물은 그/그녀 자신이 그러한 횡포에 취약한 상태에 처해 있다), 혹은 작업장의 노동자가 충분히 문제를 제기하지 않고 또 계약 위반이 표준 절차가 되어 버리도록 내버려 두기 때문이다. 미친 개는 가끔씩 다른 노동자, 특히 자신을 회사의 좋은 뜻을 위태롭게 하고 십장으로부터 치욕을 당하는 '말썽꾼'으로 보는 나이든 노동자로부터 미움을 산다. 그가 공장에 근무한 8년 동안 고작 두 번만 노조가 회사에 대항해서 일어나게 만든 한 노동자는, 활동가들이 자기가 맡은 일을 하지 않으려고 노조 계약을 이용한다고 불평했다. "노조 계약이 바로 그들의 선임 변호사지요." 대부분의 미친 개 노동자들은 이런 태도에 대해 언급하면서, 더 보수적이거나 두려움을 느끼는 노동자들이 자신을 의심과 불신의 눈초리로 보았지만 공장에 있는 다른 사람들과 유지하고 있는 동지애가 자신을 구원하는 유일한 측면이라는 데 동의했다. "공장에서 가장 좋은 점은 다른 사람들입니다."

대체로 화이트 칼라 노동에는 미친 개 역할과 정확하게 일치하는 것이 없다. 설사 하위 및 중간 수준 화이트 칼라 노동이 점차 판에 박힌 작업으로 되고 그에 따라 노조가 더 커져서 이러한 상황을 변화시킬 수 있다 하더라도. 특히 사무직 노동은 더욱 파편화되면서 격리되고 있는데, 조직을 움직이는 열쇠는 의사 소통이기 때문에 이 상황은 집단적 차원에서 더욱 중요하다.[95] 그러나 대부분의 경우 관료는 갈등을 회피하려는 성향, 즉 "동료와의 관계에서 공개적인 의견 불일치, 적대감, 그리고 공격성을 표출하지 않으려는" 성향이 강한데, "내부적 대립은 체계 그리고 체계 내의 개별 구성원 둘 다를 위협하기 때문이다."[96] 남성과의 관계 속에 있는 여성처럼, 관료는 상사와의 공개적인 대립을 회피하려 하고, 자신의 요구 사항을 반대를 덜 받을 수 있는 조각들로 쪼개며, "직접적인 면전 공격보다 우회와 포위를 훨씬 높게 평가"하는 경향이 있다.[97] 진짜 저항이 일어나면, 그것은 대체로 다음 둘 중 한 가지 형식을 취한다. 즉, 관료제적 이상형에서 벗어난 것(예를 들면, 차별, 부패, 알코올 중독으로 인한 무능함, 정신병, 혹은 부하 직원에 대한 공공연한 경멸과 불명예스러운 행동 등과 같은 일종의 관료제적 부정행위)에 대해 반대하면서 그런 사람들을 놓고 논쟁을 벌이거나, 아니면 관료제적 효율성에 대한 규범이나 일반적인 조직 목표, 혹은 노동자가 가지고 있는 일부 도덕적 원칙 등과 모순되는 정책에 대해 반대하면서 그런 정책을 놓고 논쟁을 벌이는 것이다.[98] 관료제적 저항(bureaucratic opposition)이라는 차원에서 시행하는 전략은 관료제의 전체주의적 성격을 겨냥하는 것이기 때문에, 대부분의 측면에서 전체주의적 정치 체계에서 반체제 인사들이 취하는 다음의 행동과 유사하다. 즉, 비밀스러운 비공식적 집단을 형성하거나, 상징적인 항의를 활용하거나, 외부 혹은 더 고위직에 호소하거나(예를 들면, 폭로하기), 규칙을 조작하는 것(예를 들면, 준법 투쟁) 등등이 그 예다.

노조가 결성되어 있는 공장의 미친 개 전략과 일반적인 관료제 반대자의 전략 사이에서 발견되는 유사성은, 심지어 가장 노골적이고 공개적으로 정치화된 조직환경에서도 조직 내부에서 하는 저항은 매우 제한된 활동이라는 것을 보여 준다. 미친 개는 대체로 몇몇 십장의 혹사에 대응하는 행동을 하며 그들의 공격은 보통 조직 전체에 대해서라기보다는 개인에 대해 가해

95) Evelyn Nakano Glenn & Roslyn L. Feldberg, "Clerical Work: The Female Occupation," in Freeman, ed., *Women*, pp. 323-324.

96) Mosher, *Democracy and the Public Service*, p. 153.

97) Heclo, *Government of Strangers*, pp. 143-144.

98) Deena Weinstein, *Bureaucratic Opposition*(New York: Pergamon Press, 1979), pp. 11-36.

진다. 관료제적 저항은 필연적으로 몇몇 직원이나 정책 개혁을 겨냥하고 있을 뿐 관료제가 놓여 있는 사회적 환경의 변화를 추구하지는 않는다. 성공적인 관료제적 저항은 사람들을 혹사하는 개인들을 제거하거나 혹은 못마땅한 정책을 변화시킬 수 있으며, 또한 앞으로 저항이 좀 더 잘 일어날 수 있게끔 다른 노동자에게서 도전정신을 불러일으킬 수도 있다. 이것들은 무시할 수 없는 성과이긴 하지만, 관료제적 질서는 고스란히 남아 있게 된다.

이러한 결론에 비추어 볼 때, 조직이 여성을 끌어들임으로써 인간적이고, 덜 억압적이며, 진정한 의미의 개인적 성장에 대해 더 기여하게 될 것이라는 자유주의 페미니스트의 희망은 순진하고 실현성이 없는 희망임이 드러난다. 이 관점을 옹호하는 사람들은 조직을 권력구조로 보는 비판을 요리조리 피하고, 그 대신 여성을 배제함으로써 모든 사람이 받게 될 손해와, 여성이 포함된다면 모두에게 주어질 그에 상응하는 혜택을 근거도 없이 강조한다. 즉, 남성은 더 원만하게, 관리자는 좀 더 효과적으로, 조직은 더 인간적으로, 자본주의는 더 동정적이면서도 더 성공적이게 될 것이라는 것이다.[99] 그들의 주장은 조직에서 모든 개인과 집단의 이해(利害)와 가치는 동일하거나 양립할 수 있으며, 여성(그리고 페미니스트들)의 이해와 가치는 관료제적 자본주의의 이해와 동일하거나 양립할 수 있다고 주장하는 인사관리자들의 주장을 그대로 반영하고 있다.

나는 그 반대의 결론을 제시한다. 여성화(feminization)를 생물학적 과정이라기보다 정치적 과정으로 보면 여기서 사용된 의미에서의 여성화를 지배의 구조적 보충물로 보게 된다. 일군의 사람들이 주로 권력을 유지하고 행사하는 데 관심을 가지고 있는 한, 다른 사람은 필연적으로 그들에게 행사되는 권력을 극복하는 데 주로 관심을 갖게 될 것이다. 그렇게 하기 위해 그들은 여성성이라는 기술을 필요로 할 것이다. 따라서 사람들의 삶이 심하게 불평등한 권력 관계에 의해 제약받는 한, 그 권력 관계가 인종적, 성

99) Barbara L. Forish & Barbara H. Goldman, eds., *Outsiders on the Inside: Women and Organizations*(Englewood Cliffs, N.J.: Prentice-Hall, 1981).

적, 경제적, 관리적, 혹은 어떤 다른 것들이건 간에 그 속에는 여기서 묘사한 의미에서의 여성성이 있을 것이다. 여성성은 종속의 가장 나쁜 측면으로부터 권력이 없는 사람들을 보호하지만 동시에 그러한 종속을 영구화한다.

이런 상황이라면, 인간 해방은 제도화된 지배/종속 관계를 **모두** 제거한 이후에야 가능하다. 우리 사회에서 성별에 따라 할당된 도구적이고 표현적인 속성의 온갖 유형은 모든 개별 여성 및 남성이 가진 상호 보완적인 차원으로 생각되어야 한다. 그 유형 사이에 존재하는 긴장은 여성과 남성 집단 사이에 있는 것이 아니라 개인 내부에 자리 잡고 있다. 연민을 느끼거나 자기 주장을 펼칠 수 있는 역량, 연대하는 역량뿐만 아니라 대립하는 역량은 남성적 혹은 여성적 속성으로서가 아니라, 인간 행동이 가질 수 있는 차원으로 생각되어야 할 필요가 있다. 그러나 제도화된 비민주적 권력을 다른 사람에 대해 행사하는 사람들이 있는 한, 여성성은 계속해서 종속적 위치에 있는 사람들을 특징짓는 속성이 될 것이며 자율적인 개인들로 구성된 해방된 공동체는 상상조차 할 수 없을 것이다. 적어도 이런 상황은 남성 지배에 대한 페미니스트의 비평을, 관리 위계들 속에 나타나 있는 권력 관계를 포함한 모든 권력 관계에 대한 더 많은 종류의 비판과 연결시키는 것이 중요함을 보여 주어야 한다. 페미니즘은 급진적이어야만 한다. 그렇지 않으면, 페미니즘이 되기를 중단하고, 현상 유지를 위해 새로운 지지를 끌어모으기 위한 절차로 되어 버린다. 여성들을 '해방'시켜서 여성이 다른 억압적인 기관에서 종사할 때 '평등한' 위치를 차지하고 또 다른 종류의 종속을 영속화하는 데서 '평등한' 역할을 공유할 수 있도록 하는 것은 사실상 상처뿐인 승리다.

제 4 장 제2의 성으로서 고객

독재는……사람들 사이의 격리가 독재를 계속 유지시키는 가장 확실한 보장으로 생각하며, 대체로 사람들을 격리된 상태로 두기 위해 모든 노력을 다한다.

-**토크빌**(Alexis C. H. M. Clérel de Tocqueville)

생산하는 '물품'이 사람이거나 혹은 사람에 대한 서비스인 관료제의 경우, 조직 내부 계급구조의 가장 낮은 단계에는 고객(client)* 이 있다. 조직위계를 분석할 때 고객을 자주 빼먹지만, 이들은 조직 내부뿐만 아니라 조직이 한 부분을 구성하고 있는 더 큰 계급구조 속에서 중대한 역할을 차지한다. 관료제적 자본주의의 주요 특성 중 하나는 조직의 역할이 증대하는 것인데, 그 역할의 표면적인 목표는 일을 처리하고, 규제하고, 면허를 주고, 인증하고, 숨기거나, 그게 아니면 개인을 통제하는 것들뿐이다. 이러한 조직들은 막대한 수의 사람을 고용하고 그래서 노동시장에 엄청난 영향력을

* client는 우리말로 소송 의뢰인, (공공기관에) 상담하는 사람, 민원인, 고객, 단골 손님, 사회복지의 수혜자 등으로 번역되며 사회복지 문헌에서는 클라이언트로 옮겨 쓰고 있어 이 용어가 사용되는 영역에 따라 달리 번역되고 있다. 이 책에서는 관료제라는 조직적 환경 속에서 상호작용하는 집단 중 하나로서 고객으로 번역되었으나 이 장에서 특히 사회복지 프로그램이나 복지 서비스의 수혜자를 의미할 때는 문맥에 따라 복지 수혜자로 번역했다.－옮긴이.

가지고 있다. 그들은 다른 조직을 위한 자원이 되고 그래서 거시적 수준에서 조직 간의 구조적 관계에 영향을 미친다. 그리고 그들은 생산되는 물품 그리고/혹은 서비스의 수혜자인 개인의 삶에 어느 정도 통제력을 행사한다.

수혜자의 범주는 개개의 조직과 맺고 있는 관계의 성격에 따라 구별되는 세 개의 서로 다른 집단으로 나뉠 수 있다. 복지 수혜자(client)는 자신들이 의존하고 있지만 거의 혹은 전혀 통제력을 행사하지 못하는 관료제와 활발하게 상호작용을 해야만 하는 이들이다. 예를 들면, 가난한 사람과 국가의 복지관료제(welfare bureaucracy) 간의 관계는 복지 수혜자 관계다. 구성 성분(constituent)은 하나의 관료제와 상호 의존적이며 그것에 대해 중요한 통제력을 행사할 수 있는 조직화된 집단이다. 예를 들면, 농업청(Farm Bureau)과 농림부(Department of Agriculture)의 관계는 구성 성분 관계다.[1] 소비자는 시장을 통해 물건과 서비스를 사는 사람들이다. 이 세 집단 간의 유사점과 차이점에 대한 면밀한 분석은 관료제적 자본주의의 계급구조를 이해하는 데 상당히 유익하다.

공적(정부의) 활동과 사적(기업의) 활동을 느슨하게 구분하면 복지 수혜자와 소비자 간의 구분 정도가 된다. 소비자는 시간, 존엄성, 혹은 자율성과 같은 것보다 약간 더 현실적인 형태인 돈으로 지불하기 때문에 물품이나 서비스를 공급하는 조직에 대한 의존 상태가 덜 심각하다. 소비자는 복지 수혜자보다 더 수동적인 수혜자인데, 왜냐하면 복지 수혜자는 지불받을 자격이 있고 받을 가치도 있다는 증거를 보여 주면서 해당 조직과 활발하게 상호작용을 해야 하지만 소비자는 단순히 지불만 하기 때문이다. 만일 교통 수단이 없고 음식을 살 수 있는 돈이 없다면 식료품 가게에 가는 것이 어려운 일일 수 있지만, 그렇다 하더라도 '원호금'을 받기 위해 사회봉사기관이나 실업사무소에 가는 것과는 매우 다르다. 그렇지만, 이러한 차이에도 불구하고, 두 범주는 그 외 다른 측면에서 점차 유사해지고 있다. 구성 성분과 다르게 복지 수혜자와 소비자는 거의 조직화되지 않거나 혹은 일제히

1) Eugene Lewis, *American Politics in a Bureaucratic Age*(Cambridge, Mass.: Winthrop, 1977).

함께 활동할 수 없고 또 자신들이 의존해 있는 조직의 활동에 아무런 영향도 미치지 못한다. 기업은 물품이나 서비스를 실제 생산하는 것과는 아무 상관이 없으며 오히려 그것을 소비할 사람들을 분석하는 것과 연관된 활동에 점차 더 많은 양의 자원을 쏟아붓는다. 광고, 마케팅, 영업 등에서 소비자의 행동과 태도를 통제하는 데 관여하는 방식은 복지관료제가 가난한 사람을 통제할 때나 학교가 학생을 통제할 때 사용하는 방식과 같다.

복지 수혜자와 소비자가 어떻게 구별되는가는 잘 알려져 있고 그 둘의 비슷한 점은 자주 지나치는 데 비해, 복지 수혜자와 구성 성분을 구별하는 것은 잘 알려져 있지 않고 또 둘 사이의 차이는 종종 위장된다. 예를 들면, 공공행정에 관한 대부분의 문헌을 읽을 때 우리는 저자들이 그 차이에 대해 알고 있는지 알 수가 없고, 조직의 업무 차트는 가난한 사람들이 건강과 인간서비스국(Health and Human Services)과 맺는 관계와 동일한 관계 속에 농업 기업과 농림부(Department of Agriculture)의 관계를 위치시킨다. 그러나 구성 성분은 매우 조직화되어 있고 각자의 기구에 속한 정책과 직원들에게 중요한 영향, 종종 결정적인 영향을 미칠 수 있는 강력한 집단이다. 주(州) 면허 기구(state licensing agencies)에 대한 미국의사협회의 관계 혹은 식품의약품안전청(Food and Drug Administration: FDA)에 대한 약품 로비 조직의 관계는 실업 상태의 독신 엄마들이 복지관료제와 맺고 있는 관계와는 다르다. 사회복지 문헌에서 언급되는 복지 기구와 같은 인간 서비스 조직들은 보통 자기들의 복지 수혜자를 인정하고 협상하려 하지 않을 뿐 아니라, 복지 수혜자 집단에서 직원들을 뽑지도 않는다. 학교의 구성 성분이 학생들이 아니라 조직화된 교사들과 행정가들인 것처럼 복지 기구의 구성 성분이라고 생각되는 집단은 전문 사회복지협회들이다. 인간 서비스 기구들은 조직이 다른 조직을 위한 자원이 되어 줌으로써 생존하고 번영하는 하나의 더 거대한 조직적 환경 속에 뿌리박고 있으며, 복지 수혜자와 그들의 관계는 복지 수혜자의 필요나 요구에 의해서가 아니라 대체로 조직이 서로 연계해야 할 필요성에 의해 결정된다.

대규모 수혜집단에 대한 많은 사례가 있지만－예를 들면, 대학에 대한 학생의 관계나 정부의 면허 부서에 대한 시민의 관계－수혜집단 중에서 가장 두드러지고 가장 명백한 피해자는 도시의 기층 계급(underclass)이다. 지난 20년 동안 많은 요인들—남부의 시골에서 북부의 중심 도시로 흑인들이 인구 이동을 함으로써 발생한 장기적 결과, 국내 경제의 불황, 생산의 기계적 능률화와 외국인 노동에의 의존 증대로 인한 신입 미숙련직의 감소, 공공복지와 인적 자원 프로그램의 확대 등등—은 "정부 보조금에 의존해 살며 정치적으로 활발하지 않은 기층 계급", 즉 게토 빈민을 만들어 내는 데 일조했다.[2] 서로 겹치는 도시의 자원 할당 네트워크—주택 시장, 직업 구조, 정치 체계, 교육 체계, 법—속에서 사회경제적 장벽은 빈민을 주변 사회로부터 고립시키고, 그들을 가두고, 그리고 궁극적으로는 그들을 정치적으로 수동적이 되게 만드는 제도적 통제의 '그물망'을 만들어 냈다.[3]

국가 노동시장에 대한 기층 계급의 관계는 복잡하다. 인구의 밑바닥 1/5로 정의되는 미국 빈민의 대부분은 근로 빈민들(working poor)이지만, 그들의 소득을 합한 것의 약 절반 정도는 사회복지 관료제로부터 나온다.[4] 근로 빈민들은 낮은 수당, 짧은 근속 기간, 기술 부족이나 기술을 배울 수 있는 가능성 부족, 혹은 거의 없는 승진 기회, 그리고 끝이 보이지 않는 불안정성이나 불안정성으로 위협받는 것이 특징인 '임시직'에 종사하면서 2차 노동시장을 들락거린다. 2차 노동시장의 임금은 노동자가 나이들거나 경험이 많아진다고 해서 상승하지 않으며 노동자의 교육 수준에 대한 보상도

---

2) Stephen P. Erie, "Two Faces of Ethnic Power: Comparing the Irish and Black Experiences," *Polity* 13(Winter, 1980): 261-284.

3) Harold Baron, "The Web of Urban Racism," in Louis Knowles & Kenneth Prewitt, eds., *Institutional Racism in America*(Englewood Cliffs, N.J.: Prentice-Hall, 1969) 참고.

4) Richard C. Edwards, *Contested Terrain*(New York: Basic Books, 1979), p. 186; Francis Fox Piven & Richard Cloward, *The New Class War*(New York: Pantheon Books, 1982), p. 15. 빈민의 약 절반 이상은 근로 빈민이다. 그 나머지는 주로 노인, 장애인 혹은 지병을 앓는 사람들, 어린이, 혹은 적절한 양육 시설을 갖지 못한 독신모들이다. 빈곤 가족 가장의 대다수는 적어도 시간제로 일하며, 복지급여를 받는 대부분의 독신모들은 노동 경험이 있으며 낮은 임금을 보충하기 위해 종종 복지급여를 사용한다. 빈민의 3/4가 농촌 지역 혹은 도시 중심부에 살고 있다. 농촌의 빈민은 고립되어 있기 때문에 사회 서비스 체계에 의해 영향을 적게 받으므로, 나의 논의는 봉사 기구의 복지 수혜자 집단을 이루고 있는 도시 빈민에 초점을 맞춘 것이다.

거의 없다.[5] 노조가 없는 작업장과 사무실에서, 식당과 패스트푸드 체인점에서, 소규모 기업에서, 건물관리 요원으로서, 그리고 그 외 비슷한 직업에 종사하는 인구는 주로 비주류 집단 남성과 여성, 25세 이상 여성, 10대, 그리고 전통적 근로 계층에 속한 일부 백인 남성들로 구성되어 있다. 빈민들은 1차 노동시장에 '인력 공급 체계' 역할을 하는 노조, 민간 서비스, 전문직 혹은 민간 기구, 학교, 은행과 신용기관, 사기업 등 이미 정착되어 있고 평판 좋은 제도와 연결되어 있지 못하다.[6] 노동을 함에도 불구하고, 그들은 "자신의 생계를 노동시장에 의존하는 만큼이나 정부에 의존하고" 있다.[7]

이러한 의존성 때문에, 도시의 게토(ghetto)는 점점 어빙 고프먼(Erving Goffman)이 그의 고전적 연구인 『수용시설(*Asylums*)』에서 묘사한 전체적 제도(total institution)와 유사해지고 있다. 전체적 제도는 "비슷한 상황에 있는 많은 수의 개인이 있으며, 상당히 오랜 기간 동안 사회로부터 격리된 거주 및 노동 장소는 폐쇄되고 공식적으로 관리되는 생활을 만들어 낸다." 모든 제도가 '에워싸는 경향'을 가지고 있지만, 전체적 제도는 종종 물리적 장벽이기도 한 "외부 세계와의 사회적 교제를 막는 장벽"을 세움으로써 거주자들을 울타리로 포위하는 측면에서 더 포괄적이다. 예를 들면, 수용소, 감옥, 정신병원, 양로원은 뾰족한 침이 있는 철조망, 무장 경호인, 잠긴 문, 높은 벽으로 둘러싸여 있다. 이 사람들에 비해 게토에 사는 사람들은 경제적인 면에서, 그리고 대체로 자신들의 인종적 지위면에서 '비슷한 입장'에 놓여 있지만 그들은 조금 덜 둘러싸여 있을 뿐이다—사회적으로 불안한 시기에는 경찰, 주방위군(전시에는 정규군으로 편입되는 미국의 예비 국방 인력—옮긴이)에 의해, 그리고 보통 때에는 전체 인구로 구성되어 있으면서 이탈을 막고 통제를 가하는 정치적·경제적·사회적 장벽들에 의해 둘러싸여 있다. 고프먼은 더 나아가서, "한 무리의 사람들로 구성된 관료제적 조직이 인간의 많은 욕구를 통제하는 것이……전체적 제도의 핵심적 사실"이라는 데에 주목한다.[8] 공적 보조금, 영양 프로그램, 그리고 그런 것들과 유사한

---

5) Edwards, *Contested Terrain*, pp. 161-183.
6) Douglas G. Glasgow, *The Black Underclass*(New York: Vintage Books, 1980), p. 7.
7) Piven & Cloward, *New Class War*, p. 15.

지원에 더욱 의존적으로 되어 가는 도시의 기층 계급은 이들 프로그램을 관장하는 서비스 관료제에 점점 더 의존하게 된다. 가장 나쁜 상황에서, 가장 일하고 싶지 않은 직업에 노동자를 제공하는 내부 식민지인 게토를, 이제는 기초적인 욕구를 해결하기 위해 외부로부터 통제되는 관료제에 주민들이 의존하게 만듦으로써 그들을 봉쇄하고 통제하는 전체적 제도인 게토가 보충한다.

전체적 제도로서 게토는 일탈적이고 위협적인 사람들을 다루기 위해 두 가지 전략을 결합한다. 즉, 분리(segregation)와 행정적 통제다. 푸코는 이 두 전략의 발원지가, 나환자를 비환자로부터 분리시켰지만 그것 외에는 환자들의 삶에 개입하지 않았던 나환자 거류지와, 비정상적인 사항을 측정하고 감독하고 교정하기 위해 기획된 일련의 규율적 기제를 페스트 감염자와 잠재적 감염자에게 적용했던 페스트 감염 마을들이었다고 본다. 19세기에 들어서 두 전략은 다음과 같은 이중적 통제 양식을 만들어 내면서 하나로 합쳐진다.

> 이원적인 분리와 혼합(미친/온전한, 위험한/위험하지 않은, 정상적/비정상적)의 이중적 통제 양식과, 강압적 할당과 차별적 배분(그는 누구며, 있어야 할 곳은 어디며, 어떻게 특징지어져야 하며, 어떻게 인식되어야 하며, 개별적인 방식으로 어떻게 지속적으로 감시되어야 할 것인가 등)의 이중적 통제 양식[9]

도시 게토는 나환자 거류지와 페스트 감염 도시를 현대판으로 합쳐놓은 것이다. 그것은 검은색—혹은 갈색—피부를 가진 사람과 가난한 사람들을 백인과 가난하지 않은 사람들로부터 분리시키고, 주민 전체를 대상으로 일탈행위나 잠재적 일탈행위(어떤 범죄를 범하기도 전에 가난한 어린이들을 '잠재적 청소년 범법자'로 낙인찍는 것에서처럼)를 하는지 살피고, 또 분리된 집단의 행동을 정의하고 감시하고 범주화하고 생산하고 감독한다.

다양한 인간 서비스 조직에 대한, 그리고 복지 수혜자 수준에서 인간 서비스 프로그램을 관장하는 일선 하급 관료에 대한 도시 빈민의 관계는 관

---

8) Erving Goffman, *Asylums*(Garden City, N.Y.: Anchor, 1961), pp. xiii, 4, 6.
9) Michel Foucault, *Discipline and Punish*(New York: Vintage Books, 1979), p. 199.

료제에 대한 복지 수혜자의 의존적인 관계를 여과 없이 고스란히 보여 주는 예다.

복지 수혜자는 인간 서비스 조직과의 관계에서 근본적으로 종속적인 위치를 차지하며, 자신들의 역할에 대해 성공적으로 협상하기 위해서는 다른 종속적 집단이 갖는 특징적 행동 전략 및 유형과 같은 일련의 특성, 즉 집단 내 여성 사이에서 발견되면 여성성의 측면들로서 인정되는 특성을 필요로 한다. 관료제에 근무하는 행정가처럼, 관료제가 제공하는 물품과 서비스를 받는 복지 수혜자는 자신들이 그 조직에 보여 주는 이미지에 끊임없이 맞추고, 또 인상관리 작업을 성공적으로 수행하고, 조직이나 조직의 대표가 제기할 요구들을 예측하고, 그리고 자신의 행동을 그에 맞춰 수정해야 하며, 그렇게 하지 못할 경우 중요한 서비스를 받지 못한다. 따라서 관료와 마찬가지로 복지 수혜자는 확장일로에 있는 관료제화에 따른 '여성화' 과정의 피해자들이다. 정치적인 행동을 도모하기 위해 도시 빈민을 조직화하려는 노력은 일부는 성공적이지만 영구적인 복지 수혜자 지위가 갖는 탈정치화 효과에 대처할 방법을 모색해야만 한다.

제 1 절 관료제적 자본주의 내의 인간 서비스 조직

복지국가의 제도는 후기 자본주의의 모순 속에 꼼짝없이 묶여 있으며 그러한 모순적인 경향은 그 제도 속에 구체적인 양상으로 나타난다. 복지 프로그램은 자본주의를 자본주의 자체로부터 구해 내기 위해, 즉 자본주의에서 "고질적으로 발생하는 체계의 문제들과 충족되지 못한 대규모 욕구들"을 제어하기 위해 도입되었다.[10] 자본주의 체계는 자본주의가 만들어 낸 문제들을 변상하려고 애쓴다. 예를 들면, 미국의 연방정부 및 주정부 주택

10) Claus Offe, "Advanced Capitalism and the Welfare State," *Politics and Society* 2 (Summer, 1972): 480.

당국은, 정부와 기업의 본부 혹은 고속도로 네트워크를 만드느라 이웃과 직업이 파괴되어 내부 도시가 붕괴되면 저소득층을 위한 주택을 짓고, 또 이동성이 높은 노동시장이 만들어짐으로써 확대가족이 사라지고 있는 사태를 만회하기 위해 나이든 사람들에게 빈약한 재정 및 의료 서비스를 제공한다. 관료제적 자본주의에 의해 제공되는 대부분의 실질적 혜택은 기업과 사업에 이익을 주는 방향으로 가거나, 또 그 혜택을 나눠 주는 국가로 가게 된다. 이것은 두 가지 방식으로 일어난다. 직접적인 측면에서 볼 때, 국방 및 우주 산업, 거대 에너지 기업집단, 농업 기업, 정부 보증 대여금 수혜 산업체, 사적 연구개발 업체, 그리고 기타 집단이 직접 공공자금으로 보조를 받는다. 그리고 간접적인 측면에서 볼 때, 대기 오염, 도망 기업(노동 법규 따위를 피해 다른 지방이나 외국으로 이전한 기업—옮긴이)에 의해 야기된 실업 등등처럼 기업 행위가 낳은 사회적 결과에 대해 기업에게 책임을 지우지 않으려 함으로써, 또 기업에 호의적인 세금 법안들을 만듦으로써 국가는 자본 투자 위험의 많은 부분을 사회화한다. 관료제적 자본주의 안에서 인간 서비스 조직이 하는 역할을 이해하는 데 좀 더 중요한 것은, 복지정책의 결과인 기층 계급 안정화로부터 회사와 정부조직이 혜택을 받는다는 점이다. 프랜시스 피븐(Francis Fox Piven), 리처드 클로워드(Richard Cloward), 그리고 그 동료들은 "포괄적인 구호 정책은 시민의 불복종을 잠재우기 위해," 즉 확대되는 빈곤과 곤경 때문에 발생하는 정치적·경제적 위험을 흡수해 버리기 위해 "고안된다"고 설득력 있게 증명했다.[11] 빈곤층의 확대는 시장의 부분적인 위기나 제2차 세계대전 이후 흑인들이 미국 북부로 옮겨가게 만든 남부 지방 농업의 기계화와 같은 노동 과정의 변화 때문

11) Francis F. Piven & Richard Cloward, *Regulating the Poor*(New York: Random House, 1971), p. xiii. Edward T. Jennings, Jr., "Social Amelioration Through Mass Insurgency Revisited: Another Look at the Welfare Consequences of Urban Riots" paper presented at the Midwest Political Science Association, Cincinnati, Ohio, April 16-18, 1981 참고. 반대 주장으로는 (그리고 그에 대한 피븐과 클로워드의 답으로는) Robert B. Albritton, "Social Amelioration Through Mass Insurgency? A Reexamination of the Piven and Cloward Thesis," *The American Political Science Review* 73(December, 1979): 1003-1023 참고.

에, 혹은 자동차 산업에서 로봇이 조립 라인의 근로자를 대체하기 때문에 일어난다. 그 어느 쪽이든, 증대하는 경제적 고초와 불안정이 내포하고 있는 정치적·경제적 안정성에 대한 실제적 그리고/혹은 잠재적 위협을 국가가 흡수하려고 하기 때문에 구호 대상자 목록도 뒤따라 길어진다.

그러나 길어진 구호 대상자 목록이 문제를 해결해 주지는 않는다. 그것은 관료제적 자본주의에 내재한 모순이 가지고 있는 서로 다른 측면을 드러낼 뿐이다. 구호 대상자 목록이 길어지면, 임금 수준과 상관없이 아무 일자리나 구해야 하는 압력에 노동자들이 더 저항할 수 있게 되므로 이들의 협상력이 커진다. "소득보전 프로그램은 경제적 불안을 빌미로 임금을 낮추려는 자본의 능력을 약화시켰다……이런 프로그램은 기업과 노동자 간의 투쟁 조건을 변화시켰다."[12] 구호의 확대는 또한 취업을 위해 공공 서비스 프로그램에 의존하는 사람들, 즉 자신이 고용되어 있는 서비스를 계속적으로 확대시켜야 한다고 외치는 일선 하위 관료들과 광대한 군단의 관리자 수를 증가시켰다. 공적 사회 서비스 예산은 공무원과 복지 수혜자에게 똑같이 가게 되기 때문에 도대체 누가 "복지 수혜를 받는 대상인가" 하고 사람들이 묻는 것도 당연하다.[13] 공적 서비스가 제공하는 혜택의 범위를 축소하려 하고 따라서 노동 규범을 강화하려는 노력은 이제 프로그램을 시행하는 관료제 내부에 자리 잡고 있는 지역의 조직화된 구성 성분으로부터의 저항에 직면하게 된다. 사회 프로그램의 대폭적인 축소는 전체 노동시장에 엄청난 충격을 주게 된다. 즉, 1차 노동시장은 실직한 관리자, 감독, 기술 근로자, 전문가들로 넘쳐나게 되며, 2차 노동시장은 과거에 복지 수혜자였던 사람들로 넘치게 되는데 이들은 대부분 돈을 벌 수 있는 기술을 거의 갖지 못한 여성으로 구성되어 있으며, 식당, 술집, 의료시설, 사무실 등에서 요리하고 청소하고 서비스를 제공하는 여성과 일자리를 두고 경쟁한다.[14] 요약하자면, 관료제적 자본주의의 모순은 복지를 축소함으로써 치유될 수

12) Piven & Cloward, *New Class War*, p. 31.
13) David Street, George T. Martin, Jr., & Laura Kramer Gordon, *The Welfare Industry*(Beverly Hills, Calif.: Sage Publications, 1979), p. 8.
14) Piven & Cloward, *New Class War*, p. 36-37.

없는 것처럼 복지를 확대함으로써도 치유될 수 없다는 것이다. 결과적으로, 관료제적 자본주의 체계는 17세기에 자유방임주의라는 신화의 이름으로 '큰 정부'에 대해 가한 고전적 자유주의자의 공격과, 인간애적 충동 혹은 정치적 안정을 위한 요건, 혹은 이 두 가지 모두에 대한 개량적 자유주의의 호소 사이를 왔다 갔다 하고 있다.

체계의 모순은 "미국 사회 전체에 있는 모순적인 경향의 조직적 형체화"를 대변하는 다양한 인간 서비스 조직 속에 제도화된다.[15] 조직을 연구한 주류 사회과학 문헌에서는 모순을 대체로 "상충하는 목표"로, 즉 공표된 목표를 조직이 합리적으로 추구할 수 있도록 극복되어야 할 동기 부족 문제, 부적절한 자원 배정, 잘못된 의사소통, 무능한 관리, 혹은 다른 종류의 오류로 인식한다.[16] 이 모든 문제가 존재하는 것이 당연한데도, 조직 내의 상충하는 목표를 설명하기 위해 그것들을 살펴보는 것은 증상을 원인으로 착각하는 처사다. 인간 서비스 조직의 '위태로운 영역합의(precarious domain consensus)'는 체계 모순의 결과를 강화하면서 또 경감하려는 그들의 동시적 노력을 반영한다. 동시적 노력이란 가난한 사람들을 돕는 것과 그들을 구호자 목록에서 제외하려는 것, 범죄자를 재활시키는 것과 그들을 처벌하는 것, 일탈자를 재통합시키려는 것과 그들을 대중의 눈에 보이지 않게 하려는 것을 말한다.

역사적으로 서비스 조직이 그들 내부의 상충하는 목표를 처리해 왔던 한 가지 접근법은, 수혜 자격이 있는 빈민과 자격이 없는 빈민을 구분한 것이다. 근대 전반에 걸쳐, 특히 10세기와 20세기에, 빈민은 범죄자 및 일탈자와 어느 정도 직접적으로 관련지어졌으며, 빈민 구호는 항상 강요된 근로 및 수감과 제도적으로 관련되어 있었다. 그러나 '진짜 수요자'(조용하고, 위협적이지 않은 보통의 빈민)는 '공짜 식객'(다스리기 힘든 사람, 이민자, 성인

15) Michael Lipsky, *Street-Level Bureaucracy*(New York: Russell Sage, 1980), p. 183.
16) 페로(Charles Perrow)는 관련 문헌의 전체적 추세에서 볼 때 예외적인 경우인 자신의 탁월한 논문 "Demystifying Organizations"에서 이 점을 잘 지적하고 있다. Perrow, in Rosemary C. Sarri & Yeheskel Hasenfeld, eds., *The Management of Human Services*(New York: Columbia University Press, 1978), pp. 103-120 참고.

빈민)과는 수사학적으로 구분되어, 도덕적으로 덜 나쁘고 그래서 처벌받기보다 동정받을 자격이 있다고 여겨졌다.[17] 또 다른 접근법은 원조를 받는 사람들이 "너무나 싫고 너무 창피해서 오히려 가장 고된 노동을 하는 게 낫다고 여기게끔" 하는 상황을 만드는 것이었다.[18] 이 두 가지 접근법은 모두 복지시설의 모순된 임무를 합법화하면서도 동시에 위장하는－원조를 제공함으로써 빈민들을 안정시키고 원조를 삭감함으로써 노동 규범을 강화하는－전략들이다.

인간 서비스 조직은 사업 수행에서 경찰과 군대의 지원을 받는다. 경찰은 비교적 평화로운 시절에 경제적으로 박탈당한 사람들을 안정시키는 데 비해 군대는 '전쟁' 시기에 게토를 '안정시킨다'. 굴드너가 내부 식민주의(internal colonialism)에 대한 그의 논의에서 지적하고 있는 것처럼, "테러와 관료제는 모두 어떤 특정 집단에 속하지 않는 사람들이 그 집단에 영향을 미치는 방식이며 그 집단이 속한 계층 외부의 어느 곳에서부터 그 집단을 지배하는 방식이다."[19] 사회 서비스 그리고 경찰 및 군대 관료제가 더욱더 결합되고 있어서 이들 두 기능은 분리될 수 없게 된다. 즉 빈민은 직업 '훈련'과 노동 경험을 위해 군대에 위탁되고, 학생은 고등 교육을 위해 민간의 재정 지원을 받는 대신 군복무에 헌신할 것을 수반하는 ROTC 장학금에 위탁되며, 복지 신청자가 복지 수혜 자격이 있는지 결정하기 위해 범죄를 범하기 전인데도 이들을 조사하도록 경찰이 활용된다.[20] 관료제 간의

---

17) Dario Melossi & Massimo Parvarini, *The Prison and the Factory*(Totowa, N.J.: Barnes and Noble, 1981), p. 66와 그 외 여러 곳. 복지급여를 받을 자격이 있는 사람/받을 자격이 없는 사람(deserving/undeserving) 간의 구분이 복지에 관한 논쟁의 한가운데에 있음을 보여 주는 미국 사회복지 프로그램의 간단한 역사에 대해서는 Kristen Grønbjerg, David Street, & Gerald D. Suttles, *Poverty and Social Change*(Chicago: University of Chicago Press, 1978) 참고. 또한 Betty Reid Mandell, *Welfare in America: Controlling the Dangerous Classes*(Englewood Cliffs, N.J.: Prentice-Hall, 1975) 참고.

18) Piven & Cloward, *New Class War*, p. 61.

19) Alvin W. Gouldner, "Stalinism: A Study of Internal Colonialism," *Telos* 34(Winter, 1977-1978): 43.

20) Robert Lindsey, "California Weighs Plan to Curb Welfare Fraud," *The New York Times*, February 27, 1983, p. 26.

중복성과 상호 침투의 이와 같은 증가는, 특수하게는 복지 수혜자에게, 일반적으로는 시민에게 규율적 통제가 전반적으로 강화된다는 표시다.

왜냐하면, 인간 서비스 조직은 관료제적 자본주의의 조직적 맥락 속에 자리 잡고 있기 때문에 생존하기 위해 반드시 다른 조직을 위한 자원이 되어야만 하기 때문이다. 사회 서비스 기구와 다른 조직 간의 관계는 이 기구/조직의 내부적 작동의 지엽적인 측면이 아니라 오히려 내부적 작동을 결정하는 중요 요소다.[21] 이 기구들은 빈민을 안정시킴으로써 다른 조직의 엘리트들에게 혜택을 준다. 즉, 정치가는 "도시 폭동을 잠재웠다"고 주장할 수 있고, 경제 엘리트는 안정적 투자 환경과, 정부보조금을 지급받는 소비재 수요, 그리고 믿을 만한—즉, 길들여진—예비 노동력을 보장받게 된다.[22] 피븐과 클로워드는 서비스 전달 관료제를 둘러싸고 있으면서 서로 연결된 조직 네트워크에 대해 훌륭하게 요약하고 있다.

> 이 장치는 은퇴급여, 실업보험, 공적 복지, 푸드 스탬프 급여(food stamp benefits: 복지정책의 일환으로 가난한 사람들에게 음식을 살 수 있는 표를 나눠 주는 것—옮긴이), 메디케이드, 메디케어(Medicaid, Medicare: 가난한 사람들에게 제공하는 미국 의료보장제도 종류—옮긴이), 주택 보조를 시행하는 공공 기구를 포함한다. 이 장치는 구직 프로그램과 직업 훈련 프로그램을 운영하는 조직을 포함하며, 상담이나 여러 종류의 재활 서비스를 제공하고, 환경적 규제 혹은 적극적 조치에 의한 규제를 시행한다. 또 이 장치는 엄청난 수의 공식 교육제도, 사회봉사 기구, 병원, 양로원 그 외 다른 의료 체계들 같은 더 오래되고 더 큰 조직들, 그리고 심지어 건축, 부동산, 그리고 소매 식품산업과 같은 사기업 부문에까지 영향을 미치는 프로그램들을 포함한다. 다시 말하면, 이 장치는 정부는 물론 비정부 제도의 모든 차원에 뿌리내리고 있다. 그 장치에는 공무원, 사회복지사, 건설 근로자, 교사, 의사, 정신 의료 종사자들로 이루어진 수백만 명이 근무하고 있다.[23]

인간 서비스 기구 사이의 '원조 관계'를 보여 주는 예는 많다. 메디케이드

21) 페로는 이 점을 잘 지적하고 있다. 즉, 주류 조직이론은 대체로 '환경'의 중요성을 인식하고 있으며 그래서 그 점을 무시하거나 혹은 그것을 분석의 주변으로 밀쳐놓는다.

22) Piven & Cloward, *The Politics of Turmoil*(New York: Random House, 1965), pp. 7-8 외 여러 곳.

23) Piven & Cloward, *New Class War*, p. 120.

진료소는 병원과 약품 회사에게 보증된 수요처 역할을 한다. 헤로인 중독자를 위한 메타돈 유지법 진료소(Methadone maintenance clinic: 헤로인 중독 등의 치료에 메타돈을 치료용 마약으로 쓰는 진료소—옮긴이)는 약품 회사를 위한 보증된 시장을 제공하며, 사실상 그런 진료소는 약품 회사에서 온 대표들을 정책개발위원회에 자주 포함하고 있다. 감옥에 있는 공장이나 밭에서 일하는 수감자들은 지방 기업에 노동력과 물자 둘 다를 제공한다. 부동산 회사는 시장가격의 몇 배나 높은 가격으로 뉴욕 시의 빈곤구제 프로그램과 탁아센터에 건물을 임대한다.[24] 공공주택기관과 복지기구는 상호 지원적이다. 주택정책을 통해 복지 수혜자가 지불하는 임대료는 종종 복지 수혜자가 아닌 사람이 동일한 아파트에 대해 지불하는 액수보다 더 높으며, 복지 수급비가 오르면 임대료도 자동적으로 오른다.[25] 기구에서는 '조직 통합과 협력 전략'을 추구하면서 복지 수혜자와 직원 간의 교류를 활성화하기 위해 다른 기구와의 유대 관계를 고안해 내도록 소속 전문가를 이용한다. 이것은 인간 서비스 영역의 전문 용어로는 '문제에 대한 다면적 접근법'이라 불리지만, 조직 용어로는 엘리트 간의 상호 조정 과정이다. 기구의 내부적 계획과 서비스 전달에서 다중 개입 체계에 집중하는 것은 관료제 자체에는 점점 더, 일선 서비스의 실제 전달에는 점점 덜 초점을 맞추게 하지만 그와 같은 목표 전도는 조직 자체의 유지와 확장이라는 조직 목표를 추구하는 데에는 유용하다.

이런 관계들이 특정 조직 내부의 부패나 특정 행정가의 나쁜 의도에서 비롯된다고 가정하는 것은 오해다. 부패와 나쁜 의도가 있을 수도 있지만, 사실상 이러한 연관성은 조직 간의 구조적 관계 때문에 생긴다. 예산을 집행하는 과정에서 일어나는 정치, 조직환경 속에서 지원적인 분위기를 유지하는 것의 중요성, 그리고 복지 수혜자의 낮은 사회적 지위에 익숙한 대부분의 행정가들은 복지 수혜자에 대한 서비스의 실제적 전달이 더 결정적인 두 가지 기능—복지 수혜자의 행동을 적절하게 규제하고 통제하는 것과,

24) Perrow, “Demystifying Organizations” pp. 113-114, 110.
25) Paul Jacobs, “Prelude to Riot,” in Virginia B. Ermer & John H. Strange, eds., *Blacks and Bureaucracy*(New York: Thomas Y. Crowell, 1972), pp. 93-108.

다른 조직과 안정된 연계성을 유지하는 것—에 비해 부차적이라는 점을 알고 있다. 규제 기능과 관련해서, 노련한 관리자들은 조직에서 공표된 서비스 목표가 달성되기 어렵다는 사실이 널리 인식되고 있다는 것과, 또 복지 수혜자를 도와 준 기록보다는 그들을 감시하고 규제하고 숨기는 능력에 따라 조직이 평가된다는 것을 알고 있다. 페로는 다음과 같이 주장한다.

> 교도관이 수감자를 재활시키지 않았다고 해서, 정신과 행정가나 치료사들이 미친 사람을 치료하지 않았다고 해서, 복지 행정가가 사람들을 일하게 만들지 않는다거나 혹은 부서진 집을 수리하거나 그들의 수급액을 높인다고 해서 해고되지는 않는다. 기준은 "1인당 어느 정도의 비용으로 얼마나 많은 사람을 규제했는가?"가 될 가능성이 더 높다. 효과적인 행정가는 공표된 목표를 달성하지 못했다고 해서 그것이 곧 그 혹은 그녀의 몰락을 의미하지 않으며, 조직의 몰락을 의미하는 것은 더더욱 아니라는 것을 안다. 그러나 그 혹은 그녀가 담당한 사람들을 통제, 회유, 혹은 규제하는 데 실패하면 자신에게 문제가 된다.[26]

조직환경에서 기구의 위치를 확보하는 것과 관련하여, 뛰어난 행정가는 대체로 자신의 경력과 소속 부서의 미래 모두 다른 조직과 집단, 특히 좀 더 강력한 회원, 구성 성분, 혹은 조직적 연계를 가진 조직이나 집단에 하나의 자원으로서 기여할 수 있는 자신의 능력에 크게 의존한다는 것을 알고 있다. 행정가가 이러한 목표를 추구하게 되면 대체로 서비스가 파편화되고, 직원 간에 일체감이 부족해지고, 각자의 영토와 영역을 광적으로 방어하게 되며, 그리고 바람직하지 못한 복지 수혜자(즉, 신체적으로나 심리적으로 호감이 가지 않거나, 혹은 심각한 문제를 일으키거나 반항적인 사람)를 거부하게 된다.[27] 복지 수혜자는 구성 성분이 아니기 때문에 (복지 수혜자가 스스로 조직하여 서비스 기구의 구성 성분들이 되는 극히 드문 경우를 제외하고는) 협상 과정에 들어가지 못한다. 복지 수혜자는 자신을 대상으로 직접적으로 정책을 집행하는 일선 관료에게조차도 1차적 준거집단이 아니지만, 프로그램에 사용되는 자원의 할당을 담당하는 관리자에게

26) Perrow, "Demystifying Organizations." p. 109.
27) Sarri & Hasenfeld, eds., *Management of Human Services*, p. 2.

는 더더욱 그러하다.[28] 복지 수혜자는 기구의 운영 내용을 규정할 때 고려되는 집단들에 포함되지 않기 때문에, 서비스 노동자들이 복지 수혜자를 만족시키지 못함으로써 잃는 것은 거의 없으며, 이들은 또 복지 수혜자에게 주어질 서비스나 복지 수혜자의 수를 감축함으로써 사실상 보상을 받을 수도 있다.[29] 클라우스 오페(Claus Offe)의 말에 따르자면, 도시 빈민은 엘리트와 효과적으로 협상하는 데 필요한 자원을 갖지 못하며, 또 이들이 요구하는 것들이 명료하게 표출될 경우 체계 자체를 위험에 빠뜨리게 할 수도 있다는 점에서 '방치된 제도적 집단'을 구성한다.[30] 기술주의적 정치 과정에 제도화된 우선 순위 유형은 기층 계급이 규칙대로만 움직일 경우 아무런 성과도 얻을 수 없게끔 만들어 놓았다. 왜냐하면, 규칙은 협상에서 영향력을 발휘할 수 있는 사람들만을 받아들이도록 짜여져 있기 때문이다. 도시 빈민은 규칙을 교묘하게 우회함으로써, "만일 그들의 주장이 무시된다면 그 결과로 일어날 (혹은 그들이 촉발하게 될) 위험스러운 결말을 보여주는 믿을 만한 사례를 제시할" 때만이 소기의 성과를 얻는다.[31] 피븐과 클로워드가 간단명료하게 말한 바처럼, "차분한 빈자(貧者)는 아무것도 얻지 못하지만, 난리법석을 떠는 빈자는 가끔 무엇인가를 얻는다."[32]

복지 수혜자 중 아무도 서비스 조직에 의해 지원받은 적이 없는 것처럼

28) Lipsky, *Street-Level Bureaucracy*, p. 47.

29) 같은 책 p. 55.

30) Claus Offe, "Political Authority and Class Structure," *International Journal of Sociology* 2(Spring, 1972): 83.

31) 같은 책, pp. 100-101.

32) Piven & Cloward, *Regulating the Poor*, p. 338. 자신들의 책 *The New Class War*에서 피븐과 클로워드는 서비스 기구가 "제공된 복지급여와 서비스에 의해, 혹은 시행된 규제에 의해 대중적 지지자들과 단단히 연결되어 있는데, 이 연계고리는 [그들을] 끊임없이 노출시키고 또 광범위한 인구 집단들에게로 연결시킨다"고 주장한다(p. 120). 그러나 내가 보기에, 서비스 기구가 얼마나 복지 수혜자에게 접근 가능한가에 대한 그들의 추정은 과장되었다. 즉, 기구가 특정 집단의 이해 관계 속에서 활동하도록 되어 있다는 사실이 곧 그들이 그런 집단에 접근 가능하게 해 주지는 않는다. 복지 기구들은 생존을 위해 기층 계급에 의존하고 있지만, 기층 계급이 철회하거나 혹은 철회할 거라고 위협할 수 있는 유일한 '자원'은 복지 수혜자 역할에 대한 기층 계급의 복종이다. 복지 수혜자 역할에 반대하여 효과적으로 조직화하거나 혹은 폭동을 일으키는 둘 중의 하나를 택함으로써.

말하는 것도 또한 오해의 소지가 있다. 아무것도 가진 것이 없는 사람과 일탈자들은 생존하려고 투쟁하는 과정에서 종종 극히 미미하지만 중요한 지원을 받는다. 그러나, 서비스를 제공하는 과정에서 취해지는 접근 방법은 다른 조직 엘리트가 받아들일 수 있는 용어로 매우 엄격하게 정의되어 있다. 복지 체계의 프로그램은 경제적 곤경의 진원지에 대해서는 언급하지 않으면서 곤경이 확대되는 것이 가져올 정치적 위험성을 우선적으로 다루고자 하는 의도를 띤 '명백히 관리(管理) 위주의 정치'를 반영한다.[33] 부(富)의 분배 및 직업의 분배와 관련된 문제들은 계급적 용어로는 결코 표현되지 않으며, 오직 개인적 일탈의 언어로만 표현된다. 페로는 이 점을 다시금 명확히 한다.

> 가난한 사람을 돕기 위해 의도적으로 다음 행동을 하는 것은 기구의 간부를 위해 전혀 유익하지 않다. 즉, 부자에게 세금을 무겁게 부과해서 그만큼을 가난한 사람에게 주거나 혹은 고임금 관리의 월급을 깎아서 그 돈을 가난한 사람을 위한 직업 창출 사업, 예를 들면 빈민가 주택개량 사업에 사용함으로써 지역사회에 부를 대규모로 재분배하는 것, 더 많은 도움을 주기 위해 다른 기구에서 벌어지는 비효율과 부패를 조사하는 것, 혹은 선출된 관리를 제거하거나 혹은 심지어 정부를 구조조정할 수 있도록 가난한 사람을 효과적인 정치적 세력으로 조직화하는 것 등이다.[34]

한 조직에 의해 제안된 '해법'은 대체로 좀 더 강력한 다른 조직에 이미 확립되어 있는 활동 영역을 방해하지 않아야만 한다. 관료제적 해법은, 만일 가난한 사람이 재판을 평등하게 받을 수 없다면 그들에게 법률가를 제공하는 것이고, 만일 가난한 사람이 부적절한 의료 체계를 가지고 있다면 진료소를 세우는 것이고, 만일 그들이 교육받을 기회를 거부당한다면 취학전 개발 프로그램과 특별교육반을 만드는 것이다. 답은 언제나 "그들이 관료제를 삼키게 하라"인 것 같다. 가난한 사람에 대한 서비스를 거부하게 만드는 토대인 소득 불평등을 조장하는 체계를 심각하게 헝클지 않는 상태에

---

33) Piven & Cloward, *Regulating the Poor*, p. 249.
34) Perrow, "Demystifying Organizations," p. 114.

서, 더 많은 기구가 만들어지고 관리자와 일선 관료에게는 더 많은 취업 기회가 생긴다.[35] 깊이 뿌리박혀 있는 경제적·정치적·사회적 문제의 진원지를 실제로 언급하는 것은 서로 맞물려 있는 엘리트의 이해관계에 도전할 뿐만 아니라, 복지관료제가 있어야 하는 이유를 대변해 주는 바로 그 사람들-가난한 사람들-을 동요하게 만든다.

제 2 절 관료제 담론과 복지 수혜자의 생산

푸코가 분석한 파놉티콘(panopticon)처럼, 서비스 관료제는 복지 수혜자에게 권력을 행사함으로써 그들에 관한 지식을 생산해 낸다. 물론 관료제 담론(bureaucratic discourse)이 가난한 사람들을 생산하지는 않지만, **복지 수혜자**를 생산한다. 즉, 관료제 담론은 개별 주체성이 담론의 특성에 의해 형성되고 구체화되며, 서비스 조직의 언어와 제도에 의해 제약을 받는 상호작용 영역 안에서 태도와 행동이 만들어지는 개인을 생산한다. 푸코에 따르면, 파놉티콘은 "권력의 실험실 같은 기능을 한다. 파놉티콘은 그것이 가진 관찰 장치 덕분에 사람의 행동 속으로 침투할 수 있는 능력과 효율성을 가질 수 있다. 지식은 권력이 행사되는 표면 전체에서 지식의 새로운 대상들을 발견하면서 권력을 향상시키려 한다."[36]

복지 수혜자에 대한 지식은 빈민이 공식적으로 진단받고 치료되는 곳, 즉 그들이 반드시 연기해야 할 배역과 그들이 따라야 할 대본이 정해져 있는 곳인 서비스 관료제에서 (그리고 그들을 학문적으로 지원하는 제도인 대학의 사회복지 프로그램에서) 생산된다. 사회복지사, 판사, 경찰, 정신건강치료사, 보호관찰관, 상담가 등과 이와 같은 관료의 관리자를 포함하여, 복지 수혜자와 상호작용하는 일선 관료는 인정받은 빈민 전문가들이다. 그

35) Lipsky, *Street-Level Bureaucracy*, p. 7.
36) Foucault, *Discipline and Punish*, p. 204.

들은 진지한 의사 표시 행위의 영역에 들어갈 수 있는 자격, 즉 제도화된 정당성에 의해 뒷받침되는 진단과 치료를 제공할 수 있는 자격을 갖춘 사람들이다. 빈민, 정신질환자, 범죄자는 단순히 일탈을 했다는 이유로 스스로 지식을 얻기 위한 진지한 의사 표현 행동을 할 지위를 요구할 수 없으며, 만약 자신의 말이 청취되기를 바란다면 관료제 담론으로 자신을 재정의해야만 한다. 복지 수혜자는 사적, 주관적, 그리고 편견에 찬 가치를 바탕으로 움직인다고 여겨지는데 비해, 서비스 관료제는 자신들이 중립적, 객관적, 과학적인 규칙을 바탕으로 운영된다고 주장한다.37)

치료 언어는 복지 수혜자에게 제한된 수의 역할과 사건만을 제공하며, 이러한 역할과 사건은 치료, 강화, 그리고 개인적 재활의 용어들로 정의된다. 복지 수혜자는 하나의 사회복지 사례(case)가 되어야 하며, 사례가 되기 위해서는 검사 과정을 통과해야 하고 자신들이 복지 혜택을 받을 자격과 요건을 모두 갖추고 있음을 증명해야만 한다. 푸코가 명확히 하고 있듯이, 측정되고 있는 것은 그 사람의 환경이 아니라 주체성이다.

> 모든 문서 관련 기술에 둘러싸인 검사는 개인을 하나의 '사례'로 만든다. 즉, 이 사례는 즉각적이자 동시적으로 한 분파의 지식을 위한 하나의 대상(object)이며 또 한 분파의 권력을 위한 지배력을 구성하는 사례다. 궤변 혹은 법리에서처럼, 그 사례는 더 이상 행동을 정의하는 일련의 상황이 아니며, 또 더 이상 규

---

37) 담론을 통해 기구에는 객관성을, 그리고 복지 수혜자에게 주체성을 부여하는 경우로는 Giorgio Inzerilli, "The Organization-Client Relationship as an Aspect of Inter-organizational Analysis," *Human Relations* 32(1979): 419-437 참고. 이 논문은 미쳐 날뛰는 체계 이론의 좋은 예다. 저자인 인저릴리는 그 관계가 복지 수혜자에게 이로운 방향으로 '너무 많이' 변화하는 상황인 조직-복지 수혜자 관계의 '탈관료제화'에 대해 관심을 두고 있다. 캐츠(Elihu Katz)와 아이젠슈타트(S. N. Eisenstadt)가 수행한 유명한 연구, "Some Sociological Observations on the Response of Israeli Organizations to New Immigrants," *Administrative Science Quarterly* 5(1960): 113-133에서 끌어낸 인저릴리의 예들은 버스 운전사가 이민자에게 승객으로 행동하는 것이 어떤 것인지를 가르치거나, 간호사가 이민 여성에게 남편과 상대한 그들의 권리에 대해 말해 주는 것처럼, 관료가 복지 수혜자를 전인적 인간으로 대우하고 또 그들에게 필요한 정보를 가르쳐 주려고 애쓰는 상황과 관련된 것이다. 인저릴리가 우려하는 바는 그런 환경에서 복지 수혜자가 너무 많은 권력을 가지고 조직의 '평형'을 깨뜨려서 그것이 더 이상 '이상적인 관료제'가 되지 못하게 만들 수 있다는 것이다.

> 칙을 수정해서 적용할 능력도 없다. 자신의 개별성 속에서 설명되고, 판단되고, 측정되고, 다른 사람들과 비교되는 것은 바로 그 개인이다. 또한 훈련되거나 교정되고, 분류되고, 정상화되고, 배제되어야 하는 등의 대상도 바로 그 개인이다.[38]

대체로 사회에서 일반인이 취할 수 있는 좀 더 다양하고 융통성 있는 역할과 비교해 볼 때, 복지 수혜자가 취할 수 있는 역할은 무역할(無役割) 혹은 재능을 발휘할 수 없는 역할들—퇴학자, 미혼모, 문화적 혜택을 못 받는 아이, 취업이 불가능한 사람—을 참조하여 부정적으로 정의된다.[39] 예를 들면, 요양원 거주자들은 환자로 불리며, 204호에 있는 '뇌졸중' 혹은 121호에 있는 '엉덩이뼈 골절'처럼 그들의 병명에 따라 정의된다. 지위의 의료화를 통해, 노인은 치유될 수 없으며 따라서 희망 없는 사람으로 여겨지고, 또 요양원이 자신의 의료 지위를 정당화하고, 거주자들을 유순하게 만들고, 또 필요한 수용 비율을 유지하기 위해 시도하듯이, 그들은 종종 과잉 진료되고 과잉 치료된다.[40] 정신병 환자에게는 일상생활 활동이 치료와 회복의 언어로 재정의된다. 그들은 춤을 추는 게 아니라, 춤 치료를 받는다. 그들은 배구나 카드게임을 하는 게 아니라 레크리에이션 치료를 받는다. 그들은 토론을 하는 것이 아니라 집단치료를 받는다. 그들은 읽는 것이 아니라 '독서 요법(biblio therapy)'에 참여한다.[41] 전문가의 진료에 항의하는 것은, 자신의 문제가 발견되는 것을 피하기 위해 건강한 것처럼 가장함으로써 '건강을 향해 도피'하기 위해 혹은 건강을 '거부'하려는 행동으로 간주된다. 음식, 수면, 혹은 인간적 접촉의 박탈, 심각한 감금, 공개적인 굴욕, 힘든 노동, 혹은 극단적 진정 상태처럼 고문과 매우 흡사한 치료라 할지라도, 치료에

---

38) Foucault, *Discipline and Punish*, p. 191.

39) Piven & Cloward, "The Professional Bureaucracies: Benefit Systems as Influence Systems," in Ermer & Strange, eds., *Blacks and Bureaucracy*, p. 214.

40) Jeffrey Wack & Judith Rodin, "Nursing Homes for the Aged: The Human Consequences of Legislation-Shaped Environments," *Journal of Social Issues* 34(1978): 7-12.

41) Murray Edelman, "The Political Language of the Helping Professions," *Politics and Society* 4(1964): 297.

저항하는 것은 '교정 불가능 상태', '탈출자', 혹은 '사회적 불통합 상태'로 낙인찍히게 된다.[42] 아무런 자원도 없는 그런 사람들의 자포자기는 만족을 유예할 수 있는 능력이 없는 것으로 해석되며, 한 사람의 전체적 인간으로 취급받으려 하고 관료적이 아니라 인간적인 토대 위에서 상호작용하고자 하는 욕망은 '유아적인' 것으로 간주된다.

서비스 조직의 규율적 상황은 사회보장 프로그램의 법적·담론적(juridico-discursive) 맥락과 비교함으로써 잘 설명될 수 있다. 연금 수령자는 '수익자(beneficiary)'로 불리며 수익은 '권리'로 여겨진다. '사회보험'의 이미지가 강조되며, 직원들은 상업적 영업 거래처럼 보이는 '청구 담당자'(청구된 복지급여를 심사, 지급하는 업무를 담당하는 직원-옮긴이)로 불린다. 연금 수령자는 복지 수혜자로서보다는 소비자로 여겨지며, 담당자의 사무 현장은 시민이 당연히 받을 것을 받는 사무직의 조용한 거래 장면이다. 그에 비해, 복지사무소는 태도와 복장 모두에서 분명히 드러나듯이 복지 수혜자보다 직원이 더 높은 지위를 차지하는 것이 특징이다. 직원들은 '케이스워커(caseworker)'나 '적격 여부 심사직원'이라 불리며, 복지 수혜자가 케이스워커가 돌봐야 할 사례가 되기 위해서는 반드시 자신이 사례로서의 자격이 있음을 증명해야만 한다. 면접이 이루어지는 작은 칸막이 방은 상호간 평등성과 비밀 보장 모두가 부족하며, 상업적 거래 장소보다는 "절망적 상태가 드러나게 되는 곳으로서 육체적 생존이 일종의 참회와 맞바꿔지는" 고해실과 닮았다.[43] 복지 심사는 푸코가 빅토리아 시대의 산물로 규정한 섹슈얼리티에 대한 규율적 조사를 재연한다. 복지 수혜자는 성적 행동, 자녀 출산과 자녀 양육의 실천, 그리고 생활 계획에 대한 개인적 사항을 자세히 밝힐 것이 기대되며 여기서 얻은 지식은 다른 행동을 통제하는 데 사용된다. 푸코에 따르면, 이러한 심사 과정을 "시행하기 위해서는 한결같으며, 주의깊고, 호기심이 많은 태도가 요구되었다. 심사를 시행하기 위해서는 근접

42) Lipsky, *Street-Level Bureaucracy*, p. 56. Jack Abbott, *The Belly of the Beast* (New York: Random House, 1982)도 참고할 것.

43) Charles T. Goodsell, "Client Evaluation of Three Welfare Programs," *Administration and Society* 12(August, 1980): 126.

성이 미리 확보되어야 했고, 검사와 집요한 관찰을 통해 심사가 진행되었으며, 심사는 자백을 강요하는 질문을 통한 담론의 교환을 요구함과 동시에 제기된 질문들의 범위를 능가하는 확신을 필요로 했다."[44] 섹슈얼리티에 대한 빅토리아 시대적 조사가 몸에 대한 규율 권력을 잠식함으로써 당시 사람들을 그토록 타락에 열중케 했던 것처럼, '복지 사기꾼' 같은 불법적인 부류에 대한 서비스 조직의 집착은 빈민에게 관료제적 자본주의의 권력을 행사하게 만듦으로써 오히려 이러한 범주들을 생산해 낸다.

복지 수혜자에 대한 일선 관료의 태도가 서비스 조직의 담론적이고 제도적인 실천에 의해 구축되는 것은 어쩔 수 없다. 일부 일선 관료는 복지 수혜자와의 상호작용에 대해 상당한 정도의 재량을 가지고 있지만 대부분은 그렇지 못하다. 예를 들어, 경찰과 가정치료 서비스 전달 직원은 근접해서 감독하는 것이 불가능한 곳인 '길거리에서' 복지 수혜자와 상호작용을 하기 때문에, 누구를 체포할 것인지, 누구에게 서비스를 제공할 것인지 대해 상당한 개인적 통제력을 행사한다. 그렇지만, 케이스워커와 조사관들은 감독관의 빈틈없는 통제 하에 일을 하며 그 과정에 대해 거의 재량권을 행사할 수 없다.[45] 그들이 의사 결정에 대해 개인적 통제권을 주장하려 하면, 다시 조직적 통제가 재빨리 가해진다. 예를 들면, 1960년대에 전투적인 복지 권리 활동가의 압력 때문에 일부 복지사들이 자기 재량으로 처분할 수 있고 별로 알려져 있지 않은 특별수여기금을 배당하기 시작하자, 해당 기구는 그 기금을 없애 버렸다.[46] 케이스워커를 둘러싼 구조적 환경은 케이스워커가 개인적으로 아무리 수혜자에게 동정적이라 할지라도 자신의 활동에 제도적인 제약을 받게 되는 그런 것이다. 예를 들면, 시카고의 복지관료제에 대한 연구에서 데이비드 스트리트(David Street), 조지 마틴(George T. Martin, Jr.), 로라 고든(Laura Kramer Gordon)은 케이스워커의 기구에 대

44) Michel Foucault, *The History of Sexuality*, I(New York: Random House, 1980), 44.
45) *Street-Level Bureaucracy*, p. 13에서 립스키는 일선 관료의 상대적 자율성을 강조하지만 그 예로서 사회복지사가 아니라 경찰, 판사, 교사들을 조사한다. Sarri & Hasenfeld, eds., *Management of Human Services*(p. 4)에서는 Grønbjerg, Street, & Suttles, *Poverty and Social Change*(p. 151)에서처럼 재량이 부족하다는 것을 강조한다.
46) Lipsky, *Street-Level Bureaucracy*, p. 149.

한 태도와 복지 수혜자에 대한 태도를 근거로 이들을 네 가지 유형으로 나누었다. 가장 직접적인 두 가지 범주는 “복지 수혜자에게 긍정적인 반면 기구에 대해서는 부정적인 사람들인 복지 수혜자 급여 **옹호자**(advocates)와 기구에 대해서는 긍정적이고 복지 수혜자들에 대해 부정적인 태도를 가진 사람인 **관료**(bureaucrats)”였다. 양쪽 모두에 대해 긍정적인 태도를 가지고 있으며 “두 세계 사이에서 유리한 쪽으로 일할 것으로 예상되는” 사람들은 ‘중재자(mediators)’로 불렸고, 둘 다에 대해 부정적인 태도를 가진 나머지 사람들은 ‘냉담자(apathetics)’로 불렸다.[47] 그러나 저자들은 태도에서의 이러한 차이가 행동에서의 차이로 고스란히 이어지지는 않는다는 것을 발견했다. 그들이 옹호자든 관료든 중재자든 냉담자든 상관없이 케이스워커의 행동은 “투입을 무작위적으로 하게 하고 궁극적으로 행동의 동질화(同質化)”를 초래하는 “역할의 긴급한 필요성, 의사결정권의 분열, 그리고 대부분의 쟁점을 관료적 형식의 관례로 전환시켜야 할 필요성에 의해 제약을 받고 있었기 때문이다.”[48] 더 나아가서, 그러한 표현들을 할 수 있게 해 주는 제도적 공간과 언어가 없었기 때문에 시간이 지나면서 태도에서의 차이 또한 사라져 버렸다. 그런 차이들은 담론에서조차 완전히 빠져 버렸다. 케이스워커는 ‘후퇴 전략’을 몸에 익히고, “개입하지 않음으로써 자신들의 재량을 발휘하는” 방법을 배운 것이다.[49]

사회복지사는 가지고 있는 문제들—취업, 교육, 의료 보호, 주택, 식품 부족—이 복잡하고 서로 연결되어 있는 복지 수혜자와 마주하게 되지만, 각 복지사는 그녀 혹은 그에게 할당된 한정된 문제만 처리할 수 있다. 따라서 복지사는 복지 수혜자를 전체적인 인간으로 보고 이들과 상호작용하는 것이 금지되며, 어떤 경우에는 복지 수혜자의 문제가 너무 엄청나서 복지사가 전혀 문제를 해결할 수 없는 위치에 있게 된다. 나의 면접 대상자 중 한

---

47) Street, Martin, & Gordon, *Welfare Industry*, pp. 50-51(본문의 굵은 글자체는 원저의 것임).

48) 위의 책, p. 62.

49) Joel Handler & Ellen J. Hollingsworth, *The "Deserving Poor": A Study of Welfare Administration*(Chicago: Markham, 1971), pp. 200-201, Street, Martin, & Gordon, *Welfare Industry*, p. 41에서 인용.

사람이자 지역사회 서비스 사무실의 한 공공부조 부서에서 청구조사관으로 근무하는 20대 후반의 젊은 백인 남자는 복지 수혜자를 향한 복지사들의 태도에 대해 폭넓게 말해 주었다. "모두가 '사람들을 어떻게 도울 수 있을까?'라며 시작합니다. 그렇지만, 곧 일에 치이게 되지요." 정말로 도움이 필요한 복지 수혜자, 당장 곤경에 처해 있는 것이 확실한 사람들은 대체로 열정을 불러일으킨다. "그런 상황은 뻔합니다. 사람들을 향해 외치고 있지요." 그렇지만, 대부분의 신청자들은 '귀찮은 사람'이다. "만일 당신이 그들에 대해 동정을 느낀다면 당신은 그들에게 뭔가를 가져다 주는 것이 당신의 책임인 것처럼 느끼게 됩니다. 그렇지만 당신은 그렇게 할 수 없지요……내가 뭘 할 수 있겠어요—그것은 내가 할 수 있는 범위를 넘어서는 것입니다—그것이 체계입니다." 대부분의 복지 직원은 과로와 저임금에 시달리며, 그들 중 일부는 자신이 담당하는 복지 수혜자보다 적게 벌고 있다. 채워 넣어야 하는 복잡하고 엄청나게 긴 양식과 복지 수혜자별로 처리할 수 있게 완료되어야 하는 컴퓨터 작업 때문에 복지사는 복지 신청자를 낙담하게 만든다. "그들은 자격이 있는 사람들로 판정되지 못할 겁니다. 나는 그들을 여기에 넣었다 뺐다 합니다. 그래야 일을 좀 처리할 수 있으니까요." 이 맥락에서 "일을 좀 처리한다"는 것은 복지 수혜자와의 상호작용이 아닌 서류 작업을 의미하며, 복지 수혜자는 양식을 완성하는 복지사의 능력에 방해가 된다. 일선 관료는 복지 수혜자에 대한 그들의 서비스 때문에 보상을 받는 게 아니라 사례를 처리해 내는 속도와 복지 수혜자를 통제하는 능력 때문에 보상을 받는다. 예를 들면, 이 사람이 속한 사무실에서 자신의 서류 작업을 제때 완료하는 복지사는 '휴식 시간'으로 보상을 받는데, 이들은 그 시간 동안은 복지 수혜자를 만나지 않아도 되고 그래서 자신들의 장부 작성 작업을 훨씬 더 많이 할 수 있게 된다. 복지 수혜자와 더 많은 시간을 보내고 서류 작업에서 뒤처지는 복지사들은 휴식 시간을 받지 못하고 따라서 더 뒤로 처지게 되어 그것 때문에 궁지에 몰리게 된다. 따라서 가장 휴식을 필요로 하는 사람에게 휴식 시간이 주어질 가능성이 가장 적어지는 것이다.

상당량의 서류 작업은 다른 서류 작업을 계속 따라잡기 위한 조직의 필요에 의해 생성된다. 엄청난 장부 작성 부담은 복잡한 방식으로 서비스 전달에 영향을 준다. 어떤 사회복지사는 다음과 같이 불평했다. 즉, 그녀는 원조를 해달라는 복지 수혜자의 요청을 정당화하기 위해 그들의 문제를 과장해야만 한다. 그러나 이렇게 과장된 보고서는 복지 수혜자의 서류철로 들어가게 되고 많은 사람들이 열람하게 될 그 복지 수혜자의 기록을 나쁘게 만들게 된다. 더 나아가 장부 작성 체계의 제약은 복지사로 하여금 서비스를 상황에 따라 지급하기보다 적당히 분배하게 만들고, 프로그램에 대한 정보를 몰래 축적하고, 복지 수혜자를 장기간 기다리도록 만드는 등 복지사를 압박한다. 마이클 립스키(Michael Lipsky)는 복지 수혜자에게 불편을 주고, 잔여 업무와 대기 시간을 증가시키고, 또 자격이 되는 복지 수혜자를 수혜자 명단에서 빼버림으로써 복지 인구를 감축시키는 여러 가지 방법을 제안하는 뉴욕 시 재정국의 공식적인 정책 문구를 인용한다.[50] 위에서 인용한 젊은 청구조사관은, 바로 앞 사례에 대한 서류 작업이 우선이기 때문에 다음 사례에 대해 "검사관은 결코 그 사람들이 도착하자마자 창구로 불러들이지 않는다"고 말했다. 그는 복지 수혜자를 상대적으로 빠르게 처리하는 자신의 능력을 자랑스러워하면서 "내가 누군가를 가장 오래 기다리게 했던 때는 한 시간 30분이었습니다. 보통 때는 한 시간을 넘기지 않지요"라고 말했다. 그는 그 기구가 작동하는 방식을 "멈춰 있는 관료제"로 부르면서, 몹시도 필요했던 의복 분배를 받으러 왔지만 신발을 신지 않아서 "신발을 신지 않으면 서비스를 받을 수 없음"이라는 규칙을 위반했기 때문에 건물에 들어오지 못하게 된 한 복지 수혜자에 대해 이야기했다. 그는 자기 책상에서 일어나 바깥으로 가서, 그렇게 해야 할 의무란 전혀 없었던 자선 행동으로서 그녀에게 개인적으로 수표를 건네 주었다. 공적으로 볼 때, 그 여성은 신발을 살 돈이 필요했지만, 돈을 받기 전에 먼저 신발을 갖춰야만 했던 것이다. "너무나 명백하게 어리석은 일로 생각되지만, 그냥 되풀이되는 거죠"라고 그는 말했다.

복지사가 자신의 일에 대한 체계의 제약에 대응하는 전형적인 방식은, 복지 수혜자로부터 거리를 두고 그들에 대한 자신의 희망과 목소리를 낮추

---

50) Lipsky, *Street-Level Bureaucracy*, pp. 103-104.

는 것이다. 복지사는 전문성에 호소함으로써 자신의 지위를 높이려 하고, 따라서 복지 수혜자에게 서비스를 전달하는 것보다 언어, 행동 지침, 그리고 전문성 분석 스타일을 습득하는 데 더 몰두하게 된다. 복지사가 '전문화' 될수록, 복지 수혜자의 문제란 사회화나 개인적 동기에 문제가 있어서 발생하며 전문적인 지도를 통해 개선될 수 있다고 보는 경향이 더 많다.51) 사회복지의 언어가 경영학으로부터 끌어낸 기술에 의해 점차 침범당하면서, 사회복지사는 공통적인 정체성의 바탕이 될 수도 있는 복지 수혜자와의 친근한 언어학적 혹은 제도적 접촉으로부터 더욱 더 거리를 두게 된다.

행정가의 경우와 유사한 보상 구조가 없어서 상황이 단순하므로 복지 수혜자의 경우 종속적 상태라는 것이 더 명백하지만, 복지 수혜자가 처한 종속적 상태의 결과는 여러 측면에서 볼 때 행정가의 경우와 비슷하다. 복지 수급자가 됨으로써 받는 보상은 거의 없으며, 빈민의 경우 복지 수급자가 되는 것은 더 이상 다른 대안이 없을 때 극심한 고난에서 살아남기 위해 택하는 방법이다. 복지 수급을 받는 치욕적인 과정과 '실업수당을 받는' 굴욕적 지위는 참여자와 관찰자들에 의해 상세하게 기록되어 왔다.52) 따라서

51) Piven & Cloward, "Professional Bureaucracies," p. 219; Irwin Epstein & Kayla Conrad, "The Empirical Limits of Social Work Professionalization," in Sarri & Hasenfeld, eds., *Management of Human Services*, pp. 178-179. 또한 Neil Tudiver, "Business Ideology and Management in Social Work: The Limits of Cost Control," *Catalyst* 13(1982): 24-48 참고.

52) Betty Lou Valentine, *Hustling and Other Hard Work: Life Styles in the Ghetto* (New York: Free Press, 1978); 또한 André Leo, "ADC: Marriage to the State," in Anne Koedt, Ellen Levine, & Anita Rapone, eds., *Radical Feminism*(New York: Quadrangle Books, 1973), pp. 222-227 참고. 관료제 담론을 만들어 내고 유포하는데 강단 사회과학이 하는 역할에 비춰볼 때, 사회 서비스에 대한 복지 수혜자의 태도를 조사한 대부분의 사회과학적 연구에서 복지 수혜자의 만족도가 높게 나타난다는 것은 흥미롭다. 예를 들면, 굿셀(Charles T. Goodsell)은 4개 도시의 복지 수혜자 240명과의 출구 면접(exit interview)을 바탕으로 "대부분의 복지 수혜자는 그들이 받는 대우에 대해 상당히 만족한다"고 주장한다 ("Conflicting Perceptions of Welfare Bureaucracy," *Social Casework: The Journal of Contemporary Social Work* 61 [June, 1980]: 354). 또 다른 연구팀은 전국 조사를 바탕으로 복지 수혜자와 관료제 간의 만남은 대부분 비교적 즐겁고 만족스럽다고 결론을 내린다(Daniel Katz, Barbara A. Gutek, Robert L. Kahn, & Eugenia Barton, *Bureaucratic Encounters*[Ann Arbor, Mich.: Institute for Social Research, 1975], p. 114). 그러나 복지 수혜자와의 경험에 대한 설명이나 심층

복지관료제가 복지 수혜자에 대해, 또 복지 수혜자를 통해 행사하는 강력하면서 위압적인 통제는 관료에게 영향을 미치는 통제보다 더 잘 드러난다. 거기에는 '채찍'을 위장할 '당근'이 전혀 없다.

복지 수혜자는 독립적인 자세에 대해 지원을 제공할 수도 있는 다른 제도적 맥락으로부터 격리되는 경향이 있다. 그들은 안정된 직업적 역할이나 정치적 지위를 갖지 못하고, 복지 수혜자로서 자신들의 지위를 기존의 다른 일련의 권리 및 의무(예를 들면, 노동조합원 혹은 투표권자들)와 연결시킬 능력이 없으며, 경제적·사회적 생활의 주류로부터 철저히 격리되어 있다. 게토 안에는 강력한 사회적 유대, 특히 가족, 친족 네트워크, 종교적 공동체, 그리고 남자 동기회 및 여자 동기회가 있지만, 이러한 유대는 복지 수혜자에게 기존의 주류 정치적·경제적 구조와 확고한 관계를 맺게 해 주는 일종의 조직적 연결고리로서의 역할을 전혀 하지 못한다. 게토에 있는 사회적 유대가 가난한 사람들에게 긴요한 물질적·사회적 자원을 제공하기는 하지만, 역설적이게도 그러한 유대의 성격 자체가 서비스 기구로 하여금 가난한 사람들을 더욱 불신하게 하고 그들에게 '일탈자'라는 낙인을 훨

면접에 반복적으로 등장하는 불만족, 적대감, 그리고 절망감에 비추어보면, 이러한 대규모 조사는 방법론적으로는 문제가 없지만 연구 주제에 접근하는 데는 부적합하다는 것을 보여 준다. 사람들은 자신이 말해야 한다거나 혹은 그 사회과학자가 듣고 싶어한다고 생각하는 것을 연구를 진행하고 있는 사회과학자에게 습관적으로 말한다. 바버라 구텍(Barbara Gutek)이 복지 수혜자의 소외에 대한 연구를 평가하면서 지적한 것처럼, "만족도 측정 도구를 불신하는 이유 중 한 가지는, 사회과학자들이 물어보는 것이 무엇이든 간에 사람들이 만족한 것처럼 보인다는 것이다" ("Strategies for Studying Client Satisfaction," *Journal of Social Issues* 34[1978]: 48). 구텍은 높은 수준의 결석률, 이직률, 그리고 조립 라인에 대한 반대, 하늘로 치솟는 이혼율, 그리고 복지 수혜자가 느끼는 반감의 광범위한 표출이라는 점과 대비시키면서 조립 라인 노동자의 85%가 자신의 일에 만족하며, 결혼한 사람의 92%가 자신의 결혼에 만족하며, 61%의 복지 수혜자가 복지 기구와의 상호작용에 만족한다고 결론내린 여러 연구들을 인용한다. 대규모 설문조사가 개인적 삶의 경험을 잘 파악하지 못하기 때문에 심층면접이 더 나은 방법론적 전략으로 추천된다. 더 나아가, 굿셀의 연구는 관료가 복지 수혜자에 대해 대체로 괜히 심술을 부리는 것은 아니며, 복지 수혜자도 자신에게 제공되는 도움을 종종 흔쾌히 받아들이고 있음을 시사한다는 점에서 옳은 것 같다. 그러나, 더 큰 체계라는 맥락 혹은 가난한 사람들의 삶에서 전체적으로 복지가 어떤 위치에 있는지에 대해 굿셀의 연구가 말해 주는 바는 아무것도 없다.

씬 더 확고하게 찍게 만든다. 예를 들면, 캐럴 스택(Carol Stack)은 극도로 빈곤한 게토의 흑인들이 자신이 가진 자원과 생필품을 나누는, 호혜적인 친족 권리와 책임의 "조직화되고 끈끈하며 활발하게 작동하는 평생 네트워크"를 추적한다.[53] 베티로 발렌타인(Bettylou Valentine)은 빈곤 때문에 오는 해체와, 좌절에 빠지게 만드는 엄청난 압력에 직면해서 최소한의 수입을 확보하고 안정적인 가족 유대를 유지하기 위해 가난한 흑인 가족이 사용하는 노동, 복지, 구걸 행위의 뒤얽힌 결합 상태를 상세히 기록하고 있다.[54] 그러나, 복지, 주택, 교육관료제는 이러한 전략 중의 많은 것을 불안정성, 비합리성, 그리고 부주의함의 표출로 본다. 즉, 사람들이 일자리를 얻거나 잃음에 따라서 아이들을 친구나 친척에게 돌려가며 맡겼다가 찾아오는 행위, 혹은 돈이나 물건을 거리낌없이 주거나, 빌리고 빌려 주는 행위, 혹은 건물이 못쓰게 되고 임대료를 잃어 버리고 방세가 오르는 바람에 복잡한 이 아파트에서 저 아파트로 자주 이사하는 행위는 가난한 사람들에게 중요한 생존 전략이다. 그러나 서비스를 제공하는 관료제는 가난한 사람들이 "꼼꼼히 짠 예산에 의해 확보할 수 있는 수입, 안정적인 주거, 그리고 확실하고 완벽하게 구성된 가족"을 가지고 있는가에 대해 관심을 쏟는다.[55] 가난한 사람들이 하층 계급의 생활비로 중산층의 규범에 따라 생활할 수 없다는 것은, 곧 부적절한 사회화에서 비롯된 빈곤이 개인의 기능 회복에 의해서만 고쳐질 수 있음을 보여 주는 증거로 간주된다.

관료제와 맞닥뜨릴 때 복지 수혜자는 정보의 일방 통행 때문에 불이익을 받는다. 관료제를 공격하기 위해 축적할 필요가 있는 정보를 관료제가 통제하며, 그 정보는 대개 복잡하고 비밀스러운 언어로 씌어 있고 대중의 눈에 띄지 않는 통로를 통해 전달된다. 복지 수혜자는 자신과 대면한 관료제적 규칙의 미로(迷路)를 이해하기 위해 새로운 언어를 배워야만 하는데, 복지 수혜자는 이 언어를 스스로 익혀야 하지만 행정가는 공식적으로 교육받는다. 복지 수혜자가 공식적 용어들을 배우고, 적합한 행위를 관장하는 공

53) Carol Stack, *All Our Kin*(New York: Harper and Row, 1974), p. 124.
54) Valentine, *Hustling*, p. 124.
55) Grønbjerg, Street, & Suttles, *Poverty and Social Change*, pp. 142-143.

식적 규칙과 비공식적 규범을 이해한 후에야 비로소 그녀/그는 자신이 진정한 '사례'임을 관료에게 확신시킬 수 있다. 스트리트, 마틴, 그리고 고든은 약간의 '관료제적 경험과 능력'을 갖추고 있는 복지 수혜자들이 급여를 받는 데 더 성공적이라는 것과, 수급자 자격을 얻게 되는가 여부를 예측할 수 있는 가장 강력한 단일 변수는 소득세를 신고해 본 경험이라는 사실을 알아냈다.[56]

다시 말하면, 복지 수혜자는 복지 기구와 복지사를 만족시키는 방법을 배워야만 한다는 것이다. 즉, 복지 수혜자는 적절한 이미지를 연출하고, 행정 당국을 인정하고, "막강한 제도적 권력에 적절히 몸을 굽히고, 관료적 행동 성향을 이해하고 맞장구치거나," 그렇지 않으면 조직의 관리들 앞에서 그/그녀 자신을 정당화해야 한다.[57] 가난한 사람들이 성공적으로 인상 관리를 하려면 종종 많은 격차를 좁힐 수 있어야 한다. 즉, 행정적(복지 수혜자가 관리를 대할 때), 경제적(하위 계급 사람이 중간 계급 사람을 대할 때), 인종적(흑인 혹은 유색인이 백인을 대할 때), 그리고/혹은 언어적(스페인어나 길거리 언어를 말하는 사람이 중간 계급 전문 언어에 숙달된 사람을 대할 때) 격차를 좁힐 수 있어야 한다. 게임의 관료제적 규칙을 소화해 내려는 노력 속에서 복지 수혜자는 자신이 조직 위계의 밑바닥에 있기 때문에 공식적 규칙에 의해 가장 많이 제약을 받고, 규칙 적용에 융통성을 발휘하고, 예외를 인정하고, 관료제와 성공적으로 협상하도록 복지 수혜자를 지원하려는 여지나 유인을 가장 적게 가지고 있는 관리와 상호작용을 해야만 한다. 사회 기구가 복지 수혜자를 통제하고 서류 작업을 완료하는 자신들의 능력에 의해 평가받기 때문에, 관료제적 규범과 규칙에 대해 어느 정도 익숙한 복지 수혜자 중에서 지원 대상을 선발하는 것이 사회 기구의 이익과도 일치한다. 예를 들면, 직무선발대(Job Corps: 취업을 위한 지원 프로

---

56) Street, Martin, & Gordon, *Welfare Industry*, pp. 86, 89.

57) Ralph P. Hummel, *The Bureaucratic Experience*(New York: St. Martin's Press, 1977), p. 17. 영국의 연구들에서 이것에 대한 지지 증거를 찾으려면 Joel E. Mayer & Noel Timms, *The Client Speaks: Working Class Impressions of Casework* (London: Routledge and Kegan Paul, 1970)를 참고.

그램—옮긴이) 같은 프로그램은 가장 도움을 필요로 하는 '문제아'가 아닌 중간 계급적 사회화를 일부 경험한 청소년 중에서 지원자를 선발한다. 왜냐하면 사회 기구에서 원하는 사람은 프로그램에서 성공해서 그 프로그램의 효능을 증명하고 증액된 기금을 줄 곳을 물색하는 데 도움이 될 복지 수혜자이기 때문이다.[58]

복지 수혜자의 관점에서 볼 때, 독단적인 관료적 절차는 복지 수혜자를 관료제에 한층 더 종속시킨다. 피븐과 클로워드가 잘 설명하듯이, "복지급여 수급자들은 절차를 통보받는 것이 아니라 명백하게 독단적인 행동에 계속적으로 직면하게 된다."[59] 필요의 긴급성 여부와는 아무 상관도 없이 신청 후 30일 간의 대기 시간을 필요로 하는 규칙, 혹은 수혜 자격이 있음을 '재증명'받기 위해 동일한 직원에게 동일한 서류를 보여 주려고 복지사무소를 되풀이해서 찾아가야 하는 것은 복지 수혜자를 끊임없이 괴롭히는 행태를 의미한다. 수급자의 행위에 대한 빈번하면서도 높은 수준의 감시는—이것 또한 전체적 제도의 한 속성이다—사생활 영역을 파괴하고 통제를 더욱 강화한다.

성공적 인상관리를 위한 정신적 긴장은 엄청나다. 적어도, "개인과, 그가 수행하고 있는 꾸며낸 역할 사이에는 근본적인 불일치가 있다. 그러므로 관료제와 상대할 때는 언제나 잠재적인 감정적 긴장이 있다. 달리 말하면, 관료제는 사람들을 신경 과민으로 만드는 강력한 성향을 가지고 있다."[60] 좀 더 근본적으로는, 복지 수혜자들은 자신에 대한 관료제적 정의(定義)를 내면화하고 그것에 따라 행동하도록, 또 "마치 자신이 범주적 존재(한 개인으로서가 아니라 복지 수혜자라는 종류로 존재하는 것처럼—옮긴이)인 것처럼 스스로를 대할 수 있게 되도록" 요구된다.[61] 복지 수혜자는 관리들과의 관계

---

58) Gideon Sjoberg, Richard A. Brymer, & Buford Farris, "Bureaucracy and the Lower Class," in Ermer & Strange, eds., *Blacks and Bureaucracy*, pp. 159-171. 쇼버그 등은 산안토니오에 사는 멕시코계 미국인 가족들을 연구했는데 여기서 이들은 다른 인종 집단에 대한 연구에서 내린 자신들의 결론을 뒷받침해 주는 증거들을 발견했다.

59) Piven & Cloward, *Politics of Turmoil*, p. 23.

60) Peter Berger, Brigitte Berger, & Hansfried Kellner, *The Homeless Mind: Modernization and Consciousness*(New York: Random House, 1974), pp. 58-59.

에서 스스로를 통제하고, 관리와 관료적 환경이 풍기는 단서를 읽을 수 있게 되고, 제시될 요구 사항을 예상하여 가장 잘 받아들여질 것 같은 답변을 계산하고 그 답변을 자신이 복지급여를 받을 만하다는 것을 증명하는 징표로서 관리에게 제공할 것이 요구된다. 관료는 복지 수혜자로서의 적절한 이미지가 무엇인가에 대해 끊임없이 상기시켜 주어야 하는 복지 수혜자보다는, 그러한 이미지를 연출하기 위해 적극적으로 노력하는 복지 수혜자의 행동과 태도를 더 수용하는 경향이 있다. 복지 수혜자는 푸코가 순종적인 규율적 주체라고 부른 것, 즉 "습관, 규칙, 명령에 종속된 개인이면서, 자신에 대해 또 자신을 둘러싸고 계속적으로 행사되는 권위가 자신 안에서 자동적으로 움직이도록 내버려 두어야만 하는 사람"이 되는 데 성공함으로써 보상받는다.62)

다시 말하자면, 여성이 전통적으로 해 왔던 것처럼, 그리고 행정가 스스로가 관료제적 분위기 속에서 반드시 해야 하는 것처럼, 복지 수혜자는 확실하게 살아남기 위해 여성성의 전략을 채택하도록 요구받는다. 복지 수혜자 역할의 구조적 요건에는 복지 수혜자의 여성화가 따르는데 그 이유는 관료제를 향해 가져도 좋은 유일한 자세는 종속이라는 자세이기 때문이다. 통상적으로 가난한 사람이 복지 기구에 대해 청할 수 있는 단 한 종류의 '요구'만 있으며, 이것은 하나의 요청, 즉 도와달라는 간청으로 보는 게 더 적절하다. 의사결정 과정에 참여하겠다거나, 정책의 변화를 보고 싶다거나, 혹은 자원을 재분배하라고 요구할 수는 없다. 다시 말하면, 정치적 과정 자체에 참여자로서 포함시켜 달라고 요구할 수는 없다. 수급자가 된다는 것은 또한 구경꾼이 된다는 의미다.

복지 수혜자가 종속적이고 수동적으로 되는 과정은 두 가지 관련된 수준에서 자기영속적이다. 첫째, 그 과정은 조직적 수준에서 자기영속적인데, 그 이유는 서로 다른 기구에서 추천을 통해 서로에게 복지 수혜자를 공급하기 때문이다. 그렇게 추천함으로써 도달하고자 하는 목표는 때때로 개인

61) Lipsky, *Street-Level Bureaucracy*, p. 59.
62) Foucault, *Discipline and Punish*, pp. 128-129.

이 복지 수혜자 지위에서 벗어나고 서비스 네트워크에 의존하지 않게 하려는 것이다(그리고 가끔씩 목표를 달성한다). 이를테면, 그/그녀를 중독으로부터 해방시켜 줄 약물 치료 프로그램, 교육 자격증을 취득할 수 있게 해줄 고졸 학력 인정 프로그램, 그리고 고용 가능한 대상으로 만들어 줄 직업훈련 프로그램에 등록한다는 조건으로 헤로인 중독자에게 복지급여가 주어질 때가 그런 예다. 그러나 개인을 변화시키려는 이러한 노력들 중 어느 것도 게토에서의 일자리 부족을 해결하는 데 도움이 되지 않기 때문에 그런 프로그램은 애초에 의존성을 만들어 낸 구조적 문제에 대해서는 아무런 영향도 미치지 못한다. 더욱이 우리의 가상적인 헤로인 중독자를 위해 좀 더 그럴싸한 대본은, 그/그녀가 메타돈(헤로인 중독 치료제－옮긴이) 유지 프로그램에 등록될 것이지만, 그/그녀를 약물 중독에서 해방시키려고 하거나 그 프로그램을 무사히 마치게 하기 위한 노력은 없으리라는 것이다. 메타돈 중독자는 여전히 약물 의존적이고, 또 치료를 위해 병원이나 진료소에 빈번히 보고를 해야 되기 때문에, 그녀/그는 기술이 전혀 필요 없는 업무가 아니고서는 사실상 취업이 여전히 불가능하며 그래서 복지나 메타돈 모두에 계속 의존하고 있는 상태에 대해 비난받게 된다. 나의 면접 대상자 중 한 명으로서, 헤로인 중독자로 3년을 지냈고 메타돈 프로그램 수혜자로서 7년을 지냈던 중년의 흑인 여성은 "나는 메타돈 프로그램의 정치적 수감자가 되어 버렸지요"라고 말했다. 약물 중독에서 벗어나려는 자신의 노력에 대해 아무런 격려도 받지 못해 진료소를 떠났던 또 다른 면접 대상자에 따르면, 메타돈 진료소는 좀 더 진취적이고 동기 부여된 복지 수혜자가 떠나지 못하게 잡아 둔다. 왜냐하면, 그들은 그 기구의 재정 보고서를 그럴싸하게 만들어 주고 또 통제하기가 더 쉽기 때문이다. 이런 기구는 모두 지나치게 자주 영구적 복지 수혜자층을 위한 재활용 통로로 되어 버리고, 이 사람들은 상호 연계된 다양한 프로그램의 할당량을 채우기 위해 이리저리 섞여진다.

둘째, 그 과정은 개인적 수준에서 영속 가능한데, 그 이유는 관료제적 절차는 복지 수혜자의 상황을 초래한 바로 그 속성을 복지 수혜자 속에 심는 경향이 있기 때문이다. 사람들이 자신이 저지른 일부 개인적 잘못 때문에 그렇게 된 것이 아니기 때문에 복지 수급자는 사회적 '실패'로 규정된다. 복지 절차는 종종 "가난한 사람들은 가치가 없다는 전제와, 복지 수혜자가 게으름과 속임수에 빠져들 것이라는 끊임없는 두려움"을 반영한다.63) 복지에 계속적으로 의존하게 되면 개인의 자아존중감은 저하된다. 몇 년간 복지 수혜자로 있다가 복지권리 운동가가 된, 위에서 인용한 흑인 여성의 말에 따르면, "그들은 인간의 영혼을 파괴시킨다. 한 사람의 존엄성을 구겨서 아무것도 아닌 것으로 만들어 버린다." 따라서 복지 프로그램은 사람들이 그들이 그렇게 될 것이라고 이미 말해진 상태로 되게 만드는 상황을 조성함으로써 복지 수혜자의 사기를 저하시키고 쇠약하게 만든다. 환경이 자주 변하고 종잡을 수 없을 때, 그 안에 있는 사람들이 피할 만한 제약으로부터 빠져나가고, 그렇게 할 수 없는 것에는 순순히 따르며, 또 대체로 "그들의 기지로 살아가는" 방법을 배우는 것은 놀랄 일이 아니다. 이것은 많은 보수적인 복지 비판가들처럼 수급자는 공적 부조로 너무 잘 살고 있기 때문에 일자리를 찾고자 하는 동기를 전혀 가지고 있지 않으므로 복지 수혜자의 지위가 자기영속적이라고 말하는 것과는 다르다. 제공 가능한 급여의 최대 수준이라 할지라도 생계 비용에는 턱없이 모자라며, 또 어떤 경우라도 가난한 사람들은 대체로 중산 계급과 다름없이 일을 중시하는 태도를 가지고 있다.64) 나는 가난한 사람들이 자기 자녀에게 구호품을 받는 상태가 수용할 만한 삶의 방식이라고 가르치기 때문에 복지 수혜자의 지위가 자기영속

63) Piven & Cloward, *Politics of Turmoil*, p. 24.

64) Samuel M. Meyers & Jennie McIntyre, *Welfare Policy and Its Consequences for the Recipient Population: A Study of the AFDC Program*(Washington, D.C.: U.S. Government Printing Office, 1969), Katz, Gutek, Kahn, & Barton, *Bureaucratic Encounters*, p. 10에 인용되어 있음. 같은 책 p. 26에 인용되어 있는 B. R. Schiller, "Empirical Studies of Welfare Dependency: A Survey," *The Journal of Human Resources* 8(1973): 19-32 (supp.); Leonard Goodwin, *Do the Poor Want to Work?* (Washington, D.C.: Brookings Institution, 1972)도 참고. 길거리 청소년들이 가진 일에 대한 태도를 논의한 것으로는 Douglas G. Glasgow, *Black Underclass*를 참고. 일거리를 찾는 사람들이 또 다른 직업을 찾기 위해 필요한 기간보다 더 오래 찾지 않는다는 사실에 대해서는 Ellen I. Rosen, "Between the Rock and the Hard Place: Employment and Unemployment Among Blue Collar Women," unpublished paper, Boston College, Social Welfare Research Institute, Fall, 1981 참고.

적이라고 주장하는게 아니다. 종종 그 반대가 진실인데, 자녀에 대한 부모의 열망은 그들이 자신에 대해 품고 있는 어떠한 희망보다도 훨씬 높다. 중요한 것은, 영구적인 복지 수혜자 상태는 개인이 생존하기 위해 특정한 능력을 반드시 발전시켜야 하는 상호작용의 영역을 만들어 낸다는 점이다. 가난한 사람이 혜택을 받는 데 성공하기 위해 허용되는 기술들은 인상관리 기술에다 끈기, 인내, 낮추는 자세, 그리고 불확실성과 모욕에 대한 높은 포용력을 더한 것이다. 이러한 기술은 자신에 대해 주장하거나 공통의 이익을 위해 사람들을 조직하거나 혹은 강자에 대적하는 데 필요한 개인적 집단적 자원을 배치하는 것과 아무런 상관이 없다. 혜택은 집단이 아닌 개인에게 분배되기 때문에, 공통의 이익에 대한 복지 수혜자의 지각은 흐려지고, 자신이 공유하는 상황이 있다는 사실은 은폐된다. 서비스 조직이 그런 조직에 대해 적극적으로 반대하기 때문에, 또 "조직을 형성하는 것이 복지 수혜자 지위가 표상하는 역할을 수행하지 못한 것으로 스스로를 낙인찍을 뿐만 아니라 집단적으로도 인정하는" 셈이기 때문에 복지 수혜자는 집단을 형성하거나 집단적으로 행동하는 것을 꺼리게 된다.65) 복지 수급자는 실패로 낙인찍힘에 따른 심리적 결과로부터 자신을 보호하기 위해, 자신을 예외적인 경우로 보고 다른 수급자에 대해서는 '우리'가 아니라 '그들'이라 부름으로써 종종 자신을 다른 복지 수혜자로부터 분리시킨다.66) 관료처럼, 복지 수혜자는 그/그녀의 조직적 역할을 감당하기 위해 인상관리 기술을 필요로 한다. 그러나 개인이 그러한 기술을 발달시키는 데 성공적일수록 그/그녀는 관료제에 더욱 더 의존하게 된다. 여성 및 다른 억압된 집단처럼 복지 수혜자는 자신의 분노를 붙들어 안고 참고 견디어 그것을 강자와의 적극적 대항으로 바꿀 필요가 있다. 그러나 인상관리라는 베일을 쓴 상태에서 분노를 유지하기란 어렵다.

65) Piven & Cloward, "Professional Bureaucracies," p. 214.

66) Scott Briar, "Welfare from Below: Recipients' View of the Public Welfare System," in Jacobus Ten Broek, ed., *The Law of the Poor*(San Francisco: Chandler, 1966), Katz, Gutek, Kahn, & Barton, *Bureaucratic Encounters*, p. 10에 인용되어 있음.

제 3 절 관료제적 해법과 복지 수혜자의 저항

기층 계급(underclass)의 문제에 대해서는 아무런 관료제적 해법이 없다. 복지 수혜자인 그들은 조직적 계급구조의 맨 밑바닥층을 차지하며, 중요한 변화는 모두 그 계급구조의 변화와 계급구조가 뿌리내리고 있는 사회의 변화를 필요로 한다. 좋은 뜻을 가지고 있을지라도 행정가와 일선 관료들은, 복지 수혜자와 공감하고자 해도 체계적으로 저지당하며, 기존의 계급구조를 유지해야만 복지 수혜자에게 서비스를 전달할 수 있는 제도적인 장치 속에 있다. 예외적인 경우로서 간혹 일부 이념적 혹은 개인적 헌신을 위해 조직적 차원에서 정의된 이해관계를 무시한 몇몇 영웅적인 개인 혹은 집단이 있지만, 전체적으로는 도널드 아른스테인(Donald Arnstein)이 아래에 제시된 자신의 관찰 결과에서 보여 준 것이 정확하다.

> 우연히 마르쿠스 아우렐리우스(Marcus Aurelius) 황제가 출현했다고 해서 우리의 다음 황제가 자비롭거나 민주적일 것이라고 주장할 수 없는 것처럼, 행정가 사이에서 간혹 변화를 주도하는 사람이 나타난다고 해서 우리가 **기대하는 변화**가 이 집단에서 자생적으로 발생한다고 주장할 수 없다. 황제라는 개념이 제국을 지배한다는 것을 함축하듯이 행정가라는 개념은 제도를－변화시키는 것이 아니라－운영한다는 뜻을 가지고 있다.[67]

서비스 조직과 기층 계급에 대한 주류의 문헌들이 복지 수혜자의 문제에 대해서는 아무런 관료제적 해답이 없다는 것을 어쩌다 인정하기도 하지만, 이러한 통찰은 분석에서 다시금 주변적 위치로 내몰린다. 그런 일이 없었더라면 탁월한 책이 되었을 마이클 립스키(Michael Lipsky)의 『일선관료제(*Street-Level Bureaucracy*)』가 그 좋은 예다. 그는 복지 수혜자에게 프

67) Donald Arnstine, "The Use of Coercion in Changing the Schools," *Educational Theory* 23(Fall, 1973): 286.

로그램에 대한 모든 정보를 제공하는 것이 복지 기구나 케이스워커의 관심거리가 아니라는 것을 보여 준 뒤, 기구에서는 "복지 수혜자가 그들이 받을 권리가 있는 모든 급여를 받고 있는지 아닌지를 결정하기 위한 일상적 재조사"를 수행해야 한다고 권장한다. 따라서 관료제의 문제는 더 많은 관료제를 만들어 냄으로써 '해결'된다. 립스키는 서비스 기구가 조직적 이해 관계 때문에 복지 수혜자 조직에 반대하게 된다는 것, 즉 복지 수급자, 감옥 재소자, 전과자, 학생, 그리고 다른 복지 수혜자가 집단적으로 행동하려고 하는 노력에 대해 일선 관료가 대체로 두 가지 이유에서 저항한다는 것을 보여 준다. 그 두 가지 이유란, 복지 수혜자는 감사하는 태도를 가질 것이 기대된다는 점과, 또 관료는 "복지 수혜자 조직이 불필요하고 하찮으며 무책임하게 되거나 복지 수혜자의 진정한 이익을 대변해 주지 못하는 경향이 있다고 생각한다"는 점이다. 그래서 그는 복지 수혜자가 조직할 수 있게 관리들이 지원하도록, 또 개혁을 모색하기 위해 행정가·노조·복지 수혜자가 연합하도록 권한다. 그는 교육에서 덴버 플랜(Denver Plan: 덴버에 거주하는 학생들의 학업 수준을 향상시켜 덴버를 미국 도시들의 초·중·고 교육을 선도하는 도시로 만들기 위한 계획—옮긴이)에 동조하는 발언을 하는데, 덴버 플랜에서는 "아이들을 가르치는 일이 힘들다는 것"을 보여 주기 위해 아이들에게 번호가 부여되고, 따라서 교사들은 "애써 가르쳐야 하는 학생들이 자기 학급에 있기" 때문에 보상을 받을 수 있게 된다(잘하는 아이들은 1번, 그 다음은 2번, 하는 식으로 아이들의 능력에 따라 번호를 매기고, 교사들은 그 아이들 중에서 능력이 떨어지는 아이가 학급에 있을 경우 이 아이의 성적을 끌어올리게 되면 보상을 받게 되는 시스템—옮긴이). 낙인에 대한 그의 예리한 분석을 감안하면 이러한 방식이 학생들에게 미칠 자기충족적 효과를 가장 잘 이해하는 사람이 바로 그라는 점을 사람들이 예상할 수 있는데도, 그는 이 방식이 관리해야 하는 사례가 한쪽으로 몰리는 것을 막는 좋은 방법이라고 생각한다. 립스키는 어느 시점에는 "서비스 관료제를 복지 수혜자가 통제하게 할 것인지를 둘러싼 쟁점은 대규모의 사회적 변화에 대한 고려, 혹은 공적 서비스를 조직할 때 따르는 변화와 분리할 수 없는 것임"을 인식하고 있다. 그러나 그는 또 이러한 통찰력을 무시한 채 서비스 전달 체계의 구조

적 한계에 관한 자신의 설득력 있는 논조와는 상반되는 결론을 끌어내고 있다.68)

나의 분석에서 끌어낼 수 있는 결론은 기층 계급에 의해 의미심장한 정치적 행동이 나올 가능성에 관련되어 있다. 나는 지금의 상황에서 복지를 없애 버리자고 주장하는 것은 아니다. 나는 진정한 경제적 변화(예를 들면, 생활이 가능한 최저 임금과 취업할 수 있는 진짜 기회의 보장)가 부재한 상태에서 복지 보조금은 필요하며 또 확대해야 한다는 피븐과 클로워드의 견해에 전적으로 동의한다.69) 나는 가난한 사람들이 자신에 대한 억압에 저항할 능력이 없다고 말하려는 것이 아니다. 그보다 나는 그런 노력이 더 큰 계급 구조에 영향을 미치지 못한 채 대체로 단기간에 끝나 버리는 이유를 설명하고 싶은 것이다. 어떤 경우에는 저항이 공개적이고 직접적으로 일어난다. 예를 들면, 잭 애보트(Jack Abbott)가 『야수의 배(*The Belly of the Beast*)』에서 자신의 감옥 경력에 대해 설명했는데, 그것은 복지 수혜자가 아니라 영웅이었을 어떤 사람의 비극적인 이야기를 시간 순으로 서술한 것이다. 와츠(Watts: 미국 로스앤젤레스 시 남부에 위치한 빈민 게토 지역으로서 1992년 로스앤젤레스 폭동 이전까지만 해도 미국 역사상 최악의 폭동이었던 1965년 폭동이 일어났던 곳—옮긴이)에 살고 학교와 복지 기구로부터 '고질적인' 문제덩어리로 불렸던 젊은 흑인 남자들에 대한 연구는 "가난한 수급자와 서비스 전달자 사이는 전쟁이라고 말할 수 있는 국면이 있다"는 것을 보여준다.70) 이들 젊은 남자들은 인상관리 전략을 택하지 않았다. 대신에 그들

68) Lipsky, *Street-Level Bureaucracy*, pp. 195, 119, 196, 210-211, 200. 이 문제의 또 다른 예는 Dale A. Massi의 책 *Organizing for Women*(Lexington, Mass.: D.C. Heath, 1981)이다. 그녀는 사회복지사가 가난한 사람들이 가진 문제에 일부 원인 제공을 한다고 비판하지만 또 사회복지사들이 문제에 대한 해결책을 내놓을 수 있을 것이라고 본다 (p. 146).

69) Piven & Cloward, *Regulating the Poor*, p. 348. 피븐과 에런라이히는 "주류 민주당원들이 관여하기를 두려워하는 분야"에 들어가서 활동할 수 있도록, 확대된 사회서비스를 요구하는 조처를 페미니스트들이 취해야 한다고 주장한다. 이들이 빈곤을 중요한 페미니스트 쟁점으로 지적한 것은 옳지만, 사회 서비스를 확대하라는 압력이 계급 구조나 인간 서비스 기구들의 구조에 근본적인 변화를 조금이라도 일으킬 것이라고 믿는 것은 순진한 생각일 뿐이다 (Francis Fox Piven & Barbara Ehrenreich, "The Left's Best Hope," *Mother Jones* 8[September/October, 1983]: 26-29).

은 그 반대로 행동했다. 그들은 자신들에게는 '술수, 게임, 사기' 중 하나에 불과했던 제도적인 세계를 거부했으며 와츠의 아들들(Sons of Watts)이라는 자신만의 공동체 행동조직을 만들었다.[71] 이 조직이 얻어 낸 승리는 그 구성원의 입장에서는 구체적이고 현실적인 것들이었다. 그들은 동네 환경 미화부대, 동네 경찰, 유소년 상담서비스, 직업훈련센터, 그리고 감옥 석방 프로그램을 만들었다. 그들은 로스앤젤레스에서 흑인을 대변하는 정치적 목소리가 되었으며 그 구성원들은 대단한 자기 존중감은 물론 실제적인 협상 기술을 끌어올렸다. 그러나 이러한 것들이 그와 관련된 개인에게 결코 작은 변화가 아니었음에도 불구하고, 그들은 와츠 거주자들이 직면한 삶의 경제적 사실들을 바꾸지는 못했다.

복지 수혜자가 저항한 다른 사례는 호전적인 복지 권리 조직에서 발견할 수 있다. 이 집단은 두 가지 주요 영역에서 상당한 성공을 거두었다고 할 수 있다. 그들은 구성원들이 자아존중감을 더 높이 발달시키도록 장려하고, 구성원을 위한 복지급여에 대한 접근성도 더 크게 확보한다. 복지 권리 활동가는 분명한 정치적 지향을 가지고 있으며 관리들과는 적대적 관계를 형성하게 된다. 비활동가에 비해 활동가는 복지 체계와의 관계에서 훨씬 높은 효능감을 갖게 되며, 활동가에게서는 어느 정도 전통적인 복지 수혜자의 특징인 의존성, 수동성, 소외감을 거의 발견할 수 없다.[72] 활동가들은 인상관리 전략을 거부하고 대립적 자세를 선호하며 종종 상당한 성공을 거둔다. 나의 면접 대상자 중 두 명은 흑인 여성으로서 면접이 이루어질 당시 뉴욕 시의 유일한 복지 수급자 조합이었던 뉴욕 시 실업 및 복지위원회의

---

70) Glasgow, *Black Underclass*, p. 12.

71) 같은 책, p. 82.

72) Frank Tripi, "The Inevitability of Client Alienation: A Counter Argument," *Sociological Quarterly* 15(Summer, 1974): 432-441, 및 Helene Levens, "Organizational Affiliation and Powerlessness: A Case Study of the Welfare Poor," *Social Problems* 16(1968): 18-43. 스트리트, 마틴과 고든(Street, Martin, & Gordon, 1979, *Welfare Industry*, pp. 152, 155)도 활동가인 수급자가 비활동가에 비해 케이스워커와 복지에 대해 더 비판적이며, 자신의 권리에 대해 더 잘 알고 있으며, 복지 수급에 대해 덜 당혹스러워하며, 그것에 대해 더 많은 지식을 가지고 있고, 그것을 변화시키는 데 대해 더 낙관적이라는 점을 발견했다.

활동가였다. 두 여성은 조합을 가난한 사람들의 심리적·물질적 생존을 위한 유일한 통로로 생각했다. 그 중 한 사람은, "그들은 싸우거나 반항적이 되거나 그것도 아니면 드러누워서 죽을 겁니다"라고 말했다. 다른 한 사람은, "그 체계가 사람들에게 채찍질을 하지요……사람들은 자신을 대표할 기구가 없다는 것을 잘 알고 있기 때문에 조합에 가입합니다"라고 말했다. 나의 면접 대상자처럼, 많은 복지 권리 활동가는 흑인 여성이거나 히스패닉 여성으로서 복잡한 복지 규정을 훤히 알고 있고 또 자신의 전문성을 신빙성 있게 제시할 수 있기 때문에 복지 행정가로부터 실제적인 양보를 얻어낼 수 있는 사람들이다. 그들은 종종 관리보다 그 규칙을 더 잘 알고 있으며, 다른 복지 수혜자가 공정한 발언 기회를 얻을 수 있도록 법적 대변자 역할을 하기 위해, 혹은 케이스워커나 감독관, 그리고 때로는 복지 기구의 서류철로부터 비밀 정보에 얻어 내기 위해 자신의 지식을 활용한다.

이러한 업적들은 관련된 개인에게는 매우 의미있는 것이지만, 그렇다고 해서 그것이 관료제 담론의 주도권에 도전하는 것은 결코 아니다. 복지 권리 조직은 복지 수혜자라는 지위에서 벗어나기 위해서가 아니라, 복지 수혜자가 더 공정한 대우를 받을 수 있게 하기 위해 투쟁하고 있다. 복지 권리 조직이 구사하는 전략은 이 조직들이 스스로를 복지관료제 속에 푹 담그고, 복지관료제의 언어를 익히고, 복지관료제의 범주를 채택할 것을 요구한다. 그래서 복지 활동가는 전통적인, 좀 더 순종적인 복지 수혜자의 뒷면이다. 둘 다 복지 수혜자 역할 속에 깊이 뿌리박고 있으며, 둘 다 조직의 규범과 규칙을 완전히 익힐 필요가 있다. 그러나 전통적인 복지 수혜자가 자신의 지식을 성공적인 인상관리에 적용하는 데 비해, 활동가들은 대항적 전략을 추구하기 위해 그것을 사용한다. 대부분의 복지 수혜자가 전통적인 복지 수혜자로서의 역할을 유지하고 있지 않았다면, 활동가는 저항운동에서 그토록 성공적일 수 없었을 것이다. 그 이유는 복지 기구가 담당하는 전체 건수에서 그들이 차지하는 비중이 극히 적어서, 맞싸우기보다 항복하는 것이 더 낫다고 행정가들이 판단하기 때문이다.[73] 만일 복지 권리 조직이

73) 9개 복지집단에 대한 연구에서 트리피(Tripi, 1974: 433)는 활동가가 차지하는 비율이

동네에서 지역 혹은 국가로 기반을 확대한다면 그들의 반란은 오래가지 못한다. 그 조직은 서서히 사라져 버리거나 혹은 살아남기 위해 자신들의 저항적 정치를 포기하게 된다. 조직가가 자신의 조직을 유지하는 데 필요한 자원을 제공해 줄 정치적·경제적 엘리트에게로 눈을 돌리는 순간 그들의 운명은 정해져 버린다. 엘리트는 실질적인 도전 세력이 아닌 것으로 판단되는 조직에게만 자원을 제공할 것이다. 역사적으로 엘리트의 이해관계에 가장 심각하게 도전했고 또 이들로부터 가장 실질적인 양보를 얻어 냈던 것은 대중적 조직이 아니라 가난한 사람들이 일으킨 자발적이고 통제 불가능한 정치적 혼란이었다.[74] 복지관료제가 복지 수혜자 조직에 재정적 지원을 제공할 때, 조직적 화해 전략들이 선호되면서 호전성도 곧 사라진다. 그런 조직은 가난한 사람들이 정치적 행동을 하는 데 사용되는 도구가 되기보다는, 대체로 그런 조직을 통제하는 구성원을 위한 사회적·정치적 자원으로 서서히 발전한다. 예를 들면, 뉴욕 주 법률서비스(New York State Legal Services)는 가난한 사람들이 공청회나 여타 법적 상황에서 서로를 위한 후원자가 되어 주도록 이들을 훈련시키는 조직인 복지수혜자위원회(Clients' Councils)를 위해 공적기금을 제공한다. 복지수혜자위원회의 본래 목표는 가난한 사람들을 조직의 구성 성분으로 만드는 것이고, 곧 더 나은 서비스를 위해 기구와 협상하는 데 필요한 최소한의 조직 자원을 그들에게 제공하는 것이다. 나의 면접 대상자 중 한 사람이자 독신인 젊은 백인 아버지는 복지수혜자위원회의 창립 회원으로서 자신의 경험에 대해 털어놓았다. "그 위원회는 놀러다니면서 먹고, 법적 기금을 탕진함으로써 보수를

기구의 전체 담당 건수의 1퍼센트에도 못 미친다는 것을 발견했다.

74) *Poor People's Movements*(New York: Random House, 1979, pp. xv-xvi)에서 피븐과 클로워드는 이 점을 잘 지적하고 있다. "첫째, 1930년대와 1960년대에 쟁취했던 것을 얻어 낸 주체는 공식조직이 아니라 대중적 저항이었다. 예를 들면, 공장 노동자들은 대규모 파업에 따른 파괴적인 효과의 한 결과로서 산업체와 정부로부터 양보를 얻어 냈으며, 반항적인 흑인들은 대중적 시민불복종운동이 낳은 파괴적인 효과의 한 결과로서 양보를 얻어 냈다. 둘째, 이 운동 내부에서 발전되어 나온 관료조직은 내부적으로는 과두체제와 정체 상태에 있고, 외부적으로는 엘리트들과의 통합에 극도로 취약하기 때문에 그 운동이 행사한 영향력의 근본적 원천이었던 투쟁 정신을 둔화시키는 경향이 있었다. 마지막으로, 운동이 수그러듦에 따라 공식조직도 대부분 붕괴되어 버렸다."

받는 사람들의 집단으로 변해 버렸다. 그들은 적은, 아주 극히 적은 일들을 했지만, 새로운 회원을 받아들이지도 않았다. 그들은 새로운 회원이 될 사람이 있을 때도 그들을 외면했다." 그 조직의 붕괴는 이전에 있었던 셀 수 없이 많은 다른 유사 집단의 운명을 되풀이하고 있다. 관료제적 자원과 관료제적 언어를 사용하여 관료제 내부로부터 관료제에 대항하려는 노력은 결국 흡수되고 무해한 상태로 되어 버린다. 관료제 담론의 용어들은 다른 어떤 결과도 용납하지 않는다.

두 번째 예는, 국가적 차원으로서 전국복지권리회(National Welfare Rights Organization)다. 이 집단은 마을 단위 사무소의 구성원들이 기구의 관례적 절차를 방해하기 위해 집단적으로 활동하고, 집단 전체가 가진 불만에 대해 조처를 취해 줄 것을 요구했을 때 최고의 영향력을 발휘했다. 비수급 직원(정부의 복지급여를 받지 않는 직원—옮긴이)과 조직자는 중앙집중화를 더욱 강화하고 전국 사무소를 확대하기를 원했으며 다른 관료조직과의 연계를 구축하도록 조직을 밀어붙였다. 전국복지권리회는 결국 노동부와 상당한 규모(45만 달러)의 계약을 체결했고 이것은 상대적으로 높은 보수로 더 많은 전문가들(회계사, 법률가 등)을 고용하게끔 했다. 그 조직은 "관료제화가 초래하는 문제, 즉 개혁의 전문화와 불평등이라는 문제에 봉착하게 되었다."[75] 전국복지권리회가 외부 집단으로부터 돈, 지원, 그리고 정당성을 제공받으면서 더욱 더 자원의 흐름에 의존적이 되어갔고 더 많이 조직하기보다는 조직을 유지하는 데 조직의 에너지를 집중했다. 조직자와 지도자는 구성원과 장차 구성원이 될 사람들이 집단행동에 참여할 수 있는 기회를 만들어 내는 방법을 모색하기보다는 개별 구성원이 가진 불만 사항을 놓고 협상하는 데 몰입해 있었다. 따라서 "자신보다 더 큰 무엇에 참여한다는 느낌, 어떤 운동에 속해 있다는 느낌은 점차 상실되어 갔다."[76]

---

75) Street, Martin, & Gordon, *Welfare Industry*, pp. 142, 162-164.

76) Piven & Cloward, *Poor People's Movements*, p. 330. 전국복지권리회(NWRO)의 소멸에 대해 충분히 설명하려면 복지 폭발(welfare explosion)의 점차적 감소, 경제적기회사무소(Office of Economic Opportunity)의 폐지, 민권 운동의 쇠퇴, 닉슨 대통령의 당선, 그리고 그 외 요인들을 고려해야만 한다.

종종 볼 수 있는 복지 권리 조직가의 영웅적 활동을 그들의 노력을 폄하하지 않으면서 체계적인 관점에서 검토하기란 어려운 일이다. 나는 그렇게 하고 싶지 않다. 미국에서 경제적·사회적으로 주변화되어 있는 사람들에게 더 높은 자아존중감과 복지급여에 대한 접근성을 어느 정도 획득하게 해 주는 행동은 그 과정에 직접적으로 연루되어 있는 개인들에게 종종 매우 중요하다. 그러나 그런 행동은 관료제적 자본주의의 담론과 제도를 전혀 건드리지 않으며 따라서 주변화를 가져온 구조적 원천은 건드리지도 못한다. 더 나아가 이러한 행동은 개인적 독립, 집단적 조직, 그리고 공적 행동을 방해하는 관료제에 여전히 철저하게 의존해 있는 대부분의 기층 계급 사람들에게 거의 영향을 미치지 못한다. 의존성 측면에서 볼 때, 가난한 사람들은 의존성을 지배하는 관료를 포함하여, 삶의 다른 영역 속에서 권력을 가지지 못한 사람들과 공통점이 많다. 그들 역시 증대하고 있는 정치 체제의 여성화(feminization of the polity)로 인한 희생자들이다.

제 5 장 페미니스트 담론의 요소

남성들은 위험을 무릅쓰고 우리들의 대화를 모독하지만
그것은 그들이 무지하기 때문이다.
대화의 힘
우리의 힘에 대해.
-아스트라 블라우그(Astra Blaug)의 시 「여자들의 이야기(Women's Talk)」에서

여성의 경험은 관료제적 자본주의의 전체 담론 내부에 침잠되어 있는 목소리 중 일부다. 저항 담론은 억압 상태의 사람과, 권력의 지배 담론으로부터 배제된 사람의 반발로 생겨나게 된다. 권력을 가진 자와 권력을 못 가진 자는 모두 우위를 차지하고 있는 언어를 사용하지만 그 언어와 맺는 관계는 매우 다르다. 여성의 독특한 언어를 발굴/사용함으로써, 그리고 지배 담론의 용어들보다는 여성이 사용하는 언어적 측면에서 여성의 경험을 이해하기 때문에 페미니스트 담론은 또렷한 저항의 목소리가 된다. 궁극적으로, 우리는 우리의 언어가 허락하는 정도로만 말할 수 있을 뿐이며, 우리가 경험할 수 있도록 우리의 사회적 상황이 허락하는 정도만 볼 수 있고 알 수 있을 뿐이다. 우리의 언어로 묘사할 수 있는 직관적이고 성찰적인 이해에 의해 우리의 경험이 정의되는 것처럼, 우리의 언어는 우리의 경험에 의해 제약을 받는다. 공적 담론의 용어들을 바꾸기 위해서는 반드시 사람이 가지고 있는 경험을 변화시켜야 하며, 경험을 재구축하기 위해서는 그런 경험을 포착할 수 있도록 언어를 변화시켜야만 한다. 여성을 위해 전혀 다른 목소리를 분명하게 표현하는 것은 언어와 사회구조의 변증법적 관계에 개입하는 것, 곧 그들 간의 관계를 변화시키고 또 그 관계에 따라 개인의 정체성 형성 과정을 변화시키는 것이다.

> 나는 느낌, 욕구, 그리고 존재 방식을 내가 그 느낌 등을 분명하게 설명할 수 있는 한도에서만 확인하고 성찰하고 결정할 수 있다. 그것들이 오직 내 언어 속에서 자리를 발견할 수 있어야만 성찰과 선택의 대상으로 될 수 있다. 내가 성찰적 자아 정체성을 가질 수 있는가는 내가 쓸 수 있는 언어에 의해 한정지어진다.[1]

다시 말하면, 우리의 제도와 우리의 말이 모두 바뀌어야만 한다. 왜냐하면 제도와 말을 규정하는 것은 바로 그것들 사이의 관계이기 때문이다.

이 장의 목표는 관료제의 담론적·제도적 실천에 대한 대안을 깊이 묻혀 있었고 가치 절하된 여성의 경험 속에서 찾으려는 것이다. 명백한 페미니스트 담론은 정치적 활동의 가장 중심적인 조건－이성, 권력, 공동체, 자유－의 일부를 재구성하도록 제안할 수 있다. 일부 질문, 특히 이성과 감성 간의 관계 그리고 자유와 공동체 간의 관계에 관한 질문은 페미니스트 관점에서 쉽게 재구성될 수 있다. 다른 질문, 예를 들면 허위 의식의 문제 그리고 개인과 집단의 전체적 관계를 둘러싼 질문은 이론에서도 실천에서도 안정적인 해결책을 가지고 있지 못한 것처럼 보인다. 영원히 계속될 그런 질문에 대해 우리가 할 수 있는 최선은 시험적이라 하더라도 신선한 시각으로 그것들을 검토해 보는 것이다. 그러나 다른 쟁점, 즉 대안적 사회 질서를 구체적으로 조직하는 것과 이를 달성하기 위한 수단과 관련된 쟁점은 결코 문서상으로 혹은 단번에 해답이 찾아지지 않는다. 그런 쟁점은 사람이 생각하기 시작하고 이전과 다른 삶을 살기 시작함에 따라 점차 나타난다. 그 시발점은 지배적인 담론적 장치와 제도적 장치가 부적절함을 보여

---

1) Michael Gibbons, "Authority and Politics," Ph. D. dissertation, University of Massachusetts, 1983.

주는 것에서 비롯될 수도 있고, 일련의 다른 가치를 추구함으로써, 즉 새로운 형식의 이해와 행위가 출현할 수도 있는 개인적 정체성과 사회적 상호작용의 대안적 양식을 추구함에서 비롯될 수도 있으며, 그리고 저항이 나올 수 있는 행위의 중요 지점을 제시하는 것에서 비롯될 수도 있다.

명백하게 페미니스트적인 담론의 출현은 푸코가 **'예속된 지식의 봉기'**라고 부르는 상황의 일부다.[2] 저항의 목소리는 권력을 변화시키는 데뿐만 아니라 권력을 만천하에 공개하는 데 필요한 하나의 도구다. 그 목소리는 지배 담론을 향한 적대감을 표출함으로써 지배 담론 속에 각인된 이해 관계를 폭로할 수 있지만, 그렇다고 해서 그것이 지배 담론에 대한 단순히 수동적인 반응은 아니다. 푸코는 이 점을 분명하게 지적한다.

> 권력이 있는 곳에는 저항(resistance)이 있다. 그러나, 혹은 오히려 그런 까닭으로, 이 저항은 권력과의 관계에서 결코 외재적인 위치에 있지 않다. 저항 지점은 권력 네트워크 속 어디에나 존재한다. 그래서 위대한 거부의 단일한 초점, 폭동의 혼(魂), 모든 반란의 진원지, 혹은 혁명의 순수한 법칙이란 것은 없다. 대신 모든 저항이 제각기 특수한 경우인 다수의 저항이 있을 뿐이다. 저항은 가능하고, 필요하고, 일어날 것 같지 않다. 또 어떤 저항은 즉각적이고, 야만적이고, 고독하고, 힘을 합친 것이고, 광포하거나, 폭력적이다. 다른 저항은 여전히 쉽게 타협하고, 타산적이거나, 혹은 희생적이다. 정의상 이 저항은 권력 관계의 전략적 영역 속에만 존재할 수 있다. 그러나 이것이 곧 저항이란 근본적 지배의 이면(裏面)으로서, 결국에는 항상 수동적이고 영원히 패배할 운명에 처해 있는 반작용이나 반향에 불과하다는 뜻은 아니다. 저항은 몇 개의 이질적인 원칙으로부터 나오는 것이 아니다. 그러나 또한 필연적으로 배반당하게 되는 달콤한 유혹이나 약속도 아니다. 그것들은 권력과 기묘한 관계를 가지고 있으며, 축소될 수 없는 상대역으로서 권력 속에 각인되어 있다.[3]

예속된 지식도 자신이 대항하여 투쟁하고 있는 강력한 지식처럼 담론과 제도의 영역을 통해 불규칙적으로 배포된다. 과학적 객관성에 대한 요구가

---

2) Michel Foucault, *Power/Knowledge: Selected Interviews and Other Writings*(New York: Pantheon Books, 1972), p. 81.

3) Michel Foucault, *The History of Sexuality*, I(New York: Random House, 1980), 96.

기술문명을 지탱하고 있듯이 지식에 대한 보편적인 요구가 사고와 행위의 주요 체제의 토대를 이루고 있다. 한편, 저항 담론의 토대를 이루는 것은 푸코가 국지화된 저항(localized resistance)이라고 부른 특수한 요구들인데 이들은 예속된 집단의 경험에 국한되어 있지만 각 투쟁 지점을 잇는 연속적 네트워크를 통해 각자에게 연결되어 있다.[4] 그러한 국지화된 저항의 목표는 관료제적 자본주의의 지배 담론을 뒤엎거나 대체하려는 것이 아니라 그 담론을 무용지물로 만드는 것, 즉 그 담론이 제기하는 보편적 요구가 사실은 편파적이라는 점과 그 담론을 제도적으로 실천하는 것에 문제가 있음을 폭로하는 것이다. 푸코에 따르면, 이러한 저항의 지점은 종종 움직이며 가변적이고,

> 이리저리 변화하는 사회에서 균열을 만들어 내고, 합일체(unities)를 부수는 동시에 다시 집단으로 재결합시키고, 개인들을 헤치고 다니면서 그들을 난도질하고 다시 모양을 만들어서, 그들의 몸과 마음속에 다시 돌이킬 수 없는 지역들을 표시한다. 권력 관계의 네트워크가 결국에는 장치와 제도 속에 정확히 정착되지 않은 채 그것들을 통과하는 촘촘한 그물망을 형성하게 되듯이, 떼를 이룬 저항 지점도 역시 사회 계층과 개인적 합일체를 가로지른다.[5]

달리 말하면, 저항 담론은 기존의 사유(思惟) 체제 대신에 뿌리를 내릴 수 있게끔, 완전히 발달된 전체적인 상태로 발견되지는 않을 것이다. 저항 담론은 오히려 자기 발견 및 자기 창조의 계속적 과정, 즉 펼쳐지면서 끊임없이 변화를 거듭하는 설명과 행동의 합일체 속으로 들어가서 특별한 통찰력을 만들어 내고 다듬는 창발(創發)적인 과정을 통해 명료해질 것이다.

여성의 예속된 담론이 벌이는 투쟁은, 지배적인 말과 실천 영역이 정체성과 행동에 부과한 공식적 정의에 대항한 투쟁이다. 관료제적 자본주의에서 나타나는 현상인, 자율성과 공동체에 대한 동시적 거부는 푸코가 현대 사회의 '정치적 이중 속박'이라고 부른 것, "현대 권력구조에 의한 동시적인

4) Alan Sheridan, *Michel Foucault: The Will to Truth*(New York: Tavistock Publications, 1980), p. 139.
5) Foucault, *History of Sexuality*, I, 96.

개별화와 전체화"이다.[6] 관료제적 자본주의는 우리를 자유롭게 해 주지는 않으면서 다른 사람들로부터 분리시켜 자율성이 아닌 고립을 초래한다. 또 그것은 우리를 사람들이 아니라 역할과 규칙으로 옭아매서, 공동체를 거부하는 관계로 우리를 괴롭힌다. 페미니스트 담론과 실천은 **다른 사람과 함께하는** 개인적 자율성과 또 **다양성을 포용하는** 공동체를 추구하는—진정한 개별화와 참된 연결성의 계속적인 과정 속에 개인과 집단을 통합시키기 위한—투쟁이 일어나게 만든다.

푸코가 말한 다른 예속된 지식처럼 —예를 들면 정신병 치료 제도에 대항한 정신질환자의, 부모에 대항한 자녀의, 행정에 대항한 시민의 예속된 지식처럼— 페미니스트 담론도 두 가지 관련된 차원을 포함한다.[7] 첫 번째는 여성에 대한 것, 즉 여성이 무엇을 했고 어떤 사람이었으며, 무엇을 말했고 꿈꾸었으며, 무엇을 추구하고 발견했는지에 대한 숨겨진 역사적 지식이다. 이와 같은 역사적 지식의 덩어리들은 지배 담론의 영역에서 어느 정도 나타나지만 은폐되고 왜곡되어 있다. 예나 지금이나 페미니스트 학자들의 과제는 이처럼 매장된 지식을 캐내는 것이다. 두 번째는 자신과 자신의 세계에 대한 여성들의 보이지 않고 자격을 인정받지 못한 지식, 즉 권력자들이 "필요한 인지 혹은 과학적 수준에 못 미치기 때문에 위계의 아랫 부분에 위치해 있는 유치한 지식"이라며 버려 버렸기 때문에 부적절하게 설명되었던 지식이다.[8] 이러한 하급 지식은 배제된 여러 종류의 사람들이 가진 특수한 경험을 반영한다는 점에서, 통일성이 없음에도 불구하고, 그러한 배제 속에서 하나의 공통된 기반을 발견하며, 따라서 배제에 항거하는 과정에서 하나의 집단적 목소리를 형성한다. 여성의 예속된 지식의 첫 번째 차원이, 신중한 학자들이 버려진 역사를 세심하고 학술적이고 정확하게 재구축하는 것을 가리키는데 비해, 두 번째 차원은 오랜 기간에 걸쳐 역사를

6) Michel Foucault, "The Subject and Power," in Herbert L. Dreyfus & Paul Rabinow, *Michel Foucault: Beyond Structuralism and Hermeneutics*(Chicago: University of Chicago, 1982), p. 216.
7) 위의 책, p. 211.
8) Foucault, *Power/Knowledge*, p. 82.

형성하는 일상적 여성 경험의 분산되고 구체적인 요소들을 가리킨다. 이 두 차원은 모두 "**투쟁의 역사적 지식**에 관련되어 있다"는 점에서 서로 연결되어 있다.[9] 페미니스트 담론은 학술적 형태와 대중적 형태 모두에서 "오늘날까지도 지식의 주변에만 머물러 있었던 적대적 충돌에 대한 기억"을 부활시킨다.[10] 따라서 페미니스트 담론은 정치적 대립과 투쟁에 토대를 제공하는 해방된 자기 이해(自己理解)를 위해 역사적, 구조적, 언어적 기반을 모색한다. 페미니스트 담론은 여성의 예속된 지식을 계속적으로 만들어 내고 표현하도록 목소리를 찾아 내면서, 참신하게 구상한 미래를 향해 나아가기 위해 과거를 새롭게 발굴할 것과 현재를 새롭게 밝혀낼 것을 요구한다.

제1절 페미니스트 담론의 원천

페미니스트 담론의 원천은 남을 보살피는 사람, 양육하는 사람, 그리고 다른 사람이 필요로 하는 것을 제공하는 사람으로서 갖는 여성의 특징적인 경험 속에 있다. 물론 모든 여성이 똑같이 이런 경험을 가지고 있는 것은 아니지만, 대부분의 여성은 부분적으로 이 경험들을 접하며 거의 모든 여성은 거의 모든 남성보다 이 경험들을 훨씬 더 많이 접한다. 여성은 모두 똑같다—"꼭 여자 같지 않아요?", "여자들이 있어야 할 곳은 집이다", "여성들이 원하는 것은 뭐죠?"—는 거짓말로부터 여성에 대한 진실이 가공되어 왔다. 즉, 여러 면에서 우리들은 같고, 같아졌으며, 적어도 부분적으로는 관료제적 자본주의가 요구하는 여성성(femininity)과 여성다움(femaleness)의 유형 속에서 우리가 만들어졌다. 계급, 인종, 민족 등등에 따라 구분된다 하더라도 우리들 중 대부분은 제2의 성의 생활 경험을 구성하는 언어적·

9) 위의 책, p. 83.
10) 위의 책.

제도적 실천의 특징적 상황에 직면한다.

여성의 세계, 따라서 한정된 세계는, 개인 정체성에 대한 관념의 차이에 의해, 도덕성의 기준 차이에 의해, 그리고 궁극적으로는 정치 문제에 대한 접근법의 차이에 의해 남성의 세계와 구분된다. 여성의 정체성은 사회적 관계의 상황에서 즉각적이고 지속적으로 정의된다. 유아가 생존하고 발달하기 위해서는 근본적으로 타인과 연결되어 있는 것이 중요한데, 이것은 자신과 타인 사이에 존재하는 계속적이고 근원적인 상호의존성을 인정하는 것으로서 여성의 자아 정체성 속에 보존되어 있다. 대부분의 여성에게 다른 사람과의 연결성은 그들 삶에서 1차적인 기정 사실이며, 자기 의지에 따라 맺을 수 있는 2차적 선택 사항이 아니다. 여성은 자신과의 관계가 인정되고 소중하게 생각되는 사람들을 어느 정도 책임지고 보살폈는가를 기준으로 스스로를 판단하는 경향이 있다. 여성의 도덕적 판단은 타인에 대한 공감과 애정이라는 느낌과 밀접하게 연결되어 있으며, 추상적이거나 가설적인 딜레마보다는 구체적인 '실제 생활'에서의 문제를 해결하는 쪽으로 기우는 경향이 있다.[11] 도덕적 문제에 대한 여성의 관념은 연결성에 대한 자신의 경험에서 나오기 때문에, 대립적인 요구의 균형을 맞추는 것보다는 다양한 욕구를 포괄하는 것과 관련되어 있다.[12]

---

11) Carol Gilligan, "In a Different Voice: Women's Conception of Self and of Morality," *Harvard Educational Review* 47(November, 1977): 490.

12) Gilligan, *In a Different Voice*(Cambridge, Mass.: Harvard University Press, 1982), p. 160 여러 곳. 길리건에 따르면 자신의 연구는 "도덕성과 자신에 대해 사람들이 말하는 것을 듣는 것이다"(p. 1). 그녀의 책은 전부 면접을 토대로 한 세 가지 연구에 의존하는데, 그녀는 면접을 통해 자아, 갈등, 도덕성, 선택에 대한 사람들의 생각을 탐구했다. 그녀는 대학생에 대한 연구에서 삶 속에서 느끼는 도덕적 갈등에 대해 청년들을 면접 조사했다. 표본은 도덕적·정치적 선택에 대한 강좌를 수강한 학생 가운데에서 무작위로 선정되었다. 학생들이 4학년 때 면접했고 또 이들이 졸업한 지 5년째 되던 해에 다시 면접했다. 낙태 결정에 대한 연구는, 임신 3개월 이내로서 낙태를 고려하고 있던 29명의 여성들을 면접했다. 그 여성들은 15세에서 35세까지의 연령대에 있었으며 다양한 민족적 정체성, 계급, 혼인 및 가족 지위를 가지고 있었다. 21명의 여성은 임신에 대한 선택을 한 1년 뒤에 다시 면접했다. 권리와 책임에 관한 연구는 144명의 여성 및 남성 표본에 대한 것이다. 길리건은 그들을 6세에서 60세까지 생애 주기 중 9개의 시점에서 나이, 지능, 교육, 직업, 그리고 사회 계급 변수로 비교하고 그들에게 개인적 정체성에 대한 질문, 그리고 가상적 삶 및 실제 삶에서의 도덕적 갈등 상황에 대한 질문을 가지고 면접

이와 반대로, 남성의 자아 정체성은 대체로 타인과의 관계나 연결성을 거부함으로써 형성된다. 분리와 자급자족이라는 측면에서 남성다움을 정의하는 사회에서 사내아이들은 연결된 유대를 끊고, 개인적 성취를 추구하고, 타인에 대한 애착을 거부함으로써 남자가 된다. 남성의 자아 정체성은 대개 애정의 억압, 관계적 욕구에 대한 거부, 그리고 연결성의 파괴 위에 구축된다.[13] 남성은 업적과 능력이라는 기준으로 자신과 타인을 판단하고, 개별적 권리의 추상적이고 보편적인 관념을 적용함으로써 도덕적 판단을 내리는 경향이 있다.[14]

길리건이 말하듯이, 두 세계 간의 차이는 연결성의 정체성과 책임의 윤리 대 분리의 정체성과 권리의 윤리라는 말로써 요약될 수 있다.[15] 남성적 경험을 지배하는 세계관의 유형은, 세계란 원래 물질적·사회적으로 해체된 '사물들'로 구성된 것으로, 즉 인간에 의해 합리적으로 지각되고 통제될 수 있으며 궁극적으로 예측 가능한 법칙 혹은 규칙에 의해 지배되는 것으로 인식한다. 지식은 "몰개인적, 추상적, 보편적, 그리고 절대적"인 것으로 생각된다. 그런 세계에서 윤리는 "실체가 없는 자율적 타인들 사이에서 경쟁하는 절대적 권리를 판정하는 데 소용되는 규칙을 설명하는 것에 관한 관심"으로 되어 버린다.[16] 다시 말하자면, 남성의 세계에서 지식과 도덕 기준은 고전적 자유주의를 구성하는 사고 방식에 기초를 두고 있다. 고전적 자유주의에서 정의란 규칙의 평등한 적용이며 권리는 개인적이고 절대적인데 비해, 책임은 공식적으로 평등하다고 선언된 개인들의 좀 더 우선적인 추상적인 권리로부터 나온다. 불리한 입장에 처한 사람들은 이러한 조건

했다. 길리건이 여성들과 남성들의 삶 속에서 추적한 유형은 루스 시델(Ruth Sidel)이 자신의 책 *Urban Survival: The World of Working Class Women* (Boston: Beacon Press, 1978)에서 했던 일련의 면접 속에서도 확인되었다.

13) Nancy Chodorow, "Oedipal Asymmetries and Heterosexual Knots," *Social Problems* 23(April, 1976): 461.

14) Sandra Harding, "Toward a Strong Program from Epistemology: Clues from Feminist Inquiry," paper presented at the American Political Science Association meetings, New York City, September, 1981.

15) Gilligan, *In a Different Voice*, pp. 163-165.

16) Harding, "Toward a Strong Program," p. 29.

하에서 크게 잃을 수밖에 없기 때문에 모든 남성이 다 같이 이러한 관념에 충실하지는 않으리라는 의심이 들 수 있다. 그렇지만 이러한 규칙은 남성적 합리성의 가장 영향력 있고 공적인 견해에 각인되어 있는 중심적인 가치 개입을 표현하고 있다. 대조적으로, 여성적 세계를 특징짓는 신념의 유형은 보살핌의 윤리 및 관계의 정체성과 양립 가능한 것들이다. 세계는 본래 물질적·사회적으로 체화된 '사물들,' 구체적이고 특수하며 또한 서로 연속성을 가진 사물들로 구성되어 있다고 생각된다. 이 '사물들'은 욕구와 필요에 따라 움직이며 따라서 합리적 통제에 저항한다. 지식은 "본보기들을 따름으로써 개인적이고 구체적인 상호작용을 통해 창조"되며 또 "개인적이고, 구체적이며, 특수적이고, 상황적"이다.[17] 모든 여성이 똑같이 이러한 관념을 잘 따르는 경향을 보이는 것은 아니며, 특히 경제적 특권층 여성은 부르주아의 계급 이익을 추구하는 데 아주 유용한 남성적 표준에 훨씬 더 매료되는 경향을 나타낸다. 그럼에도 불구하고, 대부분의 여성이 정체성은 연결성의 용어로, 도덕성은 책임과 보살핌의 용어로, 그리고 지식은 특수성과 과정의 용어로 재개념화하는 언어적·제도적 경험들을 통해 여성으로 생산된다. 길리건은 이러한 차이를 위계와 그물망이라는 대조적 상징을 사용하여 아래에 잘 요약하고 있다:

> 남성과 여성의 환상과 생각의 교본에서 끌어낸 위계와 그물망 이미지는 관계를 형성하는 서로 다른 방법을 보여 주며, 도덕성과 자아에 대한 서로 다른 관점과 연관되어 있다. 그러나 이런 이미지는 각기 상대가 나타내는 바를 왜곡하기 때문에 이해하는 데 문제가 발생한다. 위계의 최정상이 그물망의 변방이 되고 연결 네트워크의 중심이 위계적 향상의 중간 부분으로 됨에 따라, 각 이미지는 상대가 안전하다고 정의한 장소를 위험한 장소로 표시하게 된다. 따라서 위계와 그물망 이미지는 주장과 반응의 서로 다른 양식을 형성한다. 즉, 최정상에 혼자 있고 싶은 바람과 그에 따라 다른 사람들이 너무 가까이 올까봐 두려워함, 그리고 연결의 중심에 있고 싶은 바람과 그로 인해 너무 변방에 있게 될까봐 두려워함이 그것이다. 외톨이가 될 거라는 두려움과 따라잡히게 될 거라는 두려움, 이 두 가지 전혀 다른 두려움들은 성취와 연관성에 대해 달리 묘사하게 만들며 그

17) 위의 책, pp. 28-29.

결과, 행동 방식에 차이가 나게 되며 또 선택 결과를 평가하는 방식에도 차이가 나게 된다.[18]

성별에 따라 정의된 여성과 남성의 세계는 부분적으로는 우리 문화에서 실천하고 있는 부모 노릇이 가져온 아동 발달의 결과로 생겨났다. 여성이 양육한 소녀와 소년들은 1차적 양육자와 매우 다른 관계를 경험한다. 낸시 초도로(Nancy Chodorow)가 보여 주듯이, 그 차이는 각기 이후에 맺는 타인과의 관계를 위한 독특한 주관적 토대를 만들어 낸다. 어머니는 딸에 대해 서로 더 비슷하고 더 연속적인 것처럼 경험하는 경향이 있다. 그러나, 성인이 되기 위해 어머니와의 연속성을 반드시 단절해야 하는 아들에 대해 어머니는 서로 정반대라는 경험을 하게 된다. 그에 따라 소녀는 소년보다 어릴 적 어머니-자녀 관계의 강도에 더 매몰된 채 남게 되고, 또 관계로부터의 분리보다는 참여라는 측면에서 자신을 정의하는 경향이 더 많다. 초도로는 이러한 유형들의 결과를 다음과 같이 명명한다:

> 아이들은 먼저 자신과의 연속선상에서 사회적·인지적 세계를 경험하며, 대상을 구분하지 않는다. 최초의 양육자인 자신의 어머니는 분리된 사람이 아니며 분리된 이해관계를 가지고 있지 않으며, 그리고 그들의 최초 발달 과제 중 하나는 자아와 타자를 분리된 것으로 경험할 필요가 있는, 경계를 가진 자아를 확립하는 것이다. 게다가, 분리되지 않은 상태는, 어머니에게 유아가 전적으로 의존하게 되는 맥락 속에서 볼 때 유아의 신체적 심리적 생존을 위해서다.…… 원초적 어머니 관계(original mother-relation) 속에서 자아를 경험하는 것은 유혹적이자 두려운 일로 남는다. 즉, 합일(unity)은 축복이었지만, 동시에 자아의 상실과 절대적인 의존을 의미한다. 반대로 아버지는 분리된 이해관계를 가진 분리된 사람으로 인식되며 항상 분화되어 있었고 자녀는 한번도 그에게 완전히 의존적이었던 적이 없었다. 그는 원초적인 자기 도취적 위협(original narcissistic threat: 기본적 자의식의 통일성과 경계에 대한 위협)을 제기하지 않았으며 소녀에게 원초적인 자기 도취적 합일(original narcissistic unity: 원초적인 일체감 경험)을 제공하지도 않았다. 어머니에 대한 오이디푸스적 사랑은 아버지에 대한 사랑에서는 발생하지 않는 자아 개념에 대한 위협을 내포하고 있다.[19]

18) Gilligan, *In a Different Voice*, p. 62.

그래서, 우리가 사랑/만족과 분노/좌절을 동시에 느끼는 어머니에 대한 우리의 원초적 의존 경험은 여아에게와는 다른 표지를 남아에게 남긴다. 더 멀리 떨어져 있는 아버지에 대한 각 자녀의 사랑은 전적인 의존에 대한 위협과 기대에 의해 영향을 덜 받으며, 특히 아버지에 대한 남아의 동일시는 더 추상적이고, 강한 애정적 유대로부터 더 멀리 떨어져 있다. 다시 초도로에 따르면,

> 그래서 여아의 동일시 과정은 어머니와의 지속되는 관계에 더 연속적으로 각인되어 있고 또 그것에 의해 중재된다. 여아의 동일시 과정은 타인과의 관계를 통해 발달하고, 특수적이고 애정적인 관계를 강조한다. 남아의 동일시 유형은 아버지에 대한 실제적인 애정적 관계 속에 그다지 각인되지 않고 또 중재되지도 않는 경향이 있다. 동시에 남아는 어머니와의 동일시나 어머니와의 관계를 부인하는 경향이 있으며 자신이 보기에 여성적 세계로 여겨지는 것을 거부한다. 남성성은 긍정적으로 정의되는 만큼 부정적으로도 정의된다. 남성적 동일시 과정은 타인과의 차별화를 강조하고, 애정적 관계를 거부하며, 그리고 남성적 역할의 절대적이고 보편적인 요소를 강조한다. 여성적 동일시 과정들은 관계를 지향하는 반면, 남성적 동일시 과정은 관계를 거부하는 경향이 있다.[20]

따라서 여성의 어머니 노릇은 어머니가 되도록 준비된 딸들을 만들어 내고, 또 대체로 친밀성과 보살핌의 관계를 필요로 하고 그렇게 할 수 있는 능력을 가지게끔 준비되어 있다. 다른 한편으로 여성의 어머니 노릇은 대체로 '어머니'가 되도록 준비되지 않고, 그러한 관계를 필요로 하지 않고 그렇게 할 수 있는 능력을 가지게끔 하는 준비가 덜 되어 있는 아들들을 만들어 낸다.

성별에 따라 정의된 정체성의 유형은 유아기 때 시작되어 공적·사적 생활 모두에서 성년기 전 과정에 걸쳐 여러 가지 방법으로 강화된다. 자신의 가치에 대한 남성의 관념은 규칙이 지배하고 성취 지향적인 공적 세계에서

---

19) Chodorow, "Oedipal Asymmetries," p. 459. 또한 Dorothy Dinnerstein, *The Mermaid and the Minotaur*(New York: Harper and Row, 1976), p. 161 그 외 여러 곳.

20) Nancy Chodorow, *The Reproduction of Mothering*(Berkeley, Calif.: University of California Press, 1978), p. 176.

의 성공과 실패에 대한 지각과 연결되어 있지만, 자신의 가치에 대한 여성의 관념은 애정적·가정적 생활에 대한 자신들의 평가와 연결되어 있다. 여성의 시간은 대부분 자신 및 타인을 신체적·심리적으로 유지하는 데 직접적으로 사용되지만 남성의 노동은 대체로 이러한 활동에 최소한으로만 관련된다. 눈에 잘 띄지 않고 위세도 낮은 여성의 가사 및 가족 노동은 물품의 생산보다는 과정을 유지하는 데 근거해 있다.[21] 이러한 이유와 그 밖의 많은 다른 이유 때문에 여성 자아 정체성의 핵심인 사회적 관계의 그물망은 남성적 세계의 주변부를 차지하고 있으며, 또 이 그물망은 여성이 독립성을 획득하고 성인이 되기 위한 통로지만 종종 그 길을 막는 장벽이기도 하다.

성별에 따라 정의된 두 세계에 차이가 있음을 나타내는 증거는 아이들과 성인 모두의 말과 행동에 나타난다. 발달심리학자들은 남아와 여아가 하는 전형적인 놀이의 유형 간에 중요한 차이가 있음을 알아내었다. 즉, 남아는 갈등 상황을 매듭짓기 위한 규칙과 절차에 대해 광범위하게 설명을 해야 하는 경쟁적 놀이를 하는 경향이 더 많은데 비해, 여아는 비경쟁적이거나 순번대로 돌아가는 놀이를 하는 경향이 있는데 이런 놀이에서는 놀이를 끝냄으로써 갈등이 해결되고 따라서 애정적 유대를 유지할 수 있게 된다.[22] 남아의 놀이는 비교적 많은 사람의 노력을 조직화하고 조정하고, 갈등과 경쟁을 직접적으로 다루고, 또 승자와 패자를 선언하는 작업을 수반하는 기술을 가르쳐 준다. 여아의 놀이은 초기적 유아-어머니 관계의 특징인 친밀하고 쌍방적인 상호작용 유형을 계속하고, 협동하는 기술과 다른 사람의 경험을 자신의 것처럼 받아들이는 감정 이입 능력을 학습하도록 독려한다.

성인 사이의 소집단 상호작용에 대한 실험, 놀이, 그리고 관찰에서 이 주제들이 계속된다. 여성과 대화하는 여성은 돌아가면서 발표하거나 번갈아 말하는 '협동적인 언어 전략'을 사용하는 경향이 있는데 비해, 남성과 대화하는 남성은 언어적인 결투를 통해 발표자 간의 위계가 정립되거나 혹은

---

21) Harding, "Toward a Strong Program," p. 24.

22) 이 조사의 요약을 보려면 Gilligan, "Woman's Place in Man's Life Cycle," *Harvard Educational Review* 49(November, 1979): 435을 참조할 것.

위계에 도전하는 식의 경쟁적인 전략을 활용한다.[23] 여성은 다른 여성에게 관계에 대해 이야기하는 경향이 있는데 비해 남성은 다른 남성에게 자신에 대해 이야기하고 공격성과 전투적 입장을 강조하는 이야기들을 한다. 여성의 협동적 전략은 '듣기를 존중하고 듣기를 잘 한다는 점'에 바탕을 두고 있는 것 같다.[24] 여성의 토론은 승자와 패자를 결정하는 것보다는 '공평한 결과'를 달성하는 데 더 관심이 있음을 드러내는 데 비해 남성의 경우는 그 반대다.[25] 한 연구자 집단은 실험적인 놀이에서 '착취적인(exploitative)' 남성적 전략과 '적응적인(accommodative)' 여성적 전략 사이에서 (연구자들이) 예측하지 못한 차이를 발견했다.

> 남성은 (남성) 실험자가 기대했던 종류의 행위를 만족스럽게 증명했다. 따라서 그들은 경쟁적으로 협상하고, 그들이 할 수 있는 최고의 '거래'를 하고, 그리고 결국 이기려고 애쓰면서, 재미로 놀이에 참가하는 것처럼 보였다. 여성의 행위는 혼란스러우리만큼 달랐다. 여성에게 그 상황은 사회적 상호작용을 위한 기회를 제공하는 것처럼 보였다. 그것은 경쟁적·협상적 상황이라기보다는 거의 토론과 유사했다. 처음에 우리는 여성이 놀이의 목적을 실제로 이해를 하기는 했는지 어떤지 궁금했다. [!] 나중에 우리는 많은 경우에 여성은 목표를 이기고 지는 문제로 보기보다는 세 명의 참가자 모두가 만족하게 될 것인, '공평한' 결과로 조정하는 문제로 본다는 결론에 도달했다.[26]

이 연구자들은 여성 참가자가 남성 참가자보다 "의미심장하게 더 좋은 결과에 도달했다"라고 결론을 맺었고, 자신들의 연구 결과에 문화적 차이

---

23) Dale Spender, *Man Made Language*(London: Routledge and Kegan Paul, 1980), p. 127에 인용된 Elizabeth Aries, "Interaction Patterns and Themes of Male, Female, and Mixed Groups," *Small Group Behavior* 7(1976): 7-18 참조.

24) Spender, *Man Made Language*, p. 128.

25) John E. Baird, Jr., "Sex Differences in Group Communication: A Review of Relevant Research," *Quarterly Journal of Speech* 62(1976): 179-192와 Spender, *Man Made Language*, p. 127에 인용된 Clarice Stasz Stoll & Paul T. McFarlane, "Sex Differences in Game Strategy," in Stoll, ed., *Sexism: Scientific Debates* (Reading, Mass.: Addison-Wesley, 1973), pp. 74-75.

26) Thomas K. Uesugi & W. Edgar Vinaki, "Strategy in a Feminine Game," *Sociometry* 26(1963): 78.

가 있다는 것을 알게 되었다. 즉, 미크로네시아('작은 섬들'이라는 뜻으로 멜라네시아·폴리네시아와 함께 오세아니아를 3등분하는 지역의 명칭이다.—옮긴이) 문화권에서 온 남성이 서구 남성보다 더 조화를 잘 이루는 상호작용 스타일을 나타냈다는 것이다.[27] 대학생들로 하여금 이야기에 의미를 투사하도록 요구한 연구에 따르면, "여성이 관계적 상황에서보다는 몰개인적(impersonal)이고 성취적 상황 속에서 폭력이 더 많음을" 간파한데 비해, 남성은 "몰개인적이고 성취적 상황에 대해서보다는 사적인 관계적 상황에 대해 폭력을 더 많이 투사했다."[28] 다시 말하면, 서구 문화에서 남성은 연결되려고 하는 자신의 욕구를 억압하게 됨으로써 종종 다른 사람 속에 있는 그런 욕구에 대해 관용을 베풀지 못하게 된다. 남성은 연결성 안에 위험이 있음을 느끼고 흡수될까봐 두려워하는 데 비해 여성은 분리 속에서 위험을 느끼고 잃게 될 것이라는 두려움을 느낀다.

여성이 상황과 현장에 대해 주의를 더 많이 기울인다는 것은 정보 처리에 대한 심리학적 연구에 잘 나타나 있다. 남성은 한 번에 한 가지 자극에 집중하는 경향이 있는 데 비해, 여성은 "여러 가지 자극에 대해 동시에 반응하면서 좀 더 전체적으로 정보를 처리하는 경향이 있다."[29] 남성은 현장으로부터 자극을 분리시키는 데 비해 여성은 자신을 둘러싼 환경과 자극을 통합하는 경향이 있다. 3차원적 기술에 대한 검사에 따르면 "주변 시야(peripheral vision: 시선의 바로 바깥쪽 범위—옮긴이)를 더 많이 사용하는 여성은 환경을 더 넓은 범위에서 덜 깊이 탐색하는 데 비해, 이향 운동(vergence: 사물을 보기 위해 한쪽 눈이 다른 쪽 눈을 따라 움직이는 눈 운동—옮긴이)을 더 많이 사용하는 남성은 주변 환경을 좁은 범위 안에서 더 깊이 탐색한다."[30] 일반적으로, 여성은 주문하기 위해 훑어봐야 하는 등의 지각

27) 위의 책, pp. 79, 80.

28) Gilligan, *In a Different Voice*, p. 41.

29) Selma Kraft, "Cognitive Function and Women' Art," *Women's Art Journal* 4(Fall, 1983/Winter, 1984): 5.

30) 위의 책, p. 6. 크래프트는 이러한 인지 및 지각 차이가 "내용보다 상황을 먼저 이해하는 특별한 능력에 바탕을 두고 있는 것으로서, 본뜨기에 민감한 여성의 특별한 예술적 감각"을 드러내는 예술적 감각에서의 차이를 가리킨다고 지적한다(p. 8).

활동에 뛰어난데 비해, 남성들은 대상을 응시하는 등의 지각 활동에 뛰어난 경향이 있다.

길리건과 동료들은 남성과 여성이 말하는 독특한 심리적·도덕적 언어가 양성 간의 의사소통 전체에 영향을 주는 장벽으로 작용한다고 지적했다.[31] 이것이 사실이지만, 남성 세계와 여성 세계의 차이로 인해 의사소통과 의도에서 매우 복잡한 문제가 발생함을 이해하는 것이 중요하다. 즉, 그러한 차이는 그것들이 지배와 종속의 관계와 얽혀 있고 또 갈등과 질서의 정치적 문제에 대해 서로 다른 접근법을 제공한다는 점에서 정치적이다. 언어는 메시지 전달을 위한 체계 이상의 것이며, 개인이 그것으로써 다른 사람과 자신에게 자기가 정의하고 사회가 정의하는 상징의 체계를 표현함으로써 오랜 기간에 걸쳐 자신을 형성하는 과정이다. 남성 지배적 사회에서 남성이 여성에 관해 사용하는 언어는 그 사회에서 여성 기질(womanhood)의 의미를 구성하는 데 기여한다. 영어라는 언어에서 여성 기질이란 탐탁하지 않고 위험한 존재 상태를 의미하도록 구축되었다는 점은 명백하다. 우리의 언어는 대체로 여성을 섹슈얼리티(예를 들면, 성적으로 난잡한 여성을 묘사하는 단어는 약 200개가 있는데 비해 남성의 동일한 행위를 묘사하는 단어는 20개밖에 없다), 그리고 신뢰할 수 없음과 위험함(예를 들면, 경멸적 형용사는 ―수다떨다, 지껄이다, 주절거리다, 잔소리하다, 불평을 늘어놓다, 푸념하다, 험담하다― 남성에게는 거의 적용되지 않으면서 여성의 위험한 대화를 묘사하는 데 사용된다)의 측면에서 묘사한다.[32] 대안적 담론을 만들어 냄으로써 여성을 거부하거나 평가 절하하는 의미들에 저항하는 것은 정치적 행동이다. 즉, "그것은 권력의 재분배, 명명할 권리의 회복, 침묵을 종식시킴에 대한 것이다."[33]

페미니스트 담론은 그러한 저항을 위한 수단을 제공할 뿐만 아니라, 그것을 위한 토대도 제공해 준다. 말하자면, 페미니스트 담론은 관계와 양육적 활동을 둘러싼 가치로서, 그 위에 민주적 공동체의 정치가 이루어질 수

31) Gilligan, *In a Different Voice*, p. 173.
32) Spender, *Man Made Language*, pp. 14, 106 여러 곳.
33) 위의 책, p. 63.

있는 가치의 목록을 제공한다. 페미니스트 담론은 정치적 생활의 가장 기본적 조건 중 일부를 재개념화해 줄 수 있다. 이번 장의 마지막 절에서 나는 이러한 개념들 중 일부를 재구성한 의미를 설명할 예정이지만, 먼저 페미니스트 담론, 우리 사회에서 여성 기질, 그리고 내가 정의하는 의미에서 여성성 사이의 관계를 검토하려고 한다.

페미니스트 담론에 내포된 가치의 원천은 우리 사회 여성의 전통적이고 특징적인 경험 속에 있다. 그러나 이 원천은 전통적으로 규정되어 왔던 바의 여성 기질 속에 있지는 않다. 왜냐하면 여성의 전통적 경험은 그 자체로서 왜곡된 것이며 불완전한 것이기 때문이다. 양육에 대한 헌신이 권력에 대한 봉사로 잘못 해석된다는 점에서 여성의 경험은 왜곡되었다. 여성이 특징적으로 경험하는 타인들에 대한 깊고 친밀한 연계가, 가부장적 정치 질서 내에 놓여 있으면서 생존의 이해관계들로 인해 기형적으로 되어 버렸다. 여성이 양육자로서 겪는 경험의 강하고, 긍정적이고, 창조적인 측면과 여성이 종속적 위치에 있는 사람으로서 겪는 경험의 부정적이며, 조작되고, 강요된 측면 간에는 복합적인 관계가 있다. 여기서 사용된 의미의 '여성성(femininity)'-즉 지배에 대한 반응으로서의 여성성-은 그저 여성 기질과 분리되어 있으면서 그것에 덧붙여진 측면이 아니다. 오히려 그것은 여성 기질의 필수적 측면으로서, 양육을 남성 우월주의에 대한 서비스로 변질시켜 버리는 권력 관계에 의해 생산된 것이다. 여성은 그 동안 이 과정의 피해자였지만, 단순히 수동적인 피해자였던 것만은 아니다. 왜냐하면 우리가 그 속에서 아들과 딸을 남성과 여성으로-대체로 여성을 낮게 평가하는 남성과 종종 스스로를 낮게 평가하는 여성으로-키워냈던 지배적 담론을 구축하는 데 우리 자신이 참여했기 때문이다. 우리는 또한 피해자 이상의 존재였지만, 나름의 고결함을 가지고 있고 나름의 성과도 제시하고 있는 우리 경험의 그 측면을 우리를 피해자로 만드는 과정으로부터 분리시키는 것은 쉬운 일이 아니다. 여성성에 대한 여성의 경험은 남을 돕는 것이 남을 즐겁게 해 주는 서비스로 되어 버렸음을 보여 준다. 이것은 결과적으로 여성을 인간관계에서의 상실에 대해 너무 지나치게 상처받게 만들고 동시에 위험과 갈등을 두려워하게 만든다.

여성이 인간관계에서 더 많이 상처받는다는 사실은 이성애적 애정 관계에 욕구의 불균형 상태가 있다는 자주 제기되는 주장을 뒷받침한다. 여성의 우울증에서 발견되는 공통적인 유형을 보면 감정적 유대가 와해되는 것에 대해 침투력이 있고 종종 사람을 쇠약하게 만드는 걱정이 있으며, 또 그만큼 자율적인 감정적 자원이 결핍되어 있다.[34] 여성은 아동기 때부터 냉정하고 강력한 남성을 이상적으로 생각하고 남성으로부터 특별한 관심을 끄는 데 다른 여성을 경쟁 상대로 생각하도록 배웠기 때문에, 종종 자신이 사랑받을 수 있는 한에서는 남성에게도 약점이 있다는 것을 애써 인정하지 않으려 한다. 도로시 디너스타인(Dorothy Dinnerstein)은 이와 같은 사랑의 무방비 상태(unguardedness in love)는, 여성이 전적으로 부모 노릇을 하는 상황에서 남성과 여성의 초기 발달 과정에 특징적으로 나타나는 독립성 및 욕구의 유형 때문이라고 본다.

> 바꿔 말하면, 최초 부모에 대한 초기의 분노는 오이디푸스 단계에 있는 '남성적인' 남아에 의해 종종 사용되는데, 이것은 여성과는 다소간 경멸적으로 거리를 유지하여 절도 있는 독립성을 확립함으로써 같은 남성과의 유대를 **견고히 하려는** 목적 때문이다. 그리고, 남성을 향해 숭배적이고 종속적인 입장을 확립함으로써 같은 여성과의 유대를 **느슨하게** 만드는 것은 같은 단계에 있는 '여성적인' 여아에 의해 주로 사용된다. 남아가 어머니에 대한 자신의 느낌을 억누르도록 배우고 있을 때, 여아는 아버지를 지나치게 이상시하는 것을 배운다(특히 그녀의 최초의 정서적 과제들도 또한 어머니에 집중되어 있기 때문에). 물론 이 대조적 현상은 성적 특권의 비대칭성을 강하게 뒷받침하고 있다. 서로간의 연대의식에 바탕을 둔 인간적 일체감으로 반대 성(sex)을 위한 감정을 상쇄시킬 수 있는 비슷하게 강력하고 잘 정의된 방법이 없기 때문에, 자신의 방식으로 사랑의 조건을 설정하는 데 여성은 남성보다 훨씬 덜 자유롭다.[35]

---

34) Maggie Scarf, *Unfinished Business*(New York: Ballantine Books, 1980). 스카프의 책은 몇 가지 측면에서 흥미롭다. 그녀는 여성이 성별 제약에 대항하여 반역하기 때문에 부정적인 정신과적 증상의 딱지가 붙는다는 페미니스트 주장을 거부한다. 그러나 그녀가 제시한 사례 중 많은 수는 적절한 여성적 행동의 규칙을 어겼거나, 너무 자기 주장이 강하거나, 너무 똑똑하거나, 충분히 '정숙하거나' 혹은 수동적이지 않아서 처벌받는 여성들이다.

35) Dinnerstein, *Mermaid and the Minotaur*, p. 53.

그러나 양성 간의 불평등이 정신적인 것에만 국한되는 것이 아니기 때문에 여성으로 하여금 단순히 두려워하지 않도록 촉구하는 것은 문제 있는 대응 방식이다. 남성에 대한 여성의 복종은 여성이 남성의 우월한 정치적·경제적·사회적 권력을 현실적으로 인정하는 태도에 근거하고 있으며, 그러한 권력 관계가 변화되기 전에는 여성의 복종 상태가 체계적으로 변화할 것 같지 않다. 그렇지 않았더라면 여성의 목소리에 대한 탁월한 분석이 되었을 길리건의 연구에서처럼, 심리적 발달만을 강조하는 것은 정치적으로 미숙한 양성성의 관점을 낳는다. '관례적인 여성의 목소리'를 묘사하면서 길리건은 다음과 같이 쓰고 있다. "이 입장의 장점은 그것이 보살피는 능력을 가졌다는 점이다. 이 입장의 약점은 그것이 직접적 표현을 제한한다는 점이다."[36] 길리건의 주장에 따르면, 여성이 평등한 권리에 대한 남성적 관점의 타당성을 발견하고 인정하기 전에 보살피는 데 전념하게 되면 복종(deference)과 이중성(duplicity)—즉, 다른 사람들에 의해 너무 쉽게 상처입게 됨에 따른 두려움과 그 결과, 다른 사람을 솔직하게 대하는 것이 내키지 않는—이라는 두 가지 결과가 발생한다. "이 입장의 논리는 호혜적 보살핌의 도덕성이 의존의 심리학에 각인되어 있다는 점에서 혼란스럽다." 그러나 길리건의 주장에 따르면, 이 상태는 여성이 '권리의 공평성 접근법(the justice of the rights approach)'을 인정하고 또 타인에게로 확대된 것과 똑같은 보살핌을 받을 권리를 자신들도 가지고 있음을 알게 될 때 변화한다.

> 권리의 개념은 여성이 스스로를 더 강한 사람으로 보고 자신의 욕구에 대해 배려하도록 만듦으로써 여성이 자신에 대해 가지고 있는 생각을 변화시킨다. 주장이 더 이상 위험하지 않아 보일 때, 관계의 개념은 계속적 의존의 유대로부터 역동적 상호 의존으로 바뀐다. 그때 보살핌이라는 관념은, 타인을 해치지 말라는 꼼짝못하게 하는 명령으로부터 자아와 타인을 향해 책임 있게 행동하라는, 또 그렇기 때문에 관계를 유지하라는 명령으로 확장된다.[37]

---

36) Gilligan, *In a Different Voice*, p. 79.
37) 위의 책, pp. 82, 132, 149.

여기서 부족한 부분은 남성과 여성의 목소리가 발달하는 정치적 상황에 대한 확실한 인식이다. 여성의 의존 심리는 남성의 권력이라는 현실과 연관되어 있으므로 여성은 자기 주장을 안전하다고 보지 않는 경향이 있다. 자기 주장이 강한 것은 권력이 없는 자에게는 항상 위험하다. 돕고자 하고 보살피고자 하는 충동은 상대를 기쁘게 해 주려는 욕구에 볼모로 잡혀 있다. 불평등한 권력이라는 조건 하에서 승인받으려는 욕구는 심리적으로 약한 것이 아니라 정치적으로 합리적인 욕구다. 여성이 남성에게 종속적인 한, 여성 경험이 가진 미덕은 종속 상태를 유지시키는 데 필요한 요건으로 바뀌어 버릴 것이다. 즉, 귀 기울여 듣고, 감정을 이입하고, 다른 사람의 목소리를 듣고 식별하는 등의 능력은 성공적인 인상관리를 위한 전략으로 사용될 것이다. 도덕적 발달에 대한 길리건의 논의는 그녀가 제시한 양성성(androgyny)이라는 미래상에 사회적·정치적 장애물이 있음을 분명하게 인정하지 않고 있다. 길리건은 다음과 같이 쓰고 있다.

> 여성의 발달에서, 애초에 타인을 해치지 않는 것으로 정의된 절대적 보살핌은 개인적 고결함을 추구하는 욕구를 인정함으로써 복잡하게 된다. 이러한 욕구의 인정은 권리 개념에 들어 있는 평등에 대한 요구를 발생시키는데, 이 요구는 관계에 대한 이해를 변화시키고 보살핌의 정의를 바꾼다. 남성의 경우에는, 타인과 자신 사이에 차이가 존재함을 말해 주는 경험이, 평등과 호혜성이라는 개념에 의해 정의된 절대적 진리와 공평성에 이의를 제기한다. 진리가 여러 개라는 인식은 형평성을 추구할 때 평등을 상대적인 것으로 생각하게 만들며, 관대함과 보살핌의 윤리를 생겨나게 한다. 도덕적 결정을 위한 두 가지 상황의 존재는 남녀 모두가 응당 상황에 따라 상대적인 판단을 내리게 하며, 책임과 선택을 새로 발견하게 한다.[38]

그러나 남성적 권력이 처해 있는 공적인 상황이 근본적으로 바뀌지 않는다면, 이 행복한 결말은 가설에 불과하다. 자기 주장 기술을 습득하기 위해서 여성은 **위험을 감수하는 것**, 남들을 기쁘게 해 주려는 파괴적인 욕구에 의해 오염되지 않은 모험과 성취를 추구하는 것, 그리고 자신을 희생하면

38) 위의 책 p. 166.

서 타인에게 과잉 투자함으로써 생기는 소모적인 두려움 없이 행동하는 것을 배워야 한다. 만일 사회가 여성의 가치를 인정하지 않는다면, 여성이 보살핌을 평등과 결합시키는 시점인 길리건의 세 번째 발달 단계로 진입하는 움직임의 특징인 통찰력을 성취한다는 것은 정치적 승리 치고는 극히 일어나기 어렵다. 이와 비슷하게, 대부분의 남성은 대안적 관점, 즉 여성의 관점을 접할 수 있다는 이유만으로는 자신의 관점에 대해 의심하려 들지 않는다. 남성이 여성의 목소리를 듣는 데 실패한다면, 그것은 그들이 듣지 않기 때문이 아니라 들을 필요가 없기 때문이다. 남성은 남성의 경험을 절대적인 것으로 신성시하면서 남성 경험이 가진 한계에 대해서는 주의를 환기시키지 못하거나 혹은 한계를 인정조차 하지 않는, 지배적인 언어적·제도적 실천에 의해서 여성의 목소리로부터 차단되어 있다. 시몬 드 보부아르(Simone de Beauvoir)가 자신의 저서 『제2의 성(*The Second Sex*)』에서 매우 잘 기술했듯이, 남성은 "그들이 절대적 진리와 혼동하고 있는 자신의 관점에서" 세계를 정의한다.[39] 전통적으로, 여성은 자율적이고 성취적인 자아가 유지된다는 환상 속에서 남성을 돌봄으로써, 길리건이 설명하는 경험을 남성이 상대화(相對化)시키지 않아도 되도록 여러 가지 방법으로 공모했다. 길리건이 지적하듯이 남성이 여성 목소리의 타당성을 수용하는 시기는 종종 중년기이거나 혹은 중년이 지난 후, 즉 남성적 윤리의 한계가 보금자리를 찾아 집으로 돌아오는 때이며 편리하게도 자녀를 양육하는 고된 일이 끝난 때다.[40] 우리는 제각기 우리가 어느 정도 스스로 말할 수 있다는 점을 어렴풋하게만 알고 있을 뿐이기 때문에, 다른 방식의 말을 진실하게 듣는 것은 우리 스스로를 다른 사람과의 관계 속에서 재구성하기 시작하는 것이다—그러나 이것은 매우 근본적인 과제이며 상대적으로 적은 수의 남성만이 자발적으로 참여한다. 진정한 양성성은, 잘못 형성된 남성과 여성의 반쪽을 단순히 합하는 것이 아니라, 여성과 남성 각각에게서 가치 있는 특징을 불러내고 또 권력의 영향과 뒤엉켜 있는 상태로부터 그것들을 조심스

39) Simone de Beauvoir, *The Second Sex*(New York: Alfred A. Knopf, 1952), p. 133.
40) Gilligan, *In a Different Voice*, p. 171.

럽게 풀어내는 복잡한 과정으로서 정의되는 **정치적인 투쟁**이다.

만일 여성의 경험이 위에서 언급한 방식으로 억압되어 왜곡된 것이라면, 가치 하락 상태에서 벗어나 고결한 것으로 회복된 보살핌(caretaking)의 경험이 그 자체로서 페미니스트 담론을 구축하는 데 적절한 기초를 제공하게 될 것인가? 내 생각에 그 대답은 아니다일 수밖에 없다. 여성의 경험은 단순히 왜곡된 것이 아니다. 여성의 경험은 부분적이며 미완성이기도 하다. 여성의 경험은 자유와 평등의 공적 담론과 실천에 대한 확실한 서약으로 보충되어야만 한다. 여성 경험의 복잡한 가닥들을 푸는 것은, 우리에게 그리고 우리 내부에서 작동하는 권력의 세력에 의해 우리의 주체성이 생산된다는 푸코의 주장을 계속적으로 떠올리게 됨을 의미한다. 이것은 나름의 고결성과 진정성을 가지고 있는 것을 그러한 특성이 없는 것으로부터 분리하는 과정이 복잡하고 예측이 불가능한 과업이며, 또 관료제적 자본주의의 역사적 세력이 개인적인 전체성이라는 가장 전체적인 것조차 단순히 한 부분에 불과하게끔 우리를 탈개인화하고 고립시켰음을 말해 준다.

여성의 전통적 경험이 부분적이라는 것을 이해하기 위해서는 설명의 미묘한 차이에 어느 정도 주의를 기울여야 한다. 보살핌은 너무 쉽게 낭만화되고 감상적으로 되어 구제 불능 상태의 쾌활함으로 혹은 자기 희생을 위한 자학적 욕구로 환원된다. 특히 그 핵심이 어머니 노릇(mothering)과 등치될 경우 여성적 경험은, '남성적 체계에 의해 오염되지 않은' 것으로서 다른 사람과 관계를 맺는 특별한 '유기체적' 방법이 여성에게 있음을 주장하는 유사 생물학적 은유를 통해 쉽게 신비화된다.[41] 가장 극단적인 예로서, 최근 페미니스트들의 어머니 노릇에 대한 찬양은 홀마크(Hallmark: 카드 주고받기를 상품화한 미국의 대표적 카드 회사—옮긴이) 카드의 학술적 판본 같은 목소리를 내기 시작했다. 그러나 이러한 감상을 피했을 때조차도, 어머니 노릇 및 그와 연관된 가사일은 여전히 여성 경험의 전체가 아니라 부분적 측면에 지나지 않는다. 어머니와 자녀의 유대는 전형적인 여성 경험의 특

41) Jackie St. Joan, "Female Leaders: Who Was Rembrandt's Mother?" in Charlotte Bunche, et al., *Building Feminist Theory: Essays from Quest*(New York: Longman, 1981), p. 230.

수한 측면을 드러내는데, 이것은 사라 루딕(Sara Ruddick), 진 엘쉬타인(Jean B. Elshtain), 그리고 다른 학자들도 설득력 있게 찬사를 보낸 것으로서, 자녀의 보존과 보호, 그리고 자녀의 지적·영적·정서적 성장을 돕는 일 등이다. 루딕이 제시하듯이, 어머니 노릇은 '세심한 사랑'의 미덕, 겸손과 좋은 유머(한계를 인정함과 동시에 계속하려는 의사를 표시하는)의 미덕, 그리고－루딕이 '껴안기(holding)'라고 부르는－상대의 연약함에 대해 보이는 특별한 형식의 관심이라는 미덕에 기반한 특별한 종류의 사회적 실천이다.[42] 퇴행적이 아닌 진실된 형식 속에서, 모성적 사고와 행동은 중요한 교육적 경험－일시적 불평등의 경험으로서, 그 속에서 어머니의 권력은 애초의 격차를 바로잡고 권력을 바라는 욕구를 종식시키도록 자녀의 발달을 촉진하는 데 사용된다－을 제공한다.[43] 그러나 설사 어쩔 수 없는 일시적 불평등의 양식이라 할지라도 어머니-자녀 관계가 불평등한 관계라는 사실은, 개인 간의 평등을 요구하며 또 사랑이 아닌 존경에 뿌리박고 있는 시민권의 더 넓은 관계를 위해 이 관계가 좋은 모델이 되지 못함을 보여 준다.

더구나 어머니 노릇에는 보살피는 사람인 여성의 경험에만 들어 있는 독특한 요소들이 겨우 일부만 들어 있다. 길리건의 발달 연구에 나오는 여성들은 종종 어머니가 **아니며** 사실상 어머니가 되지 않는 선택을 하는 데 관련되어 있지만, 그럼에도 그들은 여기서 여성의 목소리로 묘사된 특징적인 사고와 행동 양식을 보여 준다. 여성은 어머니로서보다는 **딸**로서의 경험을 통해 보살피는 사람이자 양육자로 만들어진다.[44] 로슬린 볼로(Roslyn W.

42) Sara Ruddick, "Maternal Thinking," *Feminist Studies* 6(Summer, 1980): 350.

43) Jean Baker Miller, *Toward a New Psychology of Women*(Boston: Beacon Press, 1976), Gilligan, *In a Different Voice*, p. 168에서 재인용.

44) 루딕은 이것을 알고 있지만("Maternal Thinking," p. 346), 이러한 통찰력은 모성에 대한 그녀의 강조에서는 뒷전으로 밀려나 있다. 루딕, 초도로(*The Reproduction of Mothering*), 그리고 엘쉬타인(Jean Bethke Elshtain, "Antigone's Daughter," *Democracy* 2 [April, 1982]: 45-59)의 어머니노릇(mothering)에 대한 논의는, 그들이 종종 역사적으로 특수한 자녀 양육 유형을 보편적인 의미를 갖는 것으로 본다는 점에서 문제가 있다. 어머니 노릇의 역사적 생산에 대한 탁월한 분석에 대해서는 곧 출간될 Linda Nicholson의 *Feminism as Political Philosophy*를 참고하기 바란다. 이러한 논의은 그것들이, 종종 신통찮게 수행되었지만 그럼에도 불구하고 많은 여성의 개인적 발전에 뚜

Bologh)가 '여성적 합리성(female rationality)'이라는 개념에서 보여 주었듯이, 전통적 여성다움이 좀 더 포괄적인 조건 속에서 다시 만들어질 때조차 그것이 갖는 한계는 여전히 명백하다. 볼로는 여성적 합리성을 세 가지 상호 관련된 능력이라는 측면에서 정의한다. 그 세 가지란, 루딕이 정의한 것처럼 포괄적으로 정의된 어머니의 능력, 부인/애인/친한 친구의 능력, 그리고 가정 주부의 능력이다. 엘쉬타인의 '사회적 페미니즘(social feminism)'처럼, 볼로는 사적 영역의 구원, 즉 사적 생활의 고결함을 새롭게 구성된 공적 영역의 중심에 놓아야 한다고 주장한다. 그녀에 따르면 가정관리(homemaking)는

> 세상의 한 조각을 마치 자신의 일부처럼 다시 만들거나 재창조하려는 욕망이다. 그러한 재창조는 자연을 낯설고 성가시며, 알지 못하고 예측할 수 없으며, 무질서하고 위협적이며, 심란하며 괴로운 경험으로부터, 알려져 있고 익숙하고, 안정되고 안전하고, 질서정연하고 조화롭고, 편안하고 안락한 것으로 변형시킨다. 세상을 가정으로 만듦으로써 세상 속에서 있으면서도 가정에 있는 것처럼 자신을 편안하게 만드는 것은 소외와는 거리가 멀며 자각과 의식적 노력에서 나온 활동으로 생각될 수 있다.[45]

가정적인 것에 대한 이러한 호소가 편향적이라는 것은 그 용어에 내포된 의미의 서로 다른 두 가지 암시를 생각해 봄으로써 가장 잘 이해할 수 있다. 볼로가 주장하듯이, 가정적(domestic)이라는 것은 '조용한, 가정적 정경(情景)'에서처럼 편안하고 안전함을 의미한다. 그러나 그것은 또한 '동물의

렷하고도 중요한 영향을 미쳤던 과업인 아버지 노릇에 대해서는 거의 언급하지 않는다는 점에서 또한 문제다. 강하고 독립적이었던 많은 여성의 생애사는 어머니의 공포를 극복했고 여아들이 성별에 따른 속박을 풀어버리도록 도와 준 아버지 혹은 남성 멘토와 이 여성 간의 특별하고 독특한 관계를 보여 주고 있다(Margaret Henning & Anne Jardin, *The Managerial Woman*[New York: Pocket Books, 1976], pp. 99-132와 Gail Sheehy, *Passages*[New York: E. P. Dutton, 1974], pp. 131-132를 참고할 것). 역설적이게도 많은 여성은 어머니나 할머니에게서보다는 아버지와 할아버지로부터 배운 가치에 의해 나중에 페미니스트가 된다.

45) Roslyn Wallach Bologh, "Max Weber and the Dilemma of Male Rationality," unpublished manuscript, St. John's University, October 21, 1982, pp. 1-2. 또한 Elshtain, "Antigone's Daughters," pp. 58-59를 참고할 것.

가축화(家畜化)'에서처럼 야성성이 없음과 길들여져 있음을 의미할 수도 있다. 가정적인 것에만 의존해서 구상된 공적 생활의 비전은 기회와 위험 모두를 기피하는 일종의 과잉 감금 상태를 시사한다. 이러한 비전은 섬세한 사랑과 껴안기라는 사적인 미덕에 너무 큰 부담을 주기 때문에 이 미덕이 공적 생활의 전체적인 기초를 구성할 것이라고 기대하기 어렵게 만든다. 또 그렇게 기대하는 것은 결국 보편적 사랑의 따뜻하고, 몽롱하고, 완전히 불가능한 정치학을 옹호하게 되는데, 이런 사랑 안에서는 친밀성의 의미가 희석되고 또 친밀성이 모두에게 적용됨에 따라 친밀성의 의미 자체가 고결함을 잃어버린다.46)

그렇다면 새롭게 드러난 여성의 목소리와 공적 생활을 바꾸는 것 사이의 관계는 무엇인가? 메리 디츠(Mary Dietz)는 가족적인 보살핌과 연결성을 지지하는 것은 "그것이 정치학과 아무런 상관도 없기 때문에 페미니스트 정치 의식(feminist political consciousness)을 위한 기초로서 불충분하다"47)고 지적한다. 이는 즉, 보살핌만으로는 민주적인 공적 질서를 판단하고 또/혹은 구축할 것인가에 대한 기준을 전혀 제시할 수 없다는 것이다—사람들 간의 연결성이 참여 민주정치에 의해 배양될 수 있는 것처럼, 지배자가 우리를 위해 가장 좋은 것을 해 주는 자비로운 전제 정치에 의해서도 이 연결성은 쉽게 배양될 수 있다. 보살핌과 양육에 대한 우리의 모형이 전적으로 가족생활에서 나올 때, 우리는 두 가지 문제에 맞닥뜨리게 된다. 첫째, 우리는 가족생활을 그 구체적인 정치적 상황으로부터 분리시키게 된다. 어떻든 많은 가족은 신체적·심리적 학대의 현장이며, 대부분이 가부장적 권력 관계의 결과로 힘겨워하고 있다. 둘째, 우리는 우정(friendship) 같은 다른 강력하고 상호적이며 직접적인 유대의 원천을 간과하게 된다.48) 마사

46) 공적 시민권과 사적 생활 간의 관계에 대한 탁월한 분석으로는 Mary G. Dietz, "Citizenship with a Feminist Face: The Problem with Maternal Thinking," paper presented at the Western Political Science Association meetings, Seattle, Wash., March 24-26, 1983을 참고할 것.

47) 위의 책, p. 36.

48) Martha A. Ackelsberg, "'Sisters' or 'Comrades'? The Politics of Friends and Families," in Irene Diamond, ed., *Families, Politics, and Public Policy*(New York:

애켈스버그(Martha A. Ackelsberg)는 여성 운동의 1차, 2차 물결의 이론과 실천이 가족보다는 우정적 유대에서 훨씬 많이 나왔으며, 또 의식 고양 집단, '공동' 집안 관리, 집단적·공동체적 거주 구조, 그리고 공동 양육과 같은 페미니스트 활동이 우정이라는 유대에 근거한 지원 네트워크에서 나왔다고 지적한다. 우정의 특징은 '자발적이고 평등주의적 성질'을 가지고 있다는 점이다.[49] 물론 우정은 남용되거나 남을 속이는 것이 될 수 있지만, 그때는 이미 진정한 우정이 아니다. 우정의 평등성은 관대함과 신뢰의 호혜성을 통해 표현된 상대에 대한 존중, 즉 상대의 구체적인 욕구와 특성을 인정함으로써 가능해진다. 우정은 공적 생활과 사적 생활 사이의 이분법에 도전한다. 우정은 극도로 개인적이지만 또한 급진적인 정치적 제휴를 위한 토대를 형성할 수 있다.[50] 한 사람이 모든 사람과 친구가 되고 싶어하지 않을 것이며 또 그럴 수도 없기 때문에, 우정은 공적 영역과 사적 영역 간의 구별을 없애지 않는다. 그러나 개인 간은 물론 시민 간 우정의 중요성을 인정하는 것은 사람으로 하여금 개인 생활과 정치학 사이의 연결성을 다시 생각하게 만들 수 있다. 보살핌과 책임이 부모-자녀 관계의 불평등보다는 훨씬 더 평등하고 상호적인 우정의 관계와 연결될 때, 보살핌의 가치와 재구성된 공적 생활 간의 연관성은 더욱 분명해진다.

페미니스트 담론의 한 측면은 보살핌과 연결성의 가치를 받아들이는 것이다. 페미니스트 담론의 또 다른 측면은 이 장에서 정의된 바의 여성성(femininity)에 반대하는 것으로서 이는 지배와 종속의 모든 제도화된 형태에 대해 반대하게 만드는데 그 이유는 여성성이 그런 관계를 통해 형성되기 때문이다. 여성성이 무기력을 동반하고 또 여성화된 사람들을 수동적인 구경꾼이라는 탈정치화된 지위로 국한시키는 일련의 속성을 가리키기 때문에, 여성성에 대한 저항은 공적 생활에서의 평등과 능동적 참여에 헌신하게 만든다. 능동적이고 참여적인 시민권은 하나의 과정으로서, 그 속에서

Longman, 1983), pp. 339-356.

49) 위의 책, pp. 342, 344.

50) 위의 책, p. 351. 애켈스버그는 자기 연구가 폴리스(polis) 내의 시민적 우정에 대한 아리스토텔레스의 주장에까지 연결되어 있음을 보여 준다.

개인은 스스로 설계한 제도들을 통해 또 그들이 직접 만든 언어 속에서 자신의 집단적 삶을 정돈하면서, 다른 사람과 함께 말하고, 심사숙고하고, 판단하는 공유된 과정을 통해 스스로를 창조한다. 그래서 페미니스트 담론은 여성다움(femaleness)의 가치는 지지하면서도 여성성(femininity)을 사용하는 전략에는 반대하는 입장으로서, 여성성과 여성다움의 교차 지점에 서 있다. 페미니스트 담론에서 보여 주는 참여 민주주의에 대한 헌신은 설명할 수 없는 마구잡이식 선택이 아니라 페미니스트 담론이 옹호하는 가치와 페미니스트 담론이 반대하는 언어적·제도적 실천이 만나는 접점에 뿌리를 두고 있다. 보살핌의 언어는 자유의 언어와 결합되어 있다.

페미니스트 담론의 가치가 보살피는 사람인 여성의 전통적인 경험에 뿌리를 둔 것이라고 주장하면 즉각 허위 의식에 대한 어려운 질문이 제기된다 －페미니스트 담론과, 페미니스트들과는 다른 용어로 자신의 경험을 해석하는 여성 간의 관계는 도대체 무엇인가? 이 질문은 다시 더 큰 인식론적 질문의 일부가 된다－지식에 대한 페미니스트 이론을 구성하는 것은 무엇인가? 권력, 언어, 그리고 지식 간의 관계를 꿰뚫는 푸코의 통찰은 여기서 다시 중심으로 떠오른다. 세상에 순수하고 중립적인 언어, 순수하고 중립적인 지식은 없으며, 권력자의 관점은 자신만의 독특한 이해 방식이 특권적 지위를 가져야 한다고 주장하면서 스스로를 세상에 강요한다. "모든 지식은 정치적인데, 그 이유는 지식이 정치적 결과를 낳거나 정치적으로 유용하기 때문이 아니라, 지식이 생겨나기 위한 조건이 바로 권력 관계 안에 있기 때문이다."[51] '발언 수단'을 가지고 있는 사람은 자신의 목적을 위해 지배적인 진실을 전유할 수 있는 위치에 있다.[52] 성별화되지 않은 관점이란 없으며, 그러한 관점에 접근할 수 있게 해달라는 요구는 곧 지식의 토대가 되는 권력 관계를 부인하는 것이다. 의식(consciousness)에 대한 자신의 논의에서 캐서린 매키논(Catherine A. MacKinnon)이 지적하듯이, "객관성－그렇게 주장되었든지 혹은 그렇게 되기를 바랐던 것이든지 간에, 특

51) Sheridan, *Michel Foucault*, p. 220.

52) Roland Barthes, *Promesse* 29(1971): 15. Rosalind Cavard & John Ellis, *Language and Materialism*(London: Routledge and Kegan Paul, 1977), p. 7에서 재인용.

정 상황에 바탕을 두지 않은 보편적인 입장—은 지배적인 관점에 입각해서 현실을 구축하는 데 암암리에 참여하는 성차별의 존재와 힘을 부인하는 것이다."[53] 페미니스트 담론은 "무엇이 진실로 간주되는가는 현실을 구성하는 권력을 가진 사람들의 이해관계 속에서 생산된다"는 점을 인식하므로, 스스로 담론의 근거를 인정하는 작업에서 시작한다. "페미니즘은 페미니즘이 미리 가정되지 않는다는 전제로 시작하지 않는다. 그것은 전제되지 않은 청중이란 없기 때문에 그런 청중을 설득하려고 하지 않는다. 페미니즘의 기획(project)은 여성의 경험을 무효화하는 것을 주요 내용으로 담고 있는 여성의 경험을 드러내고 그 타당성을 주장하는 것이다."[54]

이것은 여전히 우리에게 해석의 문제를 남겨 놓는다—페미니스트가 아닌 여성이 여성적 경험에 대해 제기하는 주장을 어떻게 평가하고 그리고/혹은 설명할 것인가? 페미니스트 기획은 여성의 경험을 재현하고 목소리를 부여하는 것이며, 그와 동시에 여성 사이에서도 등장할 수 있는 반(反)페미니즘과 여성 혐오주의를 비판하는 것이다. 모든 여성이 가부장제를 같은 방식으로 경험하지는 않는 상황에서 어떻게 여성의 경험으로부터 가부장제에 대한 비판을 조성할 수 있을까?

급진적 정치학에서 끊임없이 제기되는 의식의 문제를 설명하려면 여러 각도에서 생각해 보아야 한다. 무엇보다도 먼저, 전형적으로 여성적 특성을 나타내는 일련의 경험을 명료하게 설명했다는 주장인 정체성과 도덕성(morality)에 대한 특정 관점이 곧 모든 여성이 동일한 경험과 관점을 갖는다거나, 혹은 어떤 남성도 그런 경험을 하거나 그런 관점을 포용할 수 없다고 말하는 것과는 다르다는 점이 분명하게 진술되어야 한다. 어떤 경험은 여성의 보편적인 혹은 유기체적인 몇 가지 특성 때문이 아니라, 여성이 사회 질서에서 차지했던 위치 때문에 여성 집단에만 특징적으로 나타난다. 또 특권층이거나 여러 면에서 독특한 여성처럼 개인적 예외가 있음은 물론이고, 계급, 인종 혹은 민족과 같은 다른 요소로 분리된 여성 사이에도 당

53) Catherine A. MacKinnon, "Feminism, Marxism, Method and the State: Toward a Feminist Jurisprudence," *Signs* 8(Summer, 1983): 636.

54) 위의 책, pp. 638, 640.

연히 차이가 있다. 보살핌은 여성이 남성보다 훨씬 더 많이 관여하는 사회적 실천을 구성하고 있으며, 그것만의 특징적인 관점, 그것만의 기술과 고결함, 세계와 관계맺는 그것만의 독특한 방식을 가지고 있다. 주의깊고 헌신적인 양육자인 여성의 특징적인 경험은 모든 여성에게 보편적으로 적용되지 않으면서도, 혹은 모든 남성을 배제하지 않으면서도 페미니스트 담론을 구축하는 데 본보기로 삼을 수 있다.

불행하게도 이 의견은 진실이기는 하지만, 판단의 문제를 해결하지는 못한다. 정치사상사에서 볼 때 이 문제에 대한 가장 일반적인 접근법 세 가지는 페미니스트 담론의 입장에서 보면 모두 막다른 골목일 뿐이다. 첫 번째는 대체로 전통적인 마르크스주의와 관련된 것으로서, 페미니스트가 아닌 여성은 그저 허위 의식을 드러내는 것일 뿐이라는 주장이다. 이 접근법은 여성이 성찰적인 자기 이해에 도달할 수도 있다는 주장은 도외시한 채, 이들의 사고 방식이란 "자신에 대한 억압의 무의식적이고 조건적인 반사이며, 억압에 공모한다"[55]고 주장한다. 이 주장은 처음에는 매력적으로 보인다. 그러나, 이 주장이 초월성을 추구하기 위해 자신을 부정하라고 요구하고 있음을 알게 되면 그 매력은 곧바로 무너져 버린다. 래리 스펜스(Larry Spence)는 이 점을 훌륭하게 지적하고 있다.

> 만일 사회조사관이 인간이 자신과 세계에 대한 진실을 알게 된다고는 믿기 어렵다고 주장하거나 증명한다면, 그는 인간 종(種)이 공통적으로 가진 결점을 자신은 물려받지 않도록 어떤 특별한 허가 혹은 교묘한 술수를 동원해야만 한다. 정화(淨化), 초월, 혹은 다각적 선견지명이라는 이러한 술수는 심지어 이론적인 차원에서도 평가될 수 없다고 주장하는 권위를 항상 끌어들인다. 따라서 사회적으로 무지(無知)하다는 이유 때문에 사회적 지식을 갖는 것은 불가능해지고, 우리는 우리에게 무엇이 최선인지를 안다는 사람들이 내놓는 그럴듯한 거짓말의 손아귀에서 벗어나지 못하게 된다.[56]

페미니즘에 적용되었을 때 허위의식론은, 페미니스트 담론이 여성의 경

55) 위의 책, p. 637 n. 5.
56) Larry Spence, *The Politics of Social Knowledge*(University Park, Pa.: Pennsylvania State University Press, 1978), p. 4.

험을 바탕으로 하는 데 비해 일부 여성은 그들이 경험해 온 것이 무엇인지에 대해 제대로 알지 못한다고 주장한다. 이처럼 노골적으로 진술될 경우, 허위의식론은 페미니즘 자체를 반박하는 데 쉽게 사용될 수 있다. 왜냐하면, 만일 일부 여성이 자신이 경험해 온 것이 무엇인지 알지 못한다면 페미니스트들도 그 여성들 속에 쉽게 포함될 수 있기 때문이다. 매키논은 이 논지를 잘 제기했다.

> 과학이 경험의 근거를 드러내는 과정에서 경험의 가치를 하락시키는 것과 똑같이, 이 이론은 어떤 관점이 결정 인자들에 의해 설명될 수 있기 때문에 그 관점의 내용을 비판한다. 그러나 만일 페미니즘과 반(反)페미니즘 둘 다 여성이 처한 동일한 상황에 대한 반응이라면, 똑같은 설명에 의해 타당성을 박탈당하는 것을 페미니즘이 어떻게 면할 수 있겠는가? 페미니즘은 비판적이고 반(反)페미니즘은 그렇지 않다라고 하는 것만으로는 충분하지 않다. 왜냐하면, 모든 여성이 여성의 상황을 공유한다는 것에 여성들이 동의하지 않을 때, 사물이 이것인지 아니면 저것인지를 우리가 어떤 근거에서 아는가가 문제가 되기 때문이다. 자기 성찰이 문제시되는 여성이 자신이 과연 억압받는 처지에 있는가 아닌가에 대해 의문을 제기할 때, 허위의식은 여성의 자기 성찰을, 이들이 자신의 억압에 이해 관계가 걸려 있다는 증거로 삼음으로써 이 질문을 교묘히 피해 간다.[57]

두 번째의 표준적 논지는 허위의식론의 입장을 뒤집어 놓은 것이다. 대체로 전통적 자유주의와 연관되어 있는 이 입장에서는, 여성의 경험에 대한 어떠한 견해라고 할지라도 특정 여성이 자신에 대해 주장하는 것이 그녀에게는 진실이라고 본다. 이 시각은 어떤 관점은 진실이고 다른 관점은 허위라는 것을 판단해야 할 필요성을 없애 주지만, 거기에는 착각하여 스스로를 잘못 이해하고 정치가 희석되는 등의 비용이 따른다. 반대적 상황이 일어나고 있음을 페미니스트들이 온 힘을 다해서 정확하게 보여 주려고 할 때, 이 입장은 마치 여성이 이미 자유롭고 스스로 형성해 가는 존재인 것처럼 진행하고 있기 때문에 착각을 일으킨다는 것이다. 우리 사회에서 여성성이 가지고 있는 유해성의 일부는, 자신이 원하도록 정해져 있는 것을 선택한다고 주장하고 또 자신이 가지고 있는 것을 원한다고 주장하는

57) MacKinnon, "Feminism, Marxism, Method and the State," p. 637, n. 5.

사람을 여성성이 생산해 낸다는 것이다. 일단 지식과 권력이 변증법적으로 서로 얽혀 있는 방식을 아는 상태라면, 사람들이 선호하는 것이면 무엇이든 스스로에게 이익이 되기 때문이라고 간주하는 것은 사악한 후천적 순진함에서 나온 행위가 된다. 이 관점을 따르는 정치적 입장이 위장한 적을 분간하거나 적에 대항하지 못하고 맥빠진 관용으로 축소되어 버리기 때문에 정치가 약화된다.

세 번째의 표준적 입장은 다른 모습으로 앞의 두 가지 입장을 되풀이한다. 세 번째의 통상적인 논지는 그들이 우리보다 더 많이 보았고 그래서 더 정확하게 판단할 수 있을 거라는 근거에서, 더 넓고 더 다양한 범위의 경험을 한 사람들의 통찰력에 호소한다. 이런 근거에서 존 스튜어트 밀(John Stuart Mill)은 지식인의 판단이 우월하다고 호소했고, 샌드라 하딩(Sandra Harding)은 그 사람의 경험이 사회적으로 층화된 계층, 인종, 성별의 분리를 뛰어넘는 주변적 위치에 있는 사람에게 더 완전한 지식이 있다는 주장을 하기 위해 같은 토대를 이용했다.[58] 여기에는 어느 정도 진실이 있다. 즉, 하나 이상의 '세계'에서 인생을 경험하는 사람들로서 지배 사회에서 주변적인 위치에 있는 사람들은 하나 이상의 관점을 접할 수 있다. 따라서 확립된 역할의 언저리에 서 있는 그들은 확립된 범주 속에 좀 더 총체적이고 일관성 있게 통합된 개인들은 갖기 어려운 통찰력을 제공할 수 있다. 그러나 이것이 진실에 대한 질문에 답해 주는 것은 아니다. 만일 주변적인 사람들이 하나의 목소리로 동의하지 않는다면 그들의 상충하는 주장을 어떻게 구분할 수 있는가? 따라서 우리는 허위 의식이나 전적인 상대주의에 대한 호소로 되돌아와 버리게 된다.

내가 보기에, 질문이 이런 용어들로 짜여지면 그에 대한 답을 찾을 수 없는 것 같다. 그 딜레마를 넘어서는 생각을 할 능력이 없다는 것은 아마도 허위의식과 참된 의식이라는 개념 자체가 부적합할 수도 있음을 시사한다. 페미니스트 의식(feminist consciousness)은 일부 여성만이 특권적으로 접근할 수 있는 관점이 아니며, 그렇다고 모든 개별 여성이 진실이라고 생각

---

58) Harding, "Toward a Strong Program," p. 29.

하는 그 무엇도 아니다. 의식을 주관적(각자가 믿는 것은 무엇이든 옳다. 왜냐하면 각자가 믿기 때문이다), 객관적(판단할 권위를 가진 사람들의 특권적인 지식과 일치하지 않는다면, 각자가 믿는 것이 무엇이든 틀렸다)으로 분리하려면 의식의 전체성에 대해 폭력을 행사하게 된다. 의식은 사물이 아니며 **과정**, 즉 타인과, 자연과, 그리고 이러한 연결성을 통해 개인이 스스로를 창조하고 또 창조되는 세계와의 지속적인 상호작용이다. 이것이 이해되면, 의식의 내용이 진실인가 혹은 허위인가를 판단하려는 시도는 필연적으로 자유주의와 마르크스주의가 서로 대치 상태에 이르게 만든다. 그 질문은 결코 이런 식으로 답해질 수 없고, 그래서 그것은 아마 잘못된 질문일 것이다. '허위' 의식은 여러 가지 다른 형태가 있는 것 같지만, '참된' 의식도 또한 하나의 형태는 아니다. 즉, 한 사람의 지각과 자신에 대한 인식이 다른 사람들의 이익에 봉사하도록 왜곡될 수 있는 방법은 많지만, 타인의 필요 그리고/혹은 권력의 영향력에 의해 제한받지 않는 의식, '순수한' 의식의 근거도 결코 단순하지 않다. 정의대로라면 의식은 타인과의 계속적인 상호작용 과정이며, 현 사회에서 우세한 담론과 구조에 의해 만들어지며 또 그 속에서 스스로를 만들어 내기 때문에, 모든 의식은 사회적이다. 그렇지만 모든 사회적 상황이 동일하지는 않다. 페미니스트 담론은 의식의 내용을 판단하는 대신, 판단하기 위해 상대적으로 자율적인 상황과 상대적으로 조작적인 상황을 구분하면서 의식의 **맥락**(context)을 살펴본다. 시간적 과정인 의식은 그것의 진실성, 그것의 고결성에 의해 평가된다—타인과의 연결 관계가 지배가 아닌 평등에 뿌리내린, 자유와 공동체라는 맥락 속에서 의식이 성장했는가? 아니면 권력자의 가치/이익/지식을 표현하고 강요하는 사람들과의 제도화된 연계에 의해 의식이 형성되었는가? 진정성과 고결성의 기준이 어딘가에서 도출되어야 하고 또 누군가에 의해 평가되어야 하기 때문에 이러한 재공식화(reformulation)가 판단의 문제를 제거할 수 없지만, 질문을 다시 던지거나 조사의 방향을 바꿀 수는 있다. 결국 각 개인은 자신의 의식, 즉 자기 자신과 또 오랜 시간에 걸쳐 자신의 의식을 만들어 낸 세계와 자신이 맺고 있는 관계들에 대해 판단을 내리지만, 개인의 판단은 또한 그러한 관계에 의해 제한될 수 있다. 페미니스트 담론은 그 질문을 내용이 아니라 먼저 과정에 대한 질문으로 구성하되, 여성에 의해 제기된 가부장적 요구를 받아들이지 않으면서 차이가 있는 여러 관점의 참여를 허용하는 방법을 찾는다. 길리건은 내용에서 과정으로의 이동을 고전적 은유에서 성서적(Biblical) 은유로의 이동으로 개념화한다—"바탕이 되는 인식론도 이에 맞게 지식을 정신과 모양 간의 상응으로 보는 그리스적 이상(ideal)으로부터, 안다는 것을 인간 관계의 과정으로 보는 성서적 개념으로 이동한다."[59]

다른 모든 지식처럼 페미니스트 담론도 의도적이며 목적 지향적이다. 그 목적은 여성의 관점이 모순점을 지니고 있고 또 오랜 시간에 걸쳐 계속적으로 생겨난다는 것을 인정하면서 여성의 관점에서 행위와 사건의 의미를 드러내는 것이다. 개인은 자신의 역할과 결코 일치하지 않는다. 우리(여성들—옮긴이)는 일부는 사회적으로 배정되고 일부는 우리 스스로 만들어 낸 일련의 위장된 모습으로 우리들이 연약하고 가냘프다는 것을 드러내 보인다. 우리는 생존하고 성장하기 위해 끊임없이 투쟁하고 있다. 페미니스트 담론은 제대로 알아차리기만 하면 도덕적 문제들이 해결될 수 있다고 주장하는 인지적 오류를 피하면서, 또한 그와 동시에, 도덕적·정치적 행동을 우연히 내켜서 하는 행동인 것처럼 평가 절하하는 것도 피하면서, 정체성과 도덕성을 개방되고 계속 진행 중인 사회적 과정으로 보아야 한다고 주장한다. 이 과정이 상대적으로 자율적인가 혹은 상대적으로 조작적인가를 판단하는 것은 특권층인 몇몇 외부인도 아니고 완전히 임의적인 것도 아니다. 그보다는 개인이 각자 지니고 있는 그녀/그 자신의 경험에 대한 불안정하고 계속 변화하는 관점에서 그런 판단을 내리고 또다시 내린다.

59) Gillian, *In a Different Voice*, p. 173.

제 2 절 필요한 (혹은 불필요한) 조처

페미니스트 운동이 페미니스트 담론에 내재해 있는 급진적 약속을 향해 나아가기 위해서는 주류 노동조합과 복지권리운동조직(welfare rights organizations)과 같은 다른 저항집단의 전철을 밟아서는 안 된다. 페미니즘은 관료제와 조화를 이룰 수 없으며, 또한 모든 다른 형태의 반대 세력과 마찬가지로 페미니즘도 관료제의 언어적・제도적 형식들과 너무 가까이 접촉하면 위태롭게 된다. 반대 세력이 권력자에 의해 관료제적 성격을 띠게 되면, 반대 세력은 흡수되고 통합되어 결국에는 무해(無害)하게 되어 버린다. 관료제는 저항에 직면할 수 있지만 관료제적 용어로 저항받는 것은 아니다. 왜냐하면 관료제적 용어는 반대를 눈에 띄지 않게 만드는 용어들이기 때문이다.

그러나 여기에는 또한 딜레마도 있다. 이제 점점 더 관료제적 영역으로 되어가고 있는 공적 영역으로 진입하는 입구는 누군가에게 자신들의 소리가 들리기를 바라는 모든 반대의 목소리에게 필요한 곳이다. 종종 개혁과 혁명 간의 딜레마, 혹은 수단과 목적 간의 긴장으로 개념화되는 그 딜레마는 결국 현재 상태의 세상에서 살기/생존하기와, 세상을 반드시 그렇게 되어야 할 상태로 만들기 사이의 긴장으로 귀착된다. 낸시 하트삭(Nancy Hartsock)은 그 문제를 명확하게 설명한다.

> 정치적 변화를 가져오기 위해서는, 에너지와 힘으로 정의된 권력에 기반한 조직을 만드는 것, 한 개인의 인격에 의존하는 것이 아니라 구조화되어 있고 권력을 집단 내 다른 사람들을 지배하기 위해 사용하는 것을 용납치 않게끔 구축된 집단을 만드는 것이 필요하다. 동시에 이 조직들은, 권력이 사람들로 하여금 그들이 하기를 원치 않는 것을 하게 만드는 수단인 사회에서 반드시 효과적으로 작동해야만 한다.[60]

60) Nancy Hartsock, "Staying Alive," in Bunch, *et al.*, *Building Feminist Theory*, pp.

세계가 우리를 가만히 내버려두지 않기 때문에, 페미니즘도 기존의 공적 세계에 대해 단순히 등을 돌려버릴 수는 없다—국가는 여성의 몸과 여성의 삶에 대해 법을 제정하고, 거대 기업은 대부분의 취업 기회와 대부분의 자원을 통제하고, 관료제적 통로는 때때로 개인이 불만을 표출하거나 혹은 단지 살아가기 위해 활용할 수 있는 유일한 수단이다. 나의 요점은 누구도 그러한 통로에 기대서는 안 된다는 것이 아니라, 그러한 경로가 이룰 수 있는 것이 본래부터 그리고 심각하게 제한되어 있다는 점이다. 개인 혹은 집단으로서 페미니스트들은 종종 관료제에 대항해야 하고 그 안에서 일해야 할 것이다. 그러나 만일 페미니스트 운동이 자체의 조직이나 이데올로기가 관료제적 성격을 띠도록 내버려둔다면 페미니스트 운동은 아무런 결정적 우위도 지니지 못하게 될 것이다.

개혁과 혁명 사이의 관계, 세상에서 사는 것과 그것을 바꾸는 것 사이의 관계를 곰곰이 생각해 볼 때, 여성운동의 첫 번째 물결이 맞은 운명이 시사하는 바가 크다. 자유주의의 목소리는 1920년대까지 여성운동에서 주류를 이루었었지만, 거대하고 탄탄한 재정 지원을 받은 우익의 반대에 직면했고 내부적인 갈등으로 어려움에 처하고 '기력이 소진됨'으로써 당시 싹트고 있던 소비문화 속으로 점차 흡수되어 버렸다. 페미니즘으로 통용되던 것들의 대부분은 전적으로 개인적 선택과 기회와 관련된 것이었으며, 개인적인 성취라는 면에서 보면 여성의 독립을 정의하기 위해 사회운동의 집단적 정체성을 포기한 것이었다.[61] 모호하고 복잡한 담론의 측면에서 보면, 첫 번째 페미니스트 운동은 합리성 숭배(cult of rationality)의 발달에 항복해 버린 것이다. 첫 번째 페미니스트 운동은 여성에게 평등한 법적 지위를 부여해야 한다는 주장으로 명료화되었고, 그 주장을 입증하기 위해 국가 주권 이론, 법적 권리, 그리고 계약에 호소했다. 그러나 권리에 대한 사법적 담론은 합리성 숭배에 의해 무너지고, 정상화 절차는 법 절차를 식민화한다. 재생산의 자유를 위해 의회와 법정에서 벌인 전투적인 투쟁에서처럼, 어떤 측

117-118.

61) Rayna Rapp & Ellen Ross, "It Seems We've Stood and Talked Like This Before," *MS* 11(April, 1983): 54-59.

면에서는 여전히 반대의 목소리라고 할 수 있는 현대 페미니즘의 자유주의적 목소리가 다른 측면에서는 기술 중심 사회의 지배적 정치 담론에 복종했다. 푸코가 지적하듯이, 한 차원에서 적대적 입장에 있는 담론들이 다른 차원에서는 합쳐진다. 담론은 "권력 관계의 현장에서 작동하는 전술적 요소 혹은 덩어리"다.[62] 만일 광고와 소비문화가 첫 번째 페미니스트 운동에 대한 초기 자본주의의 대응이었다면, 관료제와 합리성 숭배는 두 번째 페미니스트 운동에 대한 후기 자본주의의 대응이다. 페미니즘은 규율적(disciplinary) 전략을 통해서는 자체의 목표를 추구할 수 없다. 왜냐하면, 내가 주장했듯이, 이 전략은 페미니스트 기획과 근본적으로 맞지 않기 때문이다. 또한, 권리에 관한 사법 담론이 행정 담론과 결합한 상태이기 때문에, 페미니스트들은 규율 권력에 반대할 근거를 찾는 과정에서 주권 담론과 국가를 등질 수도 없다. 푸코의 말에 따르면,

> 만일 누군가가 비규율적인(non-disciplinary) 형식의 권력을 찾으려 한다면, 혹은 그보다 규율과 규율적 권력에 대항하여 투쟁하기를 원한다면, 그 사람이 기대야 할 곳은 오래된 주권의 권리가 아니라 새로운 권리 형식의 가능성이며, 이 새로운 권리 형식은 진정으로 반규율적인 동시에 주권의 원칙으로부터도 해방된 것이어야 한다.[63]

대중 매체에 가장 잘 등장하는 페미니즘인 현대 자유주의 페미니즘은 대체로 행정과 사법적 권리에 관련된 두 가지 담론을 포용하고 있다. 그 첫 번째는 상승 이동 중인 전문직 여성을 위해 도처에 널린 책, 잡지, 세미나, 워크숍 등에서 분명히 드러나고, 두 번째는 대규모 전국 여성 조직에서 주로 발견할 수 있는 대규모 로비 노력과, 이 조직들이 법적 변화 및 조직적 적응에 초점을 맞추는 데서 나타난다. 첫 번째 것은 페미니즘에 아무런 희망을 주지 못하고, 두 번째는 변화를 꾀하는 데 극히 제한된 기회를 제공해 줄 뿐이다.[64] 자유주의 페미니즘이 보여 주는 이 두 가지 양상을 살펴봄으

62) Foucault, *History of Sexuality*, I, 101-102.
63) Foucault, *Power/Knowledge*, p. 108.
64) 페미니스트 운동을 보는 대립적 시각으로는, 페미니즘이 초창기에 자매애에 몰두하다가

로써 나는 개혁 대 혁명의 어려운 문제를 정리해 보려고 한다. 페미니스트 목표에 파괴적인 영향력을 갖는 관료제적 자본주의의 지배 담론 내부에 있는 활동 통로로부터 변화를 약속하는 일부 활동 통로를 분리함으로써.

제 3 절 개인적 상승 이동: 시대의 환상

미국의 대중문화는 긍정적 사고의 힘이 사회경제적 불이익에 대한 치료제라고 공언하는 문헌들에 대해 항상 호의를 보여왔다. 19세기 말과 20세기 초에 『당신의 힘과 그 사용법(*Your Forces and How to Use Them*)』, 『사업에서 사유의 힘(*Thought Force in Business*)』, 『다이아몬드의 땅(*Acres of Diamonds*)』, 『입신출세하기(*Pushing to the Front*)』, 『고난 속의 성공(*Success Under Difficulties*)』 같은 책들은 대단한 유명세를 누렸다.[65] 긍정적 사고와 이미지 관리의 중요성을 선전하는 책과 기사들이 1950년대에 또다시 엄청나게 쏟아져 나왔다. "조직에서 어떻게 성공할 것인가"에 관한 책들의 최근 추세는 오래된 주제에 약간 변화를 준 것들일 뿐이다. 야망을 가진 무수한 사람들이 역설적으로 너나 없이 추구했던 '개

'실용적 정치'를 받아들여서 '성장하고 있다'고 보는 입장이 있다. 이에 대해서는 Joyce Gelb & Marian Lief Palley, *Women and Public Policies*(Princeton, N.J.: Princeton University Press, 1982) 참고. 겔브와 팰리는 연구를 위해, 명백하게 개혁주의 전략을 가진 집단들만 선택하고 나서, 현대 페미니스트들은 "새로운 가치에 근거한 새로운 사회를 창조해 내는 것보다는 현 사회 내에서 평등권을 획득하는 데 주력한다. 다시 말하자면, 그들은 새로운 제도 대신에 제도 안에서의 변화를 추구한다"고 뻔한 결론을 내리고 있다(p.38). 만일 겔브와 팰리가 전국여성조직(National Organization for Women: NOW), 전국여성정치회의(National Women's Political Caucus: NWPC), 미국여대생협회(American Association of University Women: AAUW), 전문직여성협회(Business and Professional Women's Association: BPW), 그리고 그 외 비슷한 집단 대신, 여성의 건강단체, 매맞는 여성을 위한 쉼터, 페미니스트 서점, 강간위기센터 등등에서 의견을 구했다면 아마도 다른 대답을 얻었을 것이다.

65) Charles Perrow, *Complex Organizations: A Critical Essay*(2nd ed.: Glenview, Ill.: Scott Foresman, 1979), pp. 61-62에 인용되어 있다.

인적 해법'에 대한 신념은 위대한 미국적 환상이다.

중요한 차이라면 지금은 엄청난 숫자의 이런 책들이 여성을 겨냥하고 있다는 것이다. 그 책들이 직접 내린 정의에 의하면, 그 책들은 관료제 속에 있는 여성을 위한 생존 교본이다. 또 그 책들이 직접 내린 정의에 의하면, 이 책들은 페미니스트적이기도 하다—최소한 페미니스트적인 것과 비슷하다. 그 책들은 관료제적 자본주의의 기존 제도 속으로 들어가고자 하는 자유주의 페미니즘이 낳은 논리적 결과들의 좋은 예다. 예를 들면, 널리 알려진 책 『엄마는 가르쳐 준 적이 없는 게임들(*Games Mother Never Taught You*)』의 저자 베티 레한 해러건(Betty Lehan Harragan), 『관리직 여성(*The Managerial Woman*)』의 저자 마거릿 헤닉(Margaret Hennig)과 앤 자딘(Anne Jardin)은 스스로 자신들을 페미니스트라 부르고 페미니스트의 기본 주장을 긍정적으로 참고하고 있다. 마릴린 모츠 케네디(Marilyn Moats Kennedy)의 『사무실 정치(*The Office Politics*)』는 스스로 페미니스트라고 주장하지는 않지만 동일한 청중-상승 이동하는 '깨어 있는' 여성들—을 겨냥하고 있다.[66] 그들은 현존하는 제도적 장치를 당연하게 받아들이고 여성을 이 장치 속으로 통합시키기 위한 전략을 모색하고 있다. 관료제에 들어갈 수 있도록 입장 허가를 받으려는 이러한 탐색은 그들이 관료제를 여성에게 장애물이 된다는 측면에서—단순히 개인들로서가 아니라 집단으로서의 여성에게 관료제가 장벽이 된다는 점에서— 분석하게 만든다. 따라서 그들은 다른 페미니스트들처럼 여성이 단지 여성이기 때문에 집단적으로 억압되어 있다고 주장하지만, **기존 질서**를 고스란히 받아들

---

66) Betty Lehan Harragan, *Games Mother Never Taught You: Corporate Gamesmanship for Women*(New York: Warner Books, 1977); Hennig & Jardin, *Managerial Woman*; Marilyn Moats Kennedy, *Office Politics: Seizing Power, Wielding Clout*(New York: Warner Books, 1980). 구할 수 있는 수많은 성공 입문서 가운데서 이 책들이 가장 괜찮은 것에 속하기 때문에 이 책들을 선정했다. 저자들은 매우 지적이고 논리정연한 여성들이다. 책들은 다양한 전국적 출판물들로부터 좋은 평가를 받았으며 페미니스트 서점에서 판매되었다. 그 책들은 같은 종류의 많은 다른 책보다도 오류가 적고 내용이 더 풍부하기 때문에 그것들은 그 장르를 옹호하는 '가장 강력한 주장'이다. 이 장르의 다른 책들에 대한 간략한 논의로는 Suzanne Gordon, "The New Corporate Feminism," *The Nation* 236(February 5, 1983): 142-147 참고.

이게 만드는 가치와 가설에 이러한 통찰력을 연결시킨다. 자신들의 주장에 들어 있는 이런 엄청난 모순에 직면하기를 회피하는 이 저자들의 능력은 자유주의 페미니즘이 보수적인 정치적 결과들을 초래할 것임을 암시해 준다.[67]

이 책들은 각기 관료제적인 상호작용 언어에 대해 초점을 맞추고 있는데, 이 언어가 스포츠, 군대, 포르노그라피에서 끌어온 은유와 유추에 근거한 두드러지게 남성적인 의사 소통 형태라는 것이다. 관료제적 담론에서 명명된 대상과 사건은 여성이 가지기 어려웠던 경험을 지칭하기 때문에 대부분의 여성에게 접근 불가능하게 표현된다. 즉, 해러건은 "남성적 사업 용어들은 암호, 이중적 의미, 그리고 일상적인 은어들로 가득 차 있기 때문에 여성에게는 거의 외국어나 마찬가지다"라고 주장한다.[68] 또 헤닉과 자딘은 "조직은 대체로 남성적 문화에 의해 지배되며" 이 문화 속에서 비공식적 의사소통 네트워크에 접근하는 것이 조직에서 성공하기 위한 열쇠라고 주장한다.

> 평등한 기회가 제공하는 이점을 취하는 능력은 중요한 출발 지점이다. 그리고 이 능력은 기술적 지식과는 별 상관이 없으며, 새롭고 그렇기 때문에 매우 다른 —이것이 여성을 감독자 지위에서 더 올라가지 못하게 묶어놓고 또 종종 관리 능력이 부족하다는 낙인을 받게 만드는 바로 그 차이다—기술을 획득하는 방법 속에 들어 있는, 지각에서의 근본적인 차이와 훨씬 더 관련이 있다.[69]

세 책 모두 '호레시오 앨저' 신화(미국 작가 호레시오 앨저[Horatio Alger, 1832-99]는 빈곤과 역경을 딛고 입신 출세하는 남아들에 대한 책을 많이 써서, 미국 사회에 노력하면 성공할 수 있다는 신화를 만들어 냈다.—옮긴이)가 열심히

---

67) *The Radical Future of Liberal Feminism*(New York: Longman, 1981)에서 질라 아이젠슈타인(Zillah Eisenstein)은 반대 주장을 한다—그녀는 자유주의 페미니즘에서 급진적 잠재력을 강조하고, 그리고 "성적 계급으로서 여성의 정체성"이 여성 종속의 토대라는 것을 자유주의 페미니즘이 인정한다는 사실에 근거하여 자신의 주장을 펼친다(p. 4). 그러나 관료제와 여성의 대립을 논의한 이 책들은 이러한 통찰력이 가진 중요한 의미가 쉽게 사라져 버릴 수 있음을 보여 준다.

68) Harragan, *Games Mother Never Taught You*, p. 96.

69) Hennig & Jardin, *Managerial Woman*, pp. 13, 15.

일하는 것을 성공과 등치시킨다고 공격하고, 규범과 규칙의 비공식적 네트워크 속으로 받아들여지는 것이 조직의 담론적 관계 속으로 들어가게 되는 중대한 지점이라고 지적한다. 사실상, 보상을 받는데는 능력과 업적이 근본이 된다고 믿고 있는 많은 여성의 순진함은 중요한 공격 대상 중 하나다. 케네디는 여성뿐만 아니라 흑인과 히스패닉(스페인어를 사용하는 라틴아메리카 계의 미국인—옮긴이)도 비공식적 네트워크에서 배제되며, 그로 인해 동맹이 만들어지고 중요한 관료제적 자원이 교환되는 정보의 흐름에 참여하지 못하게 된다고 지적한다. 해러건은 아마도 모든 저자들 중에서 조직 권력의 중심 무대 안으로 여성이 들어가지 못하게 하는 장벽들이 개인적인 것이 아니라 구조적인 것임을 가장 명료하게 증명하고 있는 것 같다. 그녀는 여성의 경력을 쌓는 데 자신에 관한 면밀한 검토와 자기 계발이 중요하다고 강조하는 대부분의 조언이 별 소용이 없음을 지적하고 있다. 즉, 관료제적 담론에 참가할 수 있는 능력은 관료제적 환경 그 자체 내에서 습득되어야만 하는 것이다.

조직의 담론에 접근할 수 있도록 이 저자들이 각기 제시하는 여러 가지 권장 사항은 동일한 메시지—**순응하라**(*conform*)—의 몇 가지 다른 판본이다. 이들은 여성들에게 조직적 위계의 관점에서 자신들을 보는 것을 배우고, "조직에서 훌륭한 태도를 가진 참여자가 되고 (보트를 흔들지 말고)," 그리고 흑인이나 히스패닉처럼 그들도 성별 그리고/혹은 피부색에 따른 당초의 불이익을 극복하기 위해 조직에 적응하는 과정에서 두 배로 열심히 일해야만 한다는 것을 기억하도록 촉구한다.

> 예를 들어 주로 백인 남성으로 구성된 집단 속에 있는 흑인 남성인 경우에서처럼, 만일 당신이 규범과 다를수록 당신이 그 집단의 가치를 받아들인다는 것을 더 많이 보여 주어야 할 것이다. 중요한 것은 그들의 허락을 얻어내는 것뿐만 아니라, 당신이 집단의 가치에 반대하지 않는다는 것—그 집단이 신봉하는 것들과 당신이 조화를 잘 이룰 수 있음—을 보여 주는 것이다.[70]

70) Harragan, *Games Mother Never Taught You*, p. 155, 287; Kennedy, *Office Politics*, p. 221. 이러한 문헌들이 조직에서 제도화되어 있는 인종차별주의를 자주 인정하고 있지만, 예상대로 계급 문제에 대해서는 전혀 인식하지 못하고 있다.

복장, 버릇, 사고, 혹은 발언에서 조금도 개인주의적 성향을 나타내서는 안 된다. 해러건은 독자에게 게임의 새 규칙을 기억하라고 종종 꾸짖으며 (“당신이 군대에 있다는 것을 잊지 않았죠, 그렇죠?”), 그리고 케네디는 독자에게 “개인주의가 도움이 되지 않을 때는 최소한으로 억제하라”고 노골적으로 충고한다.[71] 이 충고는, 자신이 종사하는 전문직의 이미지를 손상할 수 있으니 복장에서 개성을 드러내는 것을 삼가도록 권한, 많은 “성공하기 위한 의상(衣裳)” 옹호자들의 충고와 일치한다.[72]

권위에 무비판적으로 복종하는 태도를 습득하는 것이 엄청나게 강조된다. 해러건이 강조하는 첫 번째 규칙은 “당신의 직속 상사에게 부여된 권위에 무조적 복종하라”이며, 헤닉과 자딘은 어떤 경우라도 남성과의 대결은 피하도록 여성에게 조언한다.[73] 이것은 여성이 모든 형태의 모욕, 성적 유혹, 혹은 도전을 모른 체해야 한다는 뜻이다. 달리 말하자면, 결코 조직을 정치적 장(場)으로 생각하지 말아야 하고, 억압적 태도나 행동에 대해 결코 반항하지 말라는 뜻이다. 더 나아가서 여성은 “**합법적인 속임수는 훌륭한 행동**”이며, 자신들이 전통적인 여성 역할을 수행하는 과정에서 남성을 조종하기 위해 배운 기술을 써먹을 수 있다는 충고를 듣게 된다.

> 현실주의로 단단히 무장한 채 현장을 살펴보고 모든 규칙을 습득하는 여성은 동일하지만 좀 더 섬세하게 다듬어진 기술로써 역공격을 할 수 있다. 여성은 무력하고 종속적인 사회적 위치에 처해 있으면서 경제적으로 살아남기 위해 조작에 능하고, 이중적이며, 교활한 술책의 목록을 무한정으로 만들어 놓았기 때문에 이렇게 교묘한 속임수 게임을 벌이는 데 자연스럽다.[74]

여성은 “돈을 사랑하도록”을 배우고 다른 가치들은 무시하라는 충고를

71) Harragan, *Games Mother Never Taught You*, p. 219; Kennedy, *Office Politics*, p. 218.

72) Yvonne Heather Burry, “The Closet Lady,” *Columbus* [Ohio] *Monthly* 7(November, 1981): 115-122. 의상 컨설팅/공식적 이미지 향상 회사인 경영자의 이미지 회사(Executive Image) 사장인 캐럴 리드(Carol L. Reed)는 “사업에 제복 착용 규칙이 필요함을 확립한 ‘성공하기 위한 의상’” 기준을 적용한다(p. 116).

73) Harragan, *Games Mother Never Taught You*, p. 55; Hennig & Jardin, *Managerial Woman*, p. 199.

74) Harragan, *Games Mother Never Taught You*, pp. 88-89(굵은 글자체는 원저의 것).

받는다. 결국 "우리가 알고 있듯이 돈은 '삶'과 동의어다."[75] 사회경제적 상승에 열광하는 일부 사람들은 성공 훈련 세미나를 제공하여 여성이 돈에 대한 양가적 감정을 극복하고 오로지 물질적 성공에만 몰두할 수 있게 해 준다.[76] 여성이 이렇게 하지 못하는 이유는 자신들의 활동을 목적 그 자체라기보다는 목적을 달성하기 위한 수단으로 생각해야 함에도 그렇게 하지 않거나 혹은 그렇게 볼 능력이 없기 때문으로 풀이된다.

> 여성은 경력이란 개인적 성장, 자기 충족, 만족, 다른 사람에 대한 기여, 자신이 원하는 것을 하는 것이라고 생각한다. 남성도 의심할 여지없이 이런 것들을 원하지만, 경력을 머리 속에 그릴 때 남성은 일련의 일자리, 즉 일자리의 향상으로, 또 인정과 보상이 함축된 상승 이동으로 인도하는 경로로 생각한다.[77]

여성은 자신의 경력을 행동의 본래적 가치의 측면에서가 아니라 위계를 통한 상승 이동의 측면에서 보는 것을 배워야만 한다. 여성은 언제나 "어떤 점에서 내게 유익하지?"라고 묻는 개인적 전략을 개발해야 한다.[78] 이러한 조직적 가치와 기술—순응, 속임수, 복종, 도구주의, 탐욕—을 배양함으로써 여성은 전통적인 여성적 사회화에 의해 조성된 성공의 장애물을 극복해야 하며, 그럼으로써 남성 동료와 상사에게 적합한 이미지를 보여 주고, 적합한 행동거지를 따라할 수 있고, 관료제적 담론의 영역에 접근할 수 있게 된다.

적합한 이미지를 추구하는 여성 관료를 위한 지침은 널려 있다. 커리어트랙 세미나회사(Career Track Seminars, Inc.) 같은 조직은 "기업, 정부, 전문직에 종사하는 오늘날의 여성들"을 위한 "이미지와 자기 투사" 워크숍을 제공한다. 이 워크숍은 "강한 자의 이미지"를 획득하기 위해 기획된 "이미지 투자 전략"을 여성들에게 가르친다. 여성은 "자신의 개인적 홍보 캠페인을 시작하도록," 성공적인 인상관리를 위한 규칙들을 따라 "스스로를 재

75) 위의 책, pp. 216, 228.
76) 이 세미나들의 영리하고 통찰력 있는 논의에 대해서는 Marcia Millman, "Prosperity Training: Hope for the Greedy?" *MS* 11(October, 1982): 75-79 참고.
77) Hennig & Jardin, *Managerial Woman*, p. 33.
78) 위의 책, p. 39.

포장하도록," 그리고 "자기 향상을 위해 자신에 대한 계획을 짜도록" 충고 받는다.[79] 커리어 트랙 세미나와 같은 채비는 여성에게 관료제적 교환에서 자신을 상품으로 제시하기 위해 다른 사람과의 연결이나 과정을 지향하는 성향을 포기하라고 가르친다.

이러한 권유들이 보여 주는 천박한 물질주의와 번지르르한 도구주의의 이면에는 두 가지 매우 흥미로운 주제가 있다. 하나는, 조직적 가치를 당연시하는 그럴듯하고 부드러운 표현에도 불구하고 이 책들이 조직에서의 생존과 관련하여 일부 참으로 유익한 의견을 포함하고 있다는 점이며, 다른 하나는 바로 조직적 가치들에 대한 집요하지만 인정받지 못하는 양가적 감정이다. 여성의 정치적 수단과 무관하게, 사무실에서의 성차별주의에 대한 일부 저자의 구체적인 통찰력은 조직적 환경에서 일한 적이 있는 여성이라면 누구에게나 정말처럼 들린다. 예를 들면, 저자들은 '필요성' 혹은 충성심에의 호소로 인해 많은 여성이 어쩔 수 없이 다른 사람의(남성의) 일을 대신 해 주게 되기가 쉽다는 점과, 또 조직이 여성을 위한 물질적 보상을 대인적 보상으로 대체하려고 노력하는 방식들을 지적한다. 이 책들에 제시된 구체적인 권장 사항 중 많은 부분은 대부분의 업무 상황에서 여성이 마주치게 되는 영원한 문제, 즉 남성으로 하여금 여성을 동료로서 진지하게 생각하게끔 하는 데 목적이 있다. 그 권장 사항은 대부분의 여성이 직면하는 "두 가지 일(직장일과 가사일–옮긴이)" 징후에 의해 지워진 부담을 분명하게 꿰뚫고 있으며, 또 여성이 직업생활과 가족생활을 좀 더 쉽게 통합할 수 있는 방법들을 권한다. 헤닉과 자딘은 여성이 관료제 속에서 처하는 성적 딜레마를 설명하는 데 특히 통찰력이 풍부하다. 즉, 만일 여성이 조직 내에서 후원자를 구하고 게임의 규칙을 배우는 등등을 가능하게 하는 권위를 가진 사람들(즉, 남성)과 필요한 관계를 발전시키려고 하면, 여성은 남성으로부터 성적인 반응을 유발하는 성적 위험물로 인식되거나 그렇지 않으면 '남자들 중의 한 명'으로서 완전히 '탈성화(desexed)'되기 쉽다는 것이다.

79) Career Track Seminars, Inc., 5370 Manhattan Circle, Suite 205, Boulder, Colo. 80303.

그러나, 만일 여성이 이러한 관계를 발전시키지 못하면 관료제적 담론에 접근할 통로를 갖지 못한다는 것이다. 우리들 중 대부분은 다른 곳에서 벌어먹고 살 수 있는 기회가 상대적으로 적어 생활의 대부분을 관료제적 조직 속에서 일하며 보낼 것이기 때문에 관료제적 생존(bureaucratic survival)은 현대 사회정치적 환경에서 필요한 기술이다. 이 책들은 그러한 환경 속에서 여성이 처해 있는 불이익을 거침없는 어조로 분명하게 보여 준다.

의도하지 않았지만, 여성을 위한 이 관료제적 생존 매뉴얼이 담고 있는 또 다른 중심적 메시지는 자신들의 기획에 대한 태도가 모호하다는 점이다. 이 책들은 제각기 여성이 관료제적 활동 무대에 반드시 들어가서 참가할 수밖에 없는 '게임들'을 어리석고, 유치하고, 비합리적인 것으로 반복적으로 묘사한 다음, 이어서 각각 이 게임들에 어떻게 효과적으로 참여할 것인가에 대해 구체적인 조언을 한다. 예를 들면, 해러건은 서로 경쟁 상태에 있는 관료 사이에서 일어나는 지위를 얻기 위한 투쟁(책상 크기, 사무실 위치, 창문의 수, 점심 때 먹은 음식의 종류와 재료, 우편물 취급을 둘러싸고 일어나는)을 상세히 설명하고, 그런 관심사들이 얼마나 유치한가를 분명하게 보여 준 다음, 독자에게 그것이 바로 "야망을 가진 여성으로서 당신이 관심을 기울여야 할 것들"이라고 충고한다.[80] 그들은 조직 속의 여성에 대한 선입견이 남성 편견의 우연한 결과가 아니라 **제도적** 성차별주의의 한 형태임을 분명히 하고 있지만, 이 통찰력을 관료제적 체계에 대한 고발로 보는 것은 거부한다. 예를 들면, 헤닉과 자딘은 '두가지 일' 문제에 대한 그들의 민감하고 통찰력 있는 논의에 이어서, "남성은 이 쟁점에 대처하지 않아도 된다고 말하는 것은 요점을 벗어난다. 핵심은, 여성은 이 쟁점에 대처해야 한다는 것이다"라고 말한다.[81] 이들은 이러한 모순의 근원이 그다지 변하지 않은 여성의 전통적인 가족 내 역할과 새로운 공적 역할 사이의 충돌 때문이라는 것을 자신들이 수행한 분석에서 보여 주고 있지만, 이러한 통찰력

80) Harragan, *Games Mother Never Taught You*, p. 267.
81) Hennig & Jardin, *Managerial Woman*, p. 147.

은 이들을 가족의 제도적 장치 혹은 조직 그 어느 것에 대해서도 비판하지 못하게 만들었다. 그들은 만일 남성이 **정말로** 가사일과 자녀 양육에 대해 평등한 책임을 짐으로써 이 쟁점에 대처해야만 한다면, 그 부담을 남녀가 서로 공유하게 될 것이기 때문에, 또 그 문제가 일단 남성의 문제로 될 경우 조직이 그것을 해결하기 위해 더욱 기꺼이 노력할 것이기 때문에, 그 문제가 여성에게 그토록 심각해지지는 않을 수 있다는 점도 인정하지 않는다.

무엇보다도, 이 책들은 여성 스스로가 얼마나 가치 있는 사람인가에 대해 양가적 태도를 취하며, 이러한 양가적 태도는 여러 가지 방법으로 표현되어 있다. 이 책들의 저자들은 죄다 열망을 품은 여성 관료에게 다른 여성을 동맹군으로 보라고 촉구하지만, 그들은 또 다른 사람들(남녀 모두)을 우선 희소한 조직적 자원을 둘러싼 경쟁자로 보아야 한다는 점을 거듭해서 강조한다. 주된 목표는 항상 '이기는' 것이기 때문에, 동맹을 맺을 때는 도구적 차원에서 따져보게 되고, '상호 원조'는 기껏해야 일시적이며 이기적인 동기에서 나올 뿐이다. 저자들은 자신들이 실제로 여성에게 남성처럼 되라고 촉구하고 있을 때조차도—**"핵심은 '그들에게 동조하는' 것이 아니라 그들을 능가하는 것이다"**—자신들이 그렇게 하고 있다고 보지 않는다.[82] 헤닉과 자딘은 "이기기 위한 목표가 무엇이든 간에 그것에 대해 가치 판단을 하지 말라"고 요구하지만, 그러고는 "만일 남성이 이기기 위한 충동을 누그러뜨릴 필요가 있다면 여성은 확실히 그런 충동을 발전시킬 필요가 있다"고 말한다.[83] 그들은 여성이 좀 더 남성처럼 되어야 한다는 결론을 피하려고 하지만, 그들이 제시한 모든 사례와 권장 사항은 여성이 관료제적 활동 영역에 가지고 들어오는 전형적인 관점이란 열등한 것이라고 말하는 듯하다.

> 기업의 방식들은 한쪽 극단에서는 이기는 데 전념하고 다른 극단에서는 겨우 생존하는 데 전념하는 사람들로 구성된 사회의 방식으로 이루어져 있으며, 또

82) Harragan, *Games Mother Never Taught You*, p. 44(굵은 글자체는 원저의 것).
83) Hennig & Jardin, *Managerial Woman*, p. 46.

> 어느 한 극단과의 관계 속에서 차지한 위치가 구성원의 지위를 규정하는 경향이 있다.…… 여성이 가지고 들어오는 관습은 전혀 다른 사회의 관습인데, 그 사회는 어떤 사람이 누구인가를 가장 직접적으로 정의하는 것은 바로 관계 때문에 관계의 유지에 전념하는 사람들로 구성된다.[84]

여성은 자신의 직업을 그 과정에서 발견할 수 있는 가치의 측면에서 보려는 성향을 버리고, 오직 결과에만 집중하고, "자기 이익을 추구하기 위해 다른 방식"을 채택하고, 그리고 타인들을 물건처럼 취급하는 법을 배우라고 충고받는다.[85] 그렇게 함으로써 여성은 "경영환경과 자신들 사이의 더 나은 적합성"을 달성하는 데 성공할 것이다.[86]

자유주의 페미니스트들이 여성에게 버려두고 나오라고 촉구하는 전형적인 여성적 가치와 경험은, 급진주의 페미니스트들이 자신의 조직 내에서 보존하려고 애쓰는 바로 그것들이다. 서로간의 이데올로기적 차이에도 불구하고, 대부분의 비자유주의 페미니스트들은 관료제적 가치를 받아들이는 것이 곧 페미니스트 가치를 버리는 것과 같다고 생각한다. 그들은 자기 조직을 단순히 목적을 위한 수단이 아니라 목적 그 자체로 보며, 따라서 급진주의 페미니스트 집단의 목표 중 하나는 개인적인 자율성과 자기 발전을 장려하는 것이다. 그 동안 이 페미니스트들은 대체로 관료제적 구조와는 어떤 접촉도 피하는 경향을 보였다. 가장 눈에 띄고 활발한 급진주의 페미니스트 기획—서점, 건강조합, 뉴스레터와 정기간행물, 매맞는 여성들을 위한 쉼터, 강간위기센터 등등—중 상당수는 경제적으로 (불안정하더라도) 자급자족하며 관료제적 조직과의 관계를 최소화한다. 급진주의 페미니스트들의 초기 선언이 분명하게 밝히고 있듯이, 그들은 조직의 내적 양식을 의도적으로 반관료제적으로 만드는 데 몰입한다. 즉, 그 집단은 탈집중화되어 있으며, 공식적 규칙보다는 사적인 면대면 관계에 의존하며, 위계적이기보다는 평등주의적이며, 기술과 정보는 몰래 축적되기보다는 공유되어야 할 자원으로 본다.[87] 그들은 구성원들이 혼자 할 수 없는 일들을 집단적으로

84) 위의 책, pp. 52-53.
85) 위의 책, pp. 51, 52.
86) 위의 책, p. 96.

할 수 있도록 힘을 실어 주는 능력을 강조하는 권력관을 가지고 운영함으로써, 결과물보다는 과정에 훨씬 더 자주 관심을 갖는다. 리더십과 공식적 구조의 역할을 놓고 벌어지는 급진주의 페미니스트들 사이의 논쟁은, 종종 과열되기도 하지만 평등을 위해 위계가 최소화되어야 한다는 것을 모두 공통적으로 인정하고 들어간다.[88]

따라서, 급진주의 페미니즘에 의해 생성된 담론은 의도적으로 반관료제적인 전망을 제시한다. 그러나 관료제 내부에서는 이런 식의 행동을 대체로 찾아보기 어렵다. 일부 관료는 아마 급진주의 페미니스트 이념에 대한 헌신을 성공적으로 유지할 것이며, 이것은 그들과 함께 일하는 동료 근로자들에게 상당히 중요할지도 모른다. 왜냐하면 인간적인 사무실 환경을 조성하는 데 관리자의 개인적 스타일이 중요할 수 있기 때문이다. 비슷하게, 일부 여성(그리고 몇몇 남성)은 고객에게 가치 있는 서비스를 제공하는 방편으로 의료, 법률, 교육, 상담, 혹은 법집행 분야의 전문직업에 페미니스트 이념을 끌어들이기도 한다. 예를 들면, 대체로 여자 의사는 남자 의사보다 환자와 더 많은 시간을 보내며, 의료 과실 때문에 고소를 당하는 일이 적으며, 또 여성은 여자 산부인과 의사의 치료를 선호한다. 그러나 의료 분야에서 여성의 존재(현재 의과대학 1학년생의 30%가 여성이다)는 의료 전문직의 구조를 바꾸지 못했고 아마도 앞으로도 바꾸기 어려울 것이다. 의료직은 여전히 권위주의적이고 위계적인 전문직으로 남아 있으며, 훈련 과정은 환자에 대한 서비스보다는 특권적 이미지와 재정적 지위를 강조함으로써 신참들에게 상처를 남기고 무감각하게 만든다. 여성 의사의 최대 조직인 미국여성의료인협회(American Medical Women's Association)는 의료비를 낮추거나 지나친 전문화에 반대하는 등과 같은 직업에서의 구조적 변화를 지향하기보다는 구성원의 경력 발전을 지향한다.[89] 법집행 분야에서 여

87) 일부 초기 선언들의 사본들에 대해서는 Anne Koedt, Ellen Levine, & Anita Rapone, eds., *Radical Feminism*(New York: Quadrangle Books, 1973)과 Leslie B. Tanner, ed., *Voices from Women's Liberation*(New York: New American Library, 1970) 참고

88) Joreen, "The Tyranny of Structurelessness," in Koedt, Levine, & Rapone, eds., *Radical Feminism*, pp. 285-300 참고.

89) David Osborne, "My Wife, the Doctor," *Mother Jones* 8(January, 1983): 20-44; 또

자 경찰관은 남자 동료보다 일반 국민에 대해 더 긍정적인 태도를 가지며 피해자에 대해 동정심을 더 많이 갖는 경향이 있다. 여자 경찰관과 만나본 사람들이 모두 이러한 태도를 환영하는 바이지만, 그렇다고 이것이 경찰의 위계적이고 권위적인 조직 특성이나 사회에서 경찰 역할을 바꾸지는 못한다.[90] 학계의 페미니스트들은 아마도 학생들과의 상호작용에 상당한 통제력을 가지고 있고 또 학생들에게 비관료제적 피난처와 가치 있는 역할 모델을 제공하지만, 그렇다고 이러한 것들이 국가 대 대학 혹은 기업 대 대학의 역할을 바꾸게 되지는 않는다. 페미니스트들은 개인적인 고결함과 헌신에 전혀 상처입지 않은 채 관료제 속에서 살아남을 수 있겠지만, 이들은 아마도 조직 내에서, 조직이 제시한 조건에서 성공하지는 못할 것이며, 결코 급진주의 페미니스트가 지향하는 방향으로 조직의 권력구조를 변화시킬 수는 없을 것이다. 많은 사람들은 순응하라는 조직의 요구에 저항한다. 그러나, 만일 요령 있게 처신한다면 사람에 따라 저항하면서 생존할 수 있어도, 결코 저항하면서 번창하지는 못한다.

조직에 대한 접근법 중 위에서 언급한 입장의 자유주의 페미니즘과 급진주의 페미니스트 접근법의 차이는 여성의 문화적 경험을 둘러싼 논쟁으로 집약될 수 있다. 관료제적 성공법의 저자들은 관료제 내에서 '성공하는 전략'을 개발하는 데 유용한가 아닌가로 전통적 여성성의 가치를 평가한다. 그들은 전통적인 여성적 사회화의 많은 부분이 자신들의 삶에 대해 힘을 발휘하는 여성의 능력에 장애가 되며, 그리고 "친절하고, 유익하며, 무력하고, 동조를 잘하며, 감상적이고, 충성스러우며, 복종적이고, 자기를 내세우지 않는 전형적인 여성적 미덕"은 자율보다는 복종을 더 쉽게 낳게 된다는 페미니스트의 중심적 통찰력을 공유하고 있다.[91] 그러나 그들이 이끌어 낸

한 Claudia Dreyfus, *Seizing Our Bodies*(New York: Vintage Books, 1977), p. xxx; Naomi Gottlieb, "Women and Health Care," in Gottlieb, ed., *Alternative Social Services for Women*(New York: Columbia University Press, 1980), pp. 61-110.

90) Virginia B. Ermer, "Bureaucratic Clientele Encounters: Female Police Officers and the Public," paper presented at the American Political Science Association Meetings, New York City, August 31-September 3, 1979.

91) Harragan, *Games Mother Never Taught You*, p. 307.

결론은 급진주의 페미니스트들에 의해 도출된 결론과는 완전히 반대다. 자유주의자들은 전통적인 여성적 역할이 가진 내용 중, 여성을 협조적이고 좀 더 양육적이거나 혹은 타인의 필요에 대해 더 민감하게 만드는 측면은 인정하지 않으려 하고, 여성에게 남성을 어떻게 조종하는가를 가르쳐 주는 측면은 활용하고 싶어한다—"여성은 역할을 연기하는 데 전문가다. 여성이 이 게임을 배우면 틀림없이 프로들을 크게 능가할 것이다."92) 유명한 여성 생물학자는 조직 속의 여성에게 다음과 같이 충고한다. "만일 당신이 공격적인 수컷들과 경쟁하는 삶을 헤쳐 나가려면, 공격적인 암컷이 되는 것이 도움이 된다…… 그녀는 남성이 늘상 해 왔던 두 가지 일을 해야만 할 것이다. (1) 그녀는 정상에 있는 사람을 조종해야만 할 것인데, 여성은 그런 종류의 일에 상당히 능하다. (2) 또 그녀는 공격적이 되어야만 할 것이다."93) 반대로 급진주의자들의 결론은, 여성의 무력한 사회적 위치가 종종 여성으로 하여금 타인을 조종하는 대인적 생존 전략을 발전시키게끔 만들었지만, 표현적 역할(expressive role)의 중심적 가치가 남성적 윤리에 들어 있는 가치보다 더 인간적이며 더 보람되다는 것이다. 자유주의 페미니스트들이나 급진주의 페미니스트들 모두, 전통적인 여성의 가치는 사람들을 폄하하지 않는데 비해 남성 지배적인 조직 윤리는 그렇게 한다고 본다. 단, 상승이동을 옹호하는 사람들은 이러한 폄하가 관료제적 세계 속으로 들어가기 위해서는 어쩔 수 없고 감당할 만한 비용이라고 본다.

이러한 '조직에서 성공하는 법' 책들은 사적인 삶과 공적인 삶 양쪽 모두에 대한 관료제적 지배에 아무런 위협도 되지 못하는 페미니즘의 한 관점을 반영하고 있다. 여성을 위한 이 성공 매뉴얼들은, 관료제가 중산층의 의사소통 기술, 조직 역할을 찾아서 행할 수 있는 돈, 그리고 '게임을 할' 의사를 가진 개인들을—심지어 이 개인들이 어쩌다 여성인 경우라도—신참으로

92) 위의 책, p. 324.

93) 에스텔 라미(Estelle Ramey)와의 인터뷰에서 Barbara Goldman, "Different Is Not Lesser: Women in Science," in Barbara L. Forisha & Barbara H. Goldman, eds., *Outsiders on the Inside: Women and Organizations*(Englewood Cliffs, N.J.: Prentice-Hall, 1981), p. 51.

받아들이도록 만들어진 것임을 보여 준다.

관료제적 삶에서 필요한 순응의 요건에 대한 이 저자들의 상세한 설명에 따르면, 체제 내에서 성공하기 위해 지불해야 하는 비용은 그 체제를 변화시키려는 어떠한 생각도 모두 포기하는 것임이 분명해진다. 그러나 이들은 일단 여성이 정상까지 가게 되면 그 규칙들을 바꿀 것이라는 희망을 간직하고 있다. 즉, "그들이 딜러가 되면—그들은 '딜러의 선택(dealer's choice: 카드 게임인 포커에서 매 판마다 딜러가 게임의 종목을 정하는 룰—옮긴이)'에 적용되는 규칙을 바꾸기 위해 자신들의 특권을 행사할 수 있다"는 것이다.[94] 자딘과 헤닉은 "관리직에서 좀 더 효과적"이 되게끔 자신을 변화시키는 여성이 가족에 대한 일반인의 사회적 신념뿐만 아니라 여성에 대한 남성의 편견도 바꿀 것이라고 주장한다.[95] 이들은 "대부분의 미국 기업에서 삶의 질은 붕괴되어 거의 전부 도구적인 삶의 방식으로 되어 버렸다"는 것을 인정하면서, 여성이 일의 세계를 인간적인 것으로 만들고 남성에게 변화가 필요함을 설득할 수 있을 것이라는 희망을 걸고 있다.[96] 그러나, 이들 자신의 연구에 의하면 이 희망은 터무니없다. 성년기 생활의 대부분에서 관료제적 담론의 규칙을 내재화하고 그에 따라 행동한 후에, 얼마나 많은 여성(혹은 남성)이 변화를 일으킬 수 있을까? 그 규칙을 사용하여 체계 속에서 성공한 후에, 얼마나 많은 사람이 기꺼이 변화**하려고** 할까? 이들의 설명에 의하면, 관료제에 참여하기 위해 순응해야 하는 정도는 피상적이라기보다 매우 깊다. 그것은 사람들이 생각하고, 느끼고, 타인에게 반응을 보이고, 그리고 자신이 어떤 사람인가를 인식하고 나타내는 데 영향을 미친다. 관료제적 영역에 성공적으로 들어가기 위해 사람들은 푸코가 "규범적인 것의 보편적 지배"라고 부른 것—"개인이 어느 곳에 있든지 간에 각자 자신의 몸, 자세, 행동, 습성, 업적에 제한을 받을 것"을 요구하는—에 스스로를 복속시켜야만 한다.[97] 공적 생활에서 순응하는 데 필요한 요건들은

94) Harragan, *Games Mother Never Taught You*, p. 36.
95) Hennig & Jardin, *Managerial Woman*, p. 86.
96) 위의 책, p. 230.
97) Foucault, *Discipline and Punish*(New York: Vintage Books, 1979), p. 304.

사적인 생활에도 침투한다. 벽장에 대한 조사가 조직의 일상적 관행의 일부분일 때 "벽장 속 급진주의자(closet radical: 온건하게 행동하지만 실제로는 급진적인 성향을 가진 사람—옮긴이)"가 되는 것은 어렵다.

제 4 절 사법적·법률적 담론과 자유주의 페미니즘

여성에게 적용되었을 때 자유주의는 더 넓은 체계의 제도와 법적 보호에 여성이 접근할 수 있도록 보장하기 위해, 형식적 권리를 가진 추상적 시민으로서의 여성을 위한 국가의 개입을 대체로 옹호한다. 과거에 자유주의 페미니즘은 변화를 요구하는 목소리였다고 할 수 있는데, 그 이유는 여성을 집안에 있는 사람이자 남성의 재산으로 보는 견고한 사회적 규정에 도전하면서 기존의 공적 생활에 참여하기 위한 —즉, 투표하고, 재산을 소유하고, 집 밖에서 일하기 위한—여성의 권리를 요구했기 때문이다. 그러나 여성의 공적 활동을 막는 법적 장벽은 상당 부분 없어졌고, 공적 생활로 진입한다는 것이 곧 관료제적 담론의 게임 규칙을 받아들임을 의미하게 된 지금, 자유주의 페미니즘은 더 이상 변화를 요구하는 목소리가 아니다. 푸코의 용어로 표현하자면, 자유주의 페미니즘은 지배 담론에 대항해서 등장한 목소리였지만, 이제는 주로 그 담론에 복종하는 목소리가 되어 버렸다.

페미니스트들은 사법적·법률적 영역이 본래부터 가진 한계에도 불구하고 이 세상에서 살아가는 데 직접적으로 필요한 생활/생존 요건 때문에 이 영역을 간단히 무시해 버리지 못한다. 다양한 자유주의적 개혁의 유용성은 관료제적 자본주의의 언어와 실천을 그저 확대하는 것이 아니라 그것에 도전하는 능력에 기초하여 평가되어야만 한다.[98] 의회와 법원에서 재생산의 자유를 위해 벌이는 전투와 같은 개혁 노력은, 그러한 노력이 다른 투쟁을

98) 체제에 도전하는 개혁과 체제를 강화하는 개혁 간의 실질적인 구분에 대한 요약은 Charlotte Bunch, "The Reform Tool Kit," in Bunch, *et al.*, *Building Feminist Theory*, pp. 189-201를 참고할 것.

낳기 때문에 페미니즘에 매우 중요하다. 여성을 노조에 가입시키거나 혹은 비교 가치(comparable worth: 동일한 가치의 노동에 대해 동일한 임금을 지불해야 한다는 주장으로서, 성별 직종 분리의 오랜 역사로 인한 성별 임금 격차를 해소하고자 하는 원칙–옮긴이)를 가진 직업이 비교 가치 급여를 획득하게끔 하려는 노력은 더 큰 변화를 위한 수단이 될 수도 있다. 이러한 개혁은 물질적 차원에서 상당수 여성의 삶을 실제로 개선시킴으로써 즉각적 필요성의 압박을 완화시킬 수 있으며, 또한 여성이 정치적 기술을 발전시키고 더 큰 변화를 꾀하기 위해 경제적 '휴식처'를 사용하게 해 준다. 페미니스트 상담 서비스 혹은 페미니스트 연구 프로그램을 만들어 내는 개혁은 개인적 문제를 공공의 쟁점으로 전환시키고 그래서 더 나아가 집단적 투쟁을 하도록 개별 여성의 역량을 구축하기도 한다.

더 큰 변화를 가능하게 해 주는 개혁과 그렇지 못한 개혁을 구분하는 간단한 공식은 없지만, 대략적이고 일반적인 구분은 할 수 있다. 임박한 문제들은 때때로 너무 즉각적이어서 아무리 내적인 한계가 있더라도 개혁의 사법적·법률적 영역에 절박하게 호소할 수 밖에 없다. 매키논은 강간 및 아내 구타 법률과 관련하여 이 주장을 다음과 같이 간명하게 제기한다. 즉, 한편으로 개별 여성은 이러한 위협으로부터 강력한 법적 보호를 필요로 한다. 다른 한편으로 강간과 아내 구타에 관한 법이 강화되더라도 여성을 때리고 강간하는 남성을 만들어 내는 조건이 문제시되지는 않는다. "강간이 범죄라는 사실이 마치 사회가 그것에 반대하며 그래서 법 집행이 그것을 감소시키고 비합법화할 것처럼, 일탈적 범법자와 폭력적 행동의 모형"에 근거해서 강간법 개혁이 추진된다.[99] 그러나, 강간은 우리 문화에 만연해 있는, 폭력으로 점철된 이미지를 갖고 있는 남성성과 이성애 심상(心像)의 유난히 폭력적인 표출이다. 이 분야에서의 법 집행은 타인을 통제하려고 하는 남성을 처벌하게 되는데, 이 남성은 만약 상황이 달랐다면 그렇게 할 필요가 있다고 교육받고 또 그렇게 실행하면 급료도 받았을 것이다. 물론, 강간범은 반드시 막아야 한다. 그러나, 여성을 때리고 강간하는 남성을 생

99) MacKinnon, "Feminism, Marxism, Method and the State," p. 643.

산해 내는 조건에 대해 급진적인 방식으로—즉 그 근본까지 내려가서—문제를 제기하지 않고서 강간과 아내 구타를 효과적으로 막을 수 있을까?

평등 기회(equal opportunity)와 적극적 조치(affirmative action)에 관한 법률은 흔히 개별 여성에게 혜택을 주는 개혁의 예이지만, 더 넓은 체계에 도전하거나 혹은 더 큰 변화를 일으키는 데는 거의 기여하지 못한다. 그런 법률이 없었다면 많은 여성이 비교적 높은 보수, 더 나은 노동 조건, 그리고 안정성이 더 높은 1차 노동 시장의 일자리에 접근하지 못했을 것이다. 물론 더 높은 보수, 더 나은 직업에 접근할 수 있는 것은 여성에게 중요하다. 그러나 사실은 대부분의 여성이 이런 법률에도 불구하고 이러한 직업에 별로 접근하지 못하며 진입하기 위해 치러야 할 비용도 대체로 높다. 남성과 마찬가지로 여성도 직면하는 빈곤, 실업, 그리고 불완전 고용은 관료제적 자본주의의 계급구조에 의해 생겨난 조건이며, 계급구조의 상층과 중간층에 더 많은 여성을 끌어들인다고 해서 이 조건이 변하는 것은 아니다.[100] 평등 기회와 적극적 조치 담당 사무실은 조직을 위한 일종의 관료제적 안전판, 즉 사회에서 주변화된 사람들—모든 유색인 여성, 흑인과 남미계 남녀, 그리고 그 외 사람들—이 빵부스러기를 놓고 싸우는 장소로 되어 버리기 일쑤다.

군대에 여성 지원자를 모집하려는 노력은 페미니스트 담론의 목표와는 별로 상관이 없다. 여성이 실제 군사 임무에 참여하는 것을 반대하는 주장의 대부분은 오래된 성차별주의적 편견의 메아리다. 즉, 여성은 전투에서 정신을 놓아버리고 울 것이며, 믿음직한 군인이 되지 못할 것이며, 생리 주

100) 적극적 조치가 계급 문제에 부딪치면 한계를 드러낸다는 것을 보여 주는 좋은 예는 조직의 고위 간부와 보험대리인 중 여성 비율을 두 배로 증가시키고, 사업상 의사 소통에서 성차별적 언어를 제거함으로써 페미니즘을 지지했다는 이유로 대표와 이사가 *MS* 잡지에 의해 칭송받은 보험회사인 ELAS(Equitable Life Assurance Society)가 최근의 사례다. 이 보험회사는 같은 시점에 사무직 노동자들의 조직력을 약화시키기 위해 유명한 노조 파괴 회사와 협의하고 있었다. 회사의 계속된 반대에 대항하여 사무실 노동자들은 서비스근로자국제노동조합(Service Employees International Union)의 사무직 근로자 지부 925지구에 가입하는 데 찬성하는 표를 던졌다(Mary Ellen Schoonmaker, "Norman Mailer Was #41," *Mother Jones* 8[July, 1983]: 8).

기가 여성의 군사 행동을 방해할 것이며, 남성을 산만하게 만든다는 것이다. 여기에 제기된 문제 중 어떤 것도 상당수의 여성 군인과 장교들이 있었던 베트남 혹은 니카라과의 게릴라 부대에 아무런 심각한 영향을 미치지 못했던 것 같다.[101] 그러나 이러한 모욕 행위에 대해, 여성의 군대 진출이나 남성과 똑같이 여성을 징집하는 것을 옹호함으로써 대응하는 것은, 자유주의가 제기하는 주장의 제한된 조건에 굴복하는 것이며 페미니스트 담론의 가치와 목표를 포기하는 것이다. 군사주의(militarism)는 페미니즘에 위협이 될지언정 기회가 되지는 않는다. 군대 체제는 관료제적 자본주의에서 가장 강력한 조직적 집합체 중 하나다. 여성의 입영이 군대 체제가 제3세계의 사회주의 실험을 방해하는 것을 막지 못할 것이며, 전쟁을 기반으로 한 파괴적 경제를 막지도 군비 경쟁을 막지도 못할 것이다. 모든 시민을 위한 "평등한 권리는 평등한 책임을 수반한다"는 자유주의의 주장은 사법적·법률적 담론의 추상적인 개념적 범주를 토대로 한다. 그러나, 이러한 권리와 책임이 그 의미를 갖게 되는 실제적인 공적 영역은 황폐한 관료제의 영토이며, 이곳에는 시민권이라고 불리는 집단적·공적 활동을 위한 진정한 기회란 거의 존재하지 않는다. 페미니즘은 지배 담론이 주장하는 바에 영합함으로써 지배 담론을 영구적인 것으로 만들지 말고 그것들의 정체를 밝히고 그 신비를 벗기기 위해 노력해야만 한다.

제 5 절 페미니스트 담론이 가야 할 방향

페미니스트 담론은 정치적 삶, 즉 지식과 권력이 전유되고 표현되는 담론의 장을 변화시킬 기초적 용어들을 재구성할 수 있는 잠재력을 제공한다. 관료제 담론에서 지배적인 말하기와 행동하기의 형식들은 페미니스트 담론

101) Tomás Borge, *Women and the Nicaraguan Revolution*(New York: Pathfinder Press, 1982); Sheila Rowbotham, *Women, Resistance and Revolution*(New York: Vintage Books, 1972), pp. 206-220.

을 위해 합법적인 장소를 전혀 제공하지 않으며, 그래서 여성의 억눌려 있던 지식을 불러내서 이 담론을 구축하는 것은 그 자체가 정치적 행동이다. 모든 저항의 목소리는 그들이 저항하는 권력과 연결되어 있듯이 페미니스트 담론도 관료제 담론과 연결되어 있지만, 페미니스트 담론은 주체(subject)와 정치에 대해 관료제적 자본주의가 내린 정의를 근본적으로 뒤엎는 급진적 기획이다. 실천에 대한 이론의 관계는 우연적이거나 도구적이 아니라 개념적이고 구성적이기 때문에, 우리가 세상에 대해 생각하는 방식을 변화시키는 행동은 바로 세상을 변화시키는 하나의 방식이다. 왜냐하면 세상의 일부는 사람들이 세상과 자신들에 대해 가지고 있는 신념으로 이루어져 있기 때문이다.[102]

관료제적 자본주의에 내재해 있는 주체의 개념에 따르면 개인은 근본적으로 서로 분리되어 있으며 각자의 몸이 다른 사람들의 몸과는 분리되어 있지만 하나의 통일된 전체인 것과 똑같이, 개별 자아도 독립적이고 일관성 있는 통일체다. 그러나, 사람들 간의 연결이 사회 질서 자체를 파괴하지 않고서는 파괴될 수 없음에도 불구하고 관료제적 자본주의가 무시하는 상호작용의 양식 속에 그 뿌리가 있는, 연결성에 대한 여성의 경험은 분리된 자아라는 근대적, 남성적 관념이 거짓임을 말해 준다. 주체의 가상적 통일은 이데올로기적 구성물, 즉 "거울 속에서 확인되는 가상적 전체성"을 관계 속에 있는 개인들이 옮겨가면서 형성하는 사교성에다 투사한 것임이 드러난다.[103] 주체에 대한 페미니스트의 관점은 자유와 공동체에 대한 기초적인 정치 용어들을 급진적으로 재개념화하게 한다. 관료제적 자본주의에서 자유란 다른 개인들이 침해하지 못하도록 보호된 것으로서 각 개인을 둘러싸고 있는 사생활의 영역이다. 또, 공동체라는 단어가 사용될 수 있다고 한다면 공동체는 자율적 상태의 존재들이 맺는 이차적인 결합이다. 반대로, 페미니스트 담론에서 자유란 타인과의 관계 안에서 발견되는 것이다. 또

102) Terence Ball은 "Contradiction and Critique in Political Theory," in John S. Nelson, ed., *What Should Political Theory Be Now?*(Albany, N.Y.: State University of New York Press, 1983), p. 138에서 이 점을 잘 지적하고 있다.

103) Cavard & Ellis, *Language and Materialism*, p, 76.

어느 한 사람의 기획(project)에 대해 다른 사람들이 줄 수도 있는 위험은 우리들이 본질적으로 관련되어 있다는 점, 즉 우리들의 기획이 이 관련성을 통해 의미를 부여받게 되는 정도를 깊이 인정함으로써 상쇄된다. 종속됨으로써 왜곡되거나 혹은 상실을 너무 크게 두려워해서 한쪽으로 치우치지 않는다면, 페미니스트 담론을 계발시키게 되는 보살핌 가치(caretaking values)는 자신의 자유를 돌봄으로써 결국에는 타인을 돌보게 만든다. 다른 사람의 발전과 자율성을 진정으로 북돋워 주는 것은, 변화하기 위해서는 불안정과 상실의 위협이 있을 수밖에 없음을 인정하는 것이다. 자유 안에서의 연결성을 위한, 그리고 단합 속에서의 다양성을 위한 변증법적 필요성을 인정하는 공동체는 자아를 성찰적으로 재정의할 능력을 배양하려고 노력할 것이다.

그러나 이렇게만 하면 곧 개인과 집단 사이에 있는 긴장 상태가 모두 사라진다고 할 수는 없다. 우리는 우리 자신과 결코 완전히 상응하지 않는 일시적인 존재라는 것과 또 항상 우리 앞에 다른 가능성이 있다는 것을 인정하기 때문에, 1차적 소외 중 어떤 것은 인간적 삶에서 피할 수 없는 차원이다. 계속적으로 출현하는 개인 정체성의 본질을 기존의 조직적 역할 중 하나에 적절히 담아내기란 불가능하다. 이것은 어떤 집단도, 심지어 페미니스트적인 토대 위에 세워진 것이라 할지라도, 그 집단에서 필요로 하는 것과 일치하는 정의(定義) 내에 그들을 가둬놓기 위해 구성원이 갖고 있는 다른 가능성을 짓누르려고 할 수도 있음을 의미한다. 그러나 만일 집단과 그 구성원들에 대한 특별한 정의들을 시행하는 데 필요한 영구적인 제도적 권력을 집단 내의 어떤 개인이나 하위 집단이 가지고 있지 않다면, 그 집단은 변화를 허용할 뿐만 아니라 장려하기까지 하는 재정의의 과정들에 대해 좀 더 개방적이게 된다. 개인과 집단 사이의 긴장 그리고 그들의 친밀하고 본질적인 관계에 비추어 볼 때, 공적인 의사결정 과정에 적극적으로 참여하는 것은 두 가지 측면에서 중요하다. 즉, 그것은 동등한 사람들과의 발언과 행동을 통해 우리 자신을 대중 앞에 정의할 수 있는 정치적 무대를 제공함으로써 우리들을 서로 연결시킨다. 그것은 또한 개인에게 의사결정 과정에 접근할 수 있는 통로를 제공하고 그래서 집단이 가할 수 있는 압제의 위험을 완화시킴으로써 우리를 서로에게서 보호한다.[104] 페미니스트 담론은 소외를 초래하지 않는 자유와, 획일성을 강요하지 않는 공동체 사이의 변증법적 긴장을 유지하기 위한 개념적이고 실천적인 토대를 찾으려고 한다.

페미니스트 담론은 정치적 생활 속에 어느 정도의 기본적인 의견 일치가 있는 것으로 상상하는 것이 아니라, 다른 사람들의 인간적 삶에 대한 일반적인 관심이라는 맥락 속에서 이해관계의 정의와 갈등의 양식이 형성되는 정치 형태를 구상한다. 이러한 시각은 인간성에 대한 일부 추상적 관념이나 혹은 약속된 땅을 찾으려 하는 공상 속의 희망에 근거한 것이 아니다. 그보다는 여성이 보살피는 사람으로서 겪는 구체적인 경험에 근거하고 있으며, 그리고 관료제적 자본주의의 담론에 의해 불가피하고/보편적이며/자연스럽다고 선언된 것들과는 매우 다른 방식들로 여성이 실제로 살아가고 있음을 보여 주는 구체적 증거들에 근거한 것이다. 아마도 페미니스트 사회에서조차 갈등이 있을 터이지만, 그런 사회에는 갈등이 해소되어 가는 과정을 위해 필요한 공공의 공간이 마련되어 있을 것이다. 이해관계가 있는 모든 개인들은 이 공간에 접근할 수 있을 것이고, 그 공간은 가능한 최대한도로 탈중앙집중화될 것이다. 공적 생활을 어떻게 구성할 것인지에 대한 결정, 그리고 사적 관심사와 공적 생활 사이의 정확한 관계에 대한 결정을 포함하여, 집단생활에서 필요한 중심적 결정들이 그곳에서 내려질 것이다. 그 공간에서는 상대에 대한 배려를 표현하고 관계를 유지시키는 말하기와 듣기의 협력적이고 존경 어린 과정을 요구하기 때문에, 여성이 주로 사용하는 갈등 해소의 적응적 전략이 권장되고 합법화될 것이다. 갈등은 제거되어 버리지도 억압되지도 않을 것이며, 개인과 집단은 개인과 집합체 사이의 관계가 페미니스트적으로 인식됨에 따라 오히려 적응과 화해가 권장되는 상호작용의 과정으로 이끌려 들어갈 것이다. 개인과 집단 사이의 차이를 조정하기 위해, 또 그들 사이를 연결시키기 위해 여러 가지 방법이

---

104) 나는 "Toward a New Anarchism," *Contemporary Crises* 7(January, 1983): 39-57에서 참여에 대한 이 주장을 좀 더 자세하게 제기했다. 또한 Jane J. Mansbridge, "The Limits of Friendship," in J. Roland Pennock & John W. Chapman, eds., *Participation in Politics: Nomos XVI*(New York: Lieber-Atherton, 1975)도 참고.

탐색될 것이다. 이 과정이 어떤 형식을 띨 것인가는 그 과정에 관련된 여성과 남성이 정해야 하지만, 현존하는 페미니스트 집단과 다른 집단적 실험에 의해 만들어진 구조가 본보기가 될 수 있을 것이다.[105] 그런 사회가 반드시 비폭력적인 사회로 되는 것은 아니지만, 분명히 **덜** 폭력적일 것이다. 왜냐하면 폭력을 일으키는 주요 유인, 즉 권력, 부, 그리고 지위가 전반적으로 불평등하고 또 공적 생활을 남성성이 지배함으로써 발생하는 유인들이 제거될 것이기 때문이다.

자아-타자 관계(self-other relations)를 페미니스트 용어로 재개념화하는 것은 서구 사상에서 지배적인 도구적 합리성(instrumental rationality) 혹은 가치 합리성(value rationality)의 형식과 구별되는 인간적 합리성(human rationality)의 양식을 제시해 준다. 서구의 지배적 사유 방식 속에서 합리성은 형식에 불과할 수도 있고 실질적일 수도 있는데, 합리성은 타인을 희생시키면서 주관적으로 규정한 자기 이익을 추구하거나, 혹은 타인을 위해 자기 이익을 이타적으로 희생하는 것 둘 중의 한쪽을 지향한다. 페미니스트 관점에서 볼 때, 이런 대립 관계는 있을 수 없다. 왜냐하면, 이 주장은 자신과 타인이 분리되어 있다는 근거 없는 전제에 의존하고 있기 때문이다. 만일 사람들이 타인과의 관계 속에서 현재와 같은 특성을 가진 사람이 되었다고 본다면, 합리성은 사람들의 관계를 특징짓고 또 관계 내에

105) 뉴욕 주 세네카 폴스에서 있었던 평화와 정의의 미래를 위한 여성들의 야영(The Women's Encampment for a Future of Peace and Justice at Seneca Falls, N.Y.)은 그런 모형의 탁월한 예다. 1983년 여름과 가을 야영에서는 평등주의적이고 참여적인 조직이라는 오랫동안 지켜 왔던 원칙들과, 내적·외적 문제 모두에 대한 참으로 창의적인 접근법을 결합한 조직적 환경 속에서 수십 명에서 수천 명의 여성들(그리고 아이들)이 먹고, 입고, 잠자고, 배웠다. 그 캠프에서 잠시 머무르는 동안 나는 노동을 분담하는 체제(노동 그물망)와 갈등을 처리하고 합의를 도출하는 과정에서 매우 강한 인상을 받았다. 그 야영에 대한 간략한 논의로는 Grace Paley, "The Seneca Stories: Tales from the Women's Peace Encampment," *MS* 7 (December, 1983): 54-62 참고. 비관료제적 조직의 다른 예들은 여성건강운동에서 찾아볼 수 있다. 다음을 참고할 것. Elissa Pogue & Cercie Miller, "The Elizabeth Stone House: It Works!" *Radical Therapy* 5(Spring, 1976): 2-4; Linda Light, "The Influence of Feminism and Collectivity on the Research Process: The Vancouver Women's Health Collective," *Atlantis: A Women's Studies Journal* 4(Spring, 1979); 108-120.

서 이들이 선택하는 것들을 특징짓는 속성이 된다. 이해관계는 그저 개인과 집단 사이의 대립이라는 측면에서 정의되는 것이 아니라, 개인과 집단이 서로 유지하고 있는 관계 형식들의 측면에서 정의된다. 볼로가 주장했듯이, 페미니스트 합리성은 자신과 타인 모두를 위해 "포괄적이고, 확산적이며, 무형의, 그래서 측정 불가능한 행복감의 추구"에서 나온다.[106]

합리성에 대한 페미니스트 관점은 이성을 감정에 확실히 연결시킨다. 호시차일드는 감정을 시각 혹은 청각과 유사한 것으로 보아야 한다고 설득력 있게 주장한다. 우리는 감정을 지각의 다른 측면처럼 우리가 **행하는** 어떤 것으로서 적극적으로 생각해야만 한다. 우리가 감각에 주목하고 상황을 정의하는 방식은 느낌의 외부에 있는 것이 아니라 느낌을 구성하고 있다. 그녀의 주장에 따르면, 감정은 "자아로부터의 메시지를 전하는 전달자, 우리가 보고 있는 것과 우리가 보려고 기대했던 것들 사이의 연결성에 대해 우리에게 바로 보고하고 우리가 그것에 대해 막 느끼려고 하는 것이 무엇인지를 말해 주는 중개인 기능을 수행한다."[107] 우리의 감정은 우리가 세상을 이해하는 방식들 중 하나이며, 그렇기 때문에 이성의 정반대가 **아니다.** 세상에 대해 깊이 생각하고 평가하기 위해 우리는 감정이 허용되는 세상과 연결되어 있어야 한다. 감정과 비합리성과의 오래된 관련성은 인간 이성의 어떤 보편적 속성보다도, 통제력을 상실하는 것에 대한 남성적 두려움과 분리에 대한 남성적 환상을 더 많이 반영하고 있다. 중재되지 않은 엄청난 감정은 인식 작용을 왜곡할 수도 있고 성찰하는 능력을 방해할 수 있지만, 감정을 억압하거나 부정해도 같은 결과가 발생한다. 호시차일드에 의하면,

> 감정이 전혀 없는 사람은 아무런 경고 체계, 즉 눈으로 보는 것, 기억, 혹은 환상이 자신과 어떤 관련성이 있는지에 대해 아무런 지침도 가지고 있지 않다.

---

106) Roslyn Wallach Bologh, "Beyond Weber's Analysis and Critique of Bureaucracy," paper presented at the First International Conference on the Comparative, Historical, and Critical Analysis of Bureaucracy, Gottlieb Duttweiler Institute, Zurich, Switz., October 4-8, 1982, pt. II, p. 1.

107) Arlie Russell Hochschild, *The Managed Heart*(Berkeley, Calif.: Univeristy of California Press, 1983), p. x의 여러 곳.

> 느낄 수 없는데 불을 만지는 사람처럼 감정 없는 사람은 그 혹은 그녀의 자기 이익이라는 관점에서 볼 때 불합리하고 제멋대로인 감각 때문에 고통받는다. 사실상 감정은 '이성적인 관점'에 도달하기 위한 잠재적 통로다. …… 우리는 외부적이고 '객관적인' 세상을 곰곰이 생각해 보기 위해 느낌을 필요로 한다. 느낌을 단서로 간주하고 그래서 느낌에 맞게 바로잡으려 하는 것은 우리가 객관적 경험에 대해 내릴 수 있는 최선의 추측이다. 듣기 혹은 보기와 같이, 느낌은 무엇이 실재하는가를 이해하는 데 유용한 일련의 단서들을 제공해 준다.[108]

페미니스트 담론은 자신과 타인 사이, 그리고 개인과 집단 사이의 관계를 재조명함으로써, 관료제적 자본주의에서 가능해진 공적 생활과 사적 생활의 관계를 보는 완전히 다른 관점을 제시한다.[109] 제2장에서 논의했듯이, 우리 사회는 관료제와 자본주의가 결합한 세력들에 의해 황폐해진 불모의 공적 생활이 수용하기를 거부한 도구적인 만족과 표현적인 만족 모두를 가족이 제공할 것을 기대함으로써 가족에게 모순적인 책임을 부담시킨다. 이러한 모순적인 책임으로부터 사적 생활을 구출해 내기 위해 공적 생활의 구조는 반드시 개선되어야 하고 그래서 공적 생활이 자율성과 공동체 모두에 기회를 주어야 한다. 그러면 가족 생활(성인들 그리고 어쩌면 최소한 아이들만으로라도 구성된 작고, 친밀하고, 안정적인 모든 종류의 집단으로 넓

108) 위의 책, pp. 30-31.

109) 진 엘쉬타인(Jean Bethke Elshtain)과 러셀 자코비(Russell Jacoby)는 급진주의 페미니스트들이 "개인적인 것이 정치적인 것이다"라는 슬로건을 조심성 없이 사용함으로써 공적 영역이 사적 영역으로 합쳐지게 만들었다고 비난했다(Elshtain, *Public Man, Private Woman* [Princeton, N.J.: Princeton University Press, 1981], p. 217 외 여러 곳과 Jacoby, *Social Amnesia* [Boston: Beacon Press, 1975], p. 103 참고). 일부 초기 급진주의 페미니스트들에 의한 분석이 개인적인 것을 공적인 것과 동일시하는 잘못을 저질렀던 것은 사실이지만, 그럼에도 불구하고 급진주의 페미니즘이 이룩한 주요 공헌 중 하나는 두 영역이 근본적으로 연관되어 있음을 보여 준 것이며, 이 사실은 그 동안 성차별적 이데올로기에 의해 은폐되어 있었다. 모든 사적 정체성을 파괴하고 우리들을 공동체주의적 공적 자아만 가지게 만들려고 한다며 급진주의 페미니즘을 전체주의자라고 비판한 엘쉬타인의 주장은 기괴하다. 그녀는 자신의 작업을 포함하여 후기 페미니스트 분석에 이 이론이 끼친 공헌을 무시하고, 초기 급진주의 페미니즘의 약점만 캐고 있다. 그녀가 간과하고 있는 것은, 공적 영역과 사적 영역 간의 관계는 중요한 정치적 질문이며, 남성 지배적인 공적 생활에서 배제된 것은 여성뿐만 아니라 여성의 경험이며, 공적 담론은 여성의 경험을 더 많이 고려하는 방식으로 재구성될 필요가 있다는 것과 이 모든 주장은 초기 급진주의 페미니즘에 그 기원을 두고 있다는 사실이다.

게 정의된)은 공적 공동체에 걸맞은 친밀성과 공적 자유에 필적하는 자율성을 제공하면서 좀 더 현실적인 짐을 맡을 수 있다. 공적 생활과 사적 생활 사이의 경계는 무너지지 않겠지만 이제 공동체 구성원들의 재정의에 따라 변화하고 있는 것으로 보이게 될 것이다. 공적 생활과 사적 생활은 같은 것일 수 없지만, 이들은 서로 연관되어 있으면서 가깝고도 먼 연속선상의 서로 반대쪽 끝에 놓여 있게 될 것이다. 이 연속선은 같은 간격으로 떨어져 있는 단위들의 계량적 단선적 진보가 아니라, 숫자로 표현될 수 없는 자체의 지속 형식을 가지고 진전되는 변화의 흐름이다. 그 연속선은 정치적인 것과 심리적인 것을 하나로 뭉뚱그리기보다 그것들 간의 본질적인 관련성을 보여 준다.

페미니스트 담론에서 볼 때 사적인 것에 대한 공적인 것의 관계는 어느 한쪽이 가진 속성이 다른 쪽에게로 서로 확장된 것이지만, 확장은 변화를 가져와서 중요한 방식으로 공적 생활을 사적 생활과 비슷하면서도 비슷하지 않게 만들게 된다. 공적 생활과 사적 생활은 사적인 면대면 만남에서 유지되는 타인에 대한 자신의 관계가, 더 큰 활동 영역에서 이루어지는 공동체 경험의 토대, 즉 낯설지만 자신과 똑같은 인간이며 그래서 원수처럼 쉽게 없애버릴 수 없는 사람들과의 연결성과 공통성을 인정하는 토대를 제공한다는 점에서 유사하다. 이와 비슷하게, 자유를 더 크게 만들 때 발생하는 위험과 상실의 경험은 우리로 하여금 공적 생활이 요구하는 익숙하지 않고, 알지 못하고, 그리고 위험한 사람들과의 만남에 대비하게 해 준다. 더 큰 공적 활동 영역에서의 관계가, 사적 영역을 유지하는 친밀한 지식에 근거할 수 없지만 존경과 평등에 근거한 좀 더 거리를 둔 지식에 근거한다는 점에서 두 영역은 다르다. 모든 활동적인 정치 영역에 필요한 갈등과 충돌, 그리고 타협은 결코 사적 생활의 메아리에 불과한 것이 아니다. 그것들은 참여적이며 민주적인 정치 체제 속에 있는 특별하게 공적인 정중함과 시민의식이 보여 주는 측면들이다.

이것은 사적 생활(전통적인 성별 유형을 변화시키기 위해 남성이 어머니 노릇을 평등하게 담당해야 한다는 페미니스트의 논지에서처럼) 혹은 공적 생활(혁명을 위한 고전적 마르크스주의의 요구에서처럼)의 급진적 재구성은 모두 그들 사이의 **관계**를 재구성하게 될 것임을 시사한다. 왜냐하면 사적 생활과 공적 생활은 서로에 의해 부분적으로 정의되기 때문이다. 예를 들면, 마르크스주의 혹은 레닌주의 노선을 따른 사회적 변화는 사적 생활에서 여성과 남성 사이의 권력 관계를 근본적으로 변화시키지 않고서도 공적 영역을 재구성할 수 있었고 또 때때로 그렇게 구성했다는 점이 자주 지적된다. 이와 비슷하게, 사람들은 남성과 여성이 후기 자본주의의 제약 안에서 자녀 양육 역할을 평등하게 분담하면서, 아들과 딸에게 똑같이 관료제적 이득을 얻기 위해 상승 이동하는 젊은 경쟁자가 되도록 가르치는 사회를 상상할 수 있다. 이런 측면에서 보면, 평등한 공동 양육(shared parenting)을 주장하는 것은 강력하면서도 동시에 불완전하게 보인다. 즉, 공동 양육의 강력함은 성별 정체성이 만들어지는 1차적 조건을 변화시킬 수 있는 잠재력에서 나오며, 불완전함은 공동 양육이 공적 생활에 미치는 영향이 제한적인 데서 비롯된다. 아이작 발버스(Isaac D. Balbus)는 초도로와 디너스타인이 제기한 주장에 의존하여 공동 양육의 약점과 장점 모두를 보여 주면서 공동 양육을 옹호한다.

> 남아에 대한 초기 양육자로서 아버지가 어머니와 협력하게 되면 이 아이는 이제 **자신과 같은** 성(性)을 가진 부모와 1차적인 동일시를 경험하게 될 것이다. 따라서 그의 남성적 정체성은 더 이상 그의 1차적 동일시를 완전히 억제하고 그의 첫 번째 애정의 대상에 대해 전적으로 적대적 입장에 서도록 형성되지 않게 될 것이다. 이러한 조건에서, 남아는 어머니가 자녀 양육을 독점하는 상황에 있을 때보다도 훨씬 더 '관계 지향적'으로 성장할 것으로 예상될 수 있다. 동시에, 어머니가 더 이상 여아의 유일한 원초적 애정의 대상이 아니게 되면, 어머니와 여아의 융합이 더 이상 그토록 포괄적이지 않게 될 것이며 따라서 여아는 자신의 독립성에 대해 좀 더 발달된 감각을 가지게 될 것이다. 그렇게 되면, 공동 양육으로 자란 남성과 여성은 똑같이 '공적인 모험'의 세계와 '사적인' 대인 관계의 세계 모두를 위해 감정적으로 준비될 것이며 따라서 친밀성과 독립성이 병행되면서 서로의 관계를 형성할 수 있을 것이다. 그러므로 공동 양육은 양성 간의 관계에 해방을 가져다 줄 수 있는 열쇠를 쥐고 있다.110)

110) Isaac D. Balbus, *Marxism and Domination*(Princeton, N.J.: Princeton University Press, 1982), p. 312.

그러나 만일 이렇게 해방된 딸들과 아들들이 진입할 준비가 되어 있는 공적 세계가 관료제적 세계라면, 그들의 해방은 곧 사라질 것이다. 진정한 모험, 즉 자신이 정의되고 또 자신이 정의하는 기획을 능동적이고 자유롭게 추구하는 모험은 관료제적 세계에 몸담고 있는 대부분의 사람에게는 가능하지 않을 것이며, 관계적 기술과 남녀 모두의 욕구는 관료제적 목적에 봉사하기 위해 곧바로 왜곡될 것이다.

진정한 공동 양육이 널리 적용된다면 성인에 대한 자녀의 관계가 변화될 것이며, 시간이 지나면서 아마도 개인 생활이 훨씬 더 양성적이고 더 균형을 이룰 수 있게 될 것이다. 그러나 공동 양육이 상사에 대한 노동자의 관계 혹은 직원에 대한 고객의 관계를 바꾸지는 못할 것이다. 전통적으로 가족의 특징인 지배/복종 관계는 여전히 공적 생활 속에서 재창조될 것이다. 그리고 공동 양육은 합리성 숭배가 개인적 생활 속으로 침투하는 것을 막지도 못할 것이다. 간단히 말하자면, 그것은 조직의 계급구조나 관료제적 자본주의의 풍조를 바꾸지는 못할 것이다.

양성적인 자녀 양육 그 자체가 변화를 가져오기에 알맞은 지렛대는 아니다. 페미니스트 담론이 불러일으키는 변화의 원천은 여성의 경험으로서, 이 경험은 페미니스트 의식으로 전환된 여성의 경험이며, 페미니스트 여성과 남성이 공적 생활과 사적 생활 모두를 재구성하기 위해 사용하는 경험이다. 가족 생활을 재구성하는 작업은 가족 외부에 비관료제적 조직을 만드는 것에, 혹은 최소한 기존의 조직 속에 있는 대안적 '공간'에 연결되어야만 한다. 그렇지 않으면, 관료제 내부에 존재하는 불평등한 권력 관계가 종속된 위치에 있는 사람들 속에 '여성성'을 재창조할 것이며 책임 윤리와 민주적 공동체 정치가 발생하는 것이 불가능하게 될 것이다.

제6절 결 론

여성은 사회를 변화시키기 위해 권력을 필요로 하지만, 관료제 안에서의 권력은 변화를 일으키는 권력이 아니다. 관료제적 자본주의의 조직 형식과 담론은 페미니즘이 투쟁하기 위해 일어선 바로 그 억압 유형을 재창조하는 지배의 양식을 제도화한다. 페미니스트 담론은 지배적 언어와 구조의 부적합성을 이해하는 데 결정적으로 유리한 지점을 제공해 줄 뿐 아니라 우리의 정치적 발언과 정치적 실천 모두를 위해 신선한 방향도 제시해 준다.

회의론자들이 현재 시점에서 관료제는 불가피하기 때문에 페미니스트 담론에 근거한 조직 전략은 현대 생활과 맞지 않는다고 주장하는 것은 당연하다. 관료제의 불가피성을 호소하는 주장들은 사실상 대체로 심리적이거나 기술 중심적인 주장이다. 즉, 그 주장들은 소위 인간성 속에 있다는 일부 내적인 경향들 혹은 현대 기술의 요구 사항에 주목하고 있다. 예를 들면, '과두제의 철칙(iron law of oligarchy)'에 관한 로버트 미헬스(Robert Michels)의 유명한 주장은 대규모 조직이 내부적 민주주의에 미치는 결과에 대한 분석과, "개인으로서 인간은 지도를 받으면서 살도록 타고났다"는 자신의 신념에 근거한다.[111] 첫 번째 주장은 보편적 주체성(universal subjectivity)이라는 지지받기 힘든 관념에 근거하고 있다. 개인으로서 우리는 우리의 환경에 의해 생산되고 이러한 환경은 그 자체가 인간 활동의 산물이라는 사실이 일단 인정되면, 일부 근본적이고 본질적인 인간성에 대한 호소는 그 힘을 대부분 잃게 된다. 관료제 담론은 주체에 대한 남성적 관념을 만들어 내고 또 반영하고 있으며, 주체성에 대한 이 견해를 보편적인 것으로 단정한다. 그러나 여성의 경험은, 주체성이 사회적 관계에 바탕을 두고 있지만 사회적 관계로 환원되어 버리지는 않는 인간의 관계성과 자율성의 비전을 제시해 준다. 그리고 비관료제적 조직 원칙에 따라 움직이고 있는 조합 조직에 대한 사례 연구는 그 조직이 소위 중앙집중화와 통제에 대한 필요성 때문에 자멸해 버리는 것이 아님을 보여 준다. 1960년대의 평등

111) Robert Michels, *Political Parties*(New York: Fress Press, 1966), pp. 37-54에서 나온 미헬스의 'Oligarchy'로서 Oscar Grusky & George A. Miller, eds., *The Sociology of Organizations*(2nd ed.; New York: Free Press, 1981), p. 51에 인용되어 있음.

주의적 노동자 조합에 대한 연구에서 캐서린 뉴먼(Katherine Newman)은, 시간이 지나면서 관료제적이 되어 버린 조합은 **외부로부터** 온 관료제적 형식의 침투 때문에 그렇게 된 것이며, 내부에서 위계를 지향했기 때문에 그렇게 된 것이 아니라고 지적한다. 반면에, 건강식품 가게, 가죽제품 공장, 인쇄소 등과 같은 사업을 통해 자신의 활동을 재정적으로 뒷받침할 수 있었던 조합은 외부의 자금 지원에 의존하지 않았고, 심지어 회원 자격과 활동 범위에서 조직이 확대되었음에도 불구하고 의사 결정과 과업 할당에서 평등한 절차를 유지할 수 있었다.112)

기술적 필요성에 호소하면서 위계의 불가피성을 강조한 두 번째 주장도 또한 관료제 담론이라는 맥락을 걷어내 버리면 그 힘을 잃는다. 제2장에서 언급했듯이 생산의 위계적 통제는 애초에 생산 과정을 개선하기 위해서가 아니라 이윤 증대를 위한 전략으로 도입되었다. 관료제적 자본주의에서 유망한 기술들은 세 가지 주요 요소들이 관련된 복잡한 수익성 계산에 근거해서 선정된다. "하나는 기술적 효율성, 즉 물질적 투입에 대한 물질적 산출의 비율이며, 다른 하나는 각종 투입에 따른 비용과 산출물의 가치이며, 세 번째는 구입한 노동력을 실제 수행된 노동으로 변환시키는 과정에서 해당 기술이 관리자에게 부여하는 영향력의 정도다."113) 순수하게 노동자에 의한 통제와 참여적 자주 관리에 바탕을 둔 경제에서는 세 번째 기능, 즉 통제 기능이 크게 줄어들 수 있다. 아마도 처음의 두 가지는 페미니스트 담론의 가치와 목표에 맞게 재구성될 수 있을 것이며, 그렇게 되면 효율성과 비용을 계산할 때 다른 기술적 선택지가 가진 인간적 환경적 '비용', 장인 정신을 가진 기술을 개발하거나 집합적 의사결정을 내릴 때 노동자들이 발휘하는 효율성, 그리고 기타 등등이 고려될 수 있다.

기술 중심주의 사회에 전반적으로 존재하는 기술은 그 자체가 만들어 내

---

112) Katherine Newman, "Incipient Bureaucracy: The Development of Hierarchy in Egalitarian Organizations," in Gerald M. Britan & Ronald Cohen, eds., *Hierarchy and Society*(Philadelphia, Pa.: Institute for the Study of Human Issues, 1980), pp. 143-164.

113) Richard C. Edwards, *Contested Terrain*(New York: Basic Books, 1979), p. 112.

는 규칙에 의해 판단된다—즉, 기술적인 가치와 가설을 반영하며, 기술에 대한 관심에 의해 생성되는 기준에 의해 판단된다는 것이다. 그러나, 만일 기술이 인간의 욕구를 충족시키고, 인간적 기준치에 맞게 조정되고, 그리고 자연 환경과 조화를 이룰 수 있는 능력의 측면에서 이해된다면, 기술적 결정은 다른 종류의 판단으로 된다. 페미니스트 담론은 담론 속에 거론된 자율성과 공동체라는 기준을 고려하여 기술을 판단하도록 주장했을 것이다. 라디오, 텔레비전, 그리고 음반 산업의 기술처럼, 많은 종류의 현대 기술은 탈중앙화되고 참여적인 의사 결정과 잘 맞는다. 또 현재와 같이 고도로 중앙집중화되고 동질적인 대중 매체의 출현은 기술 그 자체에 대한 고발이 아니라, 그들을 통제하는 강력한 기업들에 대한 고발이다.[114] 예를 들면 옷감을 짜는 여러 가지 방법처럼, 특정한 과제를 수행하는 데에는 대체로 많은 다른 기술적 대안들이 있다. 또 장인 정신과 솜씨의 자율성을 허용하는 기술적 대안들이 개발될 수 있고 확장될 수 있었다. 우리는 핵발전소처럼 본래부터 중앙 집중적이고 자본 집중적인 기술을 거부하는 대신 전기를 만들어 내는 태양전지처럼 여전히 부분적으로 통제할 수 있는 여지가 있으면서 기술적으로는 복잡하고 생산적인 대안을 선택할 수 있었다.[115] 페미니스트 담론이 지명하는 가치 체계 하에서는, 효율성과 생산성을 계산할 때 개인의 발전과 공동체의 욕구, 그리고 자연의 요건에 대한 계속적인 관심을 포함시켰을 것이다.

노동을 페미니스트 방식으로 재구성하면 관료제적 자본주의의 위계적 노동 분업을 거부하고 과업의 계획과 수행을 재통합하게 된다. 노동을 페미니스트 방식으로 재구성하기 위해서는 "우리가 우리 자신을 발전시키면서 또 외부 세계도 변형시킬 수 있는 상황을 만드는" 것이 필요하다.[116] 급진주의 페미니스트 집단은, 노동의 수평적 분업보다는 수직적 분업, 즉 각

114) Perrow, *Complex Organizations*, p. 213.
115) Henry Etzkowitz, "Over-Determined Technology: The Delegitimation of American Ideology," paper presented at the First International Conference on the Comparative, Historical, and Critical Analysis of Bureaucracy, Gottlieb Duttweiler Institute, Zurich, Switz., Octber 4-8, 1982.
116) Hartsock, "Staying Alive," p. 118.

영역 안에서 각 개인이 과업의 창조적 측면과 따분한 측면 모두를 책임지도록 노동 과정을 나누는 방식을 채택함으로써 자주 이러한 목표를 추구한다.[117] 그 집단은 각자의 업무 영역 내에서 개인에 의해 정해지는 결정과 반드시 전체 집단에 의해 정해져야 하는 결정을 집합적으로 정의하고 또 정기적으로 재정의한다. 노동은, 시간이 지나면서 발생하는 변화를 인정하는 유연한 노동환경 안에서 구성원이 기술을 익히고 각자 힘을 키울 수 있도록 하는 방식으로 나눠진다.

관료제적 노동 분업이 무능함을 만들어 내듯이 노동의 수직적 분업은 능력을 만들어 낸다. 페미니스트 조직은 전문성을 배제하는 것이 아니라, 전문성을 다른 형식의 권력과 결합시킬 수 있다. 특정 개인이 가진 전문성은 협동을 장려하는 환경 속에서, 배우고 가르치는 기회를 제공하면서 개인과 집단 모두가 힘을 가질 수 있게끔 다른 사람들과 공유될 수 있다. 권력은 개인이 혼자서는 해낼 수 없는 것들을 수행하기 위해 다른 사람들과 함께 행동하는 능력으로 재정의될 것이다. 리더십은 일종의 세력화(empowerment)가 될 것이며, 하트삭이 말한 것처럼, "지도자는 다른 사람들의 앞에 서는 것이 아니라 집단의 중앙에 있게 된다."[118] 기술과 지식에 근거한 권위는, "관련된 사람들에게 그들이 이해할 수 있는 용어로 그 권위가 가진 힘을 끊임없이 증명해 보여야만 할 것이며, 그리고 어쩔 수 없이 그 사람들을 위해 실제로 책임을 다하게 된다."[119]

비관료제적 집단생활이 보여 주는 전망에 대해 일반적으로 제기되는 마지막 반대는 평등적이고 민주적인 조직이 실제로는 한 번도 운영된 적이 없기 때문에 성공할 수 없다는 주장이다. 이것은 결코 사실이 아니다. 진짜로 구성원이 통제하는 집단의 예는 셀 수 없이 많으며 또 이전에도 많았다. 아마도 가장 유명한 예는 스페인 몬드라곤(Mondragón)에 있는 것으로서,

---

117) 제인 돌카트(Jane Dolkart)가 Bunch, *et al., Building Feminist Theory*, p. xix에서 *Quest*의 직원들을 위해 말한 것. 세네카 폴스 여성 야영대회에서 행해졌던 노동 그물망은 과업의 전체성을 더 잘 보전하는 노동의 수직적 분업에 근거한 것이었다.

118) Hartsock, "Staying Alive," p. 116.

119) John Dunn, *Western Political Theory in the Face of the Future*(Cambridge, Eng.: Cambridge University Press, 1979), p. 27, n. 69.

14,000명이 70개의 상호 연결된 조합과 한 개의 작업장으로 구성되어 있으며 노동자가 소유하고 운영하는 공동체인데, 이 공동체는 현재까지 거의 30년 동안이나 건재하다. 최고 임금과 최저 임금 간의 비율은 미국 회사들 대부분이 보여 주는 50:1 혹은 70:1에 비해 3:1이다.[120] 자신의 책, 『적대적 민주주의를 넘어서(*Beyond Adversary Democracy*)』에서 제인 맨스브리지(Jane J. Mansbridge)는 민주적 공동체에 대한 상세한 사례 연구 두 가지를 보여 주는데, 그녀가 연구한 위기센터와 버몬트 마을회의 모두 상당히 오랜 기간 동안 평등적이고 참여적 조직 형식을 유지했으며, 비관료제적 틀 안에서 집단의 내부적 문제를 처리하는 전략들을 개발해 냈었다.[121] 대부분의 사람이 조합의 엄청난 성공—특히 적대적인 환경에 직면했을 때—에 대해 거의 모른다는 사실은 대안에 관한 지식을 억제하는 관료제 담론의 능력을 잘 보여 준다.

진정으로 평등하고 참여적인 조직은 끊임없는 문제에 당면한다. 즉, 의사결정은 대체로 시간이 너무 오래 걸리는데다 일부 구성원에게는 그런 의사결정이 종종 괴로운 일이 되며, 강렬한 상호작용은 종종 자기 주장을 잘 못하거나 언변이 좋지 못한 사람들의 희생 위에 화술이 가장 뛰어난 구성원

---

120) Ana Gutièrrez Johnson & William Foote Whyte, "The Mondragón System of Worker Production Cooperatives," *Industrial and Labor Relations Review* 31 (October, 1977): 18-30. 또한 Kirkpatrick Sale, *Human Scale*(New York: Coward, McCann and Geoghegn, 1980) 참고. 노동자가 관리하는 집합체의 가능성에 대한 더 심도 있는 논의로는 Arie Shirom, "The Industrial Relations System of Industrial Cooperatives in the United States, 1880-1935," *Labor History* 13(Fall, 1972); 533-551; Miriam J. Wells, "Alienation, Work Structures, and the Quality of Life: Can Cooperatives Make a Difference?" *Social Problems* 28(June, 1980): 548-561; Henrik F. Infield, *Utopia and Experiment: Essays in the Sociology of Cooperation*(New York: Praeger, 1955) 참고.

121) Jane J. Mansbridge, *Beyond Adversary Democracy*(New York: Basic Books, 1980). 맨스브리지의 책에서는 탈중앙집중적이고 참여적인 조직들이 직면하는 문제들을 심사숙고하고 있으며, 그런 조직이 껴안을 수 있는 가능한 해결책을 보여 준다. 그녀의 주장은 만일 그녀가 그것을 페미니스트 방향으로 돌린다면 더 발전될 수 있었을 것이다. 예를 들면, 그녀는 "놀랍게도 면대면 접촉이 동정심에 미치는 효과를 말해 주는 증거는 거의 없다"(p. 272)고 진술하고 있다. 그러나 이 문제에 대한 상당한 증거가 있으며 그것은 면대면 양육 관계 속에 있는 여성의 경험에서 나온다.

에게 이득을 주며, 구성원 사이에서 능력 그리고/혹은 기여의 불평등이 드러나게 된다. 페미니스트 집단은 이러한 문제를 처리하는 전략을 개발해 냈다. 그 전략이란, 대표직을 구성원이 돌아가면서 맡고, 사회활동과 조직활동을 통합하고, 덜 적극적인 구성원의 의견을 구하기 위한 대의원을 한 명 선출하는 것이다.[122] 참여적인 의사 결정을 위해 집단을 작은 규모로 유지해야 하며, 이로 인해 집단 사이를 조정할 수 있는 구조가 필요하게 된다. 조정은 위계와 통제를 통해서보다는 자발적인 협동에 의해, 그리고 연방 체제의 구조 속에서 대의원을 선출함으로써 이루어질 수 있다. 우리는 대규모의 비위계적인 조직을 위한 청사진을 가지고 있지는 않지만, 그런 조직도 가능하다는 수많은 징후를 가지고 있다. 탈중앙집중화와 참여에 따른 문제들은 민주적 공동체에서 활동하는 참여자가 그동안 직면해 왔고 수없이 대처해 왔으며, 그들의 경험을 배우고자 하는 사람들은 이 경험을 쉽게 접할 수 있다.[123] 나의 목적은 그들의 이야기를 상세하게 재생산하는 것이 아니라, 사회를 재구성하는 데 그런 사례들이 제공하는 가능성을 지적하고 페미니스트 담론의 이론적·실천적 용어 속에 이 가능성을 심고자 하는 것이다.

이런 종류의 권고 사항은 종종 지나치게 단순하고 실천하기 불가능하다

---

122) Jane J. Mansbridge, "Time, Emotion and Inequality: Three Problems of Participatory Groups," *The Journal of Applied Behavioral Science* 9(1973): 351-368; 또한 Joan Cassell, *A Group Called Women: Sisterhood and Symbolism in the Feminist Movement*(New York: David McKay, 1977); "The Feminist Workplace," interview with Nancy MacDonald, Washington, D.C., Rape Crisis Center, in Bunch, *et al., Building Feminist Theory*, pp. 251-259; Jo Freeman, "The Women's Liberation Movement: Its Origins, Organizations, Activities, and Ideas," in Jo Freeman, ed., *Women: A Feminist Perspective*(Palo Alto, Calif.: Mayfield, 1979), pp. 557-574.

123) John Case & Rosemary C. Taylor, eds., *Coops, Communes and Collectives* (New York: Pantheon Books, 1979); *No Bosses Here: A Manual for Working Collectively* (Boston: Vocations for Social Change, 1977); Joyce Rothschild-White, "The Collectivist Organization: An Alternative to Rational-Bureaucratic Models," *American Sociological Review* 44(August, 1979): 509-527; Daniel Zwerdling ed., *Workplace Democracy*(New York: Harper and Row, 1978).

며 무시되지만, 복잡성에 대해서는 관료제보다 이 권고 사항이 사실상 더 잘 알고 있다. '실용성'을 지향하는 대부분의 충고는 기존의 제도와 일치하지 않는 어떠한 변화도—특히 그것이 변화를 필요로 하는 바로 그 제도일 때—고려하기를 꺼리는 태도로 바뀐다. 커크패트릭 세일(Kirkpatrick Sale)은 이 점을 훌륭하게 지적하고 있다.

> 단순한 것은 바로 우리의 현대적인 경제다. 즉, 전 국민이 한 가지 농작물에, 도시는 한 가지 산업에, 농장은 한 가지 재배에, 공장은 한 가지 생산품에, 사람은 한 가지 직업에, 직업은 한 가지 행동에, 행동은 한 가지 목표에 빠져 있다. 단순성이 아닌 다양성이 인간 삶의 규칙이다. 인간이라는 동물은 전문화되었기 때문이 아니라 다양해질 수 있었기 때문에 성공할 수 있었던 것이다—산을 오르고 **또** 헤엄치고, 사냥하고 **또** 기르고, 혼자 일하고 **또** 모여서 일했기 때문에. 인간의 조직도 마찬가지다. 조직이 다양하고 분화되어 있어서 여러 가지로 대응할 수 있을 때 건강한 상태이고 또 살아남게 되지만, 획일적이고 전문화되어 있을 때는 불안정해지며 적응력이 떨어지고, 변화하는 상황에 대처하지 못하게 된다. 성숙하고 충실한 인격이 영혼 속에 깃드는 것은 개인이 여러 가지 일들을 처리할 수 있고, 많은 기술들을 배울 수 있고, 여러 가지 역할을 해낼 수 있을 때다. 그리고, 사회가 복잡해지고 온갖 것이 섞여 있을 때, 사회가 스스로를 돌볼 수 있는 수많은 방법을 개발해 낼 때, 사회는 잘 구축되고 풍요로워진다.[124]

관료제적 자본주의에 저항하는 가장 좋은 방법은 대안적 조직을 형성하는 것이지만, 모든 사람들이 선택할 수 있는 방법은 아니다. 사람들은 자신이 있고 싶은 곳이 아니라 자신이 있는 곳에서 저항을 시작해야 한다. 대부분의 사람이 자신이 관료제 안에 있다는 것을 알게 되기 때문에, 그들이 저항할 대상은 바로 자신의 조직 환경이다. 관료제적 체제 안에서 계속 **전개할 수 있는** 저항은 매우 제한된 형식의 반대다. 저항의 전망을 평가하는 데, 또 근거 없고 비현실적인 희망이 제기되고 추진된 후에 발생할 수 있는 무기력한 좌절을 피하는 데 저항의 한계를 아는 것이 중요하다.

내가 주장해 왔듯이, 개별 여성을 관료제 안으로 끌어들이는 것으로, 혹은 이들을 관료제적으로 조직화하는 것으로서 관료제적 지배에 저항하는

124) Sale, *Human Scale*, p. 403.

것은 불가능하다. 두 경우 모두 반대의 목소리는 삼켜져 버리고 힘은 약화될 것이다. 만일 상당수의 사람이 관료제 담론에 도전하기 위해 집단적으로 또 비관료제적 방식으로 행동한다면 관료제적 지배에 저항하는 것이 가능하다. 관료제 담론의 용어들은 중립적인 척하는 행정 언어로 갈등을 숨김으로써 정치를 신비화하기 때문에, 지배 담론의 틀에 도전하려면 그 언어를 명명백백하게 정치화하는 것이 필요하다. 제1장에서 주장했듯이 관료제는 아래로부터 올라오는 어떤 종류의 합법적 반대도 허용하지 않는 본질적으로 전체주의 체제이다. 페미니스트 담론의 가치와 목표를 내걸고 관료제에 도전하는 것은, 명령 계통을 약화시키고, 참여자들을 평등하게 대우하며, 의사 결정 과정의 비밀과 정보가 독점되는 체계를 무너뜨리고, 근본적으로 조직을 민주화하는 방법을 찾는 것이다. 이렇게 하기 위해서는, 권력과 책임의 언어로 조직의 중심적 쟁점을 재형성해야 한다. 즉, 사람들로 하여금 윤리적 입장을 취하게 하는 목적을 정해야 한다.

대체로 이것은 개인이 고립 상태에서는 행할 수 없는 일들이다. 왜냐하면 그들은 조직의 보복에 대해 너무 취약하며 저항심에 에너지를 줄 상호지지 기반이 없기 때문이다. 그러나 함께 일하는 상당수의 사람들은 최선의 경우 의식 고양 집단과 노동조합을 섞어놓은 듯한 기능을 할 수 있는 집단을 형성함으로써 서로를 보호하고 지원하는 데 도움을 줄 수 있다. 반대의 목소리를 내는 사람이 충분히 많아지면 관료제적 권력에 대한 저항 세력으로 행동할 수 있다. 예를 들면, 애팔래치아 지역 빈곤 프로그램에 대한 로버트 덴하트(Robert B. Denhardt)의 연구는, 그 지역에 사는 많은 수의 빈민이 조직을 구성하고는 지역 문화가 가지고 있던 반관료제적 규범을 이들이 도입했고, 또 인물 중심주의와 평등을 더 폭넓게 추구하도록 당국의 절차를 수정했음을 보여 준다.[125] 한 조직 내에서 집단적 저항은 권력을 비판적으로 검토하도록 격려하고, 권위에 대해 구성원이 가지고 있던 두려움을 없애며 조직이 표준적 운영 절차라고 간주하는 것을 문제성 있는 것으

125) Robert B. Denhardt, “Bureaucratic Socialization and Organizational Accommodation,” *Administrative Science Quarterly* 13(December, 1968): 441-450.

로 보게 함으로써 관료제 담론의 용어들을 위협할 수 있다.

이 집단들이 관료제적 구조와 결탁하고 편입되어 버릴 가능성은 항상 있다. 카렌 색스(Karen Sacks)는 여성의 네트워크에 대한 연구에서, 전문 관리직에서 네트워크는 대체로 집단의 개선 혹은 조직의 변화보다는 경력 사다리에서의 개인적 승진에 여성이 더 관심을 쏟게 함으로써 회원 자격면에서 선별적 혹은 배타적이 된다는 것을 발견했다.[126] 이 집단들은 행정적 언어를 정치화하거나 혹은 관리자와 충돌하게 되는 것을 조심스럽게 억제한다. 그러나 노동자 계급에서는 여성의 네트워크가 회원 자격 기준에서 포용적이며, 전체 집단의 이름을 걸고 성공적인 집단 행동을 계획하고 실천하는 데 필요한 토대로서 자신의 사회적 유대를 활용하는 경향을 보인다. 만일 네트워크가 이데올로기나 구조 면에서 관료제적인 성격을 띠게 된다면, 네트워크는 관료제 담론의 영역에 편입되어 버리며 저항의 정서는 사라지게 된다. 그러나 만일 네트워크가 페미니스트 방식으로 작동하고 또 조직 내부에 비관료제적 공간을 만들어 내면, 그 집단은 대안적 유형의 조직을 만들 수 있다는 것을 증명할 수 있고, 또 다른 곳에는 적응할 수 없거나 적응하지 못할 사람들을 위해 더 큰 조직 내에 피난처를 제공할 수 있다. 예를 들면, 실험적인 교육 프로그램에 대한 카렌 루이스(Karen S. Louis)와 샘 기버(Sam D. Gieber)의 연구는 위로부터 최소한의 감독만을 받고 있으며 고객과 노동자가 서로 공감하는 정도가 높은, 탈중앙집중적이고 유연한 현장 기반 프로그램을 설명한다. 그들의 연구에 따르면, 이렇게 분산된 조직이 더 큰 주(州) 교육 관료제도 내에 비관료제적 공간을 제공할 수 있었다.[127]

대학 내의 여성학 프로그램은 최상의 상태에서 구성원을 위한 의식 고양 집단/조합의 역할을 할 수 있고, 또 더 큰 조직 내에 대안적·비관료제적 공간을 제공할 수 있다. 여성학 프로그램은 페미니스트 담론을 만들어 내는 본거지를 제공하고 여성의 묻혀 있는 역사적 지식을 발굴하는 데 필요

126) Karen Sacks, "Networking: When Potluck Is Political," *MS* 11(April, 1983): 97-98.
127) Karen S. Louis & Sam D. Sieber, *Bureaucracy and the Dispersed Organization* (Norwood, N.J.: Ablex, 1979).

하며, 또 이런 지식을 지배 담론의 표준적 용어들로 포위하거나 다시 성문화하지 않으면서 사람들이 접할 수 있게 만드는 데 필요한 연구를 지원한다.[128] 구성원이 서로에게 지원과 보호를 제공하고, 또 집단으로서 그들이 대학에 가치 있는 자원을 제공하고 있기 때문에－즉, 그들이 학생을 끌어오기 때문에－, 여성학 프로그램 내의 페미니스트들은 자신을 보호하기 위해 때때로 대학의 인문학적 미사여구와 대학의 조직적 이해 관계에 호소할 수 있다. 그러나, 이것은 한계가 있는 성공일 뿐이다. 왜냐하면, 조직이 생존하기 위해서는, 특히 재정적으로 궁핍한 시기에, 여성학 프로그램도 관료제적 환경에 있는 다른 행위자와 마찬가지로 보호 구역, 동맹, 그리고 정당화 기술을 찾아나설 수밖에 없다. 조직의 생존 요건은 이런 프로그램 속으로 쉽게 침투하며, 반란 분자들이 유지하려고 하는 대안적 가치와 과정을 위험에 처하게 한다. 심지어 이런 상황을 어느 정도 피할 수 있다 하더라도, 노동조합이 회사의 구조를 개혁하거나 혹은 복지 권리 조직이 사회복지 서비스 구조를 개혁할 수 없는 것처럼, 여성학 프로그램도 대학 구조를 개혁할 수는 없다. 다르게 할 수 있지 않았을까 하는 희망을 갖는 것은 이 프로그램에 불가능한 짐을 부과하는 것이며, 그래서 그들이 할 수 있는 일, 즉 대안적인 방식의 사고와 활동이라는 명목으로 공개적이고 집단적으로 지배 담론에 도전하는 것을 가장 충실하게 할 수 있도록 해 주는 대신, 그들이 할 수 없었던 일을 실패했다고 비난하는 셈이다.

요약하면, 이 분석에서 나올 수 있는 결론은 페미니즘과 관료제의 관계에 대한 것이다. 관료제와 일상적으로 맞부딪치면서 함께 일하는 경우일지라도, 페미니스트 조직은 스스로 관료제적으로 될 수 없다. 관료제적이 되면 더 이상 페미니스트로 남을 수 없다. 페미니스트 조직은 대규모 조직일

---

128) 여성학의 발전에 대한 논의로는 다음을 참고할 것. Elaine C. Snyder, ed., *The Study of Women: Enlarging Perspectives on Social Reality*(New York: Harper and Row, 1979); Dale Spender, ed., *Men's Studies Modified*(New York: Pergamon Press, 1981); Elizabeth Langland & Walter Gove, eds., *A Feminist Perspective in the Academy*(Chicago: University of Chicago Press, 1981); Hunter College Women's Studies Collective, *Women's Realities, Women's Choices*(Oxford: Oxford Univeristy Press, 1983).

수도 있으며, 가끔씩은 권력이 없는 사람들이 권력자에 대해 가질 수 있는 유일한 이점인 숫자의 힘을 이용하게 되지만, 대위원들을 밑으로부터 선발해서 풀뿌리 단위가 연방체적 구조 내에 서로 연결되고 조정되는 탈중앙집중화된 조직이어야만 한다. 그리고 만일 가능하다면, 이 조직은 재정을 외부의 관료제적 제도에 의존하는 것을 피해야만 한다. 대안적 조직이 중요한 자원을 외부의 관료제에 의존하게 되면 종종 위험스러운 과정이 뒤따라 발생하게 된다. 평등주의적이고 집단적인 조직은 적합한 직무 및 기능 위계를 구축함으로써 관료들이 자신을 받아들이게 만들어서 은행이 기꺼이 돈을 빌려 주거나 혹은 주정부 관리가 기금을 넘겨 주게 해야 한다. 그러나 외부에서 들어오는 돈은 조직 내부에 변화를 일으킨다. 기금을 통해 봉급을 받는 구성원은 자금이 계속 들어오게 하는 데 필요한 보조금 획득 기술에 더욱 더 몰입하게 되고, 이들은 자신들의 주장이 정당함을 입증하기 위해 관료제적 도구를 활용해서 조직을 설명하게 되며, 또한 기금을 받을 때 약속한 결과물을 전달해 줄 직원 그리고/혹은 자원봉사자를 더욱 더 많이 필요로 하게 된다. 기금에서 봉급을 받는 직원은 조직의 일상 활동에 대해 더 많은 정보를 가지고 있으며 더 깊이 관여하게 되므로 그들은 점차 다른 사람들보다 더 많은 정보를 갖게 되고 그래서 관료제적 계층화 형태가 출현하게 된다.[129]

페미니스트 조직의 장점은 정치 생활의 기본적 조건을 개혁하는 데 페미니스트 담론이 가진 잠재력을 보여 줄 수 있는 그들의 능력에 있다. 내가 이 담론에 대해 설명했지만, 답을 찾아야 하고 또 적절하게 구성되어야 할 질문이 여전히 많이 남아 있다. 내가 제시한 것은 대안적 제도의 가장 간단한 개요와 또 어떻게 그것들을 획득할 수 있는가에 대한 몇 가지 제안뿐이다. 나의 좀 더 신중한 목적은, 여성의 구체적 생활 경험에 근거한 것으로서 집단생활에 대한 대안적 전망이 실현 가능함을 보여 주는 것이었다. 양육자이자 종속된 위치에 있는 사람인 여성의 경험에 비추어 정치를 다시 생각해 봄으로써, 페미니스트 원칙이 공적 생활에 중심이 되도록 집단행동

129) Newman, "Incipient Bureaucracy," pp. 143-164.

의 가능성을 개념적으로 재해석할 수 있다. 진정한 사회 변화는 사람들이 다르게 생각하고 다르게 살 때 일어난다. 페미니스트 담론과 페미니스트 실천은 관료제적 자본주의의 담론적·제도적 실천에 반대하며, 다르게 생각하고, 살고, 일하고, 사랑하기가 가능한 언어적 구조적 공간을 제공해 준다. 최소한 그것은 시작이다.

참고 문헌

Abbott, Jack. *The Belly of the Beast.* (New York: Random House, 1982).

Abrahamsson, Bengt. *Bureaucracy or Participation: The Logic of Organization.* London: Sage Publications, 1977.

Albritton, Robert B. "Social Amelioration Through Mass Insurgency? A Reexamination of the Piven and Cloward Thesis," *The American Political Science Review* 73 (December, 1979): 1003-1023.

Allan, Peter & Stephen Rosenberg. *Public Personnel and Administrative Behavior.* Monterey, Calif.: Duxburg Press, 1981.

Arato, Andrew, "Understanding Bureaucratic Centralism," *Telos* 35 (Spring, 1978): 73-87.

Arendt, Hannah. *The Human Condition.* Chicago: University of Chicago Press, 1958.

Arnstein, Donald. "The Use of Coercion in Changing the Schools," *Educational Theory* 23 (Fall, 1973): 271-288.

Aronowitz, Stanley. *False Promises.* New York: McGraw-Hill, 1973.

Balbus, Isaac D, *Marxism and Domination,* Princeton, N.J.: Princeton University Press, 1982.

Ball, Terence. "Contradiction and Critique in Political Theory." In John S. Nelson, ed., *What Should Political Theory Be Now?* pp. 127-150. Albany, N.Y.: State University of New York Press, 1983.

Baptista, José. "Bureaucracy, Political System, and Social Dynamic," *Telos* 22 (Winter, 1974-1975): 66-84.

Bardwick, Judith M. *In Transition.* New York: Holt, Rinehart, and Winston, 1979.

Becker, Howard S. & Anselm L. Strauss. "Careers, Personality and Adult Socialization," *American Journal of Sociology* 62(November, 1956): 253

-263.

Beckman, Norman & Clyde Christofferson. "Reducing WFA: The Newest Public Administration," *The Bureaucrat* 12 (Fall, 1983): 6-9.

Benello, George. "Wasteland Culture," *Anarchy* 88 (June, 1968): 168-188.

Berberoglu, Berch, "The Essence of Inequality: A Critical Analysis of Classical and Contemporary Theories of Stratification and Inequality," *Social Praxis* 4 (1976-1977): 47-74.

Berger Peter, Brigitte Berger, & Hansfried Kellner, *The Homeless Mind: Modernization and Consciousness*. New York: Random House, 1974.

Berman, Marshall. *All That Is Solid Melts Into Air*. New York: Simon and Schuster, 1982.

Bernard, Jesse. *The Female World*. New York: Free Press, 1981.

———. *Women and the Public Interest*. Chicago: Aldine, 1971.

Bernstein, Richard J. *The Restructuring of Social and Political Theory*. Philadelphia, Pa.: University of Pennsylvania Press, 1976.

Blanchard, Kenneth, & Spencer Johnson. *The One-Minute Manager*. New York: Berkly Books, 1981.

Blau, Peter. *Formal Organizations*. London: Routledge and Kegan Paul, 1963.

Bologh, Roslyn Wallach. "Beyond Weber's Analysis and Critique of Bureaucracy," paper presented at the First International Conference on the Comparative, Historical, and Critical Analysis of Bureaucracy, Gottlieb Duttweiler Institute, Zurich, Switz., October 4-8, 1982.

———. "Max Weber and the Dilemma of Male Rationality," unpublished manuscript, St. John's University, October 21, 1982.

Bookchin, Murray, "Beyond Neo-Marxism," *Telos* 36 (Summer, 1978): 5-28.

———. "Self-Management and the New Technology," *Telos* 41 (Fall, 1979): 5-16.

Borge, Tomás. *Women and the Nicaraguan Revolution*. New York: Pathfinder Press, 1982.

Boyatzis, Richard E. *The Competent Manager*. New York: John Wiley and Sons, 1982.

Braverman, Harry. *Labor and Monopoly Capital*. New York: Monthly Review Press, 1974.

Britan, Gerald M. & Ronald Cohen, eds. *Hierarchy and Society*. Philadelphia, Pa.: Institute for the Study of Human Issues, 1980.

Bruner, Dick. "Why White Collar Workers Can't Be Organized." In Sigmund Nosow & William H. Form, eds., *Man, Work, and Society*, pp. 188-196. New York: Basic Books, 1962.

Bryant, Dorothy, *The Kin of Ata Are Waiting for You. New York*: Moon Books, 1971.

Budd, John. *The Fast Track: How to Survive in the Corporate Labyrinth.* New York: St. Martin's Press, 1982.

Bunch, Charlotte, *et al. Building Feminist Theory: Essays from Quest*. New York: Longman, 1981.

Burry, Yvonne Heather. "The Closet Lady," *Columbus [Ohio] Monthly* 7 (November, 1981): 115-122.

Caiden, Gerald E. & Heinrich Siedentopf, eds. *Strategies for Administrative Reform*. Lexington, Mass.: D. C. Heath, 1982.

Case, John & Rosemary C. Taylor, eds. *Coops, Communes and Collectives*. New York: Pantheon Books, 1979.

Cassell, Joan. *A Group Called Women: Sisterhood and Symbolism in the Feminist Movement*. New York: David McKay, 1977.

Cavard, Rosalind & John Ellis. *Language and Materialism*. London: Routledge and Kegan Paul, 1977.

Cavendish, Ruth. *Women on the Line*. London: Routledge and Kegan Paul, 1982.

Chamberlain, Judi. *On Our Own*. New York: Hawthorn Books, 1978.

Chodorow, Nancy. "Oedipal Asymmetries and Heterosexual Knots," *Social Problems* 23 (April, 1976): 454-468.

———. *The Reproduction of Mothering*. Berkeley, Calif.: University of California Press, 1978.

Clawson, Dan. *Bureaucracy and the Labor Process*. New York: Monthly Review Press, 1980.

Clegg, Stewart & David Dunkerley. *Critical Issues in Organizations*. London: Routledge and Kegan Paul, 1977.

Cohen, Jean. "Max Weber and the Dynamics of Rationalized Domination," *Telos* 14 (Winter, 1972): 63-86.

Collins, Randall. *The Credential Society*. New York: Academic Press, 1979.

Connolly, William E. *Appearance and Reality in Politics*. Cambridge, Eng.: Cambridge University Press, 1981.

Connolly, William E. & Glen Cordon, eds. *Social Structure and Polittical Theoy*. Lexington, Mass.: D.C. Heath, 1974.

Conover, Pamela Johnston, & Virginia Gray: "Political Activists and the Conflict Over Abortion and the ERA," paper presented at the Midwest Political Science Association meetings, Cincinnati, Ohio, 1981.

Cook, James. "The X-Rated Economy," *Forbes* 122 (September 18, 1978): 81-89.

Davies, Margery. "Women's Place Is at the Typewriter: The Feminization of the Clerical Force," *Radical America* 8 (1974): 1-28.

Davis, Margaret R. *Families in a Working World: The Impact of Organizations on Domestic Life*. New York: Praeger, 1982.

de Beauvoir, Simone. *The Second Sex*. New York: Alfred A. Knopf, 1952.

Delaney, Doris. "Before the Robots," *UAW Solidarity*, December 16-31, 1981, p.10.

Denhardt, Robert B. "Bureaucratic Socialization and Accommodation," *Administrative Science Quarterly* 13 (December, 1968): 441-450.

———. *In the Shadow of Organization*. Lawrence, Kan.: Regents Press of Kansas, 1981.

Denhardt, Robert B. & Jan Perkins. "The Coming Death of Administrative *Man*," *Women in Public Administration* 36 (July/August, 1976): 379-384.

Densford, John P. "This, Then, Is Existentialism," *Religious Humanism* 2 (Spring, 1968): 53-60.

Deukmejian, George. "Welfare Reform in California," *The Bureaucrat* 12 (Fall, 1983): 10-11.

Diamond, Irene, ed. *Families, Polities, and Public Policy*. New York: Longman, 1983.

Dietz, Mary G. "Citizenship with a Feminist Face: The Problem with Maternal Thinking," paper presented at the Western Political Science Association meetings, Seattle, Wash., March 24-26, 1983.

Dinnerstein, Dorothy, *The Mermaid and the Minotaur*. New York: Harper and Row, 1976.

DiTomaso, Nancy. "The Problem of Organizing: Ends versus Means," unpublished paper, Northwestern University, January, 1981.

———. "Sexuality in the Workplace: Discrimination versus Harassment," paper presented at the Society for Social Problems meetings, San Francisco, September, 1982.

Douglas, Ann. *The Feminization of American Culture*. New York: Alfred A. Knopf, 1977.

Douglas, Mary. *Puriy and Danger*. London: Routledge and Kegan Paul, 1966.

Downs, Anthony. *Inside Bureaucracy*. Boston: Little, Brown, 1967.

Dreyfus, Claudia. *Seizing Our Bodies*, New York: Vintage Books, 1977.

Dreyfus, Herbert L. & Paul Rabinow, *Michel Foucault: Beyond Structuralism and Hermeneutics*. Chicago: University of Chicago Press, 1982.

Dunn, John. *Western Political Theory in the Face of the Future*. Cambridge, Eng.: Cambridge University Press, 1979.

Dworkin, Andrea. *Pornography*. New York: Perigee Books, 1979.

Edelman, Murray. "The Political Language of the Helping Professions," *Politics and Society* 4 (1964): 295-310.

Edwards, Richard C. *Contested Terrain*. New York: Basic Books, 1979.

Ehrenreich, Barbara & Francis Fox Piven. "The Left's Best Hope," *Mother Jones* 8 (September/Ootocber, 1983): 26-29.

Eisenstein, Zillah R. *The Radical Future of Liberal Feminism*. New York: Longman, 1981.

Eisenstein, Zillah R., ed. *Capitalist Patriarchy and the Case for Socialist Feminism*. New York: Monthly Review Press, 1979.

Elgin, Duane S. & Robert A. Bushnell. "The Limits to Complexity: Are Bureaucrats Becoming Unmanageable?" *Futurist* 11 (December, 1977): 337-349.

Ellul, Jacques. *The Technological Society*. New York: Alfred A. Knopf, 1964.

Elshtain, Jean Bethke. "Antigone's Daughters," *Democracy* 2 (April, 1982): 45-59.

———. *Public Man, Private Woman*. Princeton, N.J.: Princeton University Press, 1981.

Erie, Stephen P. "Two Faces of Ethnic Power: Comparing the Irish and Black Experiences," *Polity* 13 (Winter, 1980): 261-284.

Ermer, Virginia B. "Bureaucratic Clientele Encounters: Female Police Officers and the Public," paper presented at the American Political Science Association meetings, New York City, August 31~September 3, 1978.

Ermer Virginia, B. & John H. Strange, eds. *Blacks and Bureaucracy*. New

York: Thomas Y. Crowell, 1972.

Etzioni, Amitai. *A Comparative Analysis of Complex Organizations*. New York: Free Press, 1961.

Etzkowitz, Henry. "Over-Determined Technology: The Delegitimation of American Ideology," paper presented at the First International Conference on the Comparative, Historical, and Critical Analysis of Bureaucracy, Gottlieb Duttweiler Institute, Zurich, Switz., October 4-8, 1982.

Ewen, Stuart. *Captains of Consciousness: Advertising and the Social Roots of the Consumer Culture*. New York: McGraw-Hill, 1976.

Fanon, Frantz. *Studies in a Dying Colonialism*. New York: Monthly Review Press, 1965.

Ferguson, Charles A. & Shirley Brice Heath, eds. *Language in the U.S.A.* Cambridge, Eng.; Cambridge University Press, 1981.

Ferguson, Kathy E. *Self, Society and Womankind: The Dialectic of Liberation*. Westbury, Conn.: Greenwood Press, 1980.

———. "Toward a New Anarchism," *Contemporary Crises* 7 (January, 1983): 39-57.

Ferrarotti, Franco. "The Struggle of Reason Against Total Bureaucratization," *Telos* 9 (Spring, 1976): 167-169.

Firestone, Shulamith. *The Dialectic of Sex*. New York: Bantam Books, 1970.

Forisha, Barbara L. & Barbara H. Goldman, eds. *Outsiders on the Inside: Women and Organizations*. Englewood Cliffs, N.J.: Prentice-Hall, 1981.

Foucault, Michel. *The Archaeology of Knowledge*. New York: Pantheon, 1972.

———. *The Birth of the Clinic*. New York: Vintage Hooks, 1975.

———. *Discipline and Punish*. New York: Vintage Books, 1979.

———. "An Exchange with Michel Foucault," *The New York Review of Books* 30 (letters to the editor) (March 31, 1983): 42-43.

———. "History, Discourse and Discontinuity," *Salmagundi* 20 (Summer/Fall, 1972): 223-248.

———. *The History of Sexuality*. Vol. I. New York: Random House, 1980.

———. *The Order of Things*. New York: Vintage Books, 1973.

———. *Power/Knowledge: Selected Interviews and Other Writings*. New York: Pantheon Books, 1972.

Freeman, Jo, ed. *Women: A Feminist Perspective*. 2nd ed, Palo Alto, Calif.:

Mayfield, 1979.
Friedan, Betty. *The Second Stage*. New York: Summit Books, 1981.
Gannon, Martin J. *Organizational Behavior*. Boston: Little, Brown, 1979.
Gardner, B. B. & W. F. Whyte. "The Man in the Middle: Position and Problems of the Foreman," *Applied Anthropology* (*Human Organization*) 2 (1945): 1-28.
Gardner, Neely. "Power Diffusion in the Public Sector: Collaboration for Democracy," *The Journal of Applied Behavioral Science* 10 (1974): 367-372.
Garskoff, Michele H., ed. *Roles Women Play*. Belmont, Calif.: Brooks/Cole, 1971.
Garson, Barbara. *All the Livelong Day*, New York: Doubleday, 1975.
Geertz, Clifford. *Negara: The Theatre-State in Nineteenth Century Bali*. Princeton, N.J.; Princeton University Press, 1981.
Gelb, Joyce & Marian Lief Palley. *Women and Public Policies*. Princeton, N.J.: Princeton University Press, 1982.
Gibbons, Michael. "Authority and Politics," Ph.D. dissertation, University of Massachusetts, 1983.
Giele, Janet Zollinger. *Women and the Future*. New York: Free Press, 1978.
Gilligan, Carol. *In a Different Voice*. Cambridge, Mass.: Harvard University Press, 1982.
———. "In a Different Voice: Women's Conception of Self and of Morality," *Harvard Educational Review* 47 (November, 1977): 481-517.
———. "Woman's Place in Man's Life Cycle," *Harvard Educational Review* 49 (November, 1979): 431-446.
Gilman, Charlotte P. *Herland*. New York: Pantheon Books, 1979.
Glasgow, Douglas G. *The Black Underclass*. New York: Vintage Books, 1980.
Glennon, Lynda M. *Women and Dualism*. New York: Longman, 1979.
Goffman, Erving. *Asylums*. Garden City, N.Y: Anchor, 1961.
———. *Presentation of Self in Everyday Life*. New York: Doubleday, 1959.
Goldman, Paul. "The Organization Caste System and the New Working Class," *Insurgent Sociologist* 3 (Winter, 1973): 41-52.
Goldman, Paul & Donald R. Van Houten. "Managerial Strategies and the Worker: A Marxist Analysis of Bureaucracy," *Sociological Quarterly* 18 (Winter, 1977): 108-125.

Golembiewski, Robert T. *Public Administration as a Developing Discipline*. New York: Marcel Dekker, 1977.

Goodman, Robert. *After the Planners*. New York: Simon and Schuster, 1971.

Goodsell, Charles T. "Client Evaluation of Three Welfare Programs," *Administration and Society* 12 (August, 1980): 123-136.

———. "Conflicting Perceptions of Welfare Bureaucracy," *Social Casework: The Journal of Contemporary Social Work* 61 (June, 1980): 354-360.

Goodstadt, Barry & Larry A. Hjelle, "Power to the Powerless: Focus of Control and the Use of Power," *Journal of Personality and Social Psychology* 27 (1973): 190-196.

Goodstadt, Barry & David Kipnis. "Situational Influences on the Use of Power," *Journal of Applied Psychology* 54 (1970): 201-207.

Gordon, George. *Public Administration in America*. 2nd ed. New York: St. Martin's Press, 1982.

Gordon, Suzanne. "The New Corporate Feminism," *The Nation* 236 (February 5, 1983): 129-147.

Gornick, Vivian & Barbara K. Moran, eds. *Woman in Sexist Society*. New York: Basic Books, 1971.

Gottlieb, Naomi, ed. *Alternative Social Services for Women*. New York: Columbia University Press, 1980.

Gouldner, Alvin. "Metaphysical Pathos and the Theory of Bureaucracy." In Lewis A. Coser & Bernard Rosenburg, eds. *Sociological Theory*, pp. 500-510. New York: Macmillan, 1964,

———. "Stalinism: A Study of Internal Colonialism," *Telos* 34 (Winter, 1977-1978): 5-48.

Gray, J. Glenn. "Winds of Thought," *Social Research* 44 (Spring, 1977): 44-62.

Gray, Thomas & Cynthia Roberts-Gray. "Structuring Bureaucratic Rules to Enhance Compliance," *Psychological Reports* 45 (October, 1979): 579-589.

Green, Philip. *The Pursuit of Inequality*. New York: Pantheon Books, 1981.

Greenwald, Carol S. *Women in Management*. Scarsdale, N.Y.: Work in America Institute, 1980.

Grønbjerg, Kristen, David Street, & Gerald D. Suttles. *Poverty and Social Change*. Chicago: University of Chicago Press, 1978.

Gross, Bertrand. *Friendly Fascism*. New York: M. Evans, 1980.

Grusky, Oscar & George A. Miller, eds. *The Sociology of Organizations*. 2nd ed. New York: Free Press, 1981.

Gutek, Barbara A. "Strategies for Studying Client Satisfaction," *Journal of Social Issues* 34 (1978): 44-55.

Habermas, Jürgen. "Hannah Arendt's Communications Concept of Power," *Social Research* 44 (Spring, 1977): 3-24.

Handrahan, Laura A. "Teachers Increasingly Become Targets of Violence," *Albany Times Union*, March 29, 1983, p. 1.

Harding, Sandra. "Toward a Strong Program for Epistemology: Clues from Feminist Inquiry," paper presented at the American Political Science Association meetings, New York City, September 1981.

Harmon, Michael M. *Action Theoy for Public Administration*. New York: Longman, 1983.

Harragan, Betty Lehan. *Games Mother Never Taught You: Corporate Gamesmanship for Women*. New York: Warner Books, 1977.

Hartsock, Nancy. "Political Change: Two Perspectives on Power," *Quest* 1 (1974): 3-19.

Hearn, Francis. "Rationality and Bureaucracy: Maoist Contributions to a Marxist Theory of Bureaucracy," *Sociological Quarterly* 19 (Winter, 1978): 37-54.

Heclo, Hugh. *Government of Strangers*. Washington, D.C.: Brookings Institution, 1977.

Heilbrun, Caroline. *Reinventing Womanhood*. New York: W. W. Norton, 1979.

Hellbriegel, Don & John W. Slocum, Jr. *Organizational Behavior*. 2nd ed. St. Paul, Minn.: West, 1979.

Henley, Nancy. *Body Politics: Power, Sex, and Nonverbal Communication*. Englewood Cliffs, N.J.: Prentice-Hall, 1977.

Hennig, Margaret & Anne Jardin. *The Managerial Woman*. New York: Pocket Books, 1976.

Heydebrand, Wolf. "Organizational Contradictions in Public Bureaucracies: Toward a Marxian Theory of Organizations," *Sociological Quarterly* 18 (Winter, 1977): 83-107.

Hochschild, Arlie Russell. *The Managed Heart*. Berkeley, Calif.: University of California Press, 1983.

Hodges, Donald C. *The Bureaucratization of Socialism*. Amherst, Mass.:

University of Massachusetts Press, 1981.

Howard, Robert. "Strung Out at the Phone Company: How AT&T's Wokers Are Drugged, Bugged, and Coming Unplugged," *Mother Jones* 6 (August, 1981): 39-59.

Hummel, Ralph P. *The Bureaucratic Experience*. New York: St. Martin's Press, 1977.

Hunter College Women's Studies Collective. *Women's Realities, Women's Choices*. Oxford: Oxford University Press, 1983.

Infield, Henrik F. *Utopia and Experiment: Essays in the Sociology of Cooperation*. New York: Praeger, 1955.

Inzerilli, Giorgio. "The Organization-Client Relationship as an Aspect of Interorganizational Analysis," *Human Relations* 32 (1979): 419-437.

Jacoby, Henry. *The Bureaucratization of the World*. Berkeley, Calif.: University of California Press, 1973.

Jacoby, Russell. *Social Amnesia*. Boston: Beacon Press, 1975.

Jacques, Elliott. *A General Theory of Bureaucracy*. New York: Halssed Press, 1976.

Jaggar, Alison M. "Human Biology and Feminist Politics," unpublished paper, University of Cincinnati, 1981.

Jaggar, Alison M. & Paula Rothenberg Struhl, eds. *Feminist Frameworks*. New York: McGraw-Hill, 1978.

Janeway, Elizabeth. *Between Myth and Morning: Women Awakening*. New York: William Morrow, 1975.

———. *Man's World, Woman's Place*. New York: Delta Books, 1971.

Jansen, Robert B. *The ABCs of Bureaucracy*. Chicago: Nelson Hall, 1978.

Jennings, Edward T., Jr. "Social Amelioration Through Mass Insurgency Revisited: Another Look at the Welfare Consequences of Urban Riots," paper presented at the Midwest Political Science Association meetings, Cincinnati, Ohio, April 16-18, 1981.

Johnson, Ana Gutièrrez & William Foote Whyte, "The Mondragón System of Worker Production Cooperatives," *Industrial and Labor Relations Review* 31 (October, 1977): 18-30.

Jonas, Hans. "Acting, Knowing, Thinking: Gleanings from Hannah Arendt's Philosophical Work," *Social Research* 44 (Spring, 1977): 25-43.

Kanter, Rosabeth Moss. *Men and Women of the Corporation*. New York:

Basic Books, 1977.

Kanter, Rosabeth Moss & Barry Stein, eds. *Life in Organizations*. New York: Basic Books, 1979.

Katz, Daniel, Barbara A. Gutek, Robert L. Kahn, & Eugenia Barton. *Bureaucratic Encounters*. Ann Arbor, Mich.: Institute for Social Research, 1975.

Kennedy, Marilyn Moats. *Office Politics: Seizing Power, Wielding Clout*. New York: Warner Books, 1980.

Kerber, Linda K. & Jane de Hart Matthews. *Women's America*. New York: Oxford University Press, 1982.

Kessler, Suzanne J. & Wendy McKenna. *Gender: An Ethnomethodological Approach*. New York: John Wiley and Sons, 1978.

Kharasch, Robert N. *The Institutional Imperative*. New York: Charterhouse Books, 1973.

Killens, John. *Black Man's Burden*. New York: Trident Press, 1965.

Knowles, James. "The Rockefeller Family Group." In Ralph L. Andreano, ed., *Superconcentration/Supercorporation*, pp. 1-59. New York: Irvington, 1974.

Knowles, Louis & Kenneth Prewitt, eds. *Institutional Racism in America*. Englewood Cliffs, N.J.: Prentice-Hall, 1969.

Koedt, Anne, Ellen Levine, & Anita Rapone, eds. *Radical Feminism*. New York: Quadrangle Books, 1973.

Kontos, Alkis, ed. *Domination*. Toronto: University of Toronto Press, 1975.

Kovel, Joel. "Rationalization and the Family," *Telos* 37 (Fall, 1978): 5-21.

Kraft, Selma. "Cognitive Function and Women's Art," *Women's Art Journal* 4 (Fall, 1983/Winter, 1984): 5-9.

Kramer, Fred. *The Dynamics of Public Bureaucracy*. 2nd ed. Cambridge, Mass.: Winthrop, 1981.

Kramnick, Isaac. "Joseph Priestly—English Philosophe," paper presented to the Columbia University Seminar on Political and Social Thought, December 16, 1982.

Kuhn, Thomas. *The Structure of Scientific Revolutions*. 2nd ed. Chicago: University of Chicago Press, 1970.

Kvale, Steinar, "Examinations: From Ritual Through Bureaucracy to Technology," *Social Praxis* 3 (1975): 187-206.

Ladd, John. "Morality and the Ideal of Rationality in Formal Organizations," *Monist* 54 (October, 1970): 488-517.

Ladner, Joyce. *Tomorrow's Tomorrow: The Black Woman.* New York: Doubleday, 1971.

Lakoff, Robin. *Language and Woman's Place.* New York: Harper and Row, 1975.

Langland, Elizabeth & Walter Gove, eds. *A Feminist Perspective in the Academy.* Chicago: University of Chicago Press, 1981.

Lefort, Claude. "What Is Bureaucracy?" *Telos* 22 (Winter, 1974-1975): 31-65.

Leiss, William. *The Domination of Nature.* New York: George Braziller, 1972.

Levens, Helene. "Organizational Affliation and Powerlessness: A Case Study of the Welfare Poor," *Social Problems* 16 (1968): 18-43.

Levi, Margaret. *Bureaucratic Insurgency: The Case of Police Unions.* Lexington, Mass.: Lexington Books, 1977.

Lewis, Eugene. *American Politics in a Bureaucratic Age.* Cambridge, Mass.: Winthrop, 1977.

———. *Public Entrepreneurship: Toward a Theory of Bureaucratic Political Power.* Bloomington, Ind.: Indiana University Press, 1980.

Light, Linda. "The Influence of Feminism and Collectivity on the Research Process: The Vancouver Women's Health Collective," *Atlantis: A Women's Studies Journal* 4 (Spring, 1979): 108-120.

Lindsey, Robert. "California Weighs Plan to Curb Welfare Fraud," *The New York Times*, February 27, 1983, p. 26.

Lipsky, Michael. *Street-Level Bureaucracy.* New York: Russell Sage, 1980.

Louis, Karen S. & Sam D. Sieber. *Bureaucracy and the Dispersed Organization.* Norwood, N.J.: Ablex, 1979.

Luke, Timothy W. "Culture and Politics in the Age of Artificial Negativity," *Telos* 35 (Spring, 1978): 55-72.

———. "Regulating the Haven in a Heartless World: The State and Family Under Advanced Capitalism," *New Political Science* 2 (Fall, 1981): 51-74.

Lukes, Stephen. *Power: A Radical View.* London: Macmillan, 1974.

MacDonald, Kenneth W. "A Class Analysis of Perception and Explanations of Opportunity in America: An Empirical Test of William Ryan's *Blaming the Victim* Thesis," Ph. D. dissertation, Northeastern University, 1983.

MacKinnon, Catherine A. "Feminism, Marxism, Method and the State: Toward a Feminist Jurisprudence," *Signs* 8 (Summer, 1983): 635-658.

Mallet, Serge. *Bureaucracy and Technocracy in the Socialist Countries.* Nottingham, Eng.: Bertrand Russell Peace Foundation, 1974.

Mandell, Betty Reid. *Welfare in America: Controlling the Dangerous Classes.* Englewood Cliffs, N.J.: Prentice-Hall, 1975.

Mansbridge, Jane J. *Beyond Adversary Democracy.* New York: Basic Books, 1980.

———. "The Limits of Friendship." In J. Roland Pennock and John W. Chapman, eds., *Participation in Politics: Nomos XVI*, New York: Lieber-Atherton, 1975, pp. 246-275.

———. "Time, Emotion and Inequality: Three Problems of Participatory Groups," *The Journal of Applied Behavioral Science* 9 (1973): 351-368.

Manson, Grace E. "Occupational Interests and Personality Requirements of Women in Business and the Professions," *Michigan Business Studies* 3 (April, 1931): 281-409.

Marcus, Philip M. & James S. House. "Exchange Between Superiors and Subordinates in Large Organizations," *Administrative Science Quarterly* 18 (1973): 209-222.

Marcuse, Herbert. *One-Dimensional Man.* Boston: Beacon Press, 1964.

Marglin, Stephen A. "What Do Bosses Do? The Origins and Functions of Hierarchy in Capitalist Society," *Review of Radical Political Economy* 6 (Summer, 1974): 60-112.

Mariolis, Peter. "Interlocking Directorates and Control of Corporations," *Social Science Quarterly* 56 (December, 1975): 425-439.

Marks, Elaine & Isabelle de Courtivron, eds. *New French Feminisms.* Amherst, Mass.: University of Massachusetts Press, 1980.

Massi, Dale A. *Organizing for Women.* Lexington, Mass.: D.C. Heath, 1981.

Matthaei, Julie A. *An Economic History of Women in America.* New York: Schocken, 1983.

Mayer, Joel E. & Noel Timms. *The Client Speaks: Working Class Impressions of Casework.* London: Routledge and Kegan Paul, 1970.

McCleary, Richard. "On Becoming a Client," *Journal of Social Issues* 34 (1978): 57-75.

McDonell, Donald J. "On Foucault's Philosophical Method," *Canadian Journal of Philosophy* 7 (September, 1977): 537-553.

Mead, Margaret. *Sex and Temperament in Three Primitive Societies*. New York: William Morrow, 1935.

Meehanic, David. "Sources of Power of Lower Participants in Complex Organizations," *Administrative Science Quarterly* 7 (December, 1962): 349-364.

Melanson, Philip H., ed. *Knowledge, Politics, and Public Policy: Introductory Readings in American Politics*. Cambridge, Mass.: Winthrop, 1973.

Melossi, Dario & Massimo Parvarini, *The Prison and the Factory*. Totowa, N.J.: Barnes and Noble, 1981.

Merton, Robert K. "Bureaucratic Structure and Personality." In Merton, *Social Theory and Social Structure*, pp. 249-260. New York: Free Press, 1968.

Meyer, Marshall W. & associates, eds. *Environments and Organizations*. San Francisco: Jossey-Bass, 1978.

Meyer, Marshall W. & M. Craig Brown. "The Process of Bureaucratization," *American Journal of Sociology* 83 (September, 1977): 364-385.

Millet, Kate. *Sexual Politics*. New York: Avon Books, 1970.

Millman, Marcia. "Prosperity Training: Hope for the Greedy?" *MS* 11 (October, 1982): 75-79.

Millman, Marcia & Rosabeth Moss Kanter, eds. *Another Voice*. New York: Doubleday, 1975.

Mintz, Beth, Peter Freitag, Carol Hendricks, & Michael Schwartz. "Problems of Proof in Elite Research," *Social Problems* 23 (February, 1976): 314-324.

Molloy, John T. *Dress for Success*. New York: Warner Books, 1975.

———. *The Woman's Dress for Success Book*. New York: Warner Books, 1977.

Mosher, Frederick C. *Democracy and the Public Service*. New York: Oxford University Press, 1968.

Mouzelis, Nicos P. *Organization and Bureaucracy*. Chicago: Aldine, 1968.

Nelson, Bryce. "Bosses Face Less Risk than the Bossed," *The New York Times* April 3, 1983, p. 16E.

Nicholson, Linda. *Feminism as Political Philosophy*. Forthcoming.

No Bosses Here: A Manual for Working Collectively. Boston: Vocations for Social Change, 1977.

Norton, Mary Beth. *Liberty's Daughters*. Boston: Little, Brown, 1980.

O'Donnell, Guillermo. "Reflections on the Patterns of Change in the Bureaucratic-Authoritarian State," *Latin American Research Review* 13 (1978): 13-38.

Offe, Claus. "Advanced Capitalism and the Welfare State," *Politics and Society* 2 (Summer, 1972): 479-488.

———. "Political Authority and Class Structure," *International Journal of Sociology* 2 (Spring, 1972): 73-107.

Ollman, Bertell. *Social and Sexual Revolution*. Boston: South End Press, 1979.

O'Neil, John, ed. *On Critical Theory*. New York: Seabury Press, 1976.

Ortner, Sherry B. & Harriet Whitehead, eds. *Sexual Meanings*. Cambridge, Eng.: Cambridge University Press, 1981.

Osborne, David. "My Wife, the Doctor," *Mother Jones* 8 (January, 1983): 20-44.

Paley, Grace. "The Seneca Stories: Tales from the Women's Peace Encampment," *MS* 7 (December, 1983): 54-62.

Patten, Thomas H., Jr., ed. *Classics of Personnel Management*. Oak Park, Ill.: Moore, 1979.

Perrow, Charles. *Complex Organizations: A Critical Essay*. 2nd ed. Glenview, Ill.: Scott Foresman, 1979.

———. "Demystifying Organizations." In Rosemary C. Sarri & Yeheskel Hasenfeld, eds., *The Management of Human Services*, New York: Columbia University Press, 1978.

———. "A Framework for the Comparative Analysis of Organizations," *American Sociological Review* 32 (1967): 194-208.

Pesić-Golucović, Zagorka. "Socialist Ideas and Reality," *Praxis* 7 (1971): 399-421.

Piercy, Marge. *Woman on the Edge of Time*. New York: Fawcett, 1981.

Piven, Francis Fox & Richard Cloward. *The New Class War*. New York: Pantheon Books, 1982.

———. *The Politics of Turmoil*. New York: Random House, 1965.

———. *Poor People's Movements*. New York: Random House, 1979.

———. *Regulating the Poor*. New York: Random House, 1971.

Piven, Francis Fox & Barbara Ehrenreich. "The Left's Best Hope," *Mother Jones* 8 (September/October, 1983): 26-29.

Plattel, Martin. "Critical Theory and Contemporary Society," *Humanities* 11 (February, 1975): 5-14.

Pogue, Elissa & Cercie Miller. "The Elizabeth Stone House: It Works!" *Radical Therapy* 5 (Spring, 1976): 2-4.

Polsky, Andrew J. "The Administered Citizen," paper presented at the American Political Science Association meetings, Chicago, Ill., September 1-4, 1983.

Pranger, Robert J. *The Eclipse of Citizenship: Power and Participation in Contemporary Politics*. New York: Holt, Rinehart and Winston, 1968.

Presthus, Robert. *The Organizational Society*. New York: Alfred A. Knopf, 1962.

Pulliam, John D. "Alienation and the College Professor," *Journal of Thought* 9 (April, 1974): 84-90.

Rader, Melvin. "The Artist as an Outsider," *Journal of Aesthetics and Art Criticism* 16 (March, 1958): 306-318.

Ransford, H. Edward & Jon Miller, "Race, Sex and Feminist Outlooks," *American Sociological Review* 48 (February, 1983): 46-59.

Rapp, Rayna & Ellen Ross. "It Seems We've Stood and Talked Like This Before," *MS* 11 (April, 1983): 54-59.

Rich, Adrienne. "Privilege, Power, and Tokenism," *MS* 8 (September, 1979): 42-44.

Rittersporn, Gabor T. "The State Against Itself: Socialist Tensions and Political Conflict in the USSR, 1936-1938," *Telos* 41 (Fall, 1979): 87-104.

Rosen, Ellen I. "Between the Rock and the Hard Place: Employment and Unemployment Among Blue Collar Women," unpublished paper, Boston College, Social Welfare Research Institute, Fall, 1981.

Rossi, Alice. "A Biosocial Perspective on Parenting," *Daedalus* 106 (Spring, 1977): 1-31.

Roszak, Theodore. *The Making of a Counterculture*. New York: Anchor Books, 1969.

———. *Where the Wasteland Ends*. New York: Doubleday, 1972.

Rothschild-Whitt, Joyce. "The Collectivist Organization: An Alternative to Rational-Bureaucratic Models," *American Sociological Review* 44 (August, 1979): 509-527.

Rowbotham, Sheila. *Women, Resistance and Revolution*. New York: Vintage Books, 1972.

Rubin, Lillian Breslow. *Worlds of Pain*. New York: Basic Books, 1976.

Ruble, Diane N. & E. Tory Higgins. "Effects of Group Sex Composition on Self-Presentation and Sex-Typing," *Journal of Social Issues* 32 (1976): 125-132.

Ruddick, Sara. "Maternal Thinking," *Feminist Studies* 6 (Summer, 1980): 342-367.

Rudolph, Lloyd I. & Susanne H. Rudolph. "Authority and Power in Bureaucratic and Patrimonial Administration: A Revisionist Interpretation of Weber on Bureaucracy," *World Politics* 3 (January, 1979): 195-227.

Sacks, Karen. "Networking: When Potluck Is Political," *MS* 11 (April, 1983): 97-98.

Saffioti, Heleieth B. *Women in Class Society*. New York: Monthly Review Press, 1978.

Salaman, Graeme & Kenneth Thompson, eds. *Control and Ideology in Organizations*. Cambridge, Mass.: MIT Press, 1980.

Sale, Kirkpatrick. *Human Scale*. New York: Coward, McCann and Geoghegan, 1980.

Sanday, Peggy Reeves. *Female Power and Male Dominance*. London: Cambridge University Press, 1981.

Sarri, Rosemary C. & Yeheskel Hasenfeld, eds. *The Management of Human Services*. New York: Columbia University Press, 1978.

Sayers, Dorothy. *Are Women Human?* Grand Rapids, Mich.: Eerdmans, 1971.

Scarf, Maggie. *Unfinished Business*. New York: Ballantine Books, 1980.

Schoonmaker, Mary Ellen. "Norman Mailer Was # 41," *Mother Jones* 8 (July, 1983): 8.

Schuman, David. *The Ideology of Form*. Lexington, Mass.: D.C. Heath, 1978.

Schutz, Alfred. *Collected Papers*. The Hague: Martinus Nijhoff, 1964.

Scott, William G. & David K. Hart. *Organizational America*. Boston: Houghton Mifflin, 1979.

Seidman, Steven & Michael Gruber, "Capitalism and Individuation in the Sociology of Max Weber," *British Journal of Sociology* 28 (December, 1977): 498-508.

Sennett, Richard. *Authority*. New York: Alfred A. Knopf, 1980.

———. *The Fall of Public Man*. New York: Vintage Books, 1978.

Sennett, Richard & Jonathan Cobb. *The Hidden Injuries of Class*. New York: Vintage Books, 1972.

Shafritz, Jay M., Walter L. Balk, Albert C. Hyde, & David H. Rosenbloom. *Personnel Management in Government*. New York: Marcel Dekker, 1978.

Shapiro, Michael J. *Language and Political Understanding*. New Haven, Conn.: Yale University Press, 1981.

Sheridan, Alan. *Michel Foucault: The Will to Truth*. New York: Tavistock Publications, 1980.

Sheriff, Peter E. "Unrepresentative Bureaucracy," *Sociology* 8 (September, 1974): 447-462.

Shirom, Arie. "The Industrial Relations System of Industrial Cooperatives in the United States, 1800-1935," *Labor History* 13 (Fall, 1972): 533-551.

Shorris, Earl. *The Oppressed Middle: The Politics of Middle Management*. New York: Anchor/Doubleday, 1981.

Sibley, Mulford Q. *Nature and Civilization: Some Implications for Politics*. Itasca, Ill.: F. E. A. Peacock, 1977.

Sidel, Ruth. *Urban Survival: The World of Working Class Women*. Boston: Beacon Press, 1978.

Siebert, Rudolph. "Horkheimer's Sociology of Religion," *Telos* 30 (Winter, 1976-1977): 127-144.

Silver, Murray & Daniel Gelber. "On the Irrelevance of Evil: The Organization and Individual Action," *Journal of Social Issues*, 34 (1978): 125-136.

Smith, Roy C. "How to Be a Good Subordinate," *The New York Times*, November 25, 1979, p. 16F.

Snyder, Elaine C., ed. *The Study of Women: Enlarging Perspectives on Social Reality*. New York: Harper and Row, 1979.

Spangler, Eve, Marsha A. Cordon, & Ronald M. Pipkin. "Token Women: An Empirical Test of Kanter's Hypothesis," *American Journal of Sociology* 84 (1978): 160-170.

Spence, Larry. *The Politics of Social Knowledge*. University Park, Pa.: Pennsylvania State University Press, 1978.

Spencer, Charles. *Blue Collar*. Chicago: Lakeside Charter Books, 1977.

Spender, Dale. *Man Made Language*. London: Routledge and Kegan Paul,

1980.

———, ed. *Men's Studies Modified.* New York: Pergamon Press, 1981,

Stack, Carol. *All Our Kin.* New York: Harper and Row, 1974.

Steus, Richard M. *Introduction to Organizational Behavior.* Glenview, Ill.: Scott, Foresman, 1981.

Stever, James A. *Diversity and Order in State and Local Politics.* Columbia, S.C.: University of South Carolina Press, 1980.

Stewart, Douglas J. "Pornography, Obscenity and Capitalism," *Antioch Review* 35 (Fall, 1977): 389-398.

Stockman, Norman. "Habermas, Marcuse, and the *Aufhebung* of Science and Technology," *Philosophy of Social Science* 8 (March, 1978): 15-35.

Stone, Clarence & Kathy Reynolds. "Complexity and Democratic Theory: Administrative Accountability in Post-Industrial Society," paper presented at the Midwest Political Science Association meetings, Cincinnati, Ohio, April 16-18, 1981.

Street, David, George T. Martin, Jr., & Laura Kramer Cordon. *The Welfare Industry.* Beverly Hills, Calif.: Sage Publications, 1979.

Sturrock, John, ed. *Stucturalism and Science.* Oxford: Oxford University Press, 1979.

Sullivan, Robert R. "Public Authority, Technology, Speech, and Language," *Polity* 14 (Summer, 1982): 585-602.

Sullivan, Timothy. "The Educational Bureaucracy's Credibility Gap," *Social Work Journal of Philosophy* 3 (Winter, 1972): 86-91.

Tanner, Leslie B., ed. *Voices from Women's Liberation.* New York: New American Library, 1970.

Thayer, Frederick C. "Organization Theory, Political Theory, and the International Arena: Some Hope but Very Little Time," paper presented at the International Studies Association meetings, March, 1981.

Tripi, Frank. "The Inevitablity of Client Alienation: A Counter Argument," *Sociological Quarterly* 15 (Summer, 1974): 432-441.

Tudiver, Neil. "Business Ideology and Management in Social Work: The Limits of Cost Control," *Catalyst* 13 (1982): 24-48.

———. "Quality of Work Life: The New Shape of Employer Paternalism," paper presented at the First International Conference on the

Comparative, Historical, and Critical Analysis of Bureaucracy, Gottlieb Duttweiler Institute, Zurich, Switz., October 4-8, 1982.

Turnbull, Colin. *The Mountain People*. New York: Simon and Schuster, 1972.

Uesugi, Thomas K. & W. Edgar Vinaki. "Strategy in a Feminine Game," *Sociometry* 26 (1963): 75-88.

Unger, Roberto M. *Knowledge and Politics*. New York: Free Press, 1975.

Valentine, Betty Lou. *Hustling and Other Hard Work: Life Styles in the Ghetto*. New York: Free Press, 1978.

Vash, Carolyn L. *The Burnt-out Administrator*. New York: Springer, 1980.

Vetterling-Braggin, Mary, Frederick A. Elliston, & Jane English, eds. *Feminism and Philosophy*. Totowa, N.J.: Littlefield, Adams, 1977.

Vocino, Thomas & Richard Heimovics, eds. *Public Administration Education in Transition*. New York: Marcel Dekker, 1982.

Vocino, Thomas & Jack Rabin. *Contemporary Public Administration*. New York: Harcourt, Brace, Jovanovich, 1981.

Vogt, Paul W. "The Theory of the Credentialed Class," *The Review of Education* 7 (Spring, 1981): 135-151.

Vollbrath, Ernst. "Hannah Arendt and the Method of Political Thinking," *Social Research* 44 (Spring, 1977): 160-182.

Wack, Jeffrey & Judith Rodin. "Nursing Homes for the Aged: The Human Consequences of Legislation-Shaped Environments," *Journal of Social Issues* 34 (1978): 7-21.

Walker, Pat, ed. *Between Labor and Capital*. Boston: South End Press, 1979.

Watson, Bill. "Counter Planning on the Shop Floor," *Radical America* 5 (1971): 1-10.

Weber, Max. *The Theory of Social and Economic Organizations*, trans. A. M. Henderson & Talcott Parsons. New York: Free Press of Glencoe, 1964.

Weinstein, Deena. *Bureaucratic Opposition*. New York: Pergamon Press, 1979.

Weinstein, Deena & Michael A. Weinstein. "An Existential Approach to Society: Active Transcendence," *Human Studies* 1 (1978): 38-47.

———. "Self, Society, and Social Control: An Existential Perspective," *Humanity and Society* 1 (Summer, 1977): 104-115.

Weinstein, Michael A. *Meaning and Appreciation: Time and Modern Political Life*. West Lafayette, Ind.: Purdue University Press, 1978.

———. "Philosophical Mentality and the Public Situation," *Review of Social*

Theory 2 (May, 1974): 134-142.

——. *Structure of Human Life: A Vitalist Ontology*. New York: New York University Press, 1979.

Wells, Miriam J. "Alienation, Work Structures, and the Quality of Life: Can Cooperatives Make a Difference?" *Social Problems* 28 (June, 1980): 548-561.

White, Hayden V. "Foucault Decoded: Notes from Underground," *Historical Theory* 12 (1973): 23-54.

White, Orion F. "Improving the Prospects for Heterodoxy in Organization Theory: A Review of *Sociological Paradigms and Organizational Analysis* by Gibson Burrell & Gareth Morgan," *Administration and Society* 15 (August, 1983): 257-272.

Whyte, William F. & Burleigh Gardner. "The Man in the Middle," *Applied Anthropology* 2 (1945): 1-28.

Whyte, William H., Jr. *The Organization Man*. New York: Doubleday, 1957.

Wilcox, Herbert G. "The Culture Trait of Hierarchy in Middle Class Children," *Public Administration Review* 28 (May/June, 1968): 222-235.

Wilensky, Harold L. *Organizational Intelligence*. New York: Basic Books, 1967.

——. "The Professionalization of Everyone?" *American Journal of Sociology* 70 (September, 1965): 137-158.

Wolin, Sheldon S. "Hannah Arendt and the Ordinance of Time," *Social Research* 44 (Spring, 1977): 91-105.

Wright, J. Patrick, with John De Lorean. *On a Clear Day You Can See General Motors*. New York: Avon Books, 1979.

Yates, Douglas. *Bureaucratic Democracy*. Cambridge, Mass.: Harvard University Press, 1982.

Zwerdling, Daniel, ed. *Workplace Democracy*. New York: Harper and Row, 1978.

찾아보기

ㄱ

ㅈ

ㅊ

ㅋ

저자 소개

캐시 퍼거슨(Kathy E. Ferguson)

미국 미네소타대학교(University of Minnesota)에서 정치학으로 박사학위를 받고, 뉴욕 주 올버니에 있는 시에나대학(Siena College)에서 교수로 있었으며, 현재는 하와이대학교(University of Hawai'i at Manoa) 정치학과 교수이면서 여성학 프로그램 책임교수이기도 하다. 퍼거슨 교수의 주요 연구 영역은 현대정치사상, 페미니스트 이론, 군사주의이며, 최근에는 지구화의 맥락 속에서 젠더와 군사주의의 관계에 관해 관심을 갖고 연구하고 있다.

퍼거슨 교수의 주요 저서는 다음과 같다.

Oh, Say, Can You See? The Semiotics of the Military in Hawai'i, with Phyllis Turnbull. Minneapolis: University of Minnesota Press, 1999.

Kibbutz Journal: Reflections on Gender, Race, and Militarism in Israel. Pasadena, CA: Trilogy Books, 1995.

The Man Question: Visions of Subjectivity in Feminist Theory. Berkeley, CA: University of California Press, 1993.

The Feminist Case Against Bureaucracy. Philadelphia, PA: Temple University Press, 1984.

Self, Society, and Womankind: The Dialectic of Liberation. Westfield, CN: Greenwood Press, 1980.

"Globalizing Militaries," with Phyllis Turnbull, in *Rethinking Globalism*, Manfred Steger, ed. (Oxford: Oxford University Press: forthcoming fall, 2003).

역자 소개

강세영

미국 텍사스주립대학교(오스틴)에서 사회학으로 박사학위를 받았고, 현재 계명대학교 여성학과 부교수로 재직 중이며, 여성노동, 일과 가족, 그리고 여성정책 분야를 주 관심 분야로 연구와 강의를 하고 있다.

김복규

서울대학교 대학원에서 행정학 박사과정을 수료하고, 현재 계명대학교 행정학과 부교수로 재직 중이며, 인사행정과 복지정책, 그리고 여성정책 분야를 주 관심 분야로 연구와 강의를 하고 있다.

페미니즘과 관료제

펴낸날 / 제1판 제1쇄 2009년 6월 30일
지은이 / 캐시 E. 퍼거슨
옮긴이 / 강세영 · 김복규
펴낸이 / 임춘환
펴낸곳 / 도서출판 대영문화사
주소 / 서울 용산구 청파동 1가 178-2 ㈾ 140-869
등록 / 1975년 12월 26일 제3-16호
전화 / (02)716-3883, (02)714-3062
팩시밀리 / (02)703-3839
우체국 온라인 / 011353-02-009106

© 캐시 E. 퍼거슨, 2009
ISBN 978-89-7644-320-5

〔값 16,000원〕

* 잘못된 책은 바꾸어 드립니다.
* 이 책의 내용은 저작권법의 보호를 받습니다.